◩《民事程序法研究》编委会
（以姓氏拼音为序）

蔡　虹　　蔡彦敏　　姜建初　　景汉朝　　李　浩　　李仕春　　刘荣军
潘剑锋　　齐树洁　　宋朝武　　谭　兵　　汤维建　　田平安　　姚　红
张晋红　　张卫平　　章武生　　赵　钢

◩编委会召集人

张卫平　　李　浩

【第十九辑】

民事程序法研究

中国民事诉讼法学研究会会刊

ON CIVIL PROCEDURE

- 中国民事诉讼法学研究会 主办
- 执行主编　任　重

- 2018年09月

厦门大学出版社　国家一级出版社
XIAMEN UNIVERSITY PRESS　全国百佳图书出版单位

图书在版编目(CIP)数据

民事程序法研究. 第十九辑/任重执行主编. —厦门:厦门大学出版社,2018.12
ISBN 978-7-5615-7254-2

Ⅰ.①民… Ⅱ.任… Ⅲ.①民事诉讼法—文集 Ⅳ.①D915.204-53

中国版本图书馆 CIP 数据核字(2018)第 277328 号

出 版 人	郑文礼
责任编辑	甘世恒
出版发行	厦门大学出版社
社　　址	厦门市软件园二期望海路 39 号
邮政编码	361008
总　　机	0592-2181111　0592-2181406(传真)
营销中心	0592-2184458　0592-2181365
网　　址	http://www.xmupress.com
邮　　箱	xmup@xmupress.com
印　　刷	厦门市明亮彩印有限公司

开本 787 mm×1 092 mm　1/16
印张 22.25
插页 2
字数 460 千字
版次 2018 年 12 月第 1 版
印次 2018 年 12 月第 1 次印刷
定价 88.00 元

本书如有印装质量问题请直接寄承印厂调换

厦门大学出版社
微信二维码

厦门大学出版社
微博二维码

目 录

■ 刊首语

001　张卫平　改革与民事诉讼制度变迁的联动

■ 家事专题

005　曹建军　非讼程序的变迁：改革开放四十年的历史总结
026　廖　浩　论督促程序的审查方式
037　李文超　家事审判中未成年子女财产权益保护之探析
053　冯振强　论多元化纠纷解决机制视域下家事调解前置程序的构建
065　宁武阳　家暴如何证明？
　　　　　　——以《反家庭暴力法》中人身安全保护令的家暴证明为视角
075　吴广辉　家事审判制度改革研究
　　　祖　振　——以武城县人民法院家事审判改革试点为例

■ 学理研究

095　闫庆霞　论民事诉讼请求的强制合并
108　余孙俐　我国民事诉讼反诉成立之正当性研究
140　任品杰　论民事诉讼"排除合理怀疑"的理解与适用
　　　　　　——以《民诉法解释》第109条为中心

■ 制度研究

153　赵信会　民商事仲裁制度的完善
　　　葛春燕
166　郑　洁　中欧电子商务消费争议多元纠纷解决机制之比较研究
185　胡　婷　行为保全程序中的证明问题研究

■ 实务探微

199　孙邦清　关于民事诉讼中法官询问权现状的调研报告

| 205 | 潘炳华
周洪波 | 小额诉讼程序适用情况的实证研究
——以A省基层法院为对象 |

■ 会议综述

| 213 | 李　浩
余　歌 | 法官员额制改革中的前沿问题
——民事诉讼与司法改革高端论坛会议综述 |

■ 紫荆沙龙

227	纪格非	医疗侵权案件过错之证明
246	袁中华	瑕疵给付要件之证明责任分配 ——以异类物交付瑕疵问题为核心
263	李思琦 马新冉	第九届紫荆民事诉讼青年沙龙实录
306		附：书面评议

■ 教学改革

| 343 | 蒋　玮 | 省属政法院校民事诉讼法本科教学改革优化论
——以甘肃政法学院为例 |

刊 首 语
改革与民事诉讼制度变迁的联动

■ 张卫平

改革开放历程是一段交响诗般的历程。

毋庸置疑,改革开放对我国社会的发展具有革命性的意义,由此,我国社会发生了地覆天翻的变化。这些变化不仅体现在经济、政治、文化、观念等方面,也体现在法制方面。改革开放对于法制的变化和发展的意义更具有颠覆性或根本性。可以说,没有改革开放的开启就没我国法制现代化的起步;没有改革开放的推进和深入,也就不可能有社会主义法治的发展和提升。

在民事诉讼制度方面,亦是如此。改革开放40年的历程中,虽然民事诉讼制度的变迁也与改革开放的进程基本同步,民事诉讼制度有了显著的发展和提升,但因为诸多因素的影响,其变迁过程也折射出民事诉讼制度发展变迁的特殊性,反映出民事诉讼制度变迁的迂回与曲折。因此,回顾改革开放40年民事诉讼制度的变迁过程,发现、归纳和总结民事诉讼制度变迁过程中的成功经验和失败教训,把握民事诉讼制度发展的规律,对于我国今后进一步推进民事诉讼制度乃至民事诉讼法治的发展将不无裨益。

从宏观层面来说,民事诉讼制度的变迁总是与国家的政治、经济、文化、观念等法律大环境因素的变化密切关联。在1949年新中国成立至改革开放之前,脱胎于旧中国的社会主义中国处于初建时期,物质基础十分薄弱。在经济体制方面,受苏联的影响,我国实行计划经济,商品经济很不发达。在政治方面,整个国家的政治重心还处于以阶级斗争为中心的阶段,社会还尚未树立与法治社会相适应的法治意识和法治观念。因此,在这样的经济、政治、文化、观念的大环境之中,民事诉讼制度也只能极其初级和简陋。在20世纪60年代中期发生的十年"文革"浩劫更是彻底将初建的社会主义法制摧毁殆尽。在国家的危难之际,我们党以极大的魄力力挽狂澜,结束了"文革"的动荡,并决定实行改革开放政策,将中国拉回到了应有的发展轨迹,从此也开启了中国社会高速发展的新篇章。

改革开放最直接的变化是经济体制——从传统的计划经济转向市场经济。经济体制的改革和商品经济的发展直接和间接地引发社会其他方面的发展。在经济与法律的关联层面,市场经济必然要求法治,可以说,市场经济应当是也必须是法治经济。没有法治,市场经济秩序不能维持,市场经济无法存活。经济的发展催生和促进了法治的发展。

从社会形态视角来看,改革开放的一个显著变化是社会形态的转型,即从过去的乡土中国转向城镇中国,从熟人社会转向陌生人社会。中国这种乡土社会、熟人社会、农业社会在社会治理方面体现为"礼制秩序",主要依赖伦理道德来维持。随着商品经济的发展,社会流动加强,中国也从过去的熟人社会转型成为陌生人的社会。以熟人社会为基础的伦理治理受到了很大冲击。一方面,转型后的社会需要以更明晰、更具有强制力的法律规则予以维系。"在当代社会,我们的健康、生活以及财富受到我们从未而且永远不会谋面的人支配。在这样一个到处'潜伏'着危险的'陌生人社会'中,我们如何才能保证生活是完全的呢?我们没有直接的方法保证罐装食品不会毒害我们,为了防止各种恐惧和灾难,我们需要强有力的方法对陌生人和他们的工具加以控制。这种控制不可能是面对面的,既不能通过人情,也不能通过市场,只有通过法律,通过各种各样的法律规则。"[①]从社会转型对社会治理的形态要求来看,我们也会自然地呼唤法治的到来。另一方面,这种陌生人的社会不仅会强化实体规则,同时也会强化程序规则,包括解决争议、纠纷的司法程序规则。从某种意义上讲,程序规则乃是法治最核心的规则。在陌生人之间,在消费者与生产者、销售者之间,在环境污染者与受害者之间,在其他各种侵权者与受害者之间,一旦发生纠纷,就需要通过一系列程序,需要按照陌生人之间都必须遵守的规则进行。程序是无情的,裁判者是中立的,因为面对的是陌生人。陌生人之间只能相信规则。只有规则才能超越感性和情感。

从程序法在法治上的地位来看,法治的核心是程序,法治的发展必然要求程序法制的建构、完善和发展。以程序为中心的法治是与传统法制区别的关键点。因此,我们说改革开放直接引发了我国程序法制的发展,尤其是民事制度的发展。随着改革开放的不断深化,我国经济发展日新月异,社会经济关系也比原来复杂多样,与此相适应,经济纠纷的体量也在不断扩大,纠纷的形态也与时俱进地呈现出多样化、复杂化的样态。为了适应这种社会形势的变化,民事诉讼制度必须不断进化,因此,改革开放就是我国民事诉讼制度变迁的原动力。

改革开放40年民事诉讼制度的变迁的一个突出表现是制度的建设。其中最主要的是《民事诉讼法》的制定和修订完善。从1982年的《民事诉讼法(试行)》到2012年最新修订的《民事诉讼法》,作为民事诉讼制度基础的《民事诉讼法》一直随着民事纠纷态势和社会形势的发展变化而不断改进。改革开放之初的《民事诉讼法(试行)》主要移植和借鉴苏联民事诉讼法,以传统民事纠纷解决方式为镜打造了具有我国时代特色和印记的《民事诉讼法》。1991年的《民事诉讼法》则是在改革开放不断深入拓展的背景下,继续探索民事诉讼规律,逐步适应民事诉讼规律的一次尝试,在民事诉讼体制转型方面有比较明显的动作,使我

---

① [美]劳伦斯·弗里德曼:《选择的共和国——法律、权威与文化》,高鸿钧等译,清华大学出版社2005年版,第82页。

国民事诉讼法在现代化的道路上迈出了一大步。可以说,1991年的《民事诉讼法》基本奠定了40年《民事诉讼法》的发展基调和基础。2007年的《民事诉讼法》修订和2012年《民事诉讼法》的修订则是在此基础之上的进一步完善在这方面2012年《民事诉讼法》的作用更为突出一些,是一次较大规模的修改和完善。在文本修订方面,对《民事诉讼法》的修订也更为灵活应时,例如,2017年关于检察公益诉讼制度的修改完善。

我国民事诉讼制度的特点在于作为主要法律文本的《民事诉讼法》规定得相对比较抽象和简约,基于社会发展及变动较快,民事诉讼的实践和理论的积累不够,因此,大量的民事诉讼的规范主要通过各种关于民事诉讼的司法解释来担当。基于司法解释,其对民事诉讼实践具有更强的针对性、灵活性、政策性和实验性,也可以避免立法中的许多争论问题或者搁置争议,尽快对民事诉讼行为予以规范,因此,民事诉讼司法解释就具有了更具有可操作性的具体规范。实践中,大量问题也需要通过司法解释予以及时解决,在无法获得字面解释或文意解释的根据的情况下,也会通过目的解释创设大量的民事诉讼规范,比较典型的是关于证明责任的分配、书证提出义务等诸多制度的创设。民事诉讼司法解释的这种适时性、具体性和政策性特点使得民事诉讼司法解释在改革开放40年中的变动过程中更具体、细致和生动地说明我国民事诉讼制度的变迁过程。

从20世纪70年代末80年代初开始,改革就成了中国社会的一种理念、动力、追求、担当和政治,没有一个方面能够离开改革,虽然在有的时候、有的领域,改革可能会单纯蜕变为一种形式,但改革已经成为一种大趋势,改革在推动人们不由自主地往前走。在法律领域,在民事诉讼制度领域,改革同样存在,有的所谓改革并非在法律制度上有所创新或突破,仅仅是对民事诉讼法规定的制度落实而已。这里的改革是仅对过去传统的审判方式而言的,如针对过去的审判不公开、审判的非程序化等。有的改革则是走在法律规定的边缘甚至法律规定之外,冲击既有的法律规定,如关于举证时限的规定,但基于改革本身的政治正当性,这种改革也依然不会停止。这种情形在西方国家的制度变迁中是不太容易见到的,可以说具有中国特色。民事诉讼制度领域的改革是以司法体制的改革联动推进的。这种改革有着一个响亮的名字——民事审判方式改革。因为民事审判方式改革常常成为民事诉讼制度的探索、实验或试水行为,有的改革成果最终被制度化,因此,民事审判方式改革的过程也从一个侧面反映了我国改革开放40年民事诉讼制度的过程。民事审判方式改革的历程形成了民事诉讼制度变迁的一条复线或辅线。

在改革开放40年的发展历程中,人们对民事纠纷、民事诉讼的认识、观念对民事诉讼制度的变迁有着直接的影响。这种认识和观念与改革开放的深化和拓展有直接关系,尤其是与市场经济、国家职能的认识和实践有密切关系。人们认识到民事纠纷是平等民事主体之间的纠纷,民事诉讼也应当与民事实体法的精神保持一致,必须体现和反映民事实体法的内在要求,尊重当事人对自己权利的自愿处分,既包括实体权利也包括程序权利。民事纠纷事实的揭示主要依赖于当事人,依赖当事人之间的对抗机制,强调当事人在主张和证明自我责任,而非法院在传统审判方式中的大包大揽。由此,民事诉讼体制和模式也逐步地从法院的职权干预性向当事人主导型转换,并进一步细化和明确当事人自由处分与法院职权处置的正当边界。民事诉讼体制转型也成为改革开放40年民事诉讼制度变迁的一种时高时低的旋律。

家事专题

非讼程序的变迁:改革开放四十年的历史总结

■ 曹建军[①]

摘　要　我国非讼程序在改革开放四十年内迎来了确立、发展与演进的三个阶段机遇。1982年的《民事诉讼法(试行)》确立了特别程序,宣告失踪与宣告死亡并设成型,公民行为能力的认定程序在实体法与程序法上双重推进,但是一般性规定具有封闭性和落后性,选民资格案件是参照苏联立法体例的历史遗留问题,认定财产无主程序适用率低下且与失物招领程序竞合或冲突。1991年的正式立法开始形成特别程序与督促程序、公示催告程序三足鼎立的基本格局,2012年修正《民事诉讼法》时非讼程序又迎来了进一步的扩张,在总结司法试点经验的基础上引入司法确认调解协议与实现担保物权两类特别程序。由此,非讼程序法在我国的意义与功能逐渐显现,在民事立法细致化的潮流下有望独立立法。

关键词　非讼程序　特别程序　督促程序　公示催告程序　历史变迁

引　言

非讼程序是与诉讼程序相对的一类程序的概念集合,在内容上主要审查和处理与民事权利义务争议无关的、不终局判定民事责任的非讼事件,在目的上旨在确认法律事实或民事权利的存在与否、行政决定的正确与否,在功能上有助于预防纠纷的发生而非直接解决民事纠纷,在特征上体现出弹性、快捷、简便和经济的程序设计。我国现行《民事诉讼法》在第15章规定了选民资格、宣告失踪和宣告死亡、认定公民无民事行为能力和限制民事行为能力、认定财产无主、确认调解协议、实现担保物权六类特别程序,它们与第17章督促程序、第18章公示催告程序虽然都

[①] 曹建军,天津大学法学院讲师,主要研究方向为民事诉讼法学。

没有使用"非讼程序"的概念和表述,但是这些规定或者是基本上符合非讼案件和非讼程序的法理和属性,或者是具有非讼案件和非讼程序的部分特征或某些因素,因此也适宜在非讼程序的框架下进行集中论述和研究。①

改革开放以前,我国立法并没有明文规定非讼案件和非讼程序,非讼程序在民事诉讼法律体系上尚为一项空白。1950年的《诉讼程序试行通则(草案)》、1956年的《关于各级人民法院民事案件审判程序总结》和1979年的《人民法院审判民事案件程序制度的规定(试行)》均没有涉及非讼程序的规定。② 直到改革开放以后,我国在政治经济领域的快速发展催生了解决非讼案件的司法需求,非讼程序在民事诉讼法律规范中才由无到有、由少到多、由简向全,呈现出蓬勃发展的趋向和态势。在改革开放的历史格局和时代背景下,非讼程序在立法层面和理论研究上的发展具有重要的意义与价值,这既赋予了民事主体更多的程序选择权,以满足社会生活中解决不同类型案件的现实需求,也在诉讼程序之外完善了我国多元化纠纷解决的渠道和机制,有助于实现程序分流、程序优化、减轻负担、节省资源的司法目标。

一、非讼程序的确立:以特别程序为先导

1982年我国颁布了《民事诉讼法(试行)》,在该法第12章首次规定了特别程序,开始确立以特别程序为先导的非讼程序在我国民事诉讼法中的角色和地位。1982年特别程序的立法主要借鉴了1964年《苏俄民事诉讼法典》第245条,选取了苏联民事诉讼法规定的7类依特别程序审理的案件中我国司法实践已经存在的3类,分别是宣告失踪人死亡、认定公民无行为能力、认定财产无主。选民名单案件则是参照1964年《苏俄民事诉讼法典》第22至25条规定的行政法律关系案件,由法院审理和裁决行政机关的决定是否符合法律法规。③

(一)特别程序的一般规定

1982年《民事诉讼法(试行)》在第1节"一般规定"中确立了特别程序优先原则、一审终审制、独任审理制(选民资格案件或重大疑难案件例外地适用合议制)、涉及民事权益争议时向普通诉讼程序转化的共通性规则。这四项一般规定统领着后续四类特别程序类型,不仅将不同类型的特别程序凝聚在一起,确立了非讼程序作为一个整体的基本原则与规则,而且为将来非讼程序的发展提供了开放的空间和灵活的框架。1991年《民事诉讼法》第163条规定了特别程序的审理期限原则上为立案之日起30日内或公告期满后30日。例外是:(1)有特殊情况无法在规定期限内审结的,可以申请法院院长批准延长;(2)选民资格案件适用更短的审理期限和计算方法。2015年2月4日起施行的《最高人民法院关于适用〈中华人民共和

---

① 非讼程序的堡含义存在广义说与狭义说之分,非讼程序的界定标准也存在无争议说、法规说、目的说、性质说、手段说等不同主张。参见张卫平:《民事诉讼法》,法律出版社2016年第4版,第441~443页。本文主要以《民事诉讼法》里规定的特别程序、督促程序、公示催告程序为阐述对象,文中也会涉及程序性质的争议,如督促程序。
② 章武生:《非讼程序的反思与重构》,载《中国法学》2011年第3期。
③ 章武生:《非讼程序的反思与重构》,载《中国法学》2011年第3期。

国民事诉讼法〉的解释》(以下简称《民诉法解释》)进一步补充规定了非讼程序的救济规则,依据第 143 条、第 297 条、第 380 条、第 414 条,适用特别程序、督促程序、公示催告程序的案件,不能适用调解程序、第三人撤销之诉、当事人申请再审、审判监督程序,而只能依据第 374 条由当事人或利害关系人向原审法院申请撤销或改变原判决、裁定。①

尽管特别程序的一般规定具有总则性地位与引领性作用,在改革开放以后的历次修法中有所补充和进步,但是特别程序的一般规定并没能确立非讼程序的一般法理。随着非讼程序类型在民事诉讼法上的增加与拓展,特别程序的一般规定已经显现出许多弊端与不足。第一,无法进一步涵盖督促程序、公示催告程序、监护人变更程序等,呈现出一定的封闭性与落后性。例如,监护人变更程序的监护人异议、担保物权实现程序的被申请人异议、支付令异议等异议程序,支付令失效时督促程序向诉讼程序的自动转化与衔接,公示催告程序之后利害关系人提起撤销除权判决的诉讼。这些救济程序和程序转化机制并没有在一般规定章节得到应有的概括和提炼。第二,仍然停留于总结和归纳不同特别程序共通的具体规则,却没有上升到非讼程序的一般法理,如职权主义、不公开审理主义、非对审主义、非直接审理原则、非言词原则。由于现行法没有确立非讼程序的一般法理,所以,我国民事诉讼法关于非讼程序的既有规定既无法区别于诉讼程序,在司法实践中产生非讼事件诉讼化与诉讼事件非讼化的模糊处理问题,也无法在非讼程序的整体框架下对现有的特别程序、督促程序、公示催告程序进行体系化的安排。第三,特别程序的一般规定大多只是关注对审级、审理人数、审理时间等的简化,使得学理与实务对特别程序的特征认识仍然不清,难以区别于简易程序进行独立的程序设计,忽视了非讼程序的职权主义提升审查效率的作用。第四,《民诉法解释》关于特别程序的救济规定初步确立了非讼程序的裁判变更制度,但却忽略了非讼程序的上诉、再审设置,仍然无法为当事人和利害关系人提供充分的程序保障与司法救济。②

(二)选民资格的审理

依据我国《选举法》,公民可以在选民名单公布之日起 5 日内向选举委员会申诉,表达选民名单遗漏有选举权的人或填列没有选举权的人(如未达到法定年龄或被剥夺政治权利的人)或名单上的姓名错写等不同意见,选举委员会应在 3 日内做出处理决定。为给公民在选举上的宪法权利提供程序保障与司法救济,1982 年《民事诉讼法(试行)》第 131 条和第 132 条规定,若公民认为选举委员会的处理决定仍然违法或有误,可以向选区所在地的基层人民法院提起民事诉讼的特别程序。在严格意义上,选民资格问题并不涉及公民的人身和财产权利,应当归属于行政诉

---

① 《民诉法解释》第 414 条从禁止检察院提起抗诉的角度规定督促程序不能适用审判监督程序,而第 443 条却采用了法院院长启动审判监督程序的模式纠正支付令措施。笔者认为,这在解释上存在矛盾和冲突。

② 郝振江:《论我国非讼程序的完善——聚焦于民诉法特别程序的"一般规定"》,载《华东政法大学学报》2012 年第 4 期。

讼法上的民众诉讼或宪法诉讼。我国民事诉讼法从开始规定到持续保留选民资格案件,主要是出于立法技术和立法沿革上的理由。① 首先,1979 年和 1982 年的《选举法》第 25 条规定了公民对选举委员会处理决定的起诉权利,但是选举法并没有明确诉讼的性质。第一起选民资格案件发生时恰逢民事诉讼立法,所以在当时就直接被纳入民事诉讼法的特别程序章,以落实选举法上保护公民的选举权和被选举权的要求。② 其次,我国特别程序章的编排实际上是参照苏联民事诉讼法的体例规定,也将行政法律关系案件纳入民事诉讼的特别程序范畴。改革开放之初,苏联立法仍对我国有着较强的影响,我国在恢复立法工作时也更为亲近在体制上相近的苏联法律规范。再次,在立法历史上,民事诉讼的立法要先于行政诉讼的立法,所以在行政诉讼法出台之前,行政争议案件也适用民事诉讼程序。1982 年的《民事诉讼法(试行)》第 3 条第 2 款规定,法律规定由法院审理的行政案件,适用民事诉讼法的规定;第 84 条规定,依法应由其他行政机关处理的争议,法院应告知向其他行政机关申请解决。到了 1989 年 4 月 4 日制定和发布《行政诉讼法》时,第 11 条受案范围并没有被列入选民资格案件,由此我国在民事诉讼与行政诉讼的划定与分工上就一直延续了现有的规定。③

但是,关于选民资格案件是否应当保留在民事诉讼的特别程序中,一直存在争议。特别程序说认为:(1)选举委员会依照选举法进行事实认定,不同于行政机关行使管理权。④ (2)行政诉讼的被告须是行政机关和法律、法规授予行政职权的其他主体,而选举委员会是办理选举事宜的临时机构,组织和领导选举活动的各级人大常委会是权力机关而非行政机关。⑤ (3)域外部分国家是基于特定原因才以行政诉讼审理选举争讼。例如,法国的地方选举工作是由内政部和各地设立的选举局监督管理选举工作,行政法院享有管辖权。(4)在中国的宪法诉讼制度建立以前,选民资格案件作为特殊的非讼案件规定在特别程序章,是较为合理的现实选择。法院行使法律事实确认权而非宪法监督权、违宪审查权,也不违背中国现行的宪法体制。⑥ 政治主义说认为,选举资格案件是以选举权争议为内容的政治事件,既不应由法院主管,也不能由选举委员会处理申诉,而应由县级人大常委会处理申诉,市级人大常委会复核。⑦ 宪法诉讼说认为,选民资格案件属于公法上的诉讼,不应归入民事诉讼。同时,选举争议不应根据争议事项的不同而被分别纳入行政诉讼或刑事诉讼,而应当独立作为宪法诉讼程序,成立专门的选举法院或选举

---

① 江必新主编:《新民事诉讼法理解适用与实务指南》,法律出版社 2012 年版,第 672～673 页。
② 郝振江:《非讼程序研究》,法律出版社 2017 年版,第 5 页。
③ 杨建华:《大陆民事诉讼法比较与评析》,三民书局 1991 年版,第 169 页。
④ 刘家兴:《有关特别程序的适用问题》,载《政法论坛》1985 年第 5 期。
⑤ 刘国俊:《浅谈选民资格案件》,载《人大研究》1998 年第 4 期。
⑥ 邓辉辉:《选民资格案件性质探讨》,载《广西民族大学学报》2011 年第 6 期。
⑦ 康文学:《论选民资格案件的救济模式》,载《济南大学学报》2008 年第 5 期。

法庭。①

1991年4月9日实施的《民事诉讼法》将"选民名单案件"修改为"选民资格案件",以更确切地揭示该类案件的本质特征,即审查选民名单的实质是认定选民资格的有无,选民名单的正确与否只是涉案事实,不能体现涉案法律关系。② 同时,在第164、165条新增选民资格案件的起诉期间、审结期间和送达期间的规定,即公民须在选举日的5日以前起诉,法院应在选举日前审结和送达判决书,这就为法院的调查、审理和执行留足了时间。因为1986年修正的《选举法》第25条规定,法院必须在最短5日、最长27日内确定选民资格。起诉期限的规定既能发挥督促公民及时起诉的作用,也能保证法院享有最低限度的审理时间。

(三)宣告失踪、宣告死亡

1951年的《最高人民法院关于失踪多年的人的财产是否须经过死亡宣告程序继承人才始得开始继承问题的复函》在失踪人宣告死亡制度建立之前,指示法院根据失踪人的具体情况,在必要时进行推定死亡的宣告。法院须先进行调查,再以登报通告的方式进行至少两个月的公示催告。宣告推定死亡的判决能够根据具体情况推定死亡日期的,可以在判决中推定死亡日期,否则以判决宣告之日为失踪人的死亡日期。这为我国司法实践处理失踪和死亡问题提出了初步的解决方案,但是该司法解释性文件并没有将失踪和死亡两者之间的联系和区别梳理清楚。1982年的《民事诉讼法(试行)》才正式确立了宣告失踪人死亡制度,以司法程序审查失踪事实,既能审慎判断和认定失踪与否,也有助于安排失踪人的财产代管,切实保护失踪人的合法权益。但此时的宣告失踪与宣告死亡仍旧是割裂的,宣告失踪由公安机关依照行政程序处理,宣告死亡则是在宣告失踪的基础上依照司法程序处理。③ 1984年8月30日的《最高人民法院关于贯彻执行〈民事诉讼法(试行)〉若干问题的意见》(以下简称《民诉试行意见》)仍然只是规定了宣告死亡制度。第53条第2款规定,下落不明人的配偶可以只要求诉讼离婚,公告送达离婚判决书,此时就不能适用宣告死亡程序。

之后,受苏联民法影响的学者主张宣告失踪与宣告死亡并设的立法体例,以利于及时对失踪人的财产进行管理。④ 1986年《民法通则》第20条至第22条正式确立了宣告失踪制度,不仅从实体法的角度规定了宣告失踪的时间条件、财产代管的

---

① 焦洪昌:《从王春立案看选举权的司法救济》,载《法学》2005年第6期。
② 唐德华主编:《新民事诉讼法条文释义》,人民法院出版社1991年版,第278页。
③ 柴发邦、赵惠芬:《中华人民共和国民事诉讼法(试行)简释》,法律出版社1982年版,第98页。
④ 冯乐坤:《宣告死亡制度存废之探究》,载《当代法学》2007年第3期。根据当时的法工委副主任顾昂然的说法,是否规定宣告失踪,存在不同的意见,但考虑到设立宣告失踪没有坏处而有好处,就最终规定了宣告失踪制度。通过比照《民法通则》第20条至第23条和1964年《苏俄民法典》第18条至第20条,两者的条文规定与结构非常相近。苏联的相关立法即使不是宣告失踪制度的唯一蓝本,也可以说是最重要的参考依据之一。参见卓逸群:《我国对宣告失踪制度的法律移植及其失误》,载《中国司法》2003年第10期。

法律后果,而且兼顾到诉讼法上宣告失踪的撤销问题。第 23 条至第 25 条在实体法上完善了宣告死亡的时间条件、宣告期间的民事法律行为效力以及撤销宣告之后的财产返还规则。1986 年的《最高人民法院关于失踪人的工作单位能否向人民法院申请宣告失踪人死亡的批复》规定,利害关系人必须是与被申请宣告死亡的人存在一定的人身关系或者民事权利义务关系的人。因此,与下落不明人无民事权利关系而仅有劳动关系或行政关系的单位或个人,无权申请宣告下落不明人死亡,有关问题应依劳动法或行政法的规定解决。①

1988 年的《关于贯彻执行〈中华人民共和国民法通则〉若干问题的意见(试行)》(以下简称《民通意见》)第 24 条至第 40 条进一步补充规定了宣告失踪的利害关系人的范围、宣告死亡的利害关系人的顺序、下落不明的含义和起算、财产代管人的指定和诉讼主体资格、失踪人的普通债务诉讼、失踪人的调查与公告,以及宣告死亡的时间、公告、婚姻关系、收养关系、损害赔偿、财产返还、自然死亡与宣告死亡的区别处理。对以往规定的主要调整在于:(1)将管辖依据更改为失踪人的住所地,住所地与居住地不一致时才由最后居住地的法院管辖。因为实践中利害关系人主要集中在下落不明人的住所地,出具下落不明事实的书面证明的公安机关负责住所地的户籍管理,所以,住所地法院更便于查明事实,接近申请人和公安机关。②(2)明确宣告失踪与宣告死亡之间的程序关系,前者不是后者的必经前提,法院只处理当事人申请的内容,同时申请两者时应当宣告死亡。(3)新增了变更财产代管人的特别程序类型。

1991 年,《民事诉讼法》第 166 条在立法上正式增加了宣告失踪制度,实现了立法规定和司法实践的统一。主要变动是:(1)下落不明的证明除了可以由公安机关出具,还可以由其他有关机关出具。2008 年《最高人民法院研究室关于四川汶川特大地震发生后受理宣告失踪、死亡案件应如何适用法律问题的答复》第 2 条规定,"有关机关"主要是指公安机关,也可以包括当地县级以上人民政府,但不包括村民委员会、居民委员会或者下落不明公民的工作单位。(2)宣告死亡的情形增加了第三种类型,即因意外事故下落不明,经有关机关证明该公民不可能生存,此时推定死亡不受失踪时间的限制,以妥善处理因危险事故而遇难的问题。③(3)将宣告失踪的公告期间由半年更改为三个月,同时规定宣告死亡的公告期间为一年,但意外事故中证明不可能生存的公告期间为三个月。(4)将终结审理的裁定变更为驳回申请的判决。1992 年,《关于适用〈中华人民共和国民事诉讼法〉若干问题的意见》(以下简称《民诉意见》)第 194 条至第 196 条也增补了相关的改进性规定。第 194 条仿照《民通意见》第 34 条第 2 款的规定,法院可以在宣告失踪和宣告死亡

---

① 江必新主编:《新民事诉讼法理解适用与实务指南》,法律出版社 2012 年版,第 684 页。相关的劳动法律规范包括《人力资源和社会保障部关于因失踪被人民法院宣告死亡的离退休人员养老待遇问题的函》(人社厅函〔2010〕159 号)、《劳动人事部关于职工失踪后的工资、保险福利待遇如何处理的复函》(1986 年 5 月 31 日)等。

② 唐德华主编:《新民事诉讼法条文释义》,人民法院出版社 1991 年版,第 288 页。

③ 尹田:《论宣告失踪与宣告死亡》,载《法学研究》2001 年第 6 期。

的审理期间,指定诉讼期间的财产管理人,以临时性地照管失踪人的财产利益。第195条规定,财产代管人申请变更代管的,按照特别程序审理;失踪人的其他利害关系人申请变更代管的,按照普通程序以原代管人为被告起诉。第196条规定了宣告失踪之后宣告死亡的受理、证明、公告和判决。

此后,2007年和2012年修正《民事诉讼法》时,皆延续了之前的程序性规定。2015年《民诉法解释》第343条至第345条继受了《民诉意见》的规定,同时进一步作出了若干补充和完善:(1)第346条规定了多个利害关系人可以作为共同申请人;(2)第347条规定了寻人公告的内容;(3)第348条规定了撤回申请的情形和例外。在实体法上,2017年的《民法总则》第40条至第53条则基本沿袭了《民法通则》和《民通意见》的规定,同时对下落不明的起算时间、财产代管人的职责、代管人的移交和报告义务、恢复婚姻关系的例外、不能恢复收养关系,进行了补充性规定。例如,下落不明只以失去音讯为判断标准,不再像《民通意见》第26条要求"离开最后居住地后没有音讯",逐渐淡化住所因素在宣告失踪和宣告死亡中的程序地位。①

总之,宣告失踪和宣告死亡的程序变革充分体现了诉讼法与实体法的相互联系与配合,实体法上的规定有力地补充了诉讼法在先行仓促立法时的不足,周延保护了民事主体在下落不明时的权利义务,诉讼法上的规定明确了该项非讼程序的申请、管辖、审理、裁决等事项,使民事主体能够依循清晰的程序规范寻求司法保护。由此,宣告失踪程序有助于结束公民长期失踪的不确定状态,保护失踪人和利害关系人的利益,维护社会经济秩序的稳定。而宣告死亡程序从根本上解决了失踪人的财产归属和人身关系的变动问题。

(四)认定公民无民事行为能力、限制民事行为能力

1982年的《民事诉讼法(试行)》规定了认定公民无行为能力的程序,即公民的近亲属或所在单位可以向公民户籍所在地的基层法院提出书面申请,法院在必要时通过鉴定、询问本人等方法认定其为无行为能力人的,作出认定判决并指定监护人。② 1984年的《民诉试行意见》第54条规定,医院确诊为精神病人的,无须适用特别程序宣告其为无行为能力人。因为在一般的民事纠纷案件中,只要患有精神病的当事人有法定代理人或指定代理人代理诉讼即可,不是必须适用特别程序进行宣告。③ 不过,由于民事诉讼法是先于民法规范制定的,当时对行为能力的理解过于单一,且程序适用的实体法要件并不明确,所以,公民行为能力认定制度的适用和运行仍然受到了严重影响。

1986年的《民法通则》第19条规定,精神病人的利害关系人可以申请法院宣告其为无民事行为能力人或限制民事行为能力人。1988年的《民通意见》第8条

---

① 杨震:《民法总则"自然人"立法研究》,载《法学家》2016年第5期。

② 之后管辖法院由公民户籍所在地法院变为住所地法院,以适用1991年《民事诉讼法》第22条将地域管辖法院由被告户籍所在地法院变为被告住所地法院。

③ 唐德华主编:《新民事诉讼法条文释义》,人民法院出版社1991年版,第295页。

第 2 款再次强调确认精神病人为限制民事行为能力人属于特别程序。同时,第 5 条补充规定了是否能够辨认自己行为的判断标准,即行为人是否具备判断、理解和自我保护的能力。若行为人对事物或行为缺乏判断能力和自我保护,且不知或不能预见行为后果,就属于不能辨认(或完全辨认)自己行为的人。第 7 条规定了法院裁判所依据的证据资料可以包括司法精神病学鉴定、医院的诊断或鉴定、群众公认的当事人的精神状态认定,且在法律文本上依次使用了"依据"、"参照"以及"在不具备诊断、鉴定条件的情况下",因此,三者的证据效力应当是递减的,司法精神病学鉴定具有最强的证据效力。第 5 条和第 8 条在主体上,将痴呆症人也纳入无民事行为能力人或限制民事行为能力人的范围,因为精神病与痴呆症在医学上的认定截然不同,前者属于脑功能紊乱的心理性疾病,后者属于脑功能退化引起的认知障碍。至于植物人、脑萎缩患者等是否也应扩张解释成认定对象,或者今后是否有必要在立法上将其明确纳入认定对象,存在探讨的必要。因为身体障碍与心理障碍一样都可能影响民事主体的行为能力,扩大司法保护的范围更有助于实现民事法律保护的制度目的。①

民事实体法的跟进有力地推动了诉讼法的发展,1991 年的《民事诉讼法》正式新增了认定公民限制民事行为能力的程序,同时还进行了若干完善:(1)申请人为近亲属或其他利害关系人。其他利害关系人包括其他亲属和朋友、债权人或债务人、所在单位、居委会、村委会或者民政部门。②(2)第 172 条第 1 款将原法的必要时指定代理人变为强制指定代理人,代理人应为申请人以外的近亲属,近亲属互相推诿时由法院指定。(3)第 172 条第 2 款取消了判决支持申请时同时指定监护人的规定。因为《民法通则》第 17 条已经规定了监护人的范围和顺序,精神病人所在单位或住所地的村民委员会、居民委员会享有在争议时指定监护人的权限,对指定不服时才可以向法院提起变更监护人的诉讼。③

1992 年的《民诉意见》第 193 条沿袭了《民通意见》第 8 条第 1 款关于诉讼期间认定行为能力的规定,但是第 198 条在特别程序章节规定变更监护人之诉,似有失调。2015 年的《民诉法解释》第 351 条将"起诉"改为"异议",使得申请变更监护人程序在表述上更加契合非讼程序的特征。同时,第 352 条规定了认定公民无行为能力或限制行为能力程序中代理人的指定,将代理人的范围进一步扩大,以更加周全地保护被申请人的利益。2017 年《民法总则》第 24 条将申请主体规定为利害关

---

① 费占海:《认定公民无民事行为能力若干问题初探》,载河北省法学会编:《深化司法体制改革——第六届河北法治论坛》(上册)2015 年版,第 413 页。

② 1982 年《民事诉讼法(试行)》第 136 条规定的主体为"近亲属或所在单位"。这里的表述更换实际上扩大了申请主体的范围,但并非取消公民所在单位的申请主体资格。

③ 有观点认为,剥夺法院在行为能力认定程序中的指定监护权,不利于维护被监护人的合法权益和交易安全,二次提起变更监护人的程序也会增加当事人的成本,且由单位和基层组织优先指定监护人也在现代社会条件下较难落实。参见费占海:《认定公民无民事行为能力若干问题初探》,载河北省法学会编:《深化司法体制改革——第六届河北法治论坛》(上册)2015 年版,第 415~416 页。

系人或其他组织,有关组织包括居民委员会、村民委员会、学校、医疗机构、妇女联合会、残疾人联合会、依法设立的老年人组织、民政部门等,依据自然人与组织的不同对申请主体进行重新划分,更扩展了组织类申请主体的范围。第31、36、38条则进一步明确了监护人的指定、撤销与恢复程序。

不过,近些年精神病患者伤害他人以及近亲属或公权力机关恶意使无病者被收治等事件的发生,也说明了单有行为能力的认定程序仍不足以解决管理精神病患者的社会问题。除精神病人已经实施危害他人安全的行为,应当适用刑事诉讼中强制医疗的特别程序以外,《精神卫生法》上规定的仅有危险性而未发生危害性后果,应当适用强制住院程序。但是,依据《精神卫生法》第28条至第31条和第82条,有危害自身危险的,必须经监护人同意才能强制住院治疗;有危害他人危险的,近亲属、所在单位、当地公安机关、当地民政等皆可以送诊;精神科执业医师作出精神障碍的诊断,精神障碍患者或其近亲属、监护人可以在事后提起诉讼进行救济。这种相关方送诊、医院诊断和实施、法院救济的模式仍然不足以保障治疗对象的合法权益,他人可能恶意送诊,治疗对象也容易陷入孤立无援的处境。因此,有学者主张,基于国家监护权和警察权的理论,我国未来可以将民事强制住院程序纳入非讼程序范畴,如此既能为限制治疗对象的人身自由提供正当的程序基础和合法的权益保障,也能以非讼程序的快速、简便、经济的特点落实民事强制住院程序。①

(五)认定财产无主

我国民事诉讼法律规范对认定财产无主程序的规定较为简单,目前《民事诉讼法》上仅有3个条文规定了申请、受理、公告、判决、救济的基本框架。1991年,《民事诉讼法》第174条将申请主体由"有关机关、团体、企业事业单位、基层组织或者个人"修改为"公民、法人或其他组织",1992年的《民诉意见》第197条规定因有人在公告期间提出财产要求时另行起诉。此后,认定财产无主程序就再也没有被修改过,也没有相关的司法解释予以补充或完善。另外,在司法实践中认定财产无主程序并没有发挥应有的作用。受我国经济发展、计划生育政策以及自然灾害事件等的影响,无主财产现象应是大量存在的。但截至2018年5月23日,"中国裁判文书网"中该案由下的裁判文书仅有125份,数量最多时是2017年的41份。由此可见,认定财产无主程序亟待在规范上进行细化与完善,以增强该程序的可操作性。

第一,我国对无主财产的认定实际上采取了双重立法模式,即《民事诉讼法》规定了认定财产无主的非讼程序,而《民法通则》《物权法》等规定了遗失物、漂流物、埋藏物、隐藏物的失物招领程序。前者由法院受理当事人的申请后进行审查核实,经发出财产认领公告满一年仍无人认领的,判决财产无主并收归国家或集体所有;后者由拾得人或发现人移交公安机关,公安机关发布招领公告后六个月内仍无人认领的,直接收归国家所有。虽然两者在申请主体、财产标的、认定主体、公告期

---

① 郝振江:《论精神障碍患者强制住院的民事司法程序》,载《中外法学》2015年第5期。

间、认定程序、所有权主体等方面均有所不同,但是无主财产在客观上包括了遗失物、漂流物、埋藏物、隐藏物,因此可能存在程序运作和法律适用上的交叉与冲突。① 但是,两者的协调却非易事,既牵涉无主财产的实体权利归属与财产法律秩序的维护,也需要综合考量公共管理秩序与司法程序保障的问题。例如,可以区分动产的标的价额,动产标的价值更高时适用非讼程序,而标的价值较低时适用失物招领程序;或者将认定财产无主程序的适用范围限制在解决无人继承财产的归属问题上。② 具体如何协调两种无主财产认定程序之间的关系,如何细致地区分两者的适用情形,还有待将来对立法规范的完善与司法经验的总结。

第二,由于我国现行法上缺乏无人承认继承的催告程序,司法实践中申请主体经常利用认定财产无主程序主张无主财产全部或部分划归自己所有。依据《继承法》第14、32条和《关于贯彻执行〈中华人民共和国继承法〉若干问题的意见》第57条,继承人以外的对被继承人扶养较多的人可以主张分配适当的遗产,但若无人继承又无人受遗赠时,继承人以外的实际扶养人实际上没有渠道主张分配适当的遗产。此时,这类主体只能借助认定财产无主程序,其申请目的是认定无主财产全部或部分归自己所有,但法院往往会依职权将部分遗产划归国家或集体所有制组织所有。这就造成了程序运作与立法目的相背离。③

第三,认定财产无主程序的适用率较低,原因之一在于申请主体缺乏有效的激励。除了集体经济组织、原财产所有人所在单位、财产所在地管理机关(如海事局对无主船舶、港务公司对集装箱货物)等出于获取无主财产所有权、摆脱管理责任等原因愿意主动申请以外,其他主体不仅无法获得无主财产的所有权,还须依据《诉讼费用交纳办法》第41条交纳公告费。同时,民事诉讼法并没有规定法院可以在非讼程序中决定对申请人支付必要的费用补偿或报酬,申请主体除了依靠道德自律以外,没有足够的内在动力主动提起,导致认定财产无主程序无法达到确定财产权属、维护财产秩序、促进物尽其用的立法目的。例如,存款人意外死亡、存款所有人遗忘、银行电子操作系统失误时,就会产生无主存款的问题。但由于无人申请认定财产无主,银行也不负有申请认定财产无主或催告认领的法定职责,使得银行在业务处理中经常将无主财产归入自己的营业外收入,显然银行的行为在法律上可能存在不当得利的问题和风险,亟待立法予以正视和解决。④

二、非讼程序的发展:三足鼎立的形成

1991年,《民事诉讼法》新增了第17章督促程序、第18章公示催告程序和第

---

① 有学者指出,假若民法典和物权法中确立了占有制度和取得时效制度,认定财产无主程序将没有存在的必要。参见蔡虹:《非讼程序的理论思考与立法完善》,载《华中科技大学学报(社会科学版)》2004年第3期。
② 赵盛和:《我国无主财产认定程序的转型》,载《国家检察官学院学报》2015年第6期。
③ 赵盛和:《我国无主财产认定程序的转型》,载《国家检察官学院学报》2015年第6期。
④ 孙秋楠:《震后无主存款的确认与法律保护》,载《人民法院报》2008年6月17日第5版。

19章企业法人破产还债程序。由于三者兼具诉讼与非讼的特征,与特别程序的已有类型有所不同,所以立法者将其单列出来。2007年,《民事诉讼法》又将企业法人破产还债程序删除,只是在《民诉法解释》第297条第1项、第357条第4项、第380条(吸收原《民诉意见》第207条)、第414条,仍然将特别程序、督促程序、公示催告程序、破产程序并列作为非讼程序对待。因为1986年制定的《企业破产法(试行)》只是规制全民所有制企业的破产还债程序,而具有法人资格的集体企业、私营企业、中外合资企业的破产还债程序尚没有法律规范上的依据,故1991年《民事诉讼法》将企业法人破产还债程序纳入。到2006年颁布的《企业破产法》已经对全部企业法人类型的破产还债程序作出统一规定时,《民事诉讼法》就没有必要再规定这种商事非讼程序,最终形成了现行民事诉讼法上特别程序、督促程序与公示催告程序三足鼎立的基本格局。[①]

(一)督促程序

督促程序是法院快速解决债权债务纠纷的略式程序,即债权人向有管辖权的基层法院申请实现以金钱和有价证券为内容的债权,经过法院在5日内决定受理、15日内决定发出支付令,债务人15日内没有对支付令提出书面异议时,债权人获得支付令作为执行名义强制债务人履行双方没有争议的债务。自1991年入法之后,督促程序随着改革开放的进程,也经历了一定的制度变迁,主要分为以下几个阶段:

第一,1992年的《民诉意见》第215条至第225条对1991年的《民事诉讼法》的4个条文进行了补充和完善。(1)在支付令的申请条件上,明确了有价证券的范围包括汇票、本票、支票以及股票、债券、国库券、可转让的存款单等,请求给付的标的须已到期且数额确定,"债权人与债务人没有其他债务纠纷"的具体含义是指没有对待给付义务,支付令不能送达的情形也包括债务人不在我国境内或者虽在我国境内但下落不明的情形;(2)明确了债务人异议的审查,法院无须审查异议是否有理由,债务人的口头异议、关于缺乏清偿能力的异议、仅向其他法院的起诉均不会影响支付令的效力;(3)在程序细节上,完善了支付令审查、撤回申请、支付令送达、另行起诉的管辖等规定;(4)针对法院作出的命令与裁决,详细规定了支付令的内容与形式、支付令的执行时效和法院裁定书的形式。

第二,2001年1月21日实施的《最高人民法院关于适用督促程序若干问题的规定》(以下简称《督促程序规定》)以12个条文总结并回答了司法实践中出现的制度问题:(1)吸收了1993年11月9日《最高人民法院关于中级人民法院能否适用督促程序的复函》,明确规定基层法院的管辖不受争议金额的限制;(2)吸收了1992年7月13日《最高人民法院关于支付令生效后发现确有错误应当如何处理问题的复函》,采取审判监督程序救济驳回异议的错误情形;(3)将督促程序中共同管辖、补正申请书的要求与普通诉讼程序统一;(4)在督促程序中正确处理主债务与

---

① 最高人民法院民事诉讼法修改研究小组编著:《〈中华人民共和国民事诉讼法〉修改的理解与适用》,人民法院出版社2007年版,第5~6页。

担保债务之间的关系,向主债务人发出的支付令对担保人没有拘束力,但债权人就担保关系提起诉讼会引起支付令的失效,因为后诉法院必然要对主债权债务关系进行审查,为防止出现矛盾裁判和过多的实质审查,支付令应当失效;①(5)增加裁定驳回申请的情形,即当事人主体不适格,或债权人要求给付没有约定的利息、违约金、赔偿金,或金钱或有价证券属于违法所得,或申请诉前保全的,均应在审查的第一阶段过滤不适格的申请;(6)规定第二阶段裁定终结督促程序的情形,即债权人同时起诉或支付令无法及时送达时;(7)进一步明确了对债务人异议的要求,仅对清偿能力、清偿期限、清偿方式等的异议不影响支付令的效力,部分债务人的异议或针对部分请求的异议不影响支付令中其他请求的效力,且债务人可以在法院裁定终结程序之前自由撤回异议。

之后,我国其他法律规范也相应发展了督促程序的规则与应用:(1)2007年的《诉讼费用交纳办法》第14条修改了《民诉意见》第132条的规定,将支付令申请费的每件100元修改为比照财产案件受理费标准的三分之一交纳,使得标的额较大的案件相应提高了申请成本。不过,第36条也同时规定申请费可以列入另诉主张,一定程度上缓解了费用高给申请人带来的压力。(2)2000年7月1日实施的《海事诉讼特别程序法》第99条规定了海事程序的支付令申请。2001年修正的《工会法》第43条和2003年《最高人民法院关于在民事审判工作中适用〈中华人民共和国工会法〉若干问题的解释》第3条至第5条允许就工会经费申请支付令。2008年《劳动合同法》第30条和《劳动争议调解仲裁法》第16条允许就劳动报酬、工伤医疗费、经济补偿或者赔偿金事项达成的调解协议以及欠付的劳动报酬直接申请支付令。2009年7月24日,《关于建立健全诉讼与非诉讼相衔接的矛盾纠纷解决机制的若干意见》(以下简称《非诉衔接意见》)第13条对具有合同效力和给付内容的调解协议允许申请支付令。这些法律规范大大拓展了督促程序的适用领域与案件范围,有助于激活督促程序的活力与功能。②

第三,2012年《民事诉讼法》为解决督促程序在司法实践中利用率不高的难题,③提出了三项对策:(1)第133条规定,法院在立案分流阶段可以依职权将受理的诉讼案件转入督促程序。立法者期望增加督促程序的适用概率,要求法院主动对双方当事人没有争议的债权债务纠纷适用督促程序。(2)第217条第1款要求加强对债务人的书面异议进行审查,以减少债务人滥用异议权的情形。因为司法实践中债务人经常会提出不实异议,若法院不加强审查,可能使得督促程序因债务人的虚假异议而转入诉讼程序,这不仅会导致督促程序无法达到迅速解决纠纷、保

---

① 王艳彬:《〈最高人民法院关于适用督促程序若干问题的规定〉的理解与适用》,载最高人民法院研究室编:《民事诉讼司法解释理解与适用》,法律出版社2011年第2版,第554页。

② 江必新主编:《新民事诉讼法理解适用与实务指南》,法律出版社2012年版,第806~807页。

③ 2007年督促程序审理的案件已经不足民事一审总数的2%,成为"冬眠程序"。参见江必新主编:《〈中华人民共和国民事诉讼法〉修改条文解读与应用》,法律出版社2012年版,第422页。

护债权人权益的立法目的,而且债权人和法院也将不再愿意主动适用督促程序。(3)第217条第2款新增了督促程序与诉讼程序的衔接机制,支付令失效时债权人无须另行起诉,而是直接由督促程序转入诉讼程序,这将有助于节省当事人另诉立案的时间和经济成本,将各方在督促程序中已经进行的诉讼行为和程序结果纳入诉讼程序中有效利用。不过,是否诉讼的决定权或处分权仍保留在当事人手中,如果申请人不同意诉讼,则不转入诉讼程序,这就避免了赋予法院过大的自由裁量权、可能模糊不同程序之间的差异性、导致程序的弱化或非正式化等担忧或顾虑。

2015年,《民诉法解释》则基本继受了《督促程序规定》和《民诉意见》的相关条款,不同之处在于:(1)第437条强调法院应对债务人的书面异议进行形式审查,以判断支付令是否存在不予受理、驳回申请、终结程序的情形。(2)第440、441条补充规定了督促程序与诉讼程序的具体衔接,即债权人在支付令失效后不同意提起诉讼的,应当在7日内向受理法院起诉或在诉讼时效期间内向其他管辖法院起诉,若债权人没有在7日内向受理法院作出不同意起诉的意思表示,视为向受理法院起诉,且支付令申请时间即为起诉时间。

但是,上述立法和司法解释的发展仍然没有解决督促程序领域的所有问题,我国督促程序依旧存在进一步完善的空间:(1)关于督促程序的属性存在非讼程序说与无须辩论的略式诉讼程序说的对立。不同的定性直接影响到支付令申请与异议的审查形式、支付令的既判力问题以及督促程序的设计等方面。(2)债务人异议的审查形式存在实质审查说与形式审查说的对立。实质审查说立足于虚假异议的严峻形势和法院裁决真实的现实任务,强调审查债务人异议的事实、理由、证据等;形式审查说基于非讼程序的性质和较短的审查期限,认为形式审查与事后救济更有利于实现督促程序的制度目的。(3)关于支付令是否具有既判力,肯定论以认诺或合意裁决为理论根据,认为赋予支付令既判力有助于稳定权利义务关系,避免重复申请和矛盾裁决;而否定论认为督促程序省略了实质审理,因程序保障不足而缺乏既判力的正当性根据。[①] 进一步而言,《民诉法解释》第443条仍然允许法院依职权启动审判监督程序以救济支付令错误,却不允许当事人申请再审,这种支付令撤销模式可能会引起程序属性与设计的混乱,也无法与支付令是否具有既判力的判断保持一致。(4)关于当事人能否申请保全,肯定论认为保全可以对债务人施加压力,且能避免债务人转移财产,而否定论认为诉前保全中15日内起诉的要求会引起督促程序与诉讼程序的冲突,导致对同一权利保护请求的重复救济,且督促程序作为非讼程序不能适用诉讼程序的保全措施。[②] (5)司法实务中当事人可能更倾向于利用简易程序或诉讼调解快速实现债权,故有必要清晰界定督促程序与相关程序。例如,将简易程序限制在低额或特定类型的民商事案件上。[③] (6)关于是否

---

① 史长青:《支付令既判力之研判》,载《法学杂志》2016年第9期。
② 最高人民法院修改后民事诉讼法贯彻实施工作领导小组编著:《最高人民法院民事诉讼法司法解释理解与适用(下)》,人民法院出版社2015年版,第1146~1147页。
③ 周翠:《电子督促程序:价值取向与制度设计》,载《华东政法大学学报》2011年第2期。

引入和扩展电子督促程序,肯定论者积极评价 2015 年 6 月浙江杭州西湖区法院电子督促程序的试点,认为电子督促程序具有缩短程序时间、提高审查与处理的效率、减少当事人与法院的成本等功能;①而否定论者认为,我国现阶段不适宜也无必要进行电子化改革,应当先行提高督促程序的利用率和纠纷解决效果。②

(二)公示催告程序

随着改革开放以后票据金融工具在我国经济生活中的发展与应用,公示催告程序也应运而生,这种简易便捷的程序可以迅速调整票据权利与票据持有人分离的问题,促进票据工具使用、流转的安全和票据权利关系的稳定。1991 年的《民事诉讼法》第 18 章规定,可背书转让的票据被盗、遗失或者灭失时,原票据持有人可以向法院申请公示催告利害关系人申报票据权利,若无人申报时由法院宣告原票据无效,申请人可以依据除权判决向支付人请求支付。同时,第 193 条以灵活开放的规定为公示催告程序的范围扩张和实体法的完善,预留了一定的法律空间,"依照法律规定可以申请公示催告的其他事项"包括 1994 年 7 月 1 日实施的《公司法》第 150 条规定的记名股票、2000 年的《海事诉讼特别程序法》第 100 条规定的提单等提货凭证。但是,1992 年 5 月 8 日《最高人民法院关于对遗失金融债券可否按"公示催告"程序办理的复函》规定的不记名、不挂失的银行金融债券不能适用公示催告,至于能否将适用范围扩展到其他有价证券,则只能留待今后的立法规定。③2007 年、2012 年《民事诉讼法》修正时均没有对公示催告程序作出变动,仍然维持了原有条款关于申请条件、公示催告、停止支付、申报权利、除权判决、撤销诉讼的规定。

但是,在司法解释层面,1992 年,《民诉意见》对公示催告程序进行了大幅的补充和完善:(1)申请人承担每件 100 元的申请费和相应的公告费(第 134 条);(2)明确票据持有人的准确含义,即失票前的最后持有人(第 226 条);(3)明确立案审查与受理的程序(第 227 条);(4)规定法院公告的内容与张贴的要求(第 228、229 条);(5)允许申报期限届满之后除权判决作出之前进行有效申报(第 230 条),且申请人查看申报人出示的票据后可以提出异议以促使法院驳回申报(第 231 条);(6)在公示催告与除权判决之间设置一个为期一个月的申请阶段,以贯彻不告不理的原则,禁止法院依职权作出除权判决(第 232 条);(7)公示催告阶段可以适用独任制审查,但除权判决涉及票据的效力和票据权利的有无时,应当适用合议制(第 234 条);(8)允许撤回申请(第 235 条);(9)停止支付属于财产保全措施,支付人拒不支付时适用强制措施(第 236 条);(10)终结公示催告程序的裁定应符合法定形式要求(第 238 条);终结之后转入的普通诉讼程序与利害关系人的撤销诉讼均适用票据诉讼的管辖规定(第 237、239 条)。

---

① 周翠:《电子督促程序:价值取向与制度设计》,载《华东政法大学学报》2011 年第 2 期。
② 王福华:《督促程序的现状与未来》,载《国家检察官学院学报》2014 年第 2 期。
③ 我国的公示催告程序相比于德日,范围仍然过于狭窄。参见江伟:《论公示催告程序》,载《中国法学》1991 年第 6 期。

2000年12月31日实施的《最高人民法院关于审理票据纠纷案件若干问题的规定》(以下简称《票据规定》)在第5章"票据救济"也补充了公示催告程序的若干规定:(1)新增三类公示催告程序的适用情形,即出票人已经签章的授权补记的支票丧失时(第25条),出票人已经签章但未记载代理付款人的银行汇票丧失时(第27条),超出付款提示期限的票据丧失时(第28条);(2)公告应当在全国性的报刊上登载(第32条);(3)因公示催告期间票据质押、贴现而获得该票据的持票人不得主张票据权利,但是公示催告期间届满以后法院作出除权判决以前取得该票据的除外(第34条);(4)对于伪报票据丧失的当事人,法院可以适用罚款、拘留的强制措施并追究刑事责任(第39条)。

2015年,《民诉法解释》在《民诉意见》的规范基础上,进一步推进了公示催告程序的发展:(1)法院在立案审查时须结合票据存根、丧失票据的复印件、出票人关于签发票据的证明、申请人合法取得票据的证明、银行挂失止付通知书、报案证明等证据,综合判断申请人在主体上是否适格(第446条);(2)公示催告期间届满日不得早于票据付款日后15日,这就将公示催告期间与票据付款日衔接起来,既能防止恶意申请人在转让票据后实施侵害他人票据权利的行为,也能避免申请人在票据到期之前就请求付款(第449条);(3)裁定终结公示催告程序的,应当通知申请人和支付人,经法院通知之后才能解除支付限制(第452条第2款);(4)明确利害关系人提起撤销除权判决之诉的法定理由(第460条),同时补充规定了撤销之诉的诉讼主体和请求内容(第461条)。此外,2016年4月11日,《最高人民法院关于人民法院发布公示催告程序中公告有关问题的通知》还规定,法院应当在《人民法院报》上刊登公告,《人民法院报》电子版、中国法院网同步免费刊载。

我国公示催告程序经过这一系列阶段的发展,可以说已经达到相对完善的程度,基本满足了快速救济票据丧失的需求。不过,在程序细节的弥补、实体法与程序法的衔接、虚假申请的防范等方面,当前的公示催告程序仍然遗留了一些问题,留待立法予以补足:(1)在申请主体上,应当对持票人从宽解释,将票据权利人(如被背书人、质权人、收款人)和票据义务人(如出票人、背书人、汇票承兑人、支票付款人)均纳入权利保护的范围;(2)针对票据丧失情形,应当在列举性规定之外附加"其他非因持票人本意丧失票据的情形",如此才能规制票据行为领域的欺诈、胁迫、抢劫、抢夺等其他情形,扩展本就狭窄的适用范围;[①](3)将《票据规定》第38条规定的诉讼担保移用于公示催告程序,以进一步遏制滥用公示催告申请的行为;(4)由于公示催告程序终结后申报人起诉较少,而除权判决作出之后就不再涉及票据权利,票据普通诉讼经常由被告住所地的法院管辖,导致管辖分散而不利于集中审理关联纠纷,应当统一以票据支付地的法院管辖票据诉讼;[②](5)公示催告期间

[①] 最高人民法院修改后民事诉讼法贯彻实施工作领导小组编著:《最高人民法院民事诉讼法司法解释理解与适用(下)》,人民法院出版社2015年版,第1190~1195页。

[②] 江苏省高级人民法院课题组:《关于票据公示催告与除权救济法律适用若干问题研究》,载《法律适用》2014年第6期。

转让票据的行为不能一律无效,应当注重除权判决以前失票人与善意取得人之间以及交易安全与票据流通之间的利益平衡,善意取得票据的受让人也可以申报权利以保护自身的合法权益。①

三、非讼程序的演进:特别程序的扩张

2012年修正《民事诉讼法》时非讼程序又迎来了进一步的扩张,首次增加了司法确认调解协议和实现担保物权两类特别程序,将司法实践中已经探索和总结出的新型非讼程序及时纳入立法,以法律的形式吸收和肯定了改革开放以来非讼程序演进的最新成果。调解协议的司法确认程序是司法实践驱动到法律文本规范、地方试点到全国推行、本土经验与域外借鉴相结合的典范,真正体现了民事诉讼法制在改革开放背景下的锐意进取精神。而担保物权实现程序则深刻反映出实体法与程序法的互动与交融,只有不同法律部门通力合作,民事权利才能在经济发展中得到全面实现和维护。

(一)调解协议的司法确认程序

人民调解是源于中国传统文化、具有中国特色的纠纷解决方式,改革开放以来,伴随着我国法制发展的进程,人民调解工作得以逐步恢复,人民调解组织也日趋健全。但是,20世纪后半期我国民事法制工作的重点几乎都放在了审判方式的改革上,呈现出重诉讼而轻调解的现象,人民调解处于持续低迷的状态。21世纪初,在构建和谐社会的政治背景和发展多元化纠纷解决方式的司法潮流之下,人民调解制度又迎来了复苏与高涨的机遇。强化人民调解的制度功能、构建人民调解与民事司法的衔接机制,不仅可以及时缓和与化解社会矛盾,积极回应民众的纠纷解决需求,而且有助于解决法院案多人少的工作压力和司法公信力面临质疑的现实困境,促进司法职能的履行与拓展。

2002年11月1日实施的《最高人民法院关于审理涉及人民调解协议的民事案件的若干规定》第一次将有民事权利义务内容的、由双方签字或盖章的人民调解协议定性为民事合同,使得人民调解协议正式具备了法律约束力,有力地提升了人民调解的实效性与权威性。当事人不得擅自变更或解除人民调解协议,就人民调解协议的履行、变更、无效、撤销等发生争议时,可以向法院起诉适用简易程序解决。同时,在诉讼之外,当事人还可以向公证机关申请赋予有债权内容的人民调解协议以强制执行效力。2004年11月1日起施行的《最高人民法院关于人民法院民事调解工作若干问题的规定》第3条则首次在司法解释中提出了法院可以确认诉中委托调解协议。但是,此时确认程序的性质与内容尚不明确。

2009年7月24日,《非诉衔接意见》吸收了甘肃省定西市法院系统自2007年试点司法确认程序的经验,要求完善诉讼与行政调解、人民调解、商事调解、行业调

---

① 孙潇:《我国公示催告制度的冲突与路径选择——以实证分析为视角》,载《山东审判》2012年第2期;李伟群:《除权判决的效力与票据善意取得之间的关系——从中、日票据法比较的角度》,载《法学》2006年第6期。

解、劳动争议调解以及其他非诉讼纠纷解决方式之间的衔接机制。首先,在人民调解之外,商事调解、行业调解、行政调解、劳动争议调解以及其他调解所达成的具有民事权利义务内容的调解协议均具有民事合同性质。其次,这些调解协议存在诉讼、申请公证、申请支付令三种获得司法保护与执行的渠道。再次,法院可以进行诉前委托调解,也可以在诉中要求调解组织协助调解。后者除了申请撤诉、由法院审查后制作调解书以外,也可以申请司法确认。最后,最高人民法院还首次确立了司法确认程序的管辖、申请、审理、确认结果等基本内容。

2010年8月28日,全国人大常委会正式通过了《人民调解法》,该法第33条首次在立法层面确立了民事调解协议的司法确认制度。紧接着,2011年3月30日,最高人民法院正式实施《关于人民调解协议司法确认程序的若干规定》(以下简称《人民调解确认规定》),对司法确认调解协议制度进行细化与丰富,并发布了司法确认申请书、受理通知书、确认决定书、不予确认决定书等法律文书样式。该司法解释对司法确认调解协议的制度完善在于:(1)在管辖上,交由主持调解的人民调解委员会所在地的基层人民法院或者它的派出法庭,诉前委托调解时由委派的人民法院管辖。(2)在程序运行上,具体规定了申请材料、受理与确认的期限、审查程序、不予受理与不予确认的情形、确认程序与救济程序等,使得当事人与法院皆有规可循,统一了不同法院在司法实务摸索过程中的做法。(3)在程序属性上,司法确认程序真正体现出非讼程序的特征,不再是当事人以起诉的方式申请法院确认调解协议的效力,而是法院以书面审查与当面询问相结合的方式在较短的期限内确认调解协议是否遵循合法、明确和公序良俗的要求,当事人可以对确认决定申请执行,而案外人也可以申请撤销确认决定。

2012年修正的《民事诉讼法》第194、195条基本沿袭了《人民调解法》第33条的规定,由法院使用裁定书确认调解协议有效或驳回申请,因此与《人民调解确认规定》使用决定书的做法不尽相同,不过,其仍保留了2009年《非诉衔接意见》关于调解协议类型的开放性规定。2015年的《民诉法解释》与《人民调解确认规定》不同的地方在于:(1)增加规定了共同管辖、口头申请条款;(2)涉及除督促程序以外的其他非讼程序、涉及物权和知识产权确权的,法院以裁定驳回申请;(3)在审查程序上,法院审查涉及双方的利害情况和事实时必须通知双方到场核实,法院在必要时还可以依职权向调解组织核实案件情况;(4)在裁定驳回申请的情形中,增加规定了违反自愿原则的情形,不再要求调解协议遵守行政法规;(5)在救济程序上,当事人和利害关系人均可以在各自的异议期间内申请撤销或改变原裁定。

综上,我国的人民调解协议从作为民事合同进行诉讼走向了通过司法确认非讼程序获得执行力,司法确认调解协议程序也由仅以人民调解协议为适用对象扩展到其他多元的调解协议类型。人民调解协议与司法确认程序成为人民法院建立健全诉讼与非诉讼相衔接的纠纷解决机制改革的重要一环,但改革的步伐不能轻易停止,随着司法确认调解协议程序在实践中积累了更多的实例与经验,我国仍应适时推进司法确认程序的改革,例如:(1)加强对当事人诉讼权利的保障,如限制诉讼外调解程序不能适用于复杂疑难的纠纷类型,尊重和保护当事人的程序选择权;

(2)加强对法院特邀调解组织和特邀调解员的规范,调整法院附设调解委员会的组成与职责;(3)完善诉前委托人民调解与诉讼程序以及司法确认程序与调解协议履行之诉的衔接机制;①(4)加强识别与规制虚假的司法确认申请,约束与监督当事人规避不动产等专属管辖进行申请的行为;(5)在具体操作上,可以完善对共同申请、管辖、审查内容、登记、裁定效力、撤销事由、执行救济等的程序设计。②

(二)担保物权的实现程序

当有担保的债权清偿期限届满却未受清偿时,债权人期望借助担保物权迅速获得优先受偿,担保人可能也希望及时消灭担保负担。此时担保物权的实现程序就可以满足债权人和担保人的两方期待,通过比普通诉讼程序更加简易、便捷的非讼程序,降低权利实现的成本,避免诉讼程序的烦琐环节,节约法院的司法资源,防范担保物的价值贬损。但是,担保物权实现程序的形成并非一蹴而就的,而是经历了相当的争议和复杂的演化,主要包括自力救济、诉讼救济、执行救济、非讼救济四个阶段。

首先,实体法在改革开放初期就适时规定了担保物权的实现条件,但是由于诉讼法在此方面的缺位,实现担保物权的具体程序只能停留在自力救济阶段,即依靠单方力量或当事人之间的协议自主实现担保物权。例如,《民法通则》第89条和1995年《担保法》第71条第2款和第87条第2款规定,债权人可以依法以抵押物折价或变卖的价款优先受偿,质权人或留置权人可以协议折价或依法拍卖、变卖出质或留置的财产。其次,实体法在发展过程中,尝试以诉讼救济的渠道解决担保物权的实现程序问题,但也只是指出了一个大致的方向,更引出了公力救济领域中诉讼、执行与非讼的选择争议。例如,1995年,《担保法》第53条第1款在质权、留置权的自力实现之外,特别赋予了抵押权人提起诉讼的权利。2000年12月13日实施的《最高人民法院关于适用〈中华人民共和国担保法〉若干问题的解释》第128条规定了债务人和担保人在实现担保物权的诉讼中作为共同被告的主体地位,第130条排除了依据主合同的裁判直接执行担保人财产的可能性。但是,1999年的《合同法》第286条规定,当事人可以协议将建设工程折价,或申请法院拍卖,此时就没有明确要求通过诉讼实现法定优先权。再次,《物权法》的出台更是加重了这种争议。《物权法》第195条规定了抵押权人请求法院拍卖、变卖抵押财产和其他债权人请求法院撤销实现抵押权的协议,第220条和第237条在质权人和留置权人协议折价或自主拍卖、变卖之外,规定了出质人和留置中的债务人可以请求法院拍卖、变卖质押财产。这里,"请求人民法院拍卖、变卖抵押财产"的理解存在两种相反的观点:学界和司法界认为属于非讼程序,但最高人民法院物权法研究小组认为仍是诉讼程序。此外,司法实践还衍生出类似德国、日本、韩国的依据公证文书

---

① 张红侠:《人民调解与民事司法衔接十年考(2002—2012)》,载《西安交通大学学报(社会科学版)》2013年第4期。

② 周翠:《司法确认程序之探讨——对〈民事诉讼法〉第194条至第195条的解释》,载《当代法学》2014年第2期。

直接执行的模式,即抵押权人可以与抵押人达成具有强制执行力的公证文书,约定债务到期而不履行时可直接申请法院强制执行。但其局限性在于,必须当事人事先一致同意,当事人事后一致同意的概率较低,且公证债权文书的适用范围只限于给付货币、物品和有价证券的情形。①

由此可见,实现担保物权的程序必须由诉讼法填补和完善,实体法在权利基础和构成要件上的制度优势并不能解决权利实现的程序问题,特别是诉讼、非讼与执行的方法选择问题,仍应在诉讼法的框架内解决。最终,2012 年《民事诉讼法》选择了类似我国台湾地区许可拍卖裁定的非讼程序,以利用非讼程序快捷、简便、经济的特点,适应我国行政机关主持不动产登记的现状,配合担保市场快速发展的经济形势。② 2015 年,《民诉法解释》又在此基础上推进了担保物权实现程序的完善,以 14 项条文细化规定了该程序的具体内容:(1)扩张解释申请主体的范围,第 361 条将抵押、质押、留置中的权利人和义务人都囊括进来。(2)在管辖法院的确定上,增加对权利质权、专门管辖、担保财产分散情形的规定,弥补了立法上的缺漏。(3)在审查内容方面,明确要求法院应当审查主合同债权、担保物权的实现条件、是否损害他人合法权益、担保物权实现顺序、提交材料的完整性等,列举性的开放规定也足以容纳法院在司法实践中遇到的特殊情形,如担保物权是否超出诉讼期限。但是,登记在先的担保物权尚未实现时不影响后顺位权利人提出申请,可以在实现担保物权时保留顺位在先者的份额。《物权法》第 195 条规定的当事人协议也非前提条件,而只是赋予更多的选择途径,减轻法院执行工作的压力。(4)在审查程序上,新规定了被申请人接受送达和异议权、审查的独任制与合议制组织形式、非开庭审查与职权证据调查程序、非讼程序中准用诉讼保全规则。不过,其仍然没有增设法院发现裁定错误或发生情势变更时依职权撤销或变更原裁定的情形,也没有将司法实践中公开听证的做法正式引入立法。(5)在审判与救济程序上,新增了部分裁定和当事人、利害关系人提出异议的情形。根据有关统计,司法实践中有近三分之一的案件因被申请人提出异议而驳回申请,利害关系人提出异议的情形较少,但是也有超过一半的异议申请得到支持。③ 由此可见,担保物权的实现程序既能做到及时实现权益,也能为被申请人和利害关系人提供基本的程序保障。

不过,我国担保物权实现程序在规范和实践上还远没有达到完美无缺的程度,仍然遗留着以下几方面的问题:(1)其他利害关系人是作为被申请人还是审查程序的询问对象,并不明确。有观点主张,为减少后续纠纷、节约司法资源,立法应当尽可能地将相关利害关系人都列入被申请人范围,如主债务人、其他抵押权人、担保

---

① 江必新主编:《〈中华人民共和国民事诉讼法〉修改条文解读与应用》,法律出版社 2012 年版,第 334~337 页。
② 毋爱斌:《"解释论"语境下担保物权实现的非讼程序——兼评〈民事诉讼法〉第 196、197 条》,载《比较法研究》2015 年第 2 期。
③ 李林启:《实现担保物权非讼程序价值实证分析》,载《湖南社会科学》2018 年第 2 期。

财产的占有人或受让人、申请查封或扣押的主体等。① 但是,被申请人与利害关系人的权利义务不同,添加过多的被申请人可能不利于法院的审查和判断,延滞非讼程序。(2)司法实践中能否真正贯彻落实担保物权的实现程序,还面临着实务上的阻力和压力。法院担心放开担保物权的实现程序会加大执行难度,大量不动产交易进入执行程序会扰乱社会稳定,侵犯他人合法权益,而如果限缩担保物权的实现程序又会导致新制度的空置。(3)非讼裁定生效后,当事人能否直接申请执行,在司法实践中存在两种标准:一是仍应以主债务或担保债务未自动履行为条件;二是无条件申请强制执行。未来立法应当以后者为准,以落实非讼裁定的执行力度,及时实现当事人的合法权益。② (4)各地法院的许可拍卖、变卖裁定中,主文一般会确定变现方式,但对是否明确优先权和担保物权的优先受偿数额,做法不一。如果非讼裁定没有明确担保物权的优先受偿数额,还可能需要当事人另行起诉确定主债权数额,这就产生了非讼化不彻底、增加当事人诉讼成本等问题。因此,我国有必要在今后的立法或司法解释中明确裁判主文的内容,要求规定变现方式和受偿数额两方面内容。③

四、非讼程序的前景:非讼程序法的制定

我国非讼程序经历了确立、发展、演进的长期历程,不仅成长为民事诉讼法制上重要的程序机制和解纷方式,在当事人的程序选择中日益占据重要的地位,而且依旧保持着充分发展的空间和活力,在民事立法细致化的潮流下有望独立立法,真正成为与普通诉讼程序交相辉映的程序设置。④

一方面,非讼程序独立立法的必要性或意义在于:(1)随着我国改革开放的深化与市场经济的腾飞,非讼案件的增长有力地推动了制定单行法的现实需求。诸如法人解散、社团登记、申报限定继承等许多纠纷类型更适宜利用快捷、便利、经济的非讼程序解决,以基本的司法审查和程序保障维护非讼当事人的合法权益。(2)非讼案件与诉讼案件具有不同的特点,非讼程序与诉讼程序也有着相异的运行机制,分开立法有利于廓清两者的界限,增强程序的针对性,维护民事诉讼法在体

---

① 王明华:《担保物权实现程序适用中的若干问题》,载《人民司法·应用》2013年第15期。不过,有观点主张,抵押物的受让人不可能成为被申请人,因为抵押物的转让须得到抵押权人的同意,之后抵押财产就不再存在权利负担。参见程啸:《论抵押权的实现程序》,载《中外法学》2012年第6期。

② 高生林、薛淑霞:《担保物权非讼程序实现的制度构建——以非讼程序与诉讼、执行程序的衔接为视角》,载《司法体制改革与民商事法律适用问题研究》2015年版,第798~800页。

③ 毋爱斌:《实现担保物权非讼许可裁定的文本分析——基于北京、重庆、广东三地法院的考察》,载《法律科学》2014年第5期。

④ 但就非讼程序立法的阶段性,有学者主张在目前阶段应当先将理论和实务上研究相对成熟的非讼程序纳入特别程序章节,待非讼程序发展壮大至民事诉讼法已经无法容纳时,就到了独立立法的时机。参见赵蕾:《非讼程序论》,中国政法大学出版社2013年版,第316~317页。

例与规范上的整体性与协调性。① (3)我国《民事诉讼法》关于特别程序、督促程序和公示催告程序的规定仍然表现出诉讼程序与非讼程序的界限模糊、非讼程序的依附性过强等问题,制定独立的非讼程序法可以从根本上解决目前学理与实务上的各类争议。例如,立法应当剔除不属于民事案件的选民资格案件,及时纳入撤销监护人资格、取消遗产取得权、指定清算组成员等新增的非讼案件类型。

另一方面,非讼程序法主要解决的问题在于:(1)扩张非讼案件的类型,拓展非讼程序的功能。目前的非讼程序适用范围仍旧过于狭窄,应当结合经济发展程度、公民权利意识、国家权力分工、民事司法政策、实体法律规范等因素,合理拓展和确定与案件性质和审理方式相适应的适用范围,防止诉讼案件非讼化和非讼案件诉讼化的过度延伸。同时,非讼程序的狭窄范围也限制了非讼程序功能的发挥和拓展,我国应当从法律事实或法律关系的确认功能走向纠纷解决与纠纷预防功能的并重。② (2)合理进行体例安排和章节设置。非讼程序法可以划分为总则与分则,总则部分规定适用范围、管辖法院、基本原则、程序制度、主体制度、裁判制度、救济程序等,分则部分应当针对每一种非讼案件类型适用具体且特定的相应程序,包括民事非讼事件(如提存、行为能力认定、财产无主认定、失踪与死亡的宣告、调解协议确认、实现担保物权等)、家事非讼事件(如婚姻、家庭、收养、监护、遗产分割、遗嘱执行、夫妻财产登记等)、商事非讼事件(如高管的职务解除、公司的整顿与清算、法人组织的变更与解散、商业登记、商业调查、查阅账簿、票据纠纷、信托关系、拍卖事件等)。③ (3)宏观构建非讼法理,统领和聚合不同的非讼程序类型。域外立法和我国学界一般认可的非讼法理包括职权进行主义、职权探知主义、不公开审理主义、非直接审理原则、非言词审理原则、自由证明制度等。④ (4)集中解决围绕非讼程序的基本理论问题,保障非讼程序在司法实践中的顺畅运行。在审查形式上,非讼程序是采用形式审查还是(充分或有限的)实质审查;在裁判效力上,非讼裁判是否具有既判力,形成权利或确认事实的时间是判决生效时还是判决另定时间;在程序救济上,当事人和案外人如何救济非讼裁判中的错误,是否可以申请再审、提出异议或者适用审判监督程序等;在制度制约上,如何防范当事人提出虚假的非讼申请;等等。

---

① 廖中洪:《制定单行〈民事非讼程序法〉的建议与思考》,载《现代法学》2007年第3期。
② 郝振江:《论非讼程序的功能》,载《中外法学》2011年第4期。
③ 郝振江:《论非讼程序在我国的重构》,载《法学家》2011年第4期。
④ 张卫平:《民事诉讼法》,法律出版社2016年第4版,第441页。

论督促程序的审查方式

■ 廖 浩[*]

摘 要 我国督促程序中的申请及异议均采用实质审查的方式。督促程序采用何种审查方式取决于程序主体、案件数量、标的额及程序效果等因素。我国督促程序审查方式以较高强度为宜。督促程序审查方式的模式可分为请求个别化审查、有理性审查与实质审查。督促程序实质审查导致程序更加繁复,但另一方面督促程序中的实质审查仍有过犹不及的缺失。督促程序前置审查需向形式化方向发展,为预防滥用程序、制造虚假债权损害他人利益,需要将再审、执行异议诉讼等程序作为督促程序的后置实质审查程序。

关键词 督促程序 支付令 审查方式

一、问题的提出

《民事诉讼法》第214、216条规定,债权人申请支付令需提出请求所根据的事实、证据且法院应审查此类事实、证据。2015年,《最高人民法院关于适用〈中华人民共和国民事诉讼法〉的解释》(以下简称《民诉解释》)第433条规定了债务人对支付令的异议,对此实务部门认为,法院应"实质审查"债务人异议,亦即,债务人异议也需提出理由与证据,其理由在于以往债务人任意对支付令提出异议,导致其实施效果不佳。这里的"实质审查"与通常民事诉讼程序中的实体审查应仍有所区别。通常民事诉讼程序中的实体审查系采用证据方法适用法定证据收集及调查程序,并在满足当事人质证等程序保障的前提下由法官运用心证斟酌以发现案件事实。

上述督促程序中的"实质审查"显然不能与此等量齐观。因督促程序终究是非讼程序,而非诉讼程序,故督促程序中的证明对象事实、具体审查方式乃至审查主体均有所不同。通常民事诉讼程序中的证明对象事实为法律规范的要件,督促程序中的证明对象事实一般是《民诉解释》第429、430条等条文所规定的要件,包括申请支付令债权的无对待给付与合法性、尚未到期等条件。当然,督促程序与通常民事诉讼程序中的证明对象事实也有部分重叠之处,典型者如债务人异议理由是否充分,事实是否清楚,证据是否真实确凿。从具体审查方式看,通常民事诉讼程序受口头、公开、对审、直接原则支配,其证据调查程序在民事诉讼法中的法定证据类型有明确规定,而督促程序中对事实及证据的审查程序尚无明文规定。一般而

---

[*] 廖浩,重庆大学法学院讲师。

言,非讼程序中的审查程序不以口头、公开、对审为必备条件,尤其是在督促程序中多采用书面审查,仅由审查主体依职权决定是否询问当事人。又因为督促程序审查欠缺双方当事人对立的格局,在证据调查时不会出现质证及提出相反证据的情况。另外,在域外督促程序中,办理案件的人员可以是司法辅助官(例如德国),亦即无须法定法官负责此类事件,而通常民事诉讼程序中的裁判组织则必须由法定法官担当,只是《民诉解释》第430条规定督促程序由审判员一人审查。当然,这也体现出督促程序与通常诉讼事件的差异。

　　本文关注的问题在于,上述"实质审查"方式是否妥当。在学理上,督促程序中的审查方式可分为请求个别化审查、[①]有理性审查以及实质审查三种。其中,请求个别化审查是指由申请人根据个案需求特定债权的性质、数额、发生时点等,以将其与其他债权区分,而法院仅将其称为形式审查。有理性审查(又称为一贯性审查)则是债权人在支付令申请中记载其债权发生的原因事实(具体权利发生事实)并由法院根据其所主张的事实适用实体规范判断其债权能否成立,不问该等事实有无证据证明其确实存在。此种有理性审查或一贯性审查也不需要证据调查手续,在此意义上也可将其称为形式审查,但其涉及适用实体法的涵摄,因此与前述请求个别化审查纯粹从形式上加以审查仍有实质差别。而民诉法及其司法解释与实务观点即可归入实质审查的类别中。采用何种审查方式取决于多种因素,例如程序主体、案件数量及程序效果等。本文区分债权人申请与债务人异议的审查程序,结合上述因素并借鉴比较法上不同程序模式所揭示的程序运用思考方式,探讨实质审查的妥当性问题。

二、督促程序审查方式的确定因素

　　如前所述,督促程序中的审查方式可分为请求个别化审查、有理性审查与实质审查,采用何种审查方式取决于程序主体、案件数量、标的额及程序效果等因素。各个因素并非能单独确定督促程序审查方式,而需要相互结合共同影响相关政策的衡量。在不同立法例中,督促程序审查方式有不同模式乃至些许或显著的差异,但确定其审查方式的因素大体上具有共通性,只是在不同的审查方式中上述因素的结合或"配比"方式有相应的变化。督促程序审查方式的确定因素相互间的作用方式正如在电脑上修图,选择"固定比例"一项时,调整长度也会导致宽度变化,因此,它们之间也是牵一发而动全身的关系。兹分述如下:

(一)督促程序运行主体

　　通常民事诉讼程序系在双方当事人对实体法律关系有争议时由国家裁判机关郑重做出判断的手续。司法是公正的最后一道防线,所以要确保裁判主体的正当性,为此设有法定法官的要求,其涉及法官教育、养成、考核、身份保障等方面。而在非讼程序中,无论该事件是否具有所谓的"讼争性",其纷争烈度与处置手段都与通常争讼程序迥异。非讼事件尤其是督促程序的纷争烈度受制于其程序要件,民

[①] 周翠:《再论督促程序电子化改革的重点》,载《当代法学》2016年第6期。

诉法及司法解释规定存在对待给付、债务关系不明确等情形不得申请支付令,即是对程序当事人纷争烈度的必要限定;再者,非讼事件本质上系国家基于监护而非裁断的立场介入当事人间的事务,在督促程序中也无未原样照搬雍容华贵的审判程序之规定。因此,非讼事件并不严格要求以法定法官作为程序运行主体。在多数立法例中,办理督促程序的人员多非法官。例如,德国是以司法辅助官(或称为司法事务官)办理督促案件,日本则可将督促案件交由书记员办理,对这些司法辅助官或书记员的学历、工作年限等的要求均远低于对法定法官的要求。

  督促程序的审查方式取决于程序运行主体自身方面的资质、能力或条件。如前所述,司法辅助官或书记员的学历、工作年限等要求远低于法定法官,其在督促程序中主要实施形式审查,而非实质审查。而通常民事诉讼程序则是由法定法官斟酌证据形成心证、认定事实并解释、适用法律。反过来讲,对于民诉法、司法解释以及实务部门而言,由司法辅助官或书记员办理通常民事诉讼案件固然极其不妥,需由审判员办理督促程序案件也不见得较为合适。司法辅助官或书记员办理通常民事诉讼案件严重违反法定法官的要求,可能侵蚀司法公正。由审判员办理督促程序案件是否符合经济原则,颇有疑问。尤其是在案多人少的大背景下,办理通常民事诉讼案件人手还很紧缺,再要求审判员在督促程序中贯彻实质审查,其可行性有待商榷。

  不过,纯粹将督促程序交由非法官人员办理仍有不足之处。因为非法官人员所处理的督促程序,本身也具备特殊性。一般认为,督促程序是在债务人没有异议时快速生成执行名义的手续,支付令至少能具备执行力,将来可以启动强制执行程序,可见,督促程序对于程序当事人的实体及程序利益有相当的影响。但这并不意味着经济原则与程序当事人实体及程序利益保障无法完全兼容。在督促程序中,主要由司法辅助人员或书记员进行审查,如此可实现经济原则,节约司法资源及当事人的时间、精力、金钱等方面的成本,并且,可以在某些情形中例外地由审判员参与并担当程序救济主体;此外,即使支付令生效,也可以通过审判员参与针对生效支付令的特殊救济程序(事后救济)的方式为程序当事人提供较为充分的实体及程序利益保障。此种程序结构并非不必要的叠床架屋,而是力图使法定法官可有机地介入、参与督促程序及其后续手续中。只有既要求审判员一人审查支付令,又为生效支付令开启其他由法官运行的救济程序,才属于不必要的重复。

  (二)督促程序案件数量及标的额

  督促程序制度的目的即在于大幅减轻司法负担,分流案件以健全司法机能,并借此确保通常民事争讼程序免受激增的案件数量冲击。因而,督促程序在设置上就与通常民事诉讼程序乃至简易程序、小额程序有根本的不同。在学理及比较法上,督促程序几乎是以债务人异议作为其唯一的事前(支付令生效前)防御方式。当然,即使依照民诉法、司法解释以及实务观点,审判员一人所为的实质审查也与上述民事诉讼程序不同,尽管这可以被认为是属于程度上的差别。

  程序中的审查方式受到案件数量的影响。在督促程序利用率高、债权人提出申请件数较多的国家,由法定法官或司法辅助人员等逐一实质审查并不现实,甚至只做有理性审查都很困难。在这种情形下,我们往往要进一步废除督促程序申请中的有理性审查,转为请求个别化审查,或仅实施有限的有理性审查。民诉法、司法解释以及实务观点所采取的实质审查方式,是否系基于实务中督促程序案件数量不高的考虑,有待相关数据的发掘;但实务中的督促程序案件数量占法院民事案件总数比例低于域外一些国家,应无争议,因为一般而言督促程序在我国的利用率偏低。在这种情况下,由审判员一人进行实质审查,似乎也不存在太大的问题。当然这一点也有待实务观察的验证。另外,案件标的额也影响审查方式的选择。案件标的额越高,意味着督促程序及其支付令对于债务人的实体利益影响越大,从审查方式的选择来说往往更倾向于加强其审查强度,即从请求个别化审查渐次向有理性审查偏移。只是尚未观察到根据不同债权标的额分别为其设置不同审查方式的立法例,这也是与程序制度自身所具备的弹性最大限度有关。处理某一类事件的程序之所以成为程式化的手续,与其自身内容的固定化密不可分,舍此便无所谓安定的程序可言。诚然,针对不同类型的纠纷或事件需采用相应的不同程序加以因应,但针对不同案件标的额设置督促程序的不同审查方式,终究与程序的固定化及安定性存在紧张冲突,过度强调督促程序的弹性构建将使程序自身欠缺固定基准,也不能使之在实务中得以安定适用。因此,可能的做法就是限定督促程序申请支付令的债权数额,或者对特定债权所约定的过高利息率的情形排除适用督促程序。基于这种思路反推,民诉法及其司法解释均未对申请支付令的债权数额做出限制,假设出现较为极端的个例(例如,诈骗集团对不识字群众向法院主张就巨额债权申请支付令),如果并不对其做更高要求的审查而只要求债权人在申请时具体表明其债权请求,将严重侵害当事人的正当实体利益。

(三)督促程序法律文书的法律效果

程序后果对于具体的程序设置有相当重要的作用。在通常民事诉讼程序中,在无其他诉讼内多样纠纷解决机制(例如,法院制作调解书结案)运用的情形,一般系由法定法官下郑重裁判结束当事人纷争。此种裁判系为恢复法和平状态、消弭争议以回应原告的诉请,因此需要赋予其强到苛酷的效力排除杜绝当事人后续再行争议,此种效力即既判力或实质确定力。观诸德、日等国民事诉讼裁判的效力,其无一不严格限制排除既判力的程序(再审等)及其事由,以至于纯粹适用法律或认定事实有误尚不足以启动再审程序突破生效裁判的效力。足见在此等立法例下,法官适用法律出于法官知法原则,其认定事实则仅受心证原则及经验法则拘束。然而,独断地赋予裁判以既判力并不妥当,在程序中还应给予当事人以听审保障以穷尽救济途径。在适用法律方面,有法观点开示及讨论义务与法官知法原则相对;在事实提出及认定方面,则根据辩论原则以当事人及其诉讼代理人作为事实资料的主要来源,且法官在心证时应适时开示其心证并详为阐明,指引当事人辩论(包括事实与证据的提出);除此以外,也存在着由听审保障要求所具体化的当事人及其诉讼代理人的诸多诉讼权(辩论权、陈述权等),为此也可设定特别救济途径以资保障。民事诉讼法所规定的当事人辩论权,一方面可理解为当事人依据辩论原则主张事实,提出证据活动,另一方面则是对法院认定事实适用法律有实质影响的真正权利,这是为了承接《宪法》第139条对诉讼权的规定。因此,通常民事诉讼程序后果即确定裁判具有强烈的效力,其审理方式也就较为严格。

同理,督促程序的审查要求通常也与其程序后果具有正相关关系。督促程序中债务人未提出异议的程序后果便是生效支付令,其效力越强则督促程序审查方式越严格,反之亦然。这里涉及生效支付令到底具有何种效力的问题。民事诉讼法上程序后果的效力系抽象无形的概念,这里主要探讨有无既判力或实质确定力(生效支付令当然具有执行力),其具化则可体现在"嗣后何人对于何等具体事件不得再行通过起诉或其他程序加以争执"的问题上,亦即,反映在前后程序(或诉讼)的关系上。另一方面,如前所述,再审等程序系裁判生效后例外开启的救济程序,且其针对生效裁判,因此,学理将其作为排除既判力的手段。督促程序是否具备类似于既判力那样强烈的效力,表现在以上两个方面。如果认为生效支付令发生既判力,则双方当事人不得再对支付令中的债权债务关系向法院提起诉讼,例如,债务人不得起诉请求判决确认该债务关系不存在,或者债务人在该支付令执行到案后起诉请求法院判决返还执行案款。前者一旦提起即应裁定不予受理或驳回起诉,债务人如提起后一诉讼,则后诉请求与支付令中的给付内容并不一致,因而诉合法,但法院应根据生效支付令所确定的债权债务关系内容作出后诉裁判,即以诉无理由判决驳回。这都是因为其违反了一事不再理原则,前者诉讼受到支付令"既判力"消极作用的遮断,后者诉讼受到既判力的积极作用。倘若不承认生效支付令发生既判力,那么债务人仍可嗣后对债权人提起上述诉讼,法院应当在后诉中依照通常民事诉讼程序中的证据规定与相应的调查程序认定事实,并适用实体法判断生效支付令中的债权是否真实存在。至于上述第二个方面,如果认为须对错误的生效支付令启动再审程序,则生效支付令更倾向于有既判力。需要指出的是,上述方面并非都能铁板一块地反映出民诉法及其司法解释与实务部门对于支付令有无既判力的立场,因为严格来说,认为民诉法及其司法解释与实务部门是在基于"支付令有无既判力的立场"之上设定上述制度的观点不太符合实际情况。这关系到制度设计者及运行者在设计、运行督促程序时有无在先的"生效支付令既判力"观念。这种认识对考察民诉法及其司法解释与实务部门观点的教示主要在于,需以开放态度理解具体的处理方式,而不宜简单地因为其在上述某方面的处理方式贸然认定生效支付令是否有既判力。

民诉法及其司法解释并未明确双方当事人能否再针对支付令中的债权债务关系提起通常诉讼。审判实务中的观点具有不确定性。[①] 有裁判认为,生效支付令直接发生"一事不再理"的效力,因此不允许当事人再行起诉;即使在前生效的支付令中仅要求债务人履行本金债权,但该生效支付令也禁止债权人在后起诉主张利息,债权人提起后诉主张利息时应裁定不予受理或驳回起诉。相反,则有观点认为,生效支付令中对于债权债务关系是否真实发生的记载,不能拘束后诉法院,在

---

① 吴泽勇:《民事诉讼法教义学的登场——评王亚新、陈杭平、刘君博:〈中国民事诉讼法重点讲义〉》,载《交大法学》2018年第3期。

后诉中仍然应当按照一般证明责任分配的规则由债权人对债权存在承担证明责任。这是因为,生效支付令并不属于能够发生"预决效力"的生效法律文书,因此,不对后诉发生预决效力。与此较为近似的观点则认为,督促程序以当事人之间不存在实体上的债权债务纠纷为前提,并不解决当事人之间的民事权益争议,具有非诉的特点,因此,双方当事人如再对支付令债权提起诉讼程序,不构成重复诉讼;但是,既然债务人在此前的督促程序中并未对债权提出争议,且生效支付令也已确定实体权利,则应驳回诉讼请求。另有裁判在具体案件中认为,生效支付令涉及执行程序,通常民事诉讼程序无法解决和认定支付令涉及的资金是否属抽逃出资,故当事人应通过"法律规定的其他途径"解决。本案法院虽然认为当事人对生效支付令中的法律关系提起的民事诉讼不合法,但未进一步明示何种程序是"法律规定的其他途径"。最高人民法院等上级裁判机构则认可对生效支付令启动再审程序。确实民诉法及其司法解释与实务部门的观点有模糊与难以把握之感,因而需要相应地采用适宜的解读方法与路径,亦即,应寻求其观点真意并在谋求裁判观点之间的"最大公约数"的前提下使多数裁判观点形成有序体系,不能片面地拘泥于文字的某一方面。首先,上述第一则裁判侧重于强调生效支付令具有类似于生效裁判的"一事不再理"的效力。至于"当事人再次起诉应驳回起诉抑或驳回诉讼请求"(上述第三则裁判对此有涉)、"生效支付令是否及于债权利息"等则是需要进一步探讨的问题。其次,上述第二则裁判主要是判断生效支付令是否发生预决效力,而此种预决效力与学理上的既判力积极作用具有一定的差异,因此应对其详加甄别。再者,上述第四则裁判否认针对生效支付令中债权性质提起通常民事诉讼,因此也具有承认生效支付令具有既判力的倾向,与最高人民法院等认可对生效支付令启动再审程序的态度相近。综上所述,结合审判实务中的观点看,生效支付令在学理上观察具有既判力,尽管其具体作用、范围、与其他裁判效力的关系等问题仍有待明确。

基于上述考察,我国督促程序审查方式似以较高强度为宜。不过,以上仅为偏重学理层面的讨论,不同立法例中上述三因素对督促程序审查方式发生具体影响的情形各不相同,有些甚至另辟蹊径或反其道而行之,其逻辑成因亟待深入分析。另外,上述三因素相互之间的作用也需要置于不同审查模式中详细剖析。

三、督促程序审查方式的模式选择

前已述及,督促程序的审查模式分为请求个别化、有理性审查以及实质审查三种。本文既着手分析督促程序运行主体、案件数量及标的额、生效支付令的效力等因素对审查模式形成的作用机制,也将细致探讨上述因素彼此之间牵连的关系,以探求有无更为妥适的程序模式。

(一)请求个别化审查模式

请求个别化审查要求法院对债权人申请的特定债权在形式上加以审查,其中不涉及证据调查及该债权是否符合有理性的判断。此种审查模式系最低限度的审查。其目的:一方面是,为预防债务人提出异议,要求债权人在申请支付令时提前特定诉讼标的;另一方面,唯有债权人特定其所主张的债权,方能由债务人确定支付令中债权具体是哪一个,借此判断其是否存在并决定是否需提出异议。采用这种审查模式的立法例主要是德国。之所以采用这种审查模式,大体上受到两个因素的作用。

其一,督促程序审查主体并非法官,而是司法辅助官(或称为司法事务官)。司法辅助官的任职条件、资历远低于正式法官的要求,因而由其运行督促程序时,并不适宜对债权人债权调查取证、认定事实并适用法律作实质审查,也不宜由其根据实体法规定的法律规范要件判断债权人债权是否存在。形成事实心证并适用法律乃法定法官的专属权限。因而,司法辅助官在督促程序中主要对债权人所提出的债权是否符合申请支付令的形式条件加以审查,在不符规定时要求加以补正或驳回之;此种审查仅系基于诉讼法关于督促程序的规定,并不适用实体法规范。

其二,督促程序案件数量相对较多,导致实务中无暇针对债权人申请作实质审查乃至于有理性审查。德国历史上曾经对债权人申请进行有理性或一贯性审查,但是在实务中因为督促程序案件数量的增长,渐渐放弃此种有理性审查;作为对这种状态合法性的确定,德国于1976年废除了督促程序中的有理性审查。当然,要贯彻请求个别化审查方式,就不得不慎重考虑是否所有高额债权都可以申请支付令。为避免过高额债权轻易通过由司法辅助官的请求个别化审查产生生效支付令,在此种审查方式下需要对个别类型下的过高额债权加以限制。德国法上禁止债权人在消费者分期贷款约定过高利息率的情形下申请支付令,也正是基于请求个别化审查方式所导出的合理结果。

在督促程序审查主体与案件数量之间也存在相互作用的关系。在督促程序案件数量较多的情况下,督促程序审查主体就很难保证是法定法官。在实务中,法定法官相较于司法辅助人员而言始终是少数,德国同样也处于预算不足、人手不足的困窘状态。不过,相对于此种最低限度的审查模式,德国法上对于督促程序生效支付令的效力规定却较为强烈。其学界通说及实务观点大多认为,生效支付令具有完全的实质确定力,因此,当事人不能再对支付令债权提起诉讼,也不能以支付令确定前的事实为由提起执行异议之诉以排除该支付令的执行力。这样,在确定督促程序审查方式的一些因素之间,实际上呈现出看似较为紧张且矛盾的状态。督促程序审查主体并非法官,但其发生的支付令生效后具有与法官作出的裁判确定后相同的既判力,这在学理上可能有悖于程序保障原则。然而,从其他因素看,督促程序件数较多,如果支付令生效后还容许当事人再对该债务关系加以争执,则此前的督促程序不啻前功尽弃,造成司法资源的浪费。此时在固守生效支付令具有既判力的命题之外,还需要其他制度配合或补充请求个别化审查模式。

(二)有理性审查模式

有理性审查模式的形成也受到审查主体及案件数量、标的额的影响。有理性审查虽然涉及适用实体法的判断,但其并不需要确证当事人提出的案件事实为真,也无需动用证据加以调查。为使法院践行此种审查方式,申请人必须提出其债权存在的权利发生事实,倘申请人未尽主张责任或于表示其债权外并未主张具体事实,法院即不能完成有理性审查并对申请相对人发出支付令;并且,如果原告所主张的债权违反法律的强制性、禁止性规定(例如,主张赌债),或原告所主张的事实显然不能涵摄具体实体法规范导出其所申请的债权,则其也不能通过审查。故而有理性审查的强度处于另外两种审查方式之间。此一审查方式可由司法辅助人员或法官实施。但多数立法例下是由司法辅助人员实施,只有少数立法例中是由书记员实施;在有些特别情形中则要求正式法官介入,例如,对于驳回支付令申请的裁定,当事人可向正式法官声明不服。由此可反推审查主体对此种审查模式形成的影响,有理性审查模式下的程序运行主体配置较之请求个别化审查模式而言更为周全。另外,在上述立法例中,督促程序事件数目也较为庞大,这也导致其采用有理性审查方式;在限制督促程序申请支付令债权额的立法例中,其显然对督促程序的运用持谨慎立场,因而也采用有理性审查这一较高强度的方式。综上可知,有理性审查模式无论是在审查主体还是案件标的额方面都倾向于增强对当事人的保障;当然,督促程序案件数量等客观情势对审查主体与审查方式等制度设置起了更为重要的作用。

在有理性审查模式之下,生效支付令的效力反而弱于前者。有立法例认为生效支付令发生有限的执行力,但不具备既判力,有立法例则直接否定生效支付令发生既判力。其主要动因仍在于此等立法例对督促程序运用所持的谨慎立场。既然将有理性审查方式导入督促程序中,便意味着立法者很难容忍滥用督促程序、假造债权恶意诈害无辜被申请人的行为,因而往往倾向于否定其具有既判力,如此则被申请人可在支付令生效后提起执行异议之诉,排除该支付令的执行力而不受既判力基准时的限制(不再需要以既判力基准时后新发生的事实为由提起该诉)。

(三)后置审查模式

督促程序除在债权人申请支付令与债务人提出异议时的事前审查外,也有法院发生支付令生效后的审查(后置审查)模式。在上述请求个别化以及有理性审查等前置审查中,其强度、范围等始终受到较大限制,督促程序能否产生出生效支付令主要取决于债务人是否提出异议。在当事人滥用督促程序,假造债权恶意诈害无辜被申请人时,被申请人一旦因欠缺法律知识或无相关经验而未能及时提出异议,导致支付令生效,这将严重损害实体公正。诚然,支付令应具备一定的效力才能使督促程序发挥其程序功能,但上述情形无论如何都不能继续维持支付令的效力。因此,在有些立法例中,虽然事前审查强度较弱,但对类似上述的特殊情形仍设有后置审查程序加以补救。这里就有必要讨论,将审查程序后置是否有一定的道理,易言之,是像民诉法及司法解释规定那样加强事前审查较为妥当,还是在支付令生效后补充一道后置审查程序较为合适?

对于上述问题,我们需要回到督促程序制度自身的功能重新出发,审视其程序配置的结构。一般而言,督促程序作为大幅减轻司法负担的制度,自身所附带的审查程序不宜过于繁复,否则将与通常诉讼程序并无太大差异。但如始终不设置审查及救济程序,将可能发生上述严重损害实体公正的情况。在这种情况下,我们需要协调实体公正与程序效率的关系。这对我国督促程序的设置也有相当的意义。

因此，需要在我国相关制度背景下探讨审查后置是否妥当的问题。

四、督促程序审查方式的重构路径

本文第二部分具体论述督促程序审查方式的确定因素，其中对于我国相关因素的情形也作出相应讨论；本文第三部分则针对具体审查模式进行说明，提出督促程序审查后置的问题。以下将根据我国实务的情况深层探讨并重构督促程序审查方式。

(一)督促程序实质审查的问题点

我国对于督促程序的实质审查需要运用证据及适用实体法。这其中即存在着上述疑问。为防止申请人恶意滥用督促程序或双方当事人串通利用督促程序假造债权，同时也出于限制被申请人提出异议的需要而采用此种审查方式，将使得督促程序的繁复程度加重。如此一方面意图矫正、监督、提高督促程序的利用，另一方面则加重督促程序所占用的司法资源，这两者似乎存在一定的冲突。督促程序通常采用轻装上阵的审查方式以节约司法资源及当事人所投入的时间、精力、金钱成本的意图，可能就较难实现。再者，民事诉讼上为舒缓案件压力所设置的诸多纠纷解决机制及诉讼内程序制度也存在相互"竞争"的关系。在此前的司法实务中，督促程序相较于其他诉讼外调解、和解、小额诉讼、速裁程序而言已经较无竞争力。它在现行实质审查模式之下则相当于速裁程序，何况仍有开启后续诉讼程序的可能，这难免不利于债权人使用该程序。

反过来看，督促程序的实质审查方面仍有过犹不及的缺失。亦即，在通常民事诉讼程序中欲确定实体法律关系必须遵循对审等程序保障要求，即便小额速裁等程序亦不例外。但在督促程序的实质保障中，申请人所主张的债权乃至于其所提出的事实或可为被申请人所知(如将其记载在支付令或附带说明文书中)，但申请人所提出的证据多未经过被申请人质证；而被申请人所提出的异议理由及证据也难以为申请人所知悉并提出争执。上述有限的审查是否适宜处理诸如"债权是否实际存在或已归于消灭"等实体争议，在斟酌制度时恐怕不宜忽略。为处理此种实体争议，我国至少需将程序保障提升至小额速裁等程序的水准，即赋予当事人争执对造所主张事实并提出质证意见的权利。

当然，当事人恶意滥用督促程序或双方当事人串通利用督促程序假造债权，将严重损害实体公正。此时需要有应对措施，避免把宝押在被申请人的异议上。从这一点看，实质审查方式具备实际意义。不过，如果坚持事前实质审查方式的话，同样会产生上述疑问，亦即，为处理此种问题，也至少需将程序保障提升至小额速裁等程序的水准。更何况，实务中众多恶意诉讼、虚假诉讼都并非在诉讼中发现的，不然也不会有第三人撤销诉讼等制度存在了。通常民事诉讼的程序保障是其程序本身所附带的，例如，口头辩论程序需结合公开、对审等原则，而督促程序则不然。督促程序并非天经地义地要在审查债权人申请中赋予被申请人程序保障。因为督促程序债务人的唯一防御方式即为其异议，在学理上以及修改之前的民事诉讼法中，此种异议无需附理由及证据，故而是形式的异议。因此，被申请人的程序保障就此而言即达到通常情形的要求。故而,这里主要需考虑的问题即为,针对有些特殊情况应如何保障被申请人的利益。此外,督促程序中被申请人提出异议时是否应采用实质审查限制其异议权?

(二)督促程序前置审查的形式化

前置实质审查无论是否能阻止法院发出支付令或排除债务人异议,在节约司法资源及当事人程序成本方面均无明显优势。债务人提出异议经过实质审查被驳回,债务人对此虽有争议,多数情形下应当再有进一步的实质审理,但此时支付令已经生效,将遮断债务人的后诉。然而,异议审查程序中也只赋予债务人受限制的程序保障,其审理范围、方式都不如通常诉讼程序严密,这对债务人的实体利益及程序利益的保障难谓充分。只有在债务人的异议显然不成立的场合,例如,债务人异议不符合有理性的要求(债务人提出债权的其他权利发生事实),赋予支付令以执行力或既判力等效力方较为适宜。如果债务人提出异议,法院经过实质审查后判断异议成立,则下一步可能进入诉讼程序,如此则既已实施的实质审查程序可能遭受浪费,因为在后续的诉讼程序中债权人可能对债务人提出的异议再提出否认并举证证明,也可对债务人在异议中的抗辩提出再抗辩并举证证明,此时前置实质审查中对于债务人异议是否成立的判断若有误,则不得不在后续诉讼程序中重新审理并作出相异判断。由此可见,前置实质审查可能沦为"半调子"的手续,其审查的不彻底性可能产生诸多弊端。

相形之下,在前置审查中贯彻形式审查则可以避免上述问题。当然,在形式审查中,也分请求个别化审查与有理性审查等不同模式。笔者认为,请求个别化审查模式过于简略,其系与域外督促程序案件数量较多,且法院负担较重有关,何况这还以督促程序后置审查程序为其后盾。我国实务中督促程序件数相对较少,但对于申请债权标的额不设上限,司法辅助人员数量相对于正式法官数量而言又相当庞大,在这种情况下有必要采取更高密度的审查方式,却又不能重蹈实质审查的覆辙。由此可见,采用有理性审查方式对我国实务实际情况而言较为妥当。因此,债权人应在申请支付令时具体记载其债权请求权的发生事实,否则不得发出支付令。这也与其他司法解释中强化当事人说明义务暨事案解明义务的趋势一致。[①] 而债务人提出异议的,也采用有理性审查的方式判断其是否提出债权不存在的具体事实(否认支付令中的债权发生事实,或提出支付令债权障碍、排除或消灭的事实,例如,债务人于某年月日偿还债务的事实),在债务人提出了具体事实后支付令即应失效。如申请人有意应转入诉讼程序处理。这种审查方式可以给被申请人提出异议带来实际的心理压力,避免被申请人任意地提出异议,从而提高督促程序的利用率。

(三)督促程序后置实质审查的构想

上述前置形式审查应与后置实质审查结合。在申请人恶意滥用督促程序或双方当事人串通利用督促程序假造债权的情形下,我们有必要对未能及时提出异议

---

① 吴泽勇:《民间借贷诉讼中的证明责任问题》,载《中国法学》2017年第5期。

的债务人给予救济。但此时又可能发生生效支付令的效力受到动摇的问题。因此,只有在较为特殊的情形才能允许被申请人开启后置实质审查程序,且后置实质审查程序具体为何,也有待进一步探讨。如前所述,根据我国实务观点,笔者更倾向于认为生效支付令发生既判力。那么,针对生效支付令的救济程序唯有再审程序,为排除依据该支付令而启动的再审程序,则有必要赋予被申请人提出异议及异议之诉的机会。在现有再审事由的规定下,可能需要专门针对支付令解释可再审的事由,其要件可由以下方面构成:其一,支付令的不正确性,即支付令根据再审法院的观点,不符合实体法律关系状况。其二,申请人故意利用督促程序损害被申请人的利益。为符合该故意之要件,需申请人明知支付令的不正确性,例如,申请人知晓其申请支付令行为的不合法性,显著的情形是,申请人在明知其所行使债权依现行实务裁判观点无法成立(不具备一贯性、无法通过有理性审查),但仍向法院申请发生支付令。在特定情形下则可放松该要件的认定,例如,债权人向法院申请执行前,被执行人已经对生效支付令申请再审,而法院对债权人开示其支付令债权并不合法存在。其三,依据案例类型化分析,可确定生效支付令错误相当清楚且严重,以至于根据该支付令的执行程序显然难以容忍,亦即,申请人故意利用督促程序损害被申请人的利益的行为违反公序良俗原则。这种情形例如,申请人在知晓其所行使债权是基于依现行实务裁判观点为显失公平等暴利行为所生,但特意选择督促程序以避开通常诉讼程序中的有理性审查。当然,在有些交易中,被申请人往往是有交易经验的人士而非不识字者,这时就不能根据上述情形判断申请人行为违反公序良俗,因为此时可期待其对实体上不正确的支付令提出异议;被申请人在督促程序中有律师代理时亦同。反之,即使支付令中的债权利息约定因显失公平而部分无效,但剩余部分债权并未超出借贷约定利息法定上限的,债权人申请支付令的行为即不能视为违反公序良俗原则。

另外,民诉解释规定对生效支付令不得提起第三人撤销之诉,因而,第三人利益受损害时的救济途径只能为案外人申请再审或通过举报启动检察监督程序。在立法论及学理层面,生效支付令虽发生既判力,但既判力以相对性为原则,第三人因此自不受生效支付令既判力所及;第三人当然可以提起确认之诉或直接代位提起执行异议之诉。

家事审判中未成年子女财产权益保护之探析

■ 李文超*

摘 要 本文从审判实践中 4 例典型案件入手,结合民法学、民事诉讼法理论,运用统计学分析、图表汇总法、对比分析法等,分析了未成年子女财产监护权运行机制缺位的 4 种类型,对德国、法国、日本等域外法及我们现行立法涉及未成年人财产监管的制度进行全面梳理,提出了未成年子女财产保护中 2 个"层面"9 个"类别"的财产范围构成;提炼了 4 种正向"因素"和 3 种反向"情形"的监管人主体认定;区分不同处分未成年子女财产的行为效力,和公权力干预的 5 个路径,最后拟定了《未成年人名下财产监管实施办法》(建议稿)、《未成年人财产登记表》(详见附件)。

关键词 家事审判 未成年子女 财产权益

引 言

随着我国家庭财产大量增加、"大家庭"模式的逐步解体、离婚率的逐年攀升,未成年人的社会地位和家庭角色逐步上升,加之家庭纠纷案件数量庞大①,未成年人的财产权益保护开始有其现实意义。如家事纠纷中父母争夺未成年子女财产监护权,父母死亡后亲属间争夺未成年子女财产监护权等,导致未成年子女财产权益受侵害的案例屡屡出现。"强势"的权利宣示与"弱势"的司法救济倒挂在某种意义上不断蔓延。

一、个案探究②——未成年子女财产权益保护的一致漠视

(一)"被动"的财产追偿

【例证一】张某与郝某于 2005 年结婚,次年生子张小某,两人于 2011 年经法院调解离婚,并达成调解协议:将共有房一套赠予张小某,张小某由张某

---

* 李文超,北京市门头沟区法院研究室(审管办)副主任。
① 2016 年,人民法院审理离婚案件 139.7 万件,民政部门登记离婚 346 万对,撼动了近 500 万个家庭,约 10000 万当事人,加上双方当事人的子女等近亲属,每年离婚影响的人至少超过 50000 万。参见杜万华:《我国去年登记离婚 346 万对,超 5000 万人受影响》,载《人民日报》2017 年 3 月 27 日版。
② 本文所列案例均根据笔者办理的案件简化、提炼而来。

抚养。2014年,张某再婚后负债累累,遂申请转移房屋登记并伪造是为张小某利益的证明,房产中心予以受理。郝某发现后,于2015年持调解书向法院起诉,要求张某赔偿张小某的损失。法院判令支持其诉讼请求,但张某已无力承担,亦无履行能力。

实践中,尤其是在离异家庭中,因缺乏预防、监管机制,直接抚养未成年子女一方,同时也行使着财产监护的权利。一旦侵权行为发生,即使其他有监护资格的近亲属发现,子女的损失亦无法追回(详见例证一)。

(二)"混同"的财产形式

【案例二】陈某与蔡某系夫妻,2009年生育一子蔡小某。2015年,蔡某因工死亡,获赔偿款18万元。考虑到陈某有赌博习惯,该款由蔡某的哥哥负责保管,并取其中的2.4万元作为蔡小某近1年的生活费用,要求每月可用2000元。但不到半年时间,2.4万元款项即被陈某挥霍。陈某认为赔偿款应属于自己,且其是蔡小某的法定监护人,赔偿款应由其支配使用。故陈某以自己与蔡小为原告将蔡某的哥哥告到法院,要求其返还财产15.6万元。

正如例证二所示,家庭成员个人所有的财产观念薄弱,尤其是在农村中,很少有个人财产和家庭共有财产的区分,只要是家里人可以日常使用的钱财物品都是家产①。

【案例三】邓某与金某原系夫妻,于2002年7月25日生育一子金小某后,二人于2014年10月协议离婚,协议约定金小某由金某抚养。离婚后,邓某赠与金小某160万元,该款以金小某个人名义存入银行,支取方式为凭密码支取。2016年金某再婚后,动用该笔存款中130万元购买房屋一套,房屋产权人为金小某。邓某发现后诉至法院,要求金某返还130万元,金某辩称该投资是为使金小某的资产保值、升值。

(三)争议中的财产处分

财产监管人处分未成年子女财产必须是为子女利益。但实践中,界定是否"为未成年人子女利益"、监护人处分财产的行为效力如何认定等问题,当前法律规定中尚无明确规定。

(四)"僵化"的财产监护

【案例四】杨某与姜某系夫妻,二人于2009年初生育一女。杨小某,2015年杨某因工去世,获赔偿款24万。姜某与其婆婆邓某口头约定:12万元归杨小某所有,以杨小某之名存入银行,姜某掌握密码,邓某掌握存折及户口簿,双方共同管理。后,姜某诉至法院,以其为杨小某法定监护人为由,其对女儿的财产享有当然的管理和保护权,邓某无权共同管理或进行事前监督。

例证四中,监护人的行为尚未达到撤销其监护权的程度。如果监护人拒绝与其他具有监护资格的亲属或单位达成监督约定,司法如何保障未成年财产权益最

---

① 高其才:《当代中国婚姻家庭习惯法》,法律出版社2011年版,第347页。

大化,亟需解决。

二、类型分析——未成年子女财产权益保护的困境展现

(一)财产范围界定不明确易产生分歧

自古而言,未成年子女没有独立的个人财产,如罗马法确立了"父权准法律原则"。英国早期普通法亦采纳此原则,规定:"父亲在法律上才是一家之主,对其未成年子女具有绝对权力。"[①]我国《礼记内则》记载:"子妇无私货、无私蓄、无私器、不敢私假、不敢私与"[②],《唐律》亦有类似规定,如"诸祖父母、父母在,而子孙别籍、异财者,徒三年"[③]。可知在我国历史上,父母生存时子女不得拥有独立财产(如图1所示)。父母的绝对权威使得子女的财产缺乏独立性,使得子女财产若被侵犯难以得到救济。[④]

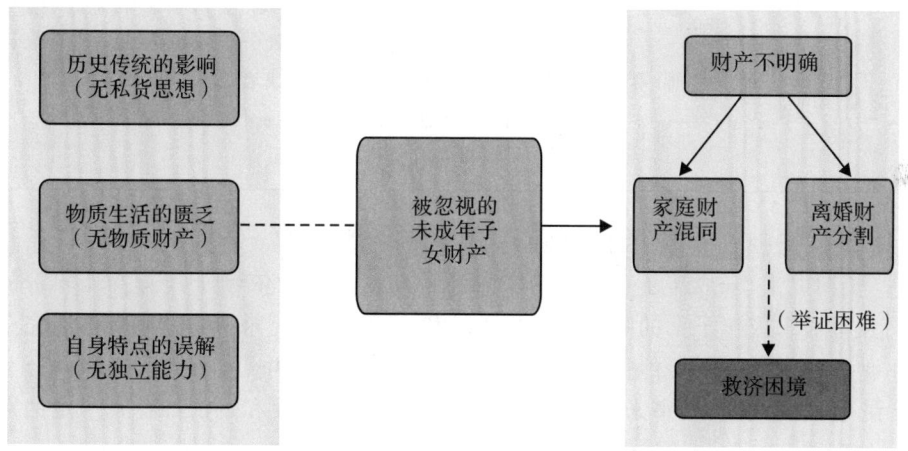

图1 未成年子女财产范围界定不明导致的困境

(二)财产监管的规定零散,操作性不强

如下表1所示,我国《民法通则》《婚姻法》等法律法规对未成年子女财产监管多为原则性规定,缺乏可操作性。首先,缺乏亲权制度的规定和对亲权制度与监护制度的区别,对未成年子女财产权利的内容仅规定了亲子之间的抚养权利和相互继承权;其次,在具体条文中只规定了人身权益,而对财产权益未加以具体化,易导致法院在审理案件时将未成年子女财产与家庭共同财产混淆或忽略不计;再次,未涉及未成年子女财产范围及权利归属、使用、收益和处分等问题,对父母管理和保护未成年子女财产的职责及权利限制,也缺乏具体、可行的规定。

---

① 王洪:《论子女最佳利益原则》,载中国人民大学书报资料中心:《民商法学》2004年第3期。
② 陈戌国:《礼记校注》,岳麓书社出版社2004年版,第412页。
③ [唐]长孙无忌:《唐律疏议》,中华书局出版社1983年版,第236页。
④ 杨立新:《亲属法专论》,高等教育出版社2005年版,第358页。

表1　法律法规中涉及"未成年子女财产"条文一览表

生效日期	法律名称	内容摘要	涉及财产监护	涉及监护责任
1981年1月	《婚姻法》第39条	离婚时,协商不成时,由人民法院根据财产的具体情况,照顾子女和女方权益的原则判决	是	否
1985年10月	《继承法》第6条	无行为能力人的继承权、受遗赠权,由他的法定代理人代为行使	是	否
2007年6月	《未成年人保护法》第52条	法院审理继承案件,应依法保护未成年人子女的继承权和受遗赠权	是	否
2017年10月	《民法总则》第25条、36条	除为被监护人的利益外,不得处分被监护人财产,监护人不履行监护职责或者侵害被监护人的合法权益的,应当承担责任,符合条件的,可以撤销其资格。	是	否

(三)因财产监管的监督缺位产生救济滞后性

长期以来,未成年子女的生活保障和财产权益完全依赖于其有抚养职责的父母,父母对未成年子女的财产监管相对随意,一旦这种抚养和监管职责不能完全到位,他们的生活将有可能得不到保障,需要寻求救济。并且,如例证一和例证三中所示,司法实践中,侵害未成年子女财产利益行为的发现和惩治都存在一定的滞后性(如下图2)。

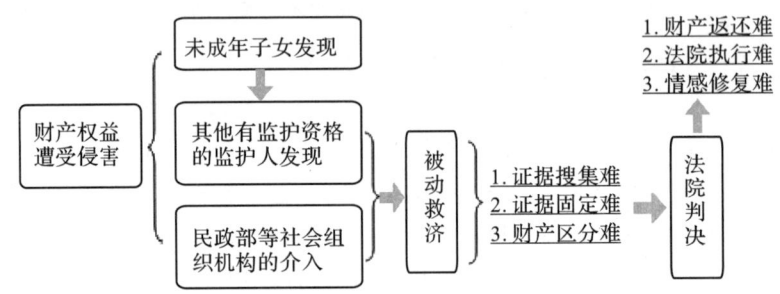

图2　未成年子女财产受侵害后传统维权的"6难"展示

(四)财产处分行为的效力争议影响司法统一

司法实践中,父母非为未成年子女利益处分其财产时,法院应如何认定处分未成年人财产行为的效力? 这大致存在无效说、无权代理说①、有效说以及区分说②

---

① 史尚宽:《亲属法论》,中国政法大学出版社2000年版,第67页。
② 王泽鉴:《民法学说与判例研究》(第三册),中国政法大学出版社2009年版,第178页。

四种观点(如下图3),不同观点体现出法律所要维护的两种利益——交易安全和未成年人保护在特定问题上产生矛盾后的取舍问题。

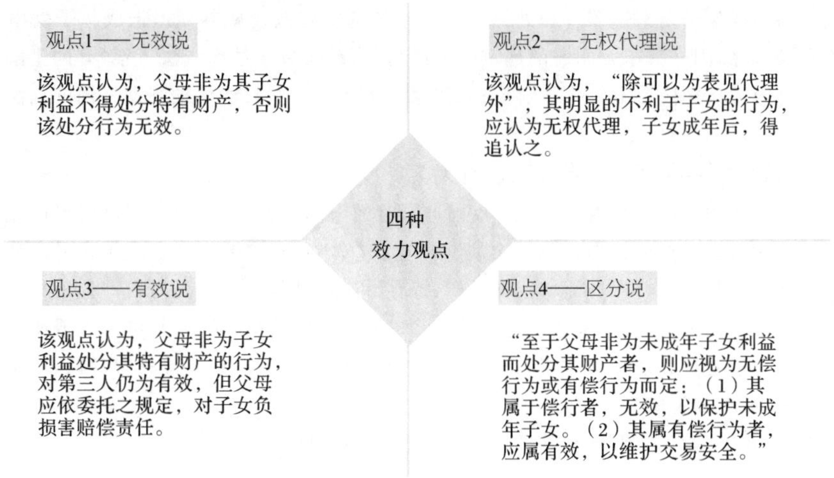

观点1——无效说
该观点认为,父母非为其子女利益不得处分特有财产,否则该处分行为无效。

观点2——无权代理说
该观点认为,"除可以为表见代理外",其明显的不利于子女的行为,应认为无权代理,子女成年后,得追认之。

四种效力观点

观点3——有效说
该观点认为,父母非为子女利益处分其特有财产的行为,对第三人仍为有效,但父母应依委托之规定,对子女负损害赔偿责任。

观点4——区分说
"至于父母非为未成年子女利益而处分其财产者,则应视为无偿行为或有偿行为而定:(1)其属于偿行者,无效,以保护未成年子女。(2)其属有偿行为者,应属有效,以维护交易安全。"

图3 父母非为未成年子女利益处分其财产行为效力四种"观点"

表2 对父母监管未成年子女财产权益的规定

国家	法条	形式	父母对未成年子女财产监护的权利限制
德国	1626条	父母监管权能	将"父母照顾"细化为人的照顾和财产的照顾两方面
	1638条	排除父母的监管权	赠与人或被继承人可就该财产排除未成年子女父母的监管权,也可要求父母按其意思管理和使用该财产。
	1640条	财产监管的限制	父母就未成年子女无偿取得的部分财产有编制财产目录并递交家庭法院的义务。
	1683条	再婚的财产目录	有权进行财产照顾的父母一方想要与第三人缔结婚姻,必须通知家庭法院,并以自己的费用递交子女财产目录。
	1667条	侵害财产救济措施	家庭法院可命令父母递交子女财产目录并就管理提出计算报告,家庭法院可责成危害子女财产的父母一方为受其管理的子女财产提供担保。
法国	382条	父母监管权能	将父母的监管权能界定为"管理、使用与收益"。
	387条	排除父母的监管权	法定使用、收益,不扩大至子女可以通过其劳动取得的财产,排除父母的监管权不扩大至子女以其父母不得享有使用、收益之明定条件而受赠与或受遗赠的财产。
日本	826—828条	父母监管权能	监管权界定为"财产管理及代表",当父母与子女利益相冲突时,可请求家庭法院为其子女选任特别代理人。
	830条	排除父母的监管权	监管财产的范围上,第三人无偿赠与子女时可就该财产排除父母管理。

三、比较借鉴:未成年子女财产保护制度域外考察

我国对未成年子女财产监管和处分权行使主体的规定高度概括。但未成年子女财产保护制度作为舶来品,国外关于此问题的规定则更详细,笔者认为通过比较法考察,有助于解决路径之探寻。德国①、法国②、日本③等大陆法系国家在未成年子女财产保护制度方面的立法相对系统和完善,具有一定的借鉴意义。

(一)域外——财产监管人的考察(父母)

三个大陆法国家在父母对未成年子女财产监管的限制类型上,主要是明确父母的监管权能和规定排除父母监管权的情形,区分"亲属"与"监护"章节,对父母监管未成年人财产利益的行为进行约束。如将子女财产分为非特有财产、特有财产和其他财产。父母财产监管权所及的财产范围并非子女的全部财产,法律规定了排除父母监管权的情况,例如,被继承人或赠与人可要求父母按其意思管理和使用该财产,也可就其财产排除未成年子女父母的监管,从而部分排除父母的监管权(如上文表2)。

(二)域外——财产监管人的比较(其他监护人)

在其他监护人对子女财产监管的情形方面,三个域外国家均重点限定为父母一方行使亲权或者其他亲属进行监护时受法律的更严格的监督,例如,监护人在进行监管时,任何情况下都必须编制财产目录;监护法院在监护人出现侵犯未成年子女财产权益时,有权通过罚款形式督促监护人担任监护工作;子女有权在成年后一段时间内申请撤销侵害自身财产权益的行为(如下文表3)。

表3 对其他监护人对未成年人财产监管的规定

国家	法条	形式	其他监护人对未成年人财产监管规定
德国	1775条	监护人的产生方式	父母并非监护人,监护人担任监管人的产生方式,主要有父母遗嘱指定监护人与法院选定任命监护人两种形式,并通过立法详细规定了监管人的积极资格与消极资格。
	1788条、1807条	监护人的监督	在任何情况下,监护人在进行监管时都必须编制财产目录递交监护法院;监护人必须将其监管的未成年人财产按照法律规定的5种方式进行投资;监护法院可以通过对监护人科以罚款来督促其担任监护工作。
法国	405条	法定管理人的产生方式	法定管理人的产生方式分为三种:父母遗嘱指定、亲属法定、亲属会议指定。
	389条	法定管理人的权能	父母共同行使亲权时"无条件的法定管理";父母单方行使亲权或其他人进行监护时"受司法监督的法定管理"。
	402条	财产监管人的产生	除父母行使亲权外,任何监护人行使监管权均应处在一名监护监督人的监督之下。

---

① 杜景林、卢谌译:《德国民法典全条文注释》,中国政法大学出版社2015年版。
② 《法国民法典》,罗结珍译,北京大学出版社2010年版。
③ 王爱群译:《日本民法典》,法律出版社2014年版。

续表

国家	法条	形式	其他监护人对未成年人财产监管规定
日本	840条	财产监管人的产生	一为父母遗嘱指定,一为家庭法院选任。
	853条	监护人的监督	监护人应当于监管开始时一个月内调查未成年人财产并制作财产目录。
	861条、866条	财产监管监督人	父母可指定监督人,家庭法院亦可根据情况选任监督人,对监管人的监管行为进行监督。监管人受让未成年人的财产或第三人对未成年人的权利时,未成年人可以在成年后一定期间内将其撤销。

(三)对比分析

如表1所示,我国未成年人监护制度经历了从无到有的过程,发展至今可以说已经初步形成了一定的特色和制度。但严格说来,在很大程度上,我国还没有建立系统完整的未成年人监护制度。

如表2、表3所示,从各国或各地区立法情况看,对父母与未成年子女之间的关系,通常是设立亲权制度和监护制度等加以规范①。表现出的共性特征主要有:(1)明确区分"亲权"与"监护权",父母不是未成年人的当然监护人,亲子法的最高指导原则为对未成年人财产的保护;(2)立法明确规定父母与监护人应如何对未成年人财产进行管理、使用、处分,并明确设立限制性规定;(3)父母拒绝负担子女生活费的,影响其对未成年子女财产的监管权限;(4)强调国家机关介入,对监护行为予以监督。

我国现行立法参照英美法系,设立统一的监护制度,暂未设立亲权制度,而是将父母纳入监护人的范畴,把父母对未成年子女的权利义务归于监护之下。因此,虽然立法没有区分一般监护和特别监护,但已将父母作为监护人的情形从其他有监护资格主体的监护范围中单列,将传统亲权所具备的精神内核纳入其中,突出其优先性和法定性。②

四、规制设想:未成年子女财产权益保护的进路修正

通过上文分析,笔者认为在现有的立法框架下,更好地保护未成年子女财产权益,需要重点解决以下几个问题:

(一)厘定财产范围界限与组成部分(基础性)

实践中,如例证二和例证四所示,在离婚纠纷案件中,常常出现将未成年子女

---

① "亲权系指父母基于其身份,对于未成年子女的教养保护为目的之权利义务之集合。""监护,谓为不在亲权下之未成年子女或被宣告禁治产人,为身体财产之照护所设私法上之制度。"参见史尚宽:《亲属法论》,中国政法大学出版社2000年版,第658~693页。

② 沈德咏:《〈中华人民共和国民法总则〉条文理解与适用》,人民法院出版社2017年版,第267页。

财产混同夫妻共同财产或忽视未成年子女财产权益的情绪。同时,当前法律亦未明确监护人对未成年子女财产的监管范围,如赠与人是否可约定排除监护人对其赠与未成年人的财产进行监管等,仍待明确。

结合上文中大陆法系国家和我国台湾地区的民法规定,未成年子女的财产可分为两部分:一是未成年子女因继承、赠与或其他无偿取得之财产,包括:(1)家庭置产中,未成年子女登记为产权人的;(2)夫妻离婚中赠与子女的不动产等财产份额;(3)(外)祖父母对(外)孙子女的财产赠与;(4)未成年子女名下财产增值所得的收益;(5)其他无偿取得的财产。二是因经营、劳力或其他有偿所得的财产,包括:未成年子女通过文学作品、广告拍摄和各类竞赛等活动或者因父母伤残所得的伤残补偿金、自身发生侵害事故等作为抚养费部分。"承认未成年子女因有偿方法,如劳力等获得的财产,应归其所有,实符合超越法律造法之原则,具有促进法律进步之功能,确有正当依据。"①

正如图4所示,笔者认为,未成年子女财产原则上应包括其依法取得的所有财产,其中涵盖抚养人因履行抚养义务所给付的教育费、抚养费等。这不仅与我国立法意旨相符合,而且亦与未成年子女财产权益保护的司法实际相一致。

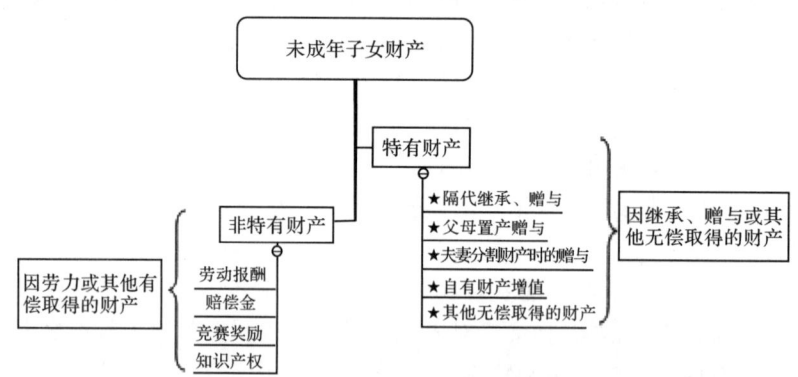

图4 未成年子女名下2个"层面"9个"类别"的财产范围及构成

(二)确立未成年子女财产监护主体条件(主体性)

实践中,离异家庭未成年子女的财产监管问题最为突出。我国《民法总则》第27条规定,父母作为未成年子女的监护人,即使离婚后,子女无论由父或母直接抚养,仍是父母双方的子女。父母仍为未成年子女第一顺位的财产监护人。"离婚后子女之监护,不限于身上监护,即财产上监护及子女之代理权亦应包括在内,亲权系就权利本体而言,而身上及财产上监护等,系指亲权所生之作用而言,故于协定监护之外,无须更为亲权之协定。"②父母离异,未成年子女只能跟随父或母生活,在二者之间明确一财产监护人变得十分必要。在未成年子女的父或母之间仍须确

---

① 王泽鉴:《民法学说与判例研究》(第三册),中国政法大学出版社2009年版,第163~178页。

② 林秀雄:《婚姻家庭法之研究》,中国政法大学出版社2001年版,第91页。

定一具体财产的监护人,以更有利于维护未成年子女的合法财产权益。

1. 主体确定原则。国家通过立法及司法介入亲子关系领域,以维护弱势子女权益,而子女最佳利益原则为国家介入亲子关系时的最高指导原则及具体审酌标准。该原则不但在英美法系和大陆法系国家已发展成法院在处理父母离婚后子女监护案件时的最高准则。① 在我国《民法总则》第35条又将其细化为"最有利于被监护人""尊重被监护人真实意愿"两项原则②。

2. 主体确定要素。离异家庭未成年子女的财产监管主体,应着重考察以下五个因素:(1)父母双方的品行;(2)父母经济状况;(3)未成年子女平时的生活环境;(4)是否便于财产管理;(5)子女的个人意愿等因素。

3. 主体变更情形。(1)父母均死亡或丧失行为能力的,按照《民法总则》第27条按顺序变更监护人;(2)父或母一方死亡或丧失行为能力的,可根据图5因素表,由原财产监护人的父或母、近亲属继续对未成年子女财产进行管理,但有证据证明可能构成财产侵害的,对其监护权利做相应限制;(3)监护人侵害未成年子女财产权益的,按照《民法总则》第35、36条撤销监护人资格。

(三)区分处分未成年子女财产行为的效力认定(效力性)

如例证一和例证三中,监护人处分被监护人财产利益,致使未成年子女利益受损,尤其是出卖被监护人的房产、出借被监护人的资金等,还会危及未成年人的生存利益。

在图3中,针对父母非为未成年子女利益处分其财产的行为效力存在四种不同"观点"。我国《民法总则》第35条规定,除为维护被监护人利益外,不得处分被监护人的财产,但未具体区分相应情形。"惟未成年人之保护及交易安全之维护,均属现代民法之基本原则,应力求兼顾③。"笔者认为,在司法实践中,应区分案例类型,判断处分行为相应的法律后果(如下图6所示):

1. 为维护未成年子女利益的处分行为。父母对未成年子女财产上的权利义务即监护职责,主要是指父母对未成年子女的财产依法享有管理、使用、收益和一定限度的处分权利,以及财产法上的法定代理权和同意权。因此,父母对子女的财产,在不损害财产的价值、效用和不改变财产归属的前提下,享有合理利用的权利。

2. 非为未成年子女利益的处分行为。当父母非为未成年子女利益无偿处分其财产时,因相对人取得利益没有支付任何对价,一般应为无效。如对外赠与、设定担保等减少积极财产,增加消极财产的行为,应属无效。当父母非为未成年子女利益有偿处分其财产时,相对人取得利益已支付了相应的对价,如果财产受让方系善意取得,为维护交易安全,保护交易第三人的利益,可认定交易的有效性,给未成年子女造成财产损失的,可按《民法总则》第36条规定处理。至于父母与子女的关

---

① 王洪:《论子女最佳利益原则》,载《民商法学》2004年第3期。
② 沈德咏:《〈中华人民共和国民法总则〉条文理解与适用》,人民法院出版社2017年版,第308页。
③ 王泽鉴:《民法学说与判例研究》(第三册),中国政法大学出版社2009年版,第178页。

系,应适用侵权行为或不当得利的规定,子女有权向其父母主张,兼顾公平,维护未成年子女的财产权益。

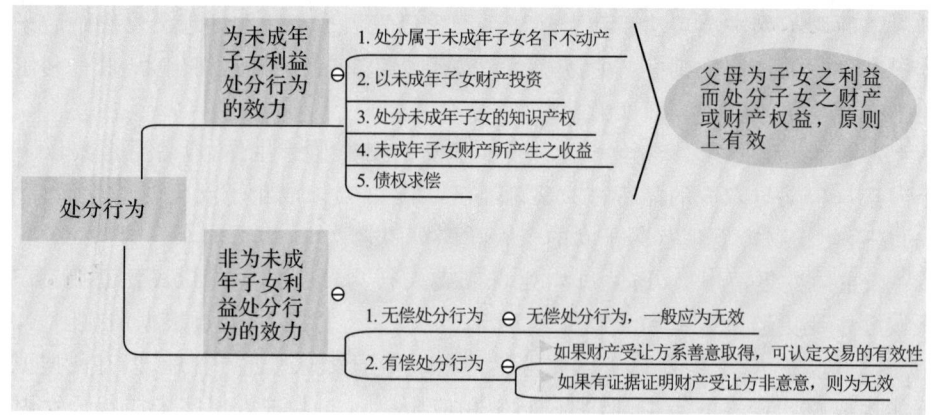

图5 财产监护人2类处分行为的效力对应表

(四)引入侵害风险下监护行为的公权力适度干预(干预性)

对监护活动没有国家公权力的介入和监督,是监护立法的一大缺陷。[①] 保护未成年子女财产权益需要国家公权力尤其是司法权做保障,在其财产权益遭受侵害或是威胁时提供适当干预:

1.财产申报。(详见附件二)夫妻离婚中,通过自行协商达成或是法院判决未成年子女与一方居住生活,并不能消灭另一方对未成年子女财产的监护监督权。由父母共同行使监护监督权,有利于子女的最佳利益,也利于未成年子女之财产利益的安全与保护。因此,我国可考虑参考上文域外国家中未成年人财产权益保护的相关规定,确立离婚双方对未成年子女财产(登记)申报制度。

2.财产目录。父母及其他监护人在监护开始时,登记未成年子女的财产,完成财产目录(财产清单)的制作,利于未成年人脱离监护后查核自身名下财产,亦利于监护监督机关履行监督责任。

3.财产报告。与未成年子女共同生活的父(母)按季或按年向另一方报告管理、使用、处分未成年子女财产的情况,如有处分重大财产的情形,应即时告知,利于另一方进行有效监护。否则,另一方未共同生活的父(母)可到法院起诉,要求对方报告。

4.第三方代管。在审判实践中,经常会遇到离婚纠纷中未成年子女父母双方都有不宜行使监护权,或者互不相信,不能达成协议的情形。因此,我国应尊重子女意愿和未成年人权益最大化的原则,探索适用第三人对未成年人财产监管;尝试

---

① 王洪:《婚姻家庭法》,法律出版社2003年版,第323页。

银行等金融机构基于未成年人保护目的的特殊类型的"信托业务"等方式①,更好地维护未成年人的财产利益。

5.财产转让限制。父或母私自处分未成年子女的房产,造成的损害最大,可能直接影响到未成年子女今后的生存。法院在案件审理过程中,可以探索联合金融机构、房产部门等对未成年子女名下财产进行适度干预②(详见附件一)。如无损害未成年子女财产权益之情形,才能办理产权转让手续。如果父或母单方转让未成年子女房产,除前述审查事项外,还须说明另一方的态度及不到场的原因并出具证明等方式限制。

此外,父母之外的其他监护人的监护职责则更多地体现了监护的义务性和职责性,其责任和限制可以参照上述干预方式、方法,但应严于上述标准和条件。

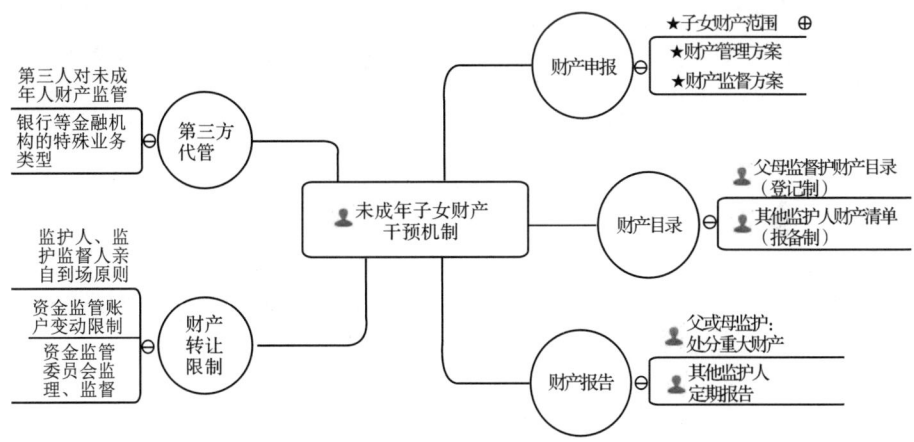

图6 引入侵害风险下监护行为的公权力适度干预的5个途径

结　语

建立未成年人财产监护制度,完善父母及父母之外的其他监护人的监护职责是未成年人实际生活中民事行为能力补救的需求,是未成年人财产权益屡遭侵犯,而法律规定粗疏,司法实践"强势"的权利宣示与"弱势"司法救济之间矛盾的需要。在现有立法框架下,探索较为完备的财产监护制度,对于最大限度地保护未成年人的财产权利,具有重要的现实意义。

当然,充分保障未成年人的财产权益,是个系统的社会工程。除了在诉讼中完善我国的未成年人财产权益保护制度,切实保障未成年人的合法权益,还应进一步完善立法、加强舆论宣传、在全社会进行家庭美德等方面的传统教育,才能共同为未成年人营造良好的成长环境。希望本文能在构建该社会工程中发挥作用。

---

① 严剑漪:《从个案到制度设计——全国首例未成年子女财产监管权交给第三人》,载《人民法院报》2017年6月5日,第6版。

② 吴丹、王伟:《张家港首创:父母欠债务,未成年子女财产获监管》,新华网 http://www.js.xinhuanet.com/,2017年6月25日最后访问。

附件一：

×××区未成年人名下财产监管实施办法

（建议稿）

第一条 为切实维护未成年人财产权益，加强对未成年人财产权益的行政保护和司法保护工作，确保未成年人财产权益得到妥善保护，保障未成年人生活，根据《民法总则》《民事诉讼法》《未成年人保护法》等法律规定，制定本办法。

第二条 本办法所称未成年人财产主要是指通过赠与、继承、遗赠所得财产，未成年人个人劳动、经营所得收益，未成年人享有的知识产权所产生的收益，未成年人人身损害赔偿金以及未成年人的个人财产从事经营、投资、活动所获收益等各类依法属于其个人所有的财产。

第三条 本办法所称未成年人主要是指家事纠纷等案件中涉及的未成年人或者虽然不涉及诉讼纠纷，但其名下财产（权益）监管存在争议的未成年人。

第四条 县级以上人民政府民政部门内设未成年人资金监管委员会，负责组织、协调、指导、督促有关部门做好保护未成年人财产权益工作。各银行、房屋登记机关等是未成年人财产监管的协同单位，应当配合人民法院等相关机关做好未成年人财产保护、监管工作。

县级以上人民政府有关部门、司法机关、人民团体、社会组织、居民委员会、村民委员会、企业事业单位、银行、房屋登记机关，应当依照本法和有关法律规定，做好未成年人财产权益保护工作。

第五条 未成年人亲友、妇联、团委、居民委员会、村民委员会、社会组织等发现监护人侵害未成年人财产权益的，应当及时向未成年人资金监管委员会报告，或启动诉讼程序解决。

第六条 监护人对未成年人的财产具有管理权，父母离异的，同未成年人共同生活的一方具有管理权，另一方享有监督权。

除父母外，其他近亲属担任未成年人监护人存在争议的，人民法院应当结合经济状况、未成年子女平时的生活环境、是否便于财产管理以及子女的个人意愿等因素确定监护人。

第七条 其他具有监护资格的亲属享有监护监督权。其他亲友、基层组织可通过约定方式成为监护监督人。监护人同监督人可约定监护方式、监护人应尽的报告义务等。监护人与监督人的约定不得违反强制性法律规定、不损害未成年人利益。

第八条 银行等资金储蓄机构可开通未成年人资金监管业务，对于监护人间或监护人与监督人之间申请将未成年名下资金置于银行未成年人专项监管账户的，可予以办理。监护人、监督人应出具相应证件证明与未成年人间的关系，并出具详细监管计划、监管协议，监护人、监护监督人必须亲自到场办理。

金融机构受理未成年人资金监管业务限于两类：(1)一旦设立资金监管账户，

在未成年人成年之前,属于未成年人的账户资金不得动用。(2)对于双方约定固定频率自监管账户支取固定数额资金的,银行按照双方约定定期发放资金。双方约定的固定金额不得超过当地月平均工资的30％。

第九条 家事纠纷案件中,涉及未成年财产的,当事人应如实填写《未成年人财产登记表》,明确未成年人的财产范围、财产管理、监督方案,对于其中一方申请未成年人财产采用资金监管形式的,应当提交书面申请;经人民法院审核,未侵犯未成年人权益且适宜监管的,依照当事人申请,发出开户通知和存款止付通知,存款止付方式按照当事人约定进行,如无特殊约定,账户内资金在未成年人成年之前原则上不得动用。在未成年人成年后,由其本人持有效证件到监管银行进行账户解冻,资金由其自行支配。

抚养权、监护权、继承等家事案件可依当事人申请或依职权对未成年人资金进行监管。

第十条 因未成年人发生重大疾病、产生大额教育费用支出以及其他为未成年人利益等情况需要动用资金监管账户的,监护人、监督人能够达成合意的,应当向未成年人资金监管委员会提交书面申请书,所有监护人员、监督人员应在申请书上签字确认。

未成年人资金监管委员会应当对审核结果出具决定书,对于适宜发放的资金,由监管委员会向监管银行发送停止止付通知,监管银行于收到停止止付通知7日内对申请数额停止止付。对于不适宜发放的资金,以决定形式驳回申请人的申请。

第十一条 监护人或监督人对未成年人资金监管委员会出具的决定有异议的,可依据《行政诉讼法》规定提起行政诉讼。

第十二条 具有管理权的监护人申请解除(部分)资金监管,但另一方监护人或监护监督人不同意的,应通过司法程序予以确认。

第十三条 未成年人名下有不动产的,监护人双方及监护监督人可以向资金监管委员会申请,经资金监管委员会审核通过,向房屋登记机关发送房屋查封通知,禁止房屋过户。

因未成年人发生重大疾病、产生大额教育费用支出等或为房屋保值、增值原因,需变更房屋登记的,监护人双方到监管委员会持有效证件,并提交申请书办理,所有监护人员、监护监督人员应在申请书上签字确认。

监护人一方申请动用监管资金,但另一方监护人或监护监督人不同意的,应通过司法程序予以确认。

第十四条 监护人、监护监督人约定的监管、监督协议经资金监管委员会或法院备案的,具有法律效力,各方应严格按照协议履行。

第十五条 监护人、监督人私自处分未成年人财产,侵害未成年人利益的,依法承担民事赔偿责任,并追究其他相应法律责任。

附件二：

×××人民法院未成年人财产登记表

一、未成年人基本情况

姓　名		性别		出生日期	
身份证号码			住址		
(父亲)姓名		出生日期		工作单位及职业	
身份证号码			住址		
(母亲)姓名		出生日期		工作单位及职业	
身份证号码			住址		
其他同住人或有监护资格的亲属					
抚养现状					

二、未成年人财产状况

财产形式	财产状况
银行存款	数额：_____元，开户名：_____， 开户行：_____，支取方式：_____
不动产	位置：_____， 预估价格：_____，使用现状：_____
其他贵重物品	
债权	
其他财产	

三、未成年人财产管理人承诺

管理人姓名		出生日期		与未成年人关系	
身份证号码			住址		
多人为管理人或以家庭会议形式监督的,将详细情况依上述信息一一列明：_____ _____					

本人确认上述《未成年人财产状况》登记的财产归_____所有,本人自愿代其管理上述财产至其十八周岁止,本人承诺,除为_____的利益并经其法定代理人许可外,不得处分其财产。侵害其合法权益的,应当承担责任,给其造成财产损失的,依法赔偿损失。本人打算按照如下计划管理_____的财产：_____

_____

_____

管理人签字：_____

日期：_____

四、关于未成年子女财产的监管协议

监督人姓名		出生日期		与未成年人关系	
身份证号码			住址		
多人为监督人或以家庭会议形式监督的,将详细情况依上述信息一一列明：_____ ____					

经协商,确认上述财产为_____所有,由_____代为管理至_____十八周岁,各方约定报告义务如下：_____

_____

_____

监督人签字：_____

日期：_____

填表说明：

1.填写本表请务必详尽、客观、准确。未成年法定代理人若拒绝报告或者虚假报告,人民法院可以根据情节轻重对其予以罚款、拘留。

2.未成年人财产的管理人,一般为未成年人直接随其生活的法定代理人。双方协商一致的,也可以是另一方法定代表人,或由法定代理人协商一致选定未成年人的其他关系人。

八周岁以上的未成年人,选定管理人时应征求本人意见。

3.未成年人法定代理人填报未成年人财产项目及数额、价值等均必须附上相应的证据,即应提供相应财产的产权资料或数额、价值体现资料的复印件或照片。

4.本登记表由人民法院随卷备案一份,未成年人的法定代理人、监督人各执一份。

论多元化纠纷解决机制视域下家事调解前置程序的构建

■ 冯振强*

摘　要　近年来,家事纠纷数量不断增长,案件类型也呈现多样化发展。在多元化纠纷解决机制改革中,一些试点法院结合家事审判方式和工作机制改革探索试行家事调解前置制度,虽然取得了一定的成绩,但仍面临着法律依据不足、实践乱象丛生等问题,尤其是缺乏基础理论的研究,已成为困扰多元化纠纷解决机制的瓶颈问题。为解决这一关键问题和当务之急,本文在总结家事调解前置试点模式的基础上,从实践中存在的问题剖析切入,对家事调解前置的概念作出厘定,并提出了筛选家事调解前置案件的方法,进而在理念构建、程序启动、调解流程、保障与救济程序等方面进行探讨,对我国建立家事调解前置制度的路径作出设想与展望。

关键词　多元化解　家事纠纷　调解前置　司法改革

多元化纠纷解决机制改革主要集中在家事领域,多元化纠纷解决机制改革的成功,很大程度上要以家事审判方式和工作机制改革的成功为前提。[①] 自2016年起,最高人民法院在全国范围内确定了118个中、基层人民法院开展为期两年的家事审判方式和工作机制改革试点工作,部分试点法院结合多元化纠纷解决机制改革,探索试行家事调解前置制度,对维护婚姻家庭关系稳定、有效化解家事矛盾纠纷发挥了积极作用。但是,随着家事审判改革的不断深化,家事调解前置制度存在的问题也逐渐显现,其中最重要的是没有对调解前置作出法律层面的规定和程序方面的安排,对调解组织的激励和约束措施不足,大量案件没有化解在诉讼程序之外。所以,建立家事调解前置制度已成为解决多元化纠纷解决机制瓶颈问题的关键之举和当务之急。

一、家事调解前置的功能定位

在我国,家事纠纷一般是指家庭成员之间因婚姻、亲子、监护、收养、赡养、扶养、继承等关系引起的身份关系或财产关系的纷争,具有私密性、复杂性、伦理性和公益性等特征。由于家事纠纷的当事人之间存在着某种血缘或感情上的联系,其权利义务关系表现得相对复杂,不能简单地作出是非分明的处理。因此,家事纠纷

---

* 冯振强,河南省新乡市牧野区人民法院研究室主任。
① 杜万华:《大力推进家事审判方式和工作机制改革试点》,载《人民法院报》2017年5月3日第五版。

不仅仅需要"处理",而且更需要"解决"。①

近年来,随着非诉讼纠纷解决机制(即"Alternative Dispute Resolution",简称 ADR,也称"法院外或诉讼外纠纷解决方式")的引介和兴起,家事调解前置程序受到了理论界与实务界的高度关注。普遍认为,家事纠纷大多是因为日常矛盾积累而成,没有明显的争议点,不能像民事审判那样要求分出是非对错,追求"非此即彼"的结果。因此,审判方式并不适合家事纠纷的化解。而家事调解旨在修复情感,促使当事人消除对立情绪,理性对待矛盾,共同解决家事纠纷,能够收到更好的法律效果和社会效果。在许多国家和地区,调解前置已被作为一项原则或制度,家事案件正式开庭审理前均需要进行调解,以及时化解矛盾,减少进入审判程序的案件数量。

对我国应否建立家事调解前置程序,有人认为,对调解的偏爱正在制度化,这些制度使建立在自愿原则上的调解具有了强制性。选择调解还是判决是公民的宪法权利。这种强制性的调解构成了对宪法权利的侵犯,对社会公正的损害,对和谐社会的损害,对法治基本价值的损害,会对法治和公平产生冲击。既然我们已经选择了建设社会主义法治国家之路,我们就要寻找与这一长远目标相一致的纠纷解决制度。这个纠纷解决制度是以法院的判决为核心的,是以法律为依据的。至于调解,则只能建立在自愿的基础上,禁止权力对人民调解的介入,并加强对它的法律规制,同时,在法院的内外制度上保障法院调解的自愿原则的贯彻。② 但是大部分学者认为,通过调解解决家事纠纷,已经成为许多国家诉讼法的选择,并在一些国家形成了相对完善的制度。在我国,虽然调解是法官审理离婚纠纷过程中的法定义务,但缺乏必要的强制性和专业化、程序化制度安排,因而呈现出随意性、大众化和非程序性等特点。这与家事纠纷调解的客观规律和我国家事纠纷调解的现实需求脱节甚远,建立家事纠纷调解前置程序是当前解决这一问题的理想制度选择。③

而且从司法实践来看,建立家事调解前置制度,不仅是非常必要的,也是切实可行的。我国《民事诉讼法》第 122 条规定"当事人起诉到人民法院的民事纠纷,适宜调解的,先行调解,但当事人拒绝调解的除外"。中办、国办《关于完善矛盾纠纷多元化解机制的意见》首次使用了调解程序前置的概念,要求推动有条件的基层法院对家事纠纷等适宜调解的纠纷进行调解程序前置的探索。最高人民法院《关于人民法院进一步深化多元化纠纷解决机制改革的意见》第 27 条规定,探索建立调解前置程序,有条件的基层人民法院对家事纠纷等适宜调解的纠纷,在征求当事人意愿的基础上,引导当事人在登记立案前由特邀调解组织或者特邀调解员先行调解。

---

① 张晓茹:《家事裁判制度研究》,中国法制出版社 2011 年版,第 8~9 页。
② 周永坤:《论强制性调解对法治和公平的冲击》,载《法律科学(西北政法学院学报)》2007 年第 3 期。
③ 陈群峰:《我国应当建立家事诉讼纠纷调解前置程序》,载《人民司法·应用》2008 年第 13 期。

值得注意的是,我国近15年来的一审家事案件收结案及调解结案数据表明,全国法院自2012年以来每年受理的家事案件均在160万件以上,并在逐年上涨。但是近5年的调解率却呈下降态势,且有继续下降的趋势。①(见图一)与诉讼相比,调解程序更有利于修补矛盾双方关系,程序更加方便快捷,能够有效降低纠纷化解的成本。但是,在法院大力倡导"调解优先"的前提下,家事案件的调解率却在不断下降,这不得不令人深思!基于此,在大量社会纠纷涌入法院和法院在推动多元化纠纷解决机制的过程中面临的"案件导出难"问题,理论界和实务界都开始关注调解前置程序,希望将更多适宜调解的纠纷在诉讼之前导入非诉纠纷解决渠道,推动纠纷解决方式从"司法一元"向"社会多元"转变,使纠纷性质、类型与纠纷解决方式相匹配,实现社会治理体系和治理能力的现代化。

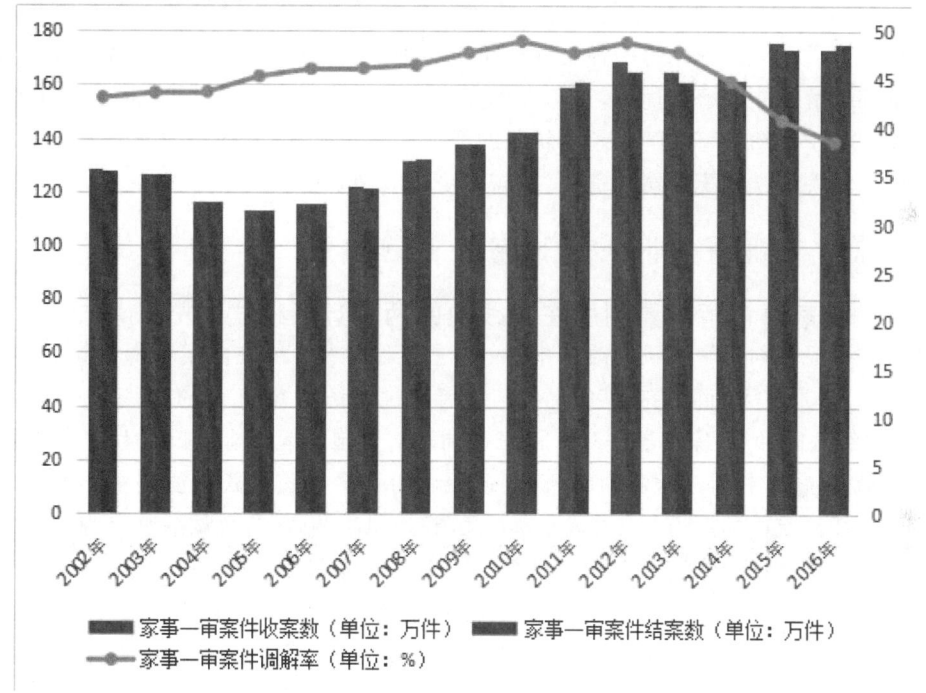

图1

何为"家事调解前置"制度?有人认为,家事案件调解前置制度是指家事案件在立案后进入审判程序之前,必须先经过家事调解,即必须先进入调解程序才能进入审判程序。② 也有人认为,调解前置程序是法院在登记立案前委派特邀调解员

---

① 统计数据来源《中国统计年鉴》,载中国国家统计局网站 http://www.stats.gov.cn/tjsj/ndsj/,最后访问日期:2018年7月2日。

② 温云云、陈爱武:《我国家事案件调解前置的制度构建研究》,载《人民论坛·学术前沿》2017年第21期。

或者特邀调解组织等非司法力量进行的调解，属于准司法行为。① 还有人认为，家事纠纷调解前置是指在家事纠纷形成案件前由家事调解前置机构在一定期限内先行予以调解，为家事案件立案、审判建立一个"缓冲带"的非诉调解活动。② 正是由于对家事调解前置的概念界定不清，才导致实践中的适用较为混乱。

从词义上分析，"家事调解前置"具有家事、调解、前置三个要素。其中，"家事"明确了案件范围，解决的是法律规定的基于身份关系而产生的家庭纠纷，体现了法定性；"调解"是解决纠纷的方法，能够弥补家事裁判过于刚性而柔性不足的缺点，有利于修复双方当事人的情感裂痕，体现了社会性的特征；"前置"则是将调解程序置于诉讼程序之前，对于特定的家事案件，必须经过特定调解机构的调解方可提起诉讼，具有一定的强制性。综上，家事案件调解前置制度是指对于特定的家事纠纷，在立案登记后须经特定调解机构或调解员在一定期限内的调解，只有在调解不成时才能进入审判程序的一种非诉讼纠纷解决制度。家事案件调解前置能最大化地发挥调解等非诉解纷优势，对解决家事纠纷起到"过滤器"和"缓冲带"的作用，这不仅有利于节约当事人解决矛盾纠纷的经济和时间成本，更好地维护公平正义，也有利于法院科学地配置司法资源、提高司法权威和公信力。

二、家事调解前置的实践探索及问题分析

(一)家事调解前置制度在实践中的两种运行模式

在多元化纠纷解决机制改革中，一些法院对家事纠纷在立案前探索试行调解前置制度，形成了"百花齐放"的局面。笔者通过走访考察 H 省的 64 家法院(包括 5 家中级法院和 59 家基层法院)，将家事调解前置制度运行情况归纳为两种模式。

模式一：依托诉讼服务中心，建立多元解纷平台。该模式由法院主导调解，一般是依托法院内的诉讼服务中心，将人民调解、司法调解、行政调解整合为一个"平台"，设有家事调解法官和专职调解员。立案庭在收到家事案件的起诉材料，经审查符合立案条件先进行"预立案"，征求起诉人的意见后，交调解法官或专职调解员进行调解。当事人达成调解协议的，可以向法院申请确认协议效力，或者出具调解书，案件终结。调解不成的，由调解人员出具诉前调解终结报告和转立案通知书，将诉讼材料转至立案庭。立案庭通知当事人交纳诉讼费后，案件进入审理程序。

模式二：通过相关部门对接，构建网格化调解模式。其一般是在法院设立家事诉调对接中心，由综治、妇联、民政、公安、教育等部门组成，通过协调联动，共同化解家事纠纷。在乡镇政府所在地、主要社区、集中村庄等设有家事调解委员会(以下简称"家调委")和调解员，每个家调委就是一个调解前置网格，所有的家调委形

---

① 李少平主编：《最高人民法院多元化纠纷解决机制改革意见和特邀调解规定的理解与适用》，人民法院出版社 2017 年版，第 248~249 页。

② 阿提坎·阿布都日衣木：《乌鲁木齐铁路运输法院建立家事纠纷调解前置机制》，载新疆法院网 http://www.xjcourt.org/public/detail.php? id=29557，最后访问日期：2018 年 7 月 2 日。

成全辖区的大网格,受法院家事诉调对接中心的统一指导。群众有家事纠纷可就近到家调委解决,也可以经法院引导到家调委。经过家事调解员调解后,调解成功的记入笔录,或到法院立案后由家事审判庭审查合格后出具调解书;调解不成的由家调委出具证明,一方持证明到立案庭登记立案。同时,调解员还担负着调查员、联络员、止暴员等多项职责,调解过程也可邀请代表委员进行督导。

可以说,这两种模式"各有千秋",但由于城乡差别的现实,第一种模式多被处于市区的法院采用,而第二种模式则广泛适用于乡镇较多的县(市)法院。尽管社区(村)等基层组织和政府部门对调处家事纠纷有着"得天独厚"的便利条件,但是受"家庭矛盾不好解决""多一事不如少一事"的思想影响,往往将纠纷以"依法解决"的名义推给法院。有的案件甚至在法院将其委派给基层调解组织以后,"空转"了一段时间又回到法院。

(二)家事调解前置制度试行中存在的问题

对于这些尝试,我们不应仅仅乐观其成,还要清醒地看待其中隐藏的问题,以及可能引起的"并发症"。

1.缺乏法律依据。"立案登记制"规定,对"依法应该受理的一审民事诉讼""符合法律规定的人民法院应当当场予以登记立案"。实践中,一些试点法院对于起诉的家事纠纷,先不予以立案,而是进行"预立案",然后将其转入调解程序,调解不成的,再立案进入诉讼程序。这虽属"无奈之举",但调解需要一定的时间,造成部分当事人的不理解,质疑法院是故意为难不予立案,只有靠立案庭人员做解释工作来说服当事人先接受调解。

2.案件类型不明。有的法院除了对法律规定内有关婚姻关系效力类和身份确认类案件不适用调解外,将其他的家事纠纷都纳入调解前置范围;有的法院则是仅针对特定范围内的家事纠纷进行诉前调解。由于没有对调解前置的家事案件做出更准确的类型划分或确定具体范围,一些并不适宜调解的案件也进入前置程序,不仅浪费了司法资源,增加了当事人的时间成本,也影响了案件的调解效率。

3.专业程度不高。无论是家事法官,还是家事调解员,普遍缺乏心理学、社会学方面的知识,在调解技能等方面也缺乏系统的培训,使得大部分家事法官和调解员对解决家事案件出现"能力危机"。

4.机制衔接不畅。家事纠纷的解决机制是一个非常复杂的系统,需要法院、妇联、民政、公安、司法等多部门联动配合,受人员和设施等诸多现实条件的制约,在运行中仍存在脱节和推诿现象,导致大量案件在调解前置程序"空转",只能通过诉讼程序解决。

5.诉调对接不足。家事调解员经过诉前调解,对案件情况已经很清楚,但是诉前调解卷宗并未随案转入诉讼程序,对于审理法官来说,这又是一个完全陌生的案件,必须向当事人重新了解情况,极易导致一些当事人情绪激动甚至反感,使纠纷的解决陷入僵局。

三、家事调解前置案件的适用范围

设置家事调解前置制度的目的是让家庭矛盾纠纷回归社会解决,这不仅更有利于修复亲情关系,而且法院通过调解前置的"过滤"作用,用"刚性"裁判解决调解不成的案件,才能真正发挥"司法是维护社会公平正义的最后一道防线"的作用。构建家事调解前置制度,首先面临的是如何确定适用的案件类型。据国家统计局《中国统计年鉴(2017)》显示,2016年全国法院一审民事案件收案1076.2万件,其中婚姻家庭、继承案件173.6万件,占16.1%。在已结案的175.2万件婚姻家庭、继承案件中,有67.5万件以调解形式结案,调解率为38.5%,呈持续下降趋势,①体现出近年来家事案件范围广、数量大,案件类型与法律关系日趋复杂多样等特征。

从理论上来讲,只要是符合家事纠纷特性的,都应当属于家事纠纷,包括婚姻关系、亲子关系、监护关系、收养关系、赡养关系、扶养关系、继承关系等。最高人民法院在《关于开展家事审判方式和工作机制改革试点工作的意见》中对家事案件的类型作了规定,主要有:(1)婚姻案件及其附带案件,包括离婚、婚姻无效、婚姻撤销等,附带案件包括监护权、子女抚养费、离婚后财产分割等;(2)抚养、扶养及赡养纠纷案件;(3)亲子关系案件,包括确认亲子关系、否认亲子关系;(4)收养关系纠纷案件;(5)同居关系纠纷案件,包括同居期间的财产分割、非婚生子女抚养等;(6)继承和分家析产纠纷案件等。如前所述,试点法院在实践中的做法也不一样,有的是囊括所有的传统家事案由;有的是将凡涉及家事纠纷的案件都归为家事案件,包括因家庭矛盾引起的相邻权、健康权、排除妨害纠纷等;有的还将传统家事案由与少审案由全部归口为家事案件。

笔者认为,不同类型的案件需要在不同的程序中解决,对家事调解前置程序的案件范围作出适当限制不仅是科学的,也是很有必要的。一些纠纷由于案件性质无法进行调解,如婚姻无效、撤销婚姻、确认收养关系纠纷等;有的案件当事人下落不明,显然没有调解的必要;有的当事人坚决反对调解,或者假借调解之名侵害对方权益的,也不宜进行调解。所以,纳入调解前置程序的家事案件只能是当事人具有完全处分权的案件,只要不违背当事人的真实意愿,调解结果一般不会违反法律规定,否则就有可能触及伦理道德或者违反法律规定,损害社会公共利益。

为了获得更好的社会效果和法律效果,应当在传统家事纠纷的基础上扩展调解前置程序的案件范围,除婚姻关系、身份关系确认等依案件性质不能调解的,以及因当事人下落不明等无法调解的案件外,凡是因家庭矛盾引起的纠纷都应被纳入家事调解前置案件的范围。例如,在农村经常发生的弟兄之间相邻关系纠纷,也可以在诉前经过调解解决。有的案件当事人拒绝调解,或者双方意见悬殊,则需要向当事人释明,争取接受调解。

具有争议的是,家庭暴力案件能否调解。有人认为,家庭暴力是亲密关系中一方针对另一方的单方面伤害行为,施暴方控制了受害方,双方关系不平等,而调解只能适用于双方关系平等且双方都能作出让步的纠纷,因此,家庭暴力不属于调

---

① 数据来源:中华人民共和国国家统计局网站,http://www.stats.gov.cn/tjsj/ndsj/2017/indexch.htm,最后访问日期:2018年7月2日。

解的范围。① 但通过对部分家事法官的访谈发现,根据一方当事人的陈述很难判断一起案件是否属于"家庭暴力",而且最高人民法院在《涉及家庭暴力婚姻案件审理指南》中对调解的原则、方法、技巧等作出了较为详细的规定,所以涉家暴案件并不是不能调解的。值得借鉴的是,我国台湾地区规定,在调解中认为有家庭暴力情形的,应当由具有心理学等方面专业知识的调解员参加,使受害方能真实表达自己的意愿,必要时受害方还可以指定代理人共同参与调解。在调解不成时,法院应及时将案件转入审判程序。

四、建立家事调解前置制度应树立的基本理念

(一)自愿合法原则

自愿原则是调解制度的核心和基础,但是调解前置与自愿原则并不冲突。自愿原则强调的是当事人有权自由选择是否调解、如何处分权利、是否同意调解协议内容等,而调解前置是指纠纷必须先经过调解才能诉诸审判,是审判的必经程序。如果当事人拒不同意调解,案件将及时转入审判程序。调解的过程和调解协议的内容,仍是当事人真实意愿的体现。

法无禁止即合法。由于调解与审判的性质不同,在调解前置程序中应对调解的程序合法与实体合法采取相对宽泛的标准。只要是当事人不违反自愿原则,调解协议的内容不违反法律规定,不损害国家利益、社会公共利益、第三人利益以及社会公序良俗,即为合法。而且调解协议的内容也不应受请求范围的限制,如果超过了请求范围,应视为是当事人对实体权利的处分,在不违反上述合法性要求的前提下,亦应准许。

(二)调解不公开原则

受"家丑不可外扬"的传统影响,当事人选择调解的目的就是不希望家庭矛盾为他人知悉。如果允许公开旁听或者采访报道,当事人可能会受外界影响而有所顾忌,不能真实表达自己的意愿。而且最高人民法院《关于适用〈中华人民共和国民事诉讼法〉的解释》第146条规定:"人民法院审理民事案件,调解过程不公开,但当事人同意公开的除外。"可见,在我国确立家事调解前置不公开原则已经具备一定的法律基础和现实基础。调解不公开原则包括调解过程不公开和调解信息不公开,在调解过程中,除特殊情形外,不允许当事人以外的公众旁听,新闻媒体也不得采访报道,而且调解协议内容也不公开。参与调解或者旁听人员对调解中获悉的信息负有保密义务,不得以任何方式透漏给他人,包括未参与调解的法官,否则将依法承担相应的责任。

(三)未成年人利益最大化原则

未成年人是国家和民族的未来,依法保护未成年人合法权益是家事审判改革的根本目标之一。婚姻破裂和家庭解体会产生许多不良的社会后果,许多未成年人犯罪也因家庭问题所致。最高人民法院在2017年11月发布的司法大数据专题

---

① 陈敏:《涉家庭暴力案件审理技能》,人民法院出版社2013年版,第148页。

报告《未成年人犯罪》中显示,在未成年人犯罪案件中,未成年人家庭多存在不同程度的不良因素,其中留守家庭、离异家庭、流动式家庭、单亲家庭、再婚家庭占据前五位。长久以来,受传统家长制的影响,我们缺乏将未成年人作为独立主体的思维习惯,漠视了对未成年人子女利益的全面保护。尤其是在离婚案件中,有的当事人为了争夺未成年子女的监护和抚养权,不惜一切代价。在调解和审理中,法官也极少征求未成年子女的意见,往往根据双方的优先条件处理子女抚养问题。实际上,这种理念仍是把父母的利益放在首位,将未成年子女当作父母的财产一样"分配"。经过20多年的发展,这种"分配"是否有利于保护未成年人的合法权益,是否有利于子女身心健康成长,是否有利于健全子女的人格发展,尚有待进一步研究。因此,树立未成年人利益最大化的理念,完善符合未成年人身心发展特点和规律的权益保护制度显得尤为重要。

(四)以当事人为中心原则

在家事调解前置制度中,以当事人为中心,从当事人的切身利益出发,更能体现司法的尊重与温度、公平与正义。无论是在制度设计,还是在实践操作中,都应当坚持"以当事人为中心"的原则。一方面,其要求当事人亲自参加调解,亲自处分家事纠纷中涉及的权益,尽可能促成和解、调解;另一方面,调解员应恪守职责、保持中立,尊重当事人的意愿,倾听当事人的诉求,保障当事人之间的权利平衡,引导双方在充分获知相关信息的基础上自愿达成调解协议。同时,为避免"先入为主",在调解前置程序中做调解工作的调解法官和调解员,不能在审判程序中担任合议庭成员。

(五)强化职权探知原则

家事调解不是"和稀泥",需要在查明事实的基础上达成合意。而查明案件事实,又需要建立在当事人提出事实主张和证据、对方当事人辩解并提供反驳证据、双方对证据发表意见等过程的基础之上。但是由于家事纠纷的特殊性和复杂性,相关证据极其隐秘,加上当事人之间对立冲突较大,在经济实力、法律能力等方面还存在差异,处于弱势一方的当事人难以及时收集证据来维护自己的合法权益。因此,通过强化职权探知,加大法官职权干预力度,有利于调查案件事实、查明矛盾根源,让当事人对预期结果有一个明确的判断,做出理智选择。

需要说明的是,强化职权探知并不是职权主义的回归。其实,职权主义与当事人主义并不矛盾,二者相互协同的模式已被普遍采用,绝对的当事人主义或者职权主义是不可能存在的。职权探知也并非不受法律的限制。诚如季卫东教授所言,"要保持适当的积极性和绝对的中立性是使法官调查证据的权利严格限制在法律的界限内。"[①]实际上,法官在不同的调解阶段的参与程度是不同的:在调解的事实、证据收集阶段的权力分配情况是对职权主义的抑制,即法官的主动调查、收集证据的职权受到抑制,是对法官身份所具有的潜在强制力的防范;而在调解开始、终止阶段处分权主义和职权干涉主义的交错适用、调解之进行、处理阶段职权进行

---

① 季卫东:《程序比较法论》,载《比较法研究》1993年第1期。

主义的突出,体现了我国民事调解制度中法官职权与参与程度的范围区间,即与当事人在司法调解开始、终止阶段的共同推进及在调解之进行、处理阶段的主动作用。[①]

五、对构建家事调解前置制度的设想

调解虽更具灵活性,但仍需要程序的规制。家事调解前置程序不仅是解决家事纠纷的过程,也是家事调解员和当事人交涉互动的过程,既给予当事人以充分的机会参与调解,也尊重并保障当事人真实表达的意愿,最终促成双方达成协议,实现化解矛盾纠纷、修复家庭关系的目的。

(一)程序的启动

基于自愿原则,调解程序应由当事人决定是否启动。但是家事调解前置具有一定的强制性,当事人向法院提交起诉状或者口头起诉也应视为申请调解,同意启动调解程序。与其他调解程序不同的是,在受理调解申请后,法院应当向当事人送达家事纠纷诉前调解提示,站在当事人的立场上,帮助他们了解家事调解的目的、流程和应注意的问题,让当事人明白该程序是为其解决家庭纠纷、修复亲情裂痕、共建美好生活提供服务的,需要双方共同努力才能真正解决纠纷。总之,让当事人从心理上愿意积极参与到调解过程当中,对接下来的调解能否取得成功至关重要。

(二)调解主体

1.家事调解委员会。按照最高人民法院关于家事审判改革试点相关文件的要求,试点法院均应设立家事调解委员会(以下简称"调委会"),在党委领导下,由法院推动、综治协调多个政府部门共同组成,形成社会多方参与的新格局。调委会主要承担流程管理、协调解决困难和问题等管理职能。

2.家事调解员。家事调解员是组织当事人进行调解,促成各方达成合意、解决纠纷的专业人员,在调解过程中应具有独立的地位。其主要职能是接受法院委派,协调当事人确定调解时间和方式,制定调解方案,制作调解笔录和调解报告,为当事人提供调解建议等,必要时还应协调心理咨询师等专业人员介入调解。如果由心理咨询师或社会工作者担任调解员时,应当注意避免发生角色混同。对于调解员的选任,可以借鉴我国台湾地区的经验,需具备下列资格:品行端正,著有信誉;对调解工作富有热忱;生活安定且有充裕的时间;身心健康有说服能力;对解决家事纷争具有专门经验;具有丰富的社会知识经验;其他经认为适当者。除此之外,家事调解员还应具备基本的沟通、调解技巧,以及法律、教育、社工、医疗及心理咨询、辅导等专业知识,并具有"性别平权意识,尊重多元文化"意识。[②] 同时其还应作出禁止性规定:如曾受刑事处罚或党政纪处分的、被吊销相关执照的,以及有其他不适合担任调解员的情形。为了保障调解员履行职务,法律还需要对其权利、义

[①] 宋明、冯含睿:《民事诉讼调解主体的权限分配研究——以当事人主义与职权主义模式为视角》,载《理论学刊》2013年第8期。

[②] 齐树洁:《台湾地区民事诉讼制度》,厦门大学出版社2016年版,第231、306页。

务作出规定,例如,调解员享有获取报酬和定期培训的权利,在调解中负有保密义务,遇有应回避的事有时亦应主动申请回避等。

3.家事调查员。如前所述,家事纠纷通常由家庭成员间的矛盾引起,极具私密性,当事人对案件的争议较大,难以搜集证据并探究产生矛盾的原因。因此,我国有必要引入家事调查制度。对家事调查员的选任条件,可以参照家事调解员,但是与家事调解员更侧重于法律专业相比,家事调查员需要具有社会、心理、教育、社会工作等学科知识,以更好地在家事法官的指导下履行职责。

家事调查员的主要职能是对家事法官委托的事项进行调查,可以通过查阅卷宗材料、询问当事人、实地走访等方式开展调查,根据调查事实作出书面报告,如果当事人申请,还需要出庭陈述意见或接受质询。调查的范围应包括当事人的家庭关系、生活状况、经历背景、身心健康、社会交往等情况,必要时还需要调查有无监护能力、是否存在家庭暴力等。在对涉及未成年人利益的事项进行调查时,还应充分听取未成年人及其父母的意见,详细调查未成年人家庭背景和在校表现,包括父母的品行、共同生活情况、社会评价等,特别是未成年人心理状况,以及对原有生活环境的依赖程度,并在调查的基础上作出分析评估,以对未成年人的利益给予最大程度的保护。

4.家事调解法官。我国法律规定,家事调解应在法官的指导和监督下进行。家事调解法官应选任具有较高综合素质的员额法官,不仅要有较强的业务能力,还要有丰富的社会阅历,熟悉当地社情民意,擅长调解工作,并且还需要一定的管理与协调能力。在调解前置程序中,家事法官的主要职责是指挥调解工作的进行,依职权调取证据,征询家事调解员、家事调查员、有关组织机构或个人的意见建议,对调解协议的内容进行合法性审查,根据当事人申请制作调解书。但是,由于家事调解员和调查员具有的相对独立的地位,家事法官对调解工作的指挥和监督仅限于行政层面,不得干预家事调解员或调查员的具体工作。

(三)调解流程

1.预估筛选。对属于家事调解前置范围的案件,立案庭在收到当事人的调解申请(包括起诉状),向双方当事人送达家事纠纷诉前调解告知书后,应立即将相关材料转至家调委办公室。由家调委办公室派专人负责向当事人释明调解前置程序规定,组织当事人选择调解员,了解纠纷情况,对案件作出预估。对于可能发生家庭暴力或紧急情况的特殊情形,应立即通报家事法官作出转介处理。家事调解员应当由当事人在调解员名册中共同选择确定,也可以在当事人同意的情况下由家调委办公室指定。调解员一般应由1人担任,但是根据纠纷的难易程度可以适当增加调解员人数,最多不宜超过3人。必要时,调解员可以申请法官指派家事调查员介入。

2.组织调解。家事调解可以调解会议的形式进行,努力营造轻松和谐的氛围。当事人按照调解员通知的时间和地点参加调解会议,如果无故缺席,则应依照有关规定予以处罚。调解会议由家事调解员主持,首先应让当事人明白调解是非对抗式的纠纷解决程序,知晓其权利和义务。然后,调解员要介绍自己,主动接纳双方当事人,建立信任关系。调解员在调解时应注意倾听,不得随意打断当事人的陈述,让当事人切实感受到自己被尊重,合法权益得到重视和保护。此外,调解员还要鼓励引导当事人正确面对问题、陈述案件事实、表达真实意愿,通过明理释法、促进沟通、消除隔阂,在自愿的基础上达成调解协议。如果不能达成共识,家事调解员可以结合双方各自的调解方案提出建议供当事人参考。当调解陷入危机或困顿时,家事调解员应当及时结束调解,伺机再行组织。另外,在与一方当事人谈话时,须有两名家事调解员或者家事法官与调解员共同参加,以显示家事调解的公正立场,保障当事人的权益不受侵害。对于调解的时间,从实践经验来看,一般以30日内为宜,特殊案件不超过60日。逾期调解不成的,要及时转入诉讼程序进行审理。

3.调解结束。调解有两种结果:一是调解不成,及时转入审判程序;二是调解成功,当事人达成调解协议。当事人请求制作调解书的,人民法院审查确认后应当制作调解书送交当事人。调解书需载明诉讼请求、案件事实和调解结果,由家事法官、书记员署名,并加盖法院印章,经双方当事人签收后即具有法律效力。如果不需要制作调解书的,应将调解协议的内容记入笔录,或者将调解协议附卷,由当事人、家事调解员、家事法官、书记员签名或盖章后,即具有法律效力。为利于当事人及时履行承诺,节约司法资源,避免当事人任意反悔,应明确规定调解协议经法官进行合法性审核,双方当事人同意签字或盖章后,即具有法律效力。如有违反调解协议,当事人仍可根据生效的调解协议申请法院制作调解书,再申请强制执行。

(四)保障与救济途径

为了保障当事人的合法权益,同时监督调解前置程序,无论当事人是否达成调解合意,都应当设置救济途径。

1.调解不成。对于调解不成的案件,家事调解员应当出具调解报告与转立案通知书,记明调解不成的原因,将卷宗材料退回立案庭,案件直接进入审判程序中的辩论阶段。这样的设计,既有利于打消当事人的顾虑,避免调解前置程序增加诉讼成本;另一方面还有利于提高诉讼效率。但是当事人在调解过程中所做出的让步,不能作为审判程序中的裁判依据。

2.另行起诉。如果当事人认为调解协议显失公平,或者意思表示不真实等不能成立、生效的情形,或具有可撤销、可变更情形的,可以向原管辖法院另行起诉,要求宣告该协议无效或者撤销该协议。

3.申请再审。对已生效的调解书,当事人如有证据证明调解违反自愿原则或者调解协议内容违反法律规定,可以向原管辖法院申请再审。法院审查属实的,应当再审。如果调解书只是存在笔误,则需裁定补正即可。

结　语

司法制度的形成与发展是一个充满未知与变数的人为选择,设计和建构的过程,其可以体现为一种社会博弈或利益权衡的权宜之计,同时也是蕴含着特定社会政治理想和目的的社会价值选择的结果。① 虽然家事调解前置制度在一些国家和地区得以推行,但对我国而言仍面临着法律和理论方面的障碍,不能是简单的"拿来主义",需要充分结合我国法律和社会文化特点,兼收并蓄,运用新的理念和方式进行创造性设计。在试点过程中,我们要通过转变公众对家事调解的认识、重新定位法院角色、培养专业人才、完善调解网络,实现家事调解前置制度规范化发展,并最终形成符合新时代发展要求、具有中国特色的家事纠纷解决机制。

---

① 高志刚:《司法的制度理性与实践运作》,载《法律科学》2009 年第 6 期。

家暴如何证明？
——以《反家庭暴力法》中人身安全保护令的家暴证明为视角*

■ 宁武阳**

论文提要 在国家的重视、学界的呼吁、实务的需求共同推动下,《反家庭暴力法》于2016年3月1日正式施行,人身安全保护令被首次正式写入国家法律体系中,至今已施行两年有余,该法取得了一定成效,促进了家庭和睦,维护了社会稳定。鉴于我国目前并没有独立的民事令状制度,该法第四章共10条对人身安全保护令作了规定,虽做到了有法可依,但仍存在实体与程序交织、内容与形式杂糅之处,且过于原则,由此带来法律适用上的困境。故此,本文抽丝剥茧,试图拨开迷雾,对人身安全保护令特别是其中的家暴证明规则予以厘清。本文通过实务解析——理论思考——进路构建的脉络对人身安全保护令的证据问题进行了深入、广泛的研究,初步构建了其证明规则。首先,通过实务解析,从宏观、微观的角度对其适用现状进行探讨。其次,引发理论思考,人身安全保护令的法律性质尚不明确、签发要件及内容仍较原则及相关证据问题需予以厘清。最后,提出我国人身安全保护令应建立的家暴证明规则,从证据形式、证明目的、证明责任、证明方式、证明标准各方面进行全方位的构建,并提出初步建议稿,以期抛砖引玉,对该法的不断完善有所裨益,则已实现本文初衷。

关键词 人身安全保护令 家暴 证明

> 温柔要有,但不是妥协,我们要在安静中,不慌不忙地坚强。
> ——林徽因

党的十九大报告中指出,我国社会的主要矛盾已经转化为人民日益增长的美好生活需要和不平衡不充分的发展之间的矛盾。婚姻是家庭的基石,家庭是社会的最基本细胞,是人们美好生活实现的地方,是人们梦想起航的地方。然而,这一梦想港湾似乎也不宁静,据调查,在我国婚姻生活中,曾遭受过配偶侮辱、漫骂、殴打、限制人身自由、经济控制、强迫性生活等不同形式家庭暴力的女性占24.7%,其

---

* 本论文是辽宁省法学会2016年立项重点课题"推进以审判为中心的庭前会议规则适用研究"的研究成果。

** 宁武阳,常山县人民法院交通巡回法庭法官助理。

中明确表示遭受过配偶殴打的已婚女性为5.5%,[1]保护妇女、儿童、老人合法权益已刻不容缓。理论界、实务界对此问题也较为关注,各级地方政府先后出台69个地方性法规或指导意见予以规制。在各界努力下,《反家庭暴力法》于2016年3月1日正式施行,该法在第四章第23条至第32条以专章的形式对人身安全保护令作了规定,但仅此10条难免带来适用上的难题:是适用诉讼程序还是非讼程序?是适用一般的简易程序还是普通程序?是适用特别程序还是"比照特别程序"?对家暴如何证明?证据形式、证明目的、证明责任[2]、证明方式、证明标准各是什么?本文意在厘清相关事项,并对人身安全保护令中的家暴证明问题作出深入细致的探讨,因为对如何证明"有遭受家庭暴力或者面临家庭暴力现实危险的情形"是签发人身安全保护令的核心,若这一问题无法解决,则人身安全保护令的签发将更为模糊。

一、实务解析

为对人身安全保护令(下文简称"保护令")的适用状况进行深入考察,我们有必要对其在实务中的应用进行调查分析。

(一)宏观分析:申请率低、追究刑事责任少、《反家庭暴力法》施行后签发数量增加明显

笔者以"人身安全保护令"为关键词在"中国裁判文书网"上搜索,至2018年6月4日,共计1290个搜索结果(因部分文书未公开及统计技术条件限制,可能与实际有出入)。其中按关键词,涉"家暴"的共960个、离婚94个、夫妻关系72个及其他的关键词;按案由,刑事案由4个、民事案由117个、行政案由3个;按法院层级,基层法院1272个、中级法院19个、高院及最高院较少;按地域,江苏省260个、四川省117个、浙江省95个、山东省78个……;按裁判年份,2018年127个、2017年591个、2016年568个、2015年1个、2014年3个、2013年1个;按文书类型,判决书87个、裁定书1041个、调解书1个。

据此,笔者得出以下初步印象:(1)申请率低。笔者以"民事案由离婚"为关键词搜索,共有2554975个结果,与上文的"人身安全保护令"1290个的结果相差巨大,这说明在涉及离婚的案件中,保护令的申请率是非常低的,而且保护令中尚有对老人、儿童的赡养、监护等保护,如若扩大范围,则说明申请率更是低。(2)追究刑事责任少。刑事案由共有4个,其案件分别是(2017)川0922刑初288号虐待案、(2017)黑0205刑初25号非法侵入住宅案、(2016)甘0602刑初433号故意伤害案、(2016)陕09刑终96号故意伤害案,其中两案发生在保护令禁令期间、一案发生在签发前、一案法官释明可以申请。由于统计方法限制,这并不能完全说明只

---

[1] 第三期中国妇女社会地位调查组:《第三期中国妇女社会地位调查主要数据报告》,载《妇女研究论丛》2011年第6期。本调查由全国妇联和国家统计局实施,每10年调查一次。

[2] 关于举证责任与证明责任两者概念问题,目前分歧仍较大,详见后文"三(三)证明责任"部分,本文暂视为一致,称之为证明责任。

有 4 例刑事案件与保护令有关,因为部分裁判文书中未表述,故无法搜索出,且单从数据上也无法得知是否因为签发了保护令,而预防了本来可能发生的刑事犯罪行为,但至少说明因保护令签发后追加刑事责任的较少,说明保护令的签发取得了一定实效。(3)从其他结果看,还存在以下现象:以基层法院作出为主;2016 年《反家庭暴力法》实施后,因为有了立法保障,保护令签发数量增加明显;江苏省签发数量最多。人们想象当中的北方地区家暴严重并未出现,这应与各地法律意识或立案率不同有关。综上,于宏观而言,保护令取得了一定的社会效果,维护了家庭和睦、社会和谐。

(二)微观检视:驳回申请仍在一定程度上存在、明示的证据形式范围较少、当事人举证难

为进行微观检视,笔者以"人身安全保护令 Z 省"为关键词搜索共得到 70 个结果,其中 2018 年 7 个、2017 年 18 个、2016 年 45 个。逐一查看,笔者发现作出裁定中支持申请人保护请求的共 51 个、驳回请求的 8 个、准予撤回的 9 个、驳回复议申请的 2 个,驳回请求的 8 个含 2018 年 1 个、2017 年 3 个、2016 年 4 个。同时,笔者对这 70 个裁判文书证据形式进行了归类(因同一个案件中存在多种形式的证据,故本统计存在重复),得到以下结果:

表 1

报警记录	病历	伤情照片	告诫书	行政处罚决定书	无证据或未写明	法院调取	微信记录等其他
56	50	45	8	2	11	2	42

据此,笔者得出以下初步印象:(1)从审理结果看,驳回申请仍在一定程度上存在。虽然驳回请求的总体数量并不多,但对个案来说就是 100%,若因失去保护令而人身安全受到威胁,对案件当事人来说危险就是 100%,家暴可能持续,或因此引起更严重的刑事犯罪,在这些驳回的案件中,部分是因为未提供证据,也有部分是提供了证据,但因证明力不足而被裁定驳回,是因对证据的运用模糊、理解不同而造成同案不同判。(2)从证据形式看,《反家庭暴力法》第 20 条中明文列举的"公安机关出警记录、告诫书、伤情鉴定意见"三种形式并不多。由上统计可以看出,大多数案件当事人都向法院提供了证据,如有公安的报警记录、告诫书等,但进一步发现报警记录较多,告诫书却"遇冷",伤情鉴定意见无人提供,更多的是医院病历、伤情照片、微信记录等其他更容易获取和保存的证据。一则《反家庭暴力法》第 16 条将"批评教育"与"出具告诫书"作为家暴情节较轻时可选择的处罚方式,公安机关在具体执行过程中,或多或少会因为家暴是家庭内部事务或出具告诫书的程序实体要求更严格而未出具或不愿出具。二则虽然《反家庭暴力法》第 20 条除三种明示的证据形式外,仍有"等"作为其他证据形式的兜底,但在实务处理中,因未有明示的规定,造成法官也不敢轻易下令,加上当前案件数量的激增,办案时间有限,依职权调取的更少。(3)当事人举证仍较困难。跳出已受理的案件来看,仍存在许

多当事人因没有证据提供而未申请保护的情形,这部分人员在已搜索到的裁判文书中无法看出,但事实是客观存在的。综上,于微观而言,保护令仍有需要完善之处。

二、理论思考

限于篇幅,本文对保护令的国外立法现状、国内立法进程、申请主体、申请方式、管辖法院、审限、保护措施、救济方式、执行主体、裁定形式等暂不予以详细论述,重点解决保护令的证明问题。笔者通过对该法全面深入细致的研读,引发了部分理论思考:

(一)保护令的法律性质尚不明确,应以"比照特别程序说"为宜

根据笔者的现有知识及查阅的大量相关文献,笔者认为目前对保护令的法律性质认识仍存在不一致情形,而对法律性质的认识是相关证明问题厘清的前提。典型的有"强制措施说""行为保全说""比照特别程序说"。一是"强制措施说"。2008年3月,由最高人民法院中国应用法学研究所编写的《涉及家庭暴力婚姻案件审理指南》(以下简称"《审理指南》")第一次以专章的形式对人身安全保护裁定作了详尽的阐述,该《审理指南》第26条中指出,"人身安全保护裁定是一种民事强制措施……",然而,细究民事强制措施的相关规定,笔者却发现其以"决定"形式作出,并依附于一般的民事诉讼。而保护令则以"裁定"形式作出,并具有独立性,不依附民事诉讼。二是"行为保全说"。2012年修正的《民事诉讼法》第100条将"行为保全"正式写入《民事诉讼法》,理论界和实务界均较为一致地认为保护令属行为保全,然而,行为保全有临时性的特点,至法院执行生效裁判时失效,而保护令却有有效期的规定,"不超过六个月"。三是"比照特别程序说"。2016年6月6日最高人民法院审判委员会通过的《关于人身安全保护令案件相关程序问题的批复》第3条中指出,"人身安全保护令案件适用何种程序,《反家庭暴力法》中没有作出直接规定。人民法院可以比照特别程序审理……"。笔者认为,应以"比照特别程序说"为宜,因为若是特别程序,部分案件被裁定终结后是可以另行起诉的,但保护令被驳回后只能复议,所以只能是"比照"。讨论该问题的意义在于只有明晰程序问题,才可明确证据审查的基本原则,在对证据审查时,亦比照特别程序的规定,"目的就是既承认保护令坚持诉讼程序的必要性,又借用非讼程序的职权主义强和效率高等优势,实现特定法律目的"。①

(二)保护令的签发要件、内容规定仍较为原则,造成实务中适用模糊

从立法的角度看,其在立法技术上"宜粗不宜细",但我国整体上看仍属大陆法系,有着依赖成文法的传统,法官在确定案件事实后首要考虑的就是制定法的成文规定。《反家庭暴力法》关于保护令的规定仅有10条,从法律适用上来看仍较为原则,本文选取其签发要件和内容作为讨论。一是第27条对保护令的签发要件作了

---

① 张平华:《认真对待民事保护令——基本原理及其本地问题探析》,载《现代法学》2012年第3期。

3项规定,"(一)有明确的被申请人;(二)有具体的请求;(三)有遭受家庭暴力或者面临家庭暴力现实危险的情形……"。前两项可视为形式要件,第三项可视为实质要件,形式要件不难理解,但实质要件却带来了适用上的歧义,该如何来证明? 如证明责任、证明目的、证据形式、证明方式、证明标准等均未规定。二是第29条对保护令的签发内容作了四项规定,"人身安全保护令可以包括下列措施:(一)禁止被申请人实施家庭暴力;(二)禁止被申请人骚扰、跟踪、接触申请人及其相关近亲属;(三)责令被申请人迁出申请人住所;(四)保护申请人人身安全的其他措施"。前两项可视为禁为措施,第三项为必为措施,第四项为兜底措施。《审理指南》第27条、第28条规定了9种措施,除上述三项措施外,还包括财产处理禁止、施暴人心理治疗、支付生活费、抚养费、教育费等。《反家庭暴力法》中的第四项兜底措施虽为法官作出裁定留下空间,但若没有明确规定,很少有法官会自行创设其他保护措施,不利于服判息诉,也不利于裁判尺度的统一。再者,明文规定的这四项措施它们本身之间是否有证明标准上的不同亦未作出规定,对于第三项迁出住所这一要求更高的必为措施,会有难以执行等许多现实问题让法官难以轻易作出裁定。

(三)关于证明问题的厘清

1.从证据形式看,应扩大且明确可采信的证据范围

《反家庭暴力法》第20条规定,"人民法院审理涉及家庭暴力的案件,可以根据公安机关出警记录、告诫书、伤情鉴定意见等证据,认定家庭暴力事实"。此条用例举的方式明确了可以认定的几类形式,但条文中所说是"审理",并未直接明确适用保护令的案件,"审理"一般用于普通的诉讼程序,"审查"才用于特别程序案件,而正如前文分析,对保护令的法律性质尚不明确,不过根据举重明轻原则,这几类证据可以用于对实体要求更严的"审理"型案件,则也可用于相对要求降低的"审查"型案件。另一方面,对微信记录等其他更易获取和保存的证据,应纳入且明确为可采信的证据范围。如(2018)浙0303民保令1—1号被申请人复议案件,法院经复议认为,"申请人刘某提供了医疗记录、'我明天去杭州找你,你不在杭州,我杀死你'微信记录等证据,以证明复议申请人张某曾对申请人进行威胁、恐吓的事实……",故法院驳回了复议申请人的复议申请。此份裁定即是法官与当事人之间对于微信记录等证据是否能证明家暴事实存在理解不一致之情形,才会引致复议。

2.从证明目的看,应为再次遭受家庭暴力的可能性

《反家庭暴力法》第23条第1款规定,"当事人因遭受家庭暴力或者面临家庭暴力的现实危险,向人民法院申请人身安全保护令的,人民法院应当受理。"第27条第3项规定,"有遭受家庭暴力或者面临家庭暴力现实危险的情形"是作出保护令应当具备的条件之一,以上两条,从文义来看,对"面临家庭暴力的现实危险"不难理解,是将来再次发生家暴的可能性,对"遭受家庭暴力"若作深层次探究,是家暴的已然发生还是将来发生仍有歧义,按照实施的时间来看,容易区分为既往家暴、现时家暴、未来家暴。"已发生的家庭暴力是核发民事保护令的前提条件,但不

是唯一条件,若没有继续发生家庭暴力的危险情事,也不符合通常保护令核发的标准";①对既往家暴,因其已然发生,若施暴者真心悔过,则签发保护令对其不公,对现实家暴,因保护令的滞后,亦无签发之可能,只有未来家暴,才是对受害人合法权益的维护。如(2017)渝 0106 民保令 4 号支持请求案件,法院经审查认为,"被申请人葛某的行为因构成故意伤害罪,被人民法院判处有期徒刑十个月,现被申请人即将刑满释放,申请人厉某的申请符合人身安全保护令的法定条件……",故法院支持了申请人的请求。此份裁定即是考虑了未来家暴的可能性。

3.从证明责任看,受害人举证难

正如前文所述,保护令的申请率是非常低的,一方面与我国"家丑不可外扬"、"厌讼"、纲常伦理等等级秩序已深入人心和受害人证据保护意识不强等有关,另一方面,与当前保护令的证据规则也有关系。一般的身体暴力都存在举证难的现实,对于"经常性谩骂、恐吓等方式实施的精神侵害行为",由于家暴的封闭性、证据不易收集等原因更难以举证,给申请人带来重重困难。且对保护令案件的法律性质尚不明晰,多数情形下法官会用一般的证明责任"谁主张谁举证"来分配证明责任,但对于被申请人反驳申请人应承担的证明责任及证据形式、证明责任是否可转移、反驳的证明标准等都没有规定。故许多家暴事件没有进入到诉讼,申请率也低。

4.从证明方式看,未明确审查方式

从《反家庭暴力法》的内容来看,因为其规定了具体的权利义务和法律保护的具体情况,应是一部实体法,但就具体条文而言,因为对保护令的具体申请方式、文书形式、管辖法院、审限、救济方式、执行主体等程序性事项都作了规定,它又似乎是一部程序法。若是实体法,应适用更严格的证明方式,需通过开庭、举证、质证、法庭调查、辩论等环节来审理查明案件事实(部分简易程序另有规定的除外);若是程序法,则应遵守相关诉讼法的程序规定。从文书形式看,《反家庭暴力法》规定保护令以"裁定"形式作出,似为程序问题,但从保护令的措施来看,实为规定了具体权利义务的实体之"判决";从签发时间看,该法第 28 条规定,"人民法院受理申请后,应当在七十二小时内作出人身安全保护令或驳回申请,情况紧急的,应当在二十四小时内作出",若用实体法"谁主张谁举证"严格的实体证据证明方式来审理,则时间上不允许,失去了对家暴再次发生可能性的防御功能;单从证据本身看,若进行严格的实体审查,多数只能证明家暴本身事件的发生,难以确定施暴者是谁,不利于保护申请人的权益。如(2016)浙 0106 民保令 2 号驳回请求的案件,法院经审查认为,"申请人身安全保护令应当提供申请人遭受家庭暴力或面临家庭暴力现实危险的证据……申请人提供的 2016 年 3 月 22 日的住院病历不能证明被申请人实施家庭暴力的事实……",故法院驳回了申请人的申请。因无法查阅整个卷宗,不能擅自武断地评析裁判的是非,但至少说明,因对保护令的证明方式该采用严格的实体标准还是更低的程序性标准不明确,造成裁量模糊。

---

① 何丽新:《述评台湾民事保护令制度之最新发展》,载《台湾研究》2009 年第 4 期。转引自余文唐:《独立保护令案件的家暴证明》,载《人民司法(应用)》2016 年第 10 期。

5. 从证明标准看,未明确与保护令相适应的标准

证明标准(standard of proof),又可称为"证明强度""证明度",是诉讼法学界长期讨论的核心问题,在对家暴的证明中同样重要。《民诉法解释》第 108 条、第 109 条在我国首次建立了多层次的证明标准,"本解释之前的司法解释未考虑证明标准的层次性而作出多元化的规定"。① 第 108 条以本证与反证的视角对高度盖然性(法条中表述是"高度可能性",鉴于通说为高度盖然性,故本文仍称之为高度盖然性)的规则作了清晰的表述,确立了我国民事诉讼的证明标准是高度盖然性;在第 109 条中将"欺诈、胁迫、恶意串通事实的证明,以及对口头遗嘱或者赠与事实的证明"从"高度盖然性"提高至"排除合理怀疑"的程度;部分程序性事项,如申请回避,"可能影响本案公正审理的……"则适用较低的盖然性。刑事诉讼中的证明标准是"排除合理怀疑"。对于保护令,因对其法律性质、证明方式等仍不明确,故对其证明标准亦不明确。究竟应适用程序性事项中"较低盖然性"? 或实体事项中"高度盖然性"? 或刑事诉讼中"排除合理怀疑"?《反家庭暴力法》作为一部民事法律,大多数法官不会适用"排除合理怀疑"标准的争议不大,但对于当事人的证据应达到高度盖然性或较低的盖然性仍不明确。再者,与《婚姻法》中家暴认定标准是否一致也有待商榷。如(2016)浙 1024 民保令 2 号驳回请求案件,"本院认为,申请人申请人身安全保护令,应当提供充分的证据证实其有遭受家庭暴力或面临家庭暴力现实危险的情形,本案申请人郑某提供的证据未达到法定证明标准,故……裁定:驳回申请",本案中,法官即认为申请人虽然提供了手机短信记录打印件、某派出所出具的匿名报警单及被申请人儿子询问笔录等证据,但仍未达到法定证明标准,故裁定驳回。

三、进路构建

诚如前述,本文对保护令实施后两年余的实务方面进行了宏观、微观的解析,并对其理论问题特别是证明方面进行了深入思考,且已明确保护令的性质是"比照特别程序",故,本文在此从证据形式、证明目的、证明责任、证据方式、证明标准等方面提出我国保护令案件中家暴的证明规则,抛砖以引玉。

(一)证据形式是"初步证据"

《反家庭暴力法》第 27 条中规定的"公安机关出警记录、告诫书、伤情鉴定意见等证据"可以认定家庭暴力事实,但笔者建议应明确为"……等初步证据"。一是应扩大和明确可采信的证据形式范围。虽然条文中有"等"以留下自由裁量的空间,但当事人和法官对一些常用的易于搜集的证据却不能形成共识,不利于纠纷的解决。对于可认定家暴的证据形式,应以明确例举方式写入条文,使证据形式可视化,减轻法官自由心证公开的说理压力,也使当事人更易于接受裁判结果,《审理指南》中的几类证据,虽最后在立法时未被采用,但仍可作为今后司法解释的参考,

---

① 沈德咏主编:《最高人民法院民事诉讼法司法解释理解与适用》(上),人民法院出版社 2015 年版,第 360 页。

"可以是伤照、报警证明、证人证言、社会机构的相关记录或证明、加害人保证书、加害人有威胁内容的手机短信等"。二是保护令案件家暴证明中提供初步证据有理论及实务依据。第 27 条对此三类证据属何种证据并不明确,以致"等证据"无法推断。从是否可以被充分的相反证据所推翻,其可以分为初步证据、最终证据。"初步证据"由于在实务条款中所见不多,有必要进一步展开解释。这一概念在我国立法中首次出现是《海商法》第 77 条、第 80 条、第 81 条,新近的司法解释有 2016 年 5 月 1 日起施行的《最高人民法院关于审理消费民事公益诉讼案件适用法律若干问题的解释》第 4 条。"初步证据"在法律权威工具书《布莱克法律词典》中被定义为"足以确立一项事实或成立一项推定,除非被有效反驳"。[1] 仔细分析这一概念并结合在上述法律条文中的规定,不难发现其基本特征是,"首先,初步证据是证明案件事实或因果关系可能存在的证据;其次,初步证据是可供推定案件事实的证据;再次,初步证据是能够使举证责任发生转移的证据;最后,初步证据证明的案件事实是可反驳的"。[2] 保护令案件中的家暴证据与《海商法》中的提单、消费民事公益诉讼中的证据等具有家族性类似(篇幅所限,此处不展开论述),且家暴本身的隐蔽性、家暴证据的不易保存和收集,故保护令案件家暴证明中提供初步证据是有理论及实务依据的。

(二)证明目的是"未来家暴可能性"

前文已提及初步证据的基本特征之一是"证明案件事实或因果关系可能存在的证据",与之相对应,受害人提供了初步证据后,其证明目的便是"未来家暴可能性"。因为既往家暴,若被申请人已确实悔过,则无签发之必要;现实家暴在程序上、时间上已然不允许,可由公安机关直接介入;故保护令证明的是"未来家暴的可能性",正如《审理指南》第 5 条中指出,家暴具有周期性,"每个周期通常包括关系紧张的积聚期——暴力爆发期——平静期(双方和好直到下个暴力周期的到来)",法官审查的应是通过申请人提供的初步证据,据此判断再次施暴的可能性概率。因为初步证据是证实"因果关系可能存在"的证据,再者是可供推定案件事实的证据,故,通过既往家暴的初步证据,可证实未来家暴因果关系之可能。

(三)证明责任是"可转移"

通说认为,证明责任和举证责任是不同的概念,证明责任会转移,举证责任是不能转移的,鉴于《民诉法解释》第 108 条中表述为"举证证明责任",且《新民事诉讼法司法解释中若干证据问题的理解》中亦指出"举证责任也称证明责任",[3] 为能说明问题,本文均称之为"证明责任"。一方面,从广义的证明责任来说,应丰富家暴证据收集方式。对于家暴,从更广的层面看也危害了社会公共利益,所以,《反家

---

[1] 崔起凡:《WTO 争端解决中的"初步证据案件"与证明标准》,载《国际经济法学刊》2013 年第 4 期。

[2] 余文唐:《独立保护令案件的家暴证明》,载《人民司法(应用)》2016 年第 10 期。

[3] 宋春雨:《新民事诉讼法司法解释中若干证据问题的理解》,载《人民司法(应用)》2015 年第 13 期。

庭暴力法》才会正式以公权力方式介入私权力,既然公权力已介入,则公安等机关应在搜集证据方面协助受害人,明确其有出具书面记录材料的职责,其他村民组织、妇联等也应扩大宣传,以提高受害人的证据收集意识。另一方面,从狭义来说,应构建证明责任可转移规则。"初步证据是能够使举证责任发生转移的证据",且"初步证据证明的案件事实是可反驳的",若负有证明责任的当事人,没有证据或证据不足,将承担不利后果。《民诉法解释》第108条中指出,反驳的一方只要使事实陷入真伪不明即"应当认定该事实不存在",若采用反证的方式,被申请人只要使案件事实真伪不明即可认定事实不存在,不利于申请人权益的保护。笔者认为,应构建证明责任转移规则,申请人对其主张的被家暴事实,有责任提供证据。若指认系被申请人所为,证明责任转移至被申请人,被申请否认由其侵害,需提供证据加以证明;若没有证据或证据不足,则应由被申请人承担不利后果。此举虽然可能对被申请人要求过高,但在保护申请人现时人身权益与制止被申请人施行家暴的行为自由之间衡量,显然更应倾向于保护申请人的人身权益,也更利于提高保护令签发的支持率,达到维护社会稳定的立法目的。

(四)证明方式是"初步证据+内心确信"

前文已提及"初步证据证明的案件事实是可反驳的",即可以被充分的相反证据所推翻。再者,初步证据还具有暂时性、非终局性的特征,如《民诉法解释》第284条对公益诉讼的立案受理条件中规定"……(三)有社会公共利益受到损失的初步证据……",可见,初步证据在此处只是立案受理条件之一,具有暂时性。前文在家暴证据形式中对"初步证据"进行了详细分析,初步证据可作为家暴的证据形式,不过因为保护令案件具有诉讼与非讼交织的特点,可不按诉讼案件进行严格的审理,但也不能如非讼案件只进行形式审查,仍需在有初步证据的基础上,加上法官的"内心确信"方可,即在有初步证据的基础上,法官需要运用经验法则等对既往家暴进行判断,进而形成对未来家暴可能性的确信。否则,一方面造成签发错误,对被申请人不利,另一方面也会不良诱导申请人的滥诉。

(五)证明标准是"盖然性占优势"

如上文述,笔者认为,家暴的证据形式是初步证据,证明责任是可转移,证明方式是初步证据+内心确信,那么,该达到何种程度才能证明案件事实或家暴因果关系的可能性存在? 这便是另一个重要问题——证明标准。在比较法上,此问题较为被认可的是德国的刻度盘理论和美国的百分比理论,通说认为,与我国有着成文法类似传统的德国"对于程序性事实的证明只要求相当于英美法系国家的盖然性占优势的标准"[1],一般认为,"美国的百分比理论是指一方当事人证据的优势超过51%即可获得胜诉",[2]我国在2015年2月4日施行的《民诉法解释》中构建了多层次的证明标准。笔者认为,对于《反家庭暴力法》中这一兼具实体法与程序法(或"比照特别程序法")的我国人身安全保护令,亦需适用"盖然性占优势",同时也是

---

[1] 余文唐:《独立保护令案件的家暴证明》,载《人民司法(应用)》2016年第10期。
[2] 张卫平主编:《外国民事证据制度研究》,清华大学出版社2003年版,第217页。

因保护令的程序迅速性和证明对象单方性所决定的。另一方面,在保护令本身中亦需区分签发的不同时间要求和保护措施的不同应有不同的标准。《反家庭暴力法》第 28 条规定:"人民法院受理申请后,应当在七十二小时内作出人身安全保护令,情况紧急的,应当在二十四小时内作出。"对于七十二小时内作出的一般保护令因紧急情况已降低或暂未到来,其证明标准应高于二十四小时内作出的紧急保护令。该法第 29 条第(三)项的迁出住所令这一必为措施因较之前两项的禁为措施对被申请人权益影响更大,且在实务中执行也更困难,这一标准也应高于前两项。同时,离婚诉讼中家暴证明标准也应高于保护令中的家暴证明标准。但"盖然性占优势"作为保护令中家暴证明标准这一总体要求是不变的。

通过本文的详细论证,笔者归纳我国人身安全保护令的证明规则如下:

证据形式	·初步形式
证明目的	·未来家暴可能性
证明责任	·可转移
证明方式	·初步证据+内心确信
证明标准	·盖然性占优势

附建议稿:

第 N 条　申请人对于有遭受家庭暴力或面临家庭暴力现实危险的情形,有责任提供初步证据加以证明,初步证据可以是伤照、报警记录、告诫书、伤情鉴定意见、证人证言、社会机构的相关书面记录或证明、带有威胁内容的短信、微信信息等。

人民法院通过审查初步证据,运用逻辑推理和日常生活经验法则,认为待证事实的存在具有盖然性占优势的,可以认定家庭暴力事实,但被申请人有相反证据足以推翻的除外,被申请人主张对其有利认定的,应承担相应的证明责任。

结　语

法律是冰冷的,人心是温暖的。人生的道路上,请珍惜陪伴在身边的人,或许下一个转角,便会挥手告别,当有一天,所有的故事在岁月的素笺上泛黄,沏一杯清茶、书一抹眷恋,在浅色的流年,学会宽容、学会感恩、学会珍惜,待银丝缀满霜华,若还有暖意,便是时光赠予的明媚。

家事审判制度改革研究
——以武城县人民法院家事审判改革试点为例

■ 吴广辉　祖　振*

摘　要　家事纠纷是以身份关系为核心的特殊民事纠纷,具有显著的伦理性、强烈的隐私性、因素的复合性、关系的持续性、特定的公益性,随着我国社会经济的发展及家庭结构的变迁,从调解机制、举证责任、诉讼程序、弱势群体的保护等多个方面,现行通用的民事审判制度已不能满足家事纠纷的审理需求,而当今社会的高离婚率、未成年子女抚养等家庭问题,也迫切需要新型的家事审判制度加以规制、调整。德国作为最早单独施行家事审判制度的大陆法系国家,具备完整的家事法体系,而且与我国在法律体系上相近,对于探索实现家事审判制度改革具有高度吻合、便于借鉴的重要意义。武城县人民法院综合考量国内与德国的经验做法,从建立专业的审判及辅助团队、构建家事调解模式、完善工作机制、转变庭审方式四方面进行家事审判制度创新的探索与实践,为论证家事审判制度改革的可行性提供有益的参考。

关键词　家事审判制度　家事纠纷　多元纠纷化解机制　未成年人权益保护

引　言

"家"是构成社会的基本细胞,是一个温馨的港湾,也是一个人最美的拥有,只有家庭幸福、美好,整个社会才会和谐、稳定。新中国成立以来,党和国家一直非常重视婚姻家庭建设,1950年4月13日,新中国成立后出台的第一部具有基本法性质的法律就是《婚姻法》。近年来,随着我国经济的快速发展,社会结构深刻变革,人们的思想和行为方式都发生了巨大的变化。在家事领域,人们对于婚姻家庭的观念也在逐渐转变。离婚被很多年轻人作为夫妻矛盾的常规选择,"闪婚闪离"现象已不是什么新鲜话题。但这种错误的观念给社会带来了极其负面的影响,例如单亲家庭、问题少年、孤寡老人等。作为国家审判机关,人民法院理应在家事审判领域有所作为,承担起扶正错误家庭观念、维护婚姻家庭关系、推进社会安定团结的历史重任。

改革开放以来,中国社会在方方面面都发生着深刻变革,"家"这个社会的基本

---

*　吴广辉,山东省武城县人民法院党组成员、副院长;祖振,山东省武城县人民法院团支部书记、审判员。

细胞,也受到了很大的冲击,社会制度,包括家事审判制度,亟需改革适应这种变革。家事纠纷是指发生于家庭内部的有关身份或财产方面的纠纷,涉及婚姻家庭,包括离婚、亲子关系、继承、家庭等案件纠纷。家事纠纷的特殊性,决定了其解决途径应当与一般民事案件有所区别。进而言之,其不但在诉讼程序上要有所区分,而且在诉讼外的解决路径上也应当与一般民商事案件的多元化解制度加以区别。目前,我国民事诉讼法没有独立的家事诉讼模式,理论界日渐认识到家事纠纷不同于普通的财产纠纷,应针对性地适用不同的审判制度。本文以武城县人民法院家事审判改革试点为切入点,结合法学理论与法院家事审判改革实践,建立多元化解家事纠纷的途径,对传统家事审判工作中存在的问题、家事审判制度改革的必要性进行剖析,探索构建新型家事审判制度,同时,结合武城县人民法院的试点工作成效,论证家事审判制度改革的可行性。

第一章 现行家事审判制度存在的问题

婚姻家庭情势的变化导致人民法院家事审判情势的改变,尤其是审判机关在司法改革实施立案登记制以后,更多的社会问题和家庭矛盾直接涌入法院,给法院家事审判带来了很大压力。在我国审判机关传统的民事审判思维变迁中,无论是"大民事"的整体式思维,还是"民商分立"的区分式思维,都没有全面关注过家事纠纷的特殊属性,特别是在家事审判制度的程序设定、制度构建上严重缺位。在家事审判制度改革试点工作过程中,笔者认识到采用过去传统、保守、单一的审判理念进行改革很难取得创新突破与实践价值,因此,本文以广义的家事审判制度为改革理念,拓宽家事审判制度改革的外延,兼顾司法功能与社会功能,在法律原则的大框架内,探索进行一系列系统性的家事审判制度构建。

笔者是基层法院审判人员,通过审判实践与经验总结,发现现行适用普通民事审判制度处理家事纠纷案件主要存在以下七方面的问题:

一、无专门的调解组织与固定的调解机制

《婚姻法》第32条第2款规定,在审理离婚纠纷案件时,作为审判机关的人民法院,有法定义务依程序设定对离婚纠纷进行调解。从人民法院的统计数据来看,各地法院一审家事案件特别是离婚案件的调解撤诉率都保持在较高的水平。如最高院民一庭吴晓芳法官在《关于2012—2014年离婚案件相关情况的调查分析报告》中指出,据新疆高院统计,北疆乌鲁木齐市对离婚案件以判决结案的占比为16.8%,以调解结案的占58.8%,以撤诉结案的占24.4%,调解撤诉率达到83.2%。北京高院的调查显示,调解撤诉结案的占到了所有离婚案件的三分之二。另据青海高院统计,调解撤诉率达到了80.6%。① 由此看来,相对于一般民商事案件,人民法院在家事案件特别是离婚案件的审理过程中,调解工作所占的比重相对较大。但传统的调解仅仅局限于主审法官的诉中调解,且调解理念、调解组织、调解程序

---

① 杜万华:《民事审判指导与参考》,人民法院出版社2016年版,第152~153页。

等均不完善,随意性较大。案件调解成功与否,很大程度上取决于主审法官的社会阅历、调解经验等主观因素。而同样关注家事案件的妇联、民政、教育等各个社会主体却是单打独斗,缺乏必要的联动机制,无法形成社会合力。并且调解理念仅限于"息诉"而忽视了"修复",尽管目前尚未有全国性的统计数据,但从笔者所在法院的家事纠纷审判数据来看,改革举措实施以前,绝大多数调解结案的离婚案件是以调离为主,即使以撤诉结案的亦非全部和好。

二、不加区分的民事证据规则

由于我国目前尚未对家事案件的审理制定单独的程序法,在传统的审判实践中,并没有明确家事诉讼与一般民事诉讼的区别,审理家事案件所遵循的是民事诉讼法及其司法解释的法律规定,所规制的举证责任是"当事人主义""诉辩原则""谁主张、谁举证"等,所采取的庭审模式是"对抗式"模式,法官只能根据当事人的举证优势程度和庭审调查情况居中裁判。然而,这种"对抗式"的诉讼模式在审理家事案件时的效果并不理想。主要原因在于家事诉讼特别是离婚诉讼是一种复合之诉,除了具有财产性质之外,还具有浓厚的人身性、伦理性、情感性的特点。① 而一般的民事诉讼大多是财产性诉讼,主要是陌生人之间围绕财产争议展开,对此人民法院也需要以判决的方式厘清法律关系,惩罚失信行为,倡导社会诚信,无需注重调和当事人之间的关系。但家事纠纷一般发生于家庭内部成员之间,当事人具有特定的"亲属"关系和情感纠葛,法官除了要查明案情之外,更重要的职责是调和当事人之间的关系,这就决定了家事纠纷不能仅限于一般民事证据规则,要从实质正义的视角出发,依职权介入当事人的证据收集过程,弥补当事人主义存在的缺陷。

三、审理家事纠纷案件过分依赖庭审调查

就传统的家事审判方式来看,法官对当事人感情状况、子女抚养状况的判断主要依赖庭审调查。其中的原因既有我们上文所提到的审判理念的约束,也在于传统的审理模式下,家事案件由民事法官作为一般民事案件来审理,"案多人少"的压力使得法官没有更多的精力和能力实地调查了解,"马锡五式"的案件审理方式显然已不符合现阶段的客观实际。但我们必须深刻反思法官在短短几十分钟的庭审调查中能否对当事人的性格特点、情感关系、子女抚养状况等作出精准的判断呢?恐怕即使是资深法官也未必能做到这一点。因为在严肃的庭审过程中,当事人为达到某种目的很可能会有刺激对方的言行,难免会给对方造成较大的情绪波动,甚至使对方做出冲动的决定和行为,而这种"感情确已破裂"的表象,很可能仅仅是因为生活中的一件小事所引起的,抑或是当事人为了达到离婚目的而采取的诉讼策略。由此看来,法官在短暂的庭审调查中所做出的判断是否是"准确的""恰当的""符合客观情况的",值得质疑。

---

① 王礼仁:《全面改革和完善家事案件审判体制之构想:以婚姻案件审判现状为背景》,载《法律适用》2008 年第 11 期。

四、忽视家事案件人身属性

家事审判改革之前,离婚案件的审理往往围绕财产争议展开,分得财产的多少成为很多离婚案件当事人判断离婚纠纷输赢的重要标准,而一旦涉及经济利益的纠葛,往往使得矛盾迅速升级。① 在审判实践中有一种普遍现象值得关注,很多离婚案件的庭审中,在法官审理双方的夫妻感情阶段时,一方往往坚持不同意离婚并表示以后好好表现等,双方并未表现出明显的对立情绪,但一旦到了查明财产阶段,双方争夺十分激烈,此时矛盾迅速升级,甚至发生言语乃至肢体冲突。有的当事人将财产作为交易筹码,"只要把某某财产给我,我就同意离婚",而此时的法官本来有意调解双方和好,挽救双方的婚姻,却因为一方表示"同意离婚"而不能违背法律规定。由此看来,传统的家事案件审理方式,财产争议往往被过分地放大,而感情判断却被弱化甚至忽视。

五、缺乏对失信诉讼行为的惩罚机制

现实中,法院调查之前首先将自己所控制的财产隐匿或转移,被很多离婚案件当事人用来规避财产分割。而这种不诚信的诉讼行为,又是导致夫妻矛盾迅速升级的重要原因。传统的家事审判方式下,夫妻财产的查明几乎完全依赖当事人的举证,法院一般不会主动调查。对于上述恶意转移财产的行为,当事人很难举证证明,实践中也较少采取惩罚措施。这就导致了不诚信诉讼的蔓延,甚至对社会公信产生了极其负面的导向作用。但随着社会经济的快速发展,财产的表现形式和存储方式也多种多样,依赖法官通过职权调查的方式查明夫妻所有财产,在"案多人少"的形势下,显然并不现实,也不符合民事诉讼对于财产案件的审理原则,那么,如何在坚持"当事人主义"的审理原则下,最大限度地查清所有财产,并有效遏制不诚信诉讼的产生,便成为家事审判制度改革的一项重要课题。

六、对未成年子女权益的保护力度不足

尽管离婚案件的当事人是夫妻双方,从诉讼主体的角度讲,未成年子女并非婚姻诉讼的主体,但不容置疑的一点是,未成年子女往往成为夫妻离婚的最大受害者。有的离婚当事人不考虑未成年子女的切身利益,为了达到离婚的目的,将子女抚养作为与对方讨价还价的筹码:"如果孩子由我或对方抚养,我就……"当事人仅从自己的角度考虑问题,而忽视了子女的健康成长。离婚案件的审理也往往主要围绕当事人之间的矛盾和利益纠葛展开,而对"如何处理对孩子最为有利"的问题,也只能凭庭审中所获取有限的案件事实来判断。尽管法律文件有明确规定,对于十周岁以上孩子的抚养问题应当征求孩子本人的意见,但司法实践中对于该项规定的落实并不到位。由于法官作为公权力的象征,面对法庭的庄严肃穆,父母双方的激烈庭辩,对未成年子女的心灵会造成一定程度的创伤,因此,未成年子女出庭

---

① 腾威:《对我国设立家事诉讼程序制度的宏观思考》,载《金陵法律评论》2010 年第 7 期。

发表意见也产生了一定的弊端溢出效应。① 如何在子女抚养问题上,让法官的"自由裁量"更加符合孩子的健康成长,是我们需要慎重思考的问题。

七、家事纠纷判后追踪被忽视

传统的司法实践中,家事案件一般被视为普通民事案件,案件裁判文书送达后通过法院审判管理系统报结即视为结案。对于结案后某些还需要进一步关注的案件,比如:撤诉、调和、判决不准离婚的家事案件,法官一般不会再予以深究,按照传统的民事审判法律思维,法官也没有法定职权再去约束当事人。随着法官员额制改革的推行,"案多人少"压力的加大,主审法官对家事回访这项工作难以落实。而离婚案件的主审法官在初步地做了一些调解工作后,如果不能调解成功,对于第一次起诉离婚的情况,为了减少"风险"发生的概率,一般会判决不准离婚。这种"风险"一般是指当事人对判决结果不服上诉后,案件被上级法院发回重审或改判,进而影响一审法官的绩效考核。但司法实践中,绝大多数的离婚案件,在法院判决不准离婚后,双方当事人能够不计前嫌、和好如初的少之又少,一般都会选择六个月后再次起诉。而对于子女抚养、探视权的行使等情况,法院的审判部门则更少关注。由此看来,在传统的家事审判实践中,特别是婚姻案件的审理,其只是发挥了"查明事实""作出裁决"的程序价值,而对于调解当事人之间的矛盾、修复夫妻感情、挽救婚姻危机,并未发挥实质作用。

第二章　家事审判制度改革的必要性分析

一、家事审判制度改革符合社会转型的要求

中国正在进行深刻的社会变革,40年的改革开放,使国家向现代社会转型,家庭结构、家庭生活、家庭财产等方面与传统的家庭模式相比,出现了很多新的变化。这期间,有几方面因素深刻影响着中国的婚姻家庭关系:其一,1.2亿农民工进城打工,推动中国的现代化进程,也对他们的婚姻家庭观念产生新的变化;其二,中国2015年的男女性别比为105.02,这意味着约有3000万男性面临"打光棍"的局面,这些单身青年主要聚集在贫困的农村,进一步加剧"巨额彩礼""招女婿"等旧俗陋习的蔓延,动摇婚姻家庭关系的稳定性;其三,信息技术、交通工具的迅速发展,使得人与人之间的物理距离显得越来越近,而作为社会最基本细胞的家庭成员之间,交流的时间和频率却越来越少。这从另一个侧面反映出现代家庭的实际状况,缺乏交流的时间和欲望。这三方面的原因,在一定时期内,将会对婚姻家庭关系造成负面影响。

高发的家事纠纷成为一种社会现象,将严重影响个人的工作生活、社会的和谐稳定与国家的发展大计。具体到现实数据,离婚率持续攀升已成为迫在眉睫的社

---

① 丁兆曾、吴国平:《构建我国未成年人民事案件使用特别程序初探》,载《西华师范大学学报》2010年第4期。

会问题,对和谐稳定的家庭建设提出了新的挑战。民政部统计数据显示,离婚率自2003年以来连续14年递增,2014年全国有295.7万对夫妻办理离婚手续,2015年有314.9万对离婚,2016年有346万对离婚。与此同时,人民法院的婚姻家庭抚养、继承纠纷等家事案件也持续上升,成为民事审判的第一大类案件,占全部民事案件的三分之一左右,其中离婚案件占比很高。2014年全国审结一审家事案件161.9万件,离婚案件130.7万件;2015年全国审结一审家事案件173.3万件,离婚案件139.1万件;2016年全国审结家事案件175.2万件,离婚案件139.7万件。①

具体到武城县行政范围内的数据来看,2013年至2016年,结婚数分别为4167对、3185对、2345对、2086对,在民政局离婚数分别为635对、570对、644对、675对,由法院判决或者调解离婚数分别为283对、475对、542对、429对,在武城县离婚数量与结婚数量的比例是:2013年为22.03%,2014年上升至32.81%,2015年达到50.58%,2016年为历史峰值52.92%。也就是说从2016年开始,在武城县的行政区域内,每有两对新人结婚就会有一对夫妻离婚,结合笔者的了解,在德州市管辖的11个县市区内已有3个县域也达到了这个数字,数据十分惊人。

由于离婚数量的节节攀升,许多社会问题如老年人的赡养、妇女权益的保障、未成年子女的抚养及教育等社会问题多发,这些问题将不同程度地影响和冲击社会经济秩序、政治生活环境、文化传播理念等各个方面。综上,通过分析婚姻家庭关系新时期的特点,结合各方面的数据统计,可以得出在社会转型的大背景下,传统民事审判方式已不能充分解决现代家事纠纷的矛盾,我国需要新型的家事审判制度对婚姻家庭关系进行规制与调整,满足社会转型的稳定与发展要求。

二、家事纠纷的特殊性要求家事审判制度改革

家事纠纷是指发生于家庭内部的有关身份或财产方面的纠纷,涉及婚姻家庭,包括离婚、亲子关系、继承、家庭方面的纠纷。家事纠纷的特殊性,决定了其解决途径应当与一般民事案件有所区别。进而言之,这不但在诉讼程序上要有所区分,而且在诉讼外的解决路径上也应当与一般民商事案件的多元化解加以区别。②

(一)家事伦理性

家事纠纷是基于婚姻、血缘关系产生的具有亲属关系的当事人之间的纠纷,具有伦理性。家庭成员之间尊老爱幼、团结互助、夫妻恩爱是基本的伦理要求,家事纠纷的处置要尽量维护好这种伦理关系。如判决离婚案件中父母的探望权的行使,正是基于血亲关系存续的一项权利和义务。如若处理不当,极有可能使矛盾升级,亲属关系恶化,因此不能按照其他民事纠纷的处理方式来处理此类问题。

(二)家事隐私性

家事纠纷被称为熟人之争或者亲人之争,系亲属内部的纠纷、家族内部的案件,是私权利主体之间的争议,具有强烈的隐私性。受传统文化的影响,很多人对

---

① 杜万华:《民事审判指导与参考》,人民法院出版社2016年版,第140~141页。
② 何兵:《纠纷解决机构之重构》,载《中外法学》2002年第1期。

于这类纠纷不希望外传,秉持着家丑不可外扬的态度,因为一旦家庭内部纠纷公之于众,将会影响当事人的日常正常生活。例如,夫妻婚姻期间的婚外恋问题;亲子案件中未成年子女的抚养问题;夫妻财产分割问题等,都涉及家庭成员内部的个人信息。隐私是一种与公共利益、群体利益无关,当事人不愿他人知道或他人不便知道的个人信息。宪法将隐私权作为一项公民的基本权利予以保护。所以在家事纠纷中我们要保护当事人的个人隐私,达到案件审理公证,家庭内部和谐的诉讼目的。[①]

(三)家事复合性

家事纠纷兼具人身性与财产性。首先家事纠纷涉及人员众多,如离婚纠纷不仅牵扯到夫妻双方,还会涉及未成年子女,涉及两个甚至是多个家庭,包括债权人、债务人等,辐射面比较广。其次,家事纠纷的复杂性表现为纠纷诉求的多元性,所谓"清官难断家务事"。家事纠纷既要处理当事人的身份关系,亦要处理复杂的财产关系,现在的社会日新月异,财产种类复杂多变,这也加大了当事人举证及法院调查的难度。再者,家事纠纷因兼具人身性与财产性,需要根据不同的法律关系来适用不同的法律规范,增加了家事纠纷的处理难度。

(四)家事持续性

家事纠纷不像其他民事纠纷能够在短期内解决,当事人之间存在持续性的关系,它的履行期限主要由法律规定。家事纠纷的人身性决定了非法定条件其权利不会灭失,如抚养费的履行具有持续性但也存在变更的情形;抚养权可能会发生变更;一方行使子女探望权也具有长期性,只要权利存在,就会一直持续下去。

(五)家事公益性

家庭是社会的细胞,是社会的基本要素。家事纠纷不仅涉及当事人自身及其他家庭成员的利益,而且关系到未成年人的健康成长、整个家庭的维系、社会的秩序、国家的稳定等社会公共利益。家事纠纷一旦处理不当,就会酿成个人、家庭乃至社会的悲剧,如父母离婚对未成年子女的影响,在离婚纠纷中如若对未成年子女的抚养问题不能做出妥善安排,将会侵害未成年人的合法利益。婚姻家庭与人类社会是相互影响、相互作用地存续发展,家事的公益性与构建和谐社会秩序密切相连。

第三章 德国家事审判制度及其启示

构建符合中国国情、适应中国法治环境的家事审判制度,眼光不能仅局限于自身的审判经验与传统方式,有必要向域外先进且与我国法治制度相似的国家学习借鉴,以形成系统、客观、高效的家事审判体系。德国作为大陆法系的重要代表国家,其成文法对世界上其他大陆法系国家具有深远的影响,与我国在法律体系上相近,而且大陆法系的家事审判制度最早产生于德国。[②] 德国通过百余年家事审判

---

① 曾琼:《构建婚姻家事纠纷解决机制的理性分析》,载《学海》2009年第1期。
② 王葆莳:《德国婚姻法百年变革述评》,载《德国研究》2012年第4期。

制度的持续改革,形成了完备的家事审判制度体系,以区分家事纠纷中的人身属性、财产属性、未成年人权益保护等单行成文法模式为主要内容,①对于创新构建系统性的家事审判制度,具备高度吻合、便于借鉴的重要价值。因此,笔者单独选取德国的家事审判制度作为域外研究对象。

一、家事审判程序之德国体系构建

《德国民事诉讼法》经过2001年的民事司法改革后共设置了十一编,其中第六编是家事事件程序的具体法律规定,本编单独把婚姻事件归为一类,其他家事事件综合为一类。② 这样区分的内因是两大类家事事件审判程序设置不同,以诉讼程序为主要方式的是婚姻事件,以非诉讼程序为主要方式的是其他家事事件,比如离婚、无效婚姻的确认、撤销婚姻等婚姻事件类的诉适用诉讼程序,而确认失踪、确认死亡等其他类家事事件的诉则适用非诉讼程序。

德国于2008年9月19日首次对其国内的《非讼事件程序法》进行系统性的补充修订,并把家事事件合并到立法名目中,修改为《家事事件及非讼事件程序法》。本法的修订把以前由《德国民事诉讼法》调整的婚姻事件与家事争讼事件等内容全部纳入该法的调整范围。《家事事件及非讼事件程序法》在第二编家事事件程序中对家事事件的性质进行了定义,明确家事争讼事件的具体分类,比如婚姻住宅和家务事件、子女事件、扶养事件等其他类家庭事件。该编还阐明了家事争讼事件的规制内容,以夫妻财产争议、抚养请求权争议及其他符合家事特性的事件争议为主。《家事事件及非讼事件程序法》新增第十一章专门就其他家事事件,包括曾经结婚与婚姻关系存续期间内的分居、离婚等未规定在其他编章的内容,作出程序性的规定。

二、德国在家事审判领域的重要制度

在德国家事审判程序法中,有以下几项重要制度值得借鉴:

1.不公开审理原则。《德国民事诉讼法》最重要的基本原则之一就是公开审理原则。③ 审判程序的公开可以强化裁决的透明度与公正性,维护社会公众的诉讼知情权与当事人的诉讼参与权,实现程序正义。但在家事事件中,德国法选择不公开审理这一例外的程序原则,盖因家事事件涉及婚姻家庭的伦理性、隐私性,包含当事人的情感生活以及未成年子女的个人信息,在权利价值的衡量上,不公开审理更有利于保护当事人的权益。

2.限制支配原则。德国法律规定,在涉及财产争议的家事事件中,争议双方对

---

① [德]迪特尔·施瓦布:《德国民法总论》,王葆莳译,法律出版社2000年版,第1~4页。
② [德]罗森贝克、施瓦布、哥特瓦尔德:《德国民事诉讼法》,李大雪译,中国法制出版社2007年版,第1349~1350页。
③ [德]奥特马·尧厄尼希:《民事诉讼法》,周翠译,法律出版社2003年版,第250~251页。

争议案件的财产关系享有支配权。即争议双方有权决定他们是否将全部财产争议起诉至法院,也有权决定将部分财产争议交由法院审理,争议双方也可以自行和解,但在涉及身份关系的家事事件中,当事人则不能采取支配原则,不可以自主达成协议,应由德国法律调整。这种区分财产关系与人身关系的限制性支配原则,可以确定当事人自由支配的权利边界,突出家事事件中人身关系的严肃性,削弱财产关系在家事事件中的重要性。

3.职权主义及其限制。在家事事件中,与辩论主义相比,职权主义更有利于法官查清涉及夫妻感情、未成年子女抚养等人身属性的客观事实,对维系当事人的身份关系有正向作用。德国家事审判程序法规定,法官可根据家事事件的需要,依职权主义直接调查取证,对当事人一方或双方未提交的相关证据也可采信,也就是说,法官主导家事事件全部证据资料的收集进程。但家事事件中的职权主义也不是对所有家事审判程序均适用,对某些情形也设置限制性的法律规定,例如《家事事件及非讼事件程序法》规定,对于当事人未向法庭陈述的事实,在婚姻废止、离婚事件程序中,只有申请人不反对或该事实有助于修复人身关系,法院才能依职权进行司法调查。

4.当事人亲自到庭。德国的当事人亲自到庭原则,有强力的司法惩戒措施支持,若当事人不配合法院的审理程序,无故拒绝出庭应诉,情节严重的可构成藐视法庭罪。一般的家事事件诉讼中,法官有权指令双方当事人亲自到庭参加庭审,还可以对一方或者双方当事人进行讯问。若一方当事人因客观因素确实无法到庭,法院可派遣一名法官到其现居地进行讯问或者听审。

5.诉讼中止。诉讼中止制度得以实施的前提是法官的权威性与专业性,在审理家事事件中,法官可按照自由心证的评判标准,依职权对有和好可能的家事事件中止诉讼,同时,法官应当建议当事人咨询第三方婚姻家庭专业咨询机构。① 这项制度的运行,可以使冲动的当事人对自身轻率的诉讼决定有思考的空间,防止当事人错过弥合亲情的时机。而第三方专业咨询机构的设置,是诉讼中止制度存在价值的重要保障,它能够为当事人提供专业的婚姻家庭问题指导,让其在诉讼中止的时间内重拾婚姻的希望。

6.未成年子女最佳利益保护。儿童利益最大化是联合国《儿童权利公约》中的支柱性原则,②德国作为联合国的重要成员,其在制定本国基本法时,该法第6条同样规定抚养教育未成年子女是父母的当然权利和最高义务。家事事件中的未成年子女,由于当事人均系其至亲,本应作为未成年子女的法定代理人维护其权利,如今位置缺失,导致未成年子女的合法权益极易受到损害。德国《家事事件及非讼事件程序法》多项规定强调提高未成年子女在家事案件中的参与权、表达权和决定权,充分体现未成年子女最佳利益保护原则。其主要体现在三个方面:一是尊重并听取未成年子女的意见和建议,必要时可与未成年子女交流家事事件的具体问题;

---

① 陈爱武:《家事法院制度研究》,北京大学出版社2010年版,第90~91页。
② 王雪梅:《儿童权利保护的最大利益原则研究》(下),载《环球法律评论》2003年第1期。

二是设定诉讼辅助人制度与法律顾问制度,法官根据家事事件的需要,可以为未成年子女指定诉讼辅助人与法律顾问,帮助、指导未成年子女参与家事事件的审理;三是直接通知原则,法院的裁判文书原则上应直接告知年满14周岁的未成年子女,不利于未成年子女成长的除外,而且接到裁判文书的未成年子女依法具有抗告的权利。为了体现未成年子女的保护原则,德国家事审判程序法还特别规定,在家事事件中怀孕当事人可以向法院提前申请三个月的子女抚养费,充满了人文关怀。

7.家事审判专业化。其主要体现在:一是德国设置专门的家事审判程序法。自2009年9月1日开始,家庭事件与非讼事件合成新的法律,不再属于民事诉讼法的调整范围,这部新的法律就是《家事事件及非讼事件程序法》。该法将家事事件与非讼事件的程序设置有机结合,并新增章节,扩展了家事事件的辐射范围。二是德国设置专门的家事审判机构。德国在家事审判程序法立法以前,家事事件中不同种类的案件分别由民事法庭与监护法院管辖,因适用法律的不同,极易出现"同案不同判"现象。为使家事案件诉讼程序高效化,统一家事案件司法裁判标准,1976年,德国通过《婚姻家庭法1号改革法律》,[①]以法律的形式确立在法院组织机构中,设专司家事事件的家庭法庭,分别是:初级法院与州地区法院家事法庭、州高等法院家事法庭以及联邦最高法院家事法庭,共设三级专门机构。这三级专门机构的职责分工类似于我国人民法院四级法院的设置。首先,关于家事案件管辖问题,一审家事案件全部由初级法院与州地区法院管辖;二审家事案件由州高等法院管辖;对州高等法院裁判上告、抗告的上诉案件,最终由联邦最高法院家事法庭裁决。其次,关于审判人员组成问题,初级法院由一名家事法官独任审理一审家事案件,不设陪审员;州地区法院由3名家事法官以合议庭的形式审理一审家事案件;州高等法院由3名家事法官以合议庭的形式审理二审家事案件;联邦最高法院通常由5名家事法官以合议庭的形式审理终审家事案件。其中,初级法院与州地区法院同样分布在城镇上,只是因地域大小的不同,分别以不同形式审理一审家事案件,有助于案件的繁简分流、便捷诉讼。最后,德国的家事纠纷案件均适用不公开审理原则。三是专业化的法官队伍。设立专门的家事法庭,选任专业化的家事审判法官,家事法庭设立又加速了家事专业法官的培养,建立了有序的法官补充机制。

三、德国家事审判制度的启示

(一)研究制定家事诉讼程序法

家事审判的当事人亲自到庭、不公开审理、冷静期等制度,与《民事诉讼法》规定的委托代理人诉讼、公开庭审、公开宣判、案件审限等存在冲突。人身安全保护令单靠法院力量难以有效执行。家事审判制度改革后,由于缺乏专门的家事诉讼程序法的法律依据支撑,在财产申报、家事调查、冷静期等制度的运用上,有超越现有法律的质疑,所以,我国应加强改革的顶层设计,及时出台司法解释或者司法规范性文件,破除改革试点工作的机制体制障碍。如制定家事案件不公开审理、当事

[①] 杨临萍、龙飞:《德国家事审判改革及其对我国的启示》,载《法律适用》2016年第4期。

人亲自到庭、案件审限计算等制度和规定,使家事案件在法定程序方面有上位法或者司法解释方面的依据。协调审判管理部门,制定家事案件审判管理、质量考评指标体系等,加快制定专门的家事诉讼程序法以适应我国的法律体系要求。

(二) 设置家事法庭和培养家事法官

德国依照其家事诉讼程序的规定,设置由审判经验丰富的家事法官组成的家事法庭,统筹管辖辖区内的家事案件。由于家事审判专业性强、人身属性复杂,家事审判有其独特的内在机理、客观规律、价值体系,需要固定的机构与专业的人员,参与到家事案件的审理工作中,利于集聚家事审判效能、保障纠纷解决能力,发挥家事审判稳定社会关系、促进社会发展的功能。另外,家事法庭不应只具备专业的审判职能,还要通过家事审判制度对紊乱的家事关系进行"调整、修复、治疗",抚慰当事人的心灵创伤。① 因此,我国应借鉴德国这种体现家事纠纷解决特性的机构设置与人员培养模式。

(三) 强化职权主义在家事诉讼程序中的应用

家事案件是以调整身份关系为优先级的类型案件,家事纠纷既直接影响当事人的权益,也间接与其密切关系人有牵连,涉及的群体以几何倍人数扩散,对公共秩序与社会发展有一定的冲击作用。德国的《家事事件及非讼事件程序法》强化了法官依职权主义在家事案件中的应用,基于家事案件证据数量少、证据种类单一、法院调查取证少的特点,我国也应加大这方面的力度,提高法官调查取证的主动性。法官应依职权对可能存在的无效婚姻、可撤销婚姻等线索进行司法调查;法官应对当事人举证较为困难却又决定案件裁判结果的证据线索,进行调查核实,这一程序的启动,可以是当事人申请,也可根据具体案情由法官直接决定。这种主动性的调查取证,能够有效打击恶意转移夫妻共同财产、婚内与他人非法同居等严重违背社会主义核心价值观的行为,维护符合社会法治要求的婚姻家庭观。

(四) 构建家事纠纷多元化解机制

构建家事纠纷多元化解机制,是人民法院推进家事审判专业化、社会化、普适化改革的重要举措,②也是善借外力、缓解人案矛盾的有效途径。90%以上的家事纠纷案件都在基层法院,而目前"案多人少矛盾"又是基层法院的常态。同时,家事纠纷涉及面广、案件千差万别,仅仅依靠法院力量孤军奋战,势必难以为继。因此,"凝聚社会力量共谋家事审判改革大计"成为家事改革试点法院的共识,也是德国家事审判的重要启示之一。根据《家事事件及非讼事件程序法》的规定,③德国法官在审理家事事件时,无权对当事人进行调解,只负责审理、研判家事纠纷的法律问题,而调解职能则赋予给家事纠纷多元化解机制。这一机制具备广泛性、专业性、可持续性的特点,广泛性表现在众多行业共同参与,包括社区心理咨询与辅导、青少年管理、家事事件调解等各个行业;专业性表现在具备心理学、教育学、法学、

---

① 陈爱武:《人事诉讼程序研究》,法律出版社 2008 年版,第 230~231 页。
② 范愉:《非诉讼纠纷解决机制》,中国人民大学出版社 2000 年版,第 207~208 页。
③ 蔡慧霞:《德国调解制度发展评析》,载《人民法院报》2013 年 7 月 12 日。

社会学等专业人士从事家事纠纷多元化解机制的具体工作;可持续性表现在家事纠纷多元化解机制是一个固定、成熟、可运营的机构,德国通过多年的实践取得良好的社会效果。

德国这一套共同参与、人尽其才、无缝衔接、合理运行的家事纠纷多元化解机制值得我们去借鉴学习,[①]而我国也具备构建这一机制的基本条件,以武城县为例,在县域内党委、政府各部门如妇联、司法局及爱心联盟等公益组织,具有各行业的工作职能,只因机构设置的不同,较为分散,各司其职;专业性的人才,武城县也有,比如获得心理咨询师三级以上资格的人全县有18人,其中13人在县内各中小学任职老师;而可持续性的问题,可以通过获得当地党委、政府的支持,通过联席会议的方式形成一个各部门、多人才汇集的多元化解纠纷初步平台,保障家事纠纷多元化解机制在初期探索时,有足够运行的活力、能力与执行力。因此,我国可以参考德国模式探索构建家事纠纷多元化解机制。

第四章 新型家事审判制度的构建

基于对传统家事审判制度的反思,结合域外家事审判经验做法,武城法院开展大刀阔斧的家事审判制度改革。两年来,构建的武城法院家事审判制度已经初步形成一个完整的体系,在多元纠纷解决机制、以审判为中心的诉讼制度改革和审判及司法辅助人员分类管理三个方向全面推进,目前也是全国试点法院中第一个全面构建新型家事审判制度的基层法院,具备一定的实践经验与参考意义。下面笔者以武城法院为例,论述家事审判制度的机制构建与经验反思。

一、建立专业审判及辅助团队

(一)组建有独立编制的家事审判庭

家事纠纷应当建立专业的审判团队,[②]2016年4月,武城县人民法院结合当地与单位实际情况,设置独立编制的家事审判庭,由三个合议庭组成,实现家事案件的专业化审理。后因司法责任制改革的需要,根据进入员额法官的人数,其设定由5位员额法官审理家事纠纷,占全院员额法官人数的18.5%,员额家事法官负责签发本合议庭的法律文书,其均是从事婚姻家庭审理工作多年的资深法官,具备良好的业务素质、沟通协调能力。每位员额家事法官配备一名优秀的法官助理,包括未入额审判员,为整个家事审判团队提升处理疑难、复杂问题的能力。

(二)组建"七员"家事审判辅助团队

武城县人民法院与县妇联、团委、司法局、民政局等多部门联合选任"七员"家事审判辅助团队,分别是心理咨询员、心理辅导员、家事调查员、情绪平复员、家事调解员、少年观护员、家事回访员。首先,心理咨询员、心理辅导员、情绪平复员主要是由教育系统和司法系统里具有心理咨询师资格的人员组成,在法院心理工作

---

① 赵秀举:《家事审判方式的方向与路径》,载《当代法学》2014年第4期。
② 曹思婕:《我国家事审判改革路径之探析》,载《法学论坛》2016年第5期。

室与民政局家事指导中心工作,主要职责是对家事案件当事人、未成年子女进行测试、疏导。其次,家事调查员、家事调解员、家事回访员主要来自于两方面的群体,分别具备专业性与实践性的特殊优势,专业性群体是指律师、公证员、法律工作者等;实践性群体是指村庄妇代会主任、武城爱心联盟等热心人士与组织。由于家事调查员、调解员与回访员工作职能类似,同一个人可能在不同的家事纠纷中承担不同的任务。最后,少年观护员是以学校教师为主体组建的,主要针对正在审理的离婚案件中的未成年子女,通过观护、疏导、帮扶,实现未成年子女利益最大化。所有这"七员"团队成员的报酬,由政府专项资金支持,2016年4月,武城经过县人大立项,政府专门拨付经费100万元用于支持家事审判制度改革的探索。

二、构建家事纠纷综合调解模式

(一)实行诉前调解制度

解决家事纠纷的重要方式为调解,而调解程序前置是达到化解家事纠纷矛盾的捷径之一。[①] 将调解贯穿于纠纷的始终,并实行严格的保密制度,法官及相关调解的辅助人员未经当事人允许,不得泄露当事人的个人隐私。[②] 矛盾开始的初期,由村级调解员根据情况进行调解;诉前设置20天的调解期,当事人签署诉前调解确认书,由法院管理的特约调解委员会自行调解,或委托人民调解委员会、行政调解组织调解;诉中,由法官自行调解,也可以委托调解;判后,在当事人定期回访中进行再调解。协调全社会力量,构建家事纠纷的综合调解模式。

(二)引入心理疏导机制

婚姻案件由于涉及当事人的身份关系,最容易让当事人产生心理波动,甚至给当事人以及未成年子女造成心理创伤,武城县人民法院引入心理疏导机制,对他们的感情修复,对未成年人的健康成长,都有特别重要的意义。武城法院与县司法局、教育局联合组成家事工作协作机制,组织全县域内72%的具备三级心理咨询师资格以上的人员,成立心理咨询辅助团队,并通过多媒体、新媒体与全国知名心理团队共同合作,用专业的心理学知识服务于家事审判工作,同时能够准确、及时地向家事法官反映情况,避免一些具有性格缺陷、精神疾病的当事人做出过激的行为。

(三)推行冷静期制度

离婚冷静期,是指在审理离婚纠纷案件时,法官根据内心确认及当事人的同意,认为双方当事人的感情尚未完全破裂的暂停程序,而给予夫妻双方一定的期限,并通过一定力量的介入,促使当事人理性对待家庭纠纷,推动矛盾的化解。笔者认为,"离婚冷静期"的定义有广义和狭义之分。广义上的"离婚冷静期"包括诉前冷静期、诉讼冷静期和判后冷静期。狭义上的"离婚冷静期"指的是在诉讼过程中,法官根据案情,为双方当事人设置一个缓冲期。从全国运行情况来看,现行冷静期的设置,都是有针对性地对诉讼中的夫妻双方进行,比如武城县人民法院,冷

---

① 陈爱武:《家事调解:比较借鉴与制度重构》,载《比较法研究》2007年第6期。
② 夏吟兰:《美国现代婚姻家庭制度》,中国政法大学出版社1999年版,第171~172页。

静期的设置分为两种:一种是诉讼期内3个月以内的冷静期,通过冷静期的运用,把一些冲动离婚、过错型离婚在诉讼期内解决,和好结案或判决不准离婚;另一种是把6个月冷静期作为一种调解结案的方式,采用6个月冷静期暂不离婚的调解结案方式需要两个前提:一是原告有和好的意愿,二是被告有和好的举措。该项制度与目前法院系统的司法政策及法律规定有所冲突,法律规定对于简易程序审理的家事案件,应当在3个月内审结,而婚姻冷静期的设置显然已突破了这一规定。这也是当下实务界要求对家事案件设置"弹性审限"的主要原因。在冷静期内,对于有和好愿望的当事人,由心理咨询师、婚姻家庭咨询师指导其填写"修复感情、挽救婚姻计划书",由法官批准,通过为对方做事或改变自己来完成婚姻的自我救赎。

三、完善工作机制

(一)推进家事调查制度

为全面调查了解当事人特别是离婚案件当事人的性格特点、夫妻感情、矛盾焦点、子女抚养等有关情况,弥补当事人举证能力的不足,同时减少家事法官仅仅依赖庭审调查判断当事人感情状况的弊端,提高区分"危机婚姻""死亡婚姻"的客观性和准确性,武城县人民法院制定了家事调查制度。家事调查制度是以家事调查员为核心,根据家事法官的审理思路,派遣其对当事人的特定事项进行调查,[①]例如,对婚姻情况、家庭关系、亲属关系、未成年子女状况及个人学历程度、生活经历等其他必要事项进行调查,形成书面的调查报告,供家事法官参考,以探明家事矛盾的真正根源。从2016年4月至2018年3月,武城县人民法院已进行家事调查203件。

(二)建立家事回访制度

有一些家事纠纷通过几次有限调解难以达到最好的效果,为了增强家事案件的社会辐射功能和影响力,延伸司法服务触角,武城县人民法院建立以法官、调解员、心理咨询师为主的回访团队,针对家事案件以及涉及未成年人矫正的案件,定期进行回访,[②]消除对立、弥合亲情、恢复情感,全力维护"小家"的和谐与稳定。例如规定:(1)回访由家事法官指派司法辅助人员或司法社工人员进行;(2)设置冷静期的家事案件,在冷静期内一月一次回访;(3)判决不准离婚、赡养、抚养、扶养案件,一月一次回访;(4)涉及家庭暴力、未成年矫正案件,其回访时间与次数应适度延长等,家事回访制度属于广义的家事审判制度,在现阶段各种配套机构还不完善的情况下,由法院主导建立,对解决家事案件的现实问题能够起到一定的效果。

(三)探索财产申报制度

针对隐匿、转移、损坏夫妻共同财产等不诚信的诉讼行为,武城县人民法院制定家事案件财产申报制度,[③]如果当事人在民事起诉状中列明关于财产归属、分割问题的诉讼请求,审判辅助人员在向当事人送达受理案件通知书和应诉通知书时,

---

① 任荣庆:《论家事诉讼中家事"三员"协作体系的构建》,载《法律适用》2017年第19期。
② 陈爱武:《家事法院制度研究》,北京大学出版社2010年版,第63~64页。
③ 叶向阳、陈逸群:《中国家事审判探析》,载《中国应用法学》2017年第5期。

会同时送达《家事案件当事人财产申报表》。当事人应当在举证期限届满前全面、准确地申报夫妻关系存续期间形成的夫妻共同财产和依法取得的个人财产的有关状况,并将申报表作为证据向法庭提交。对于质疑财产申报表的真实性问题,首先,可以由另一方向法院提供证据证明财产申报表填写内容不属实,有故意隐匿、转移夫妻共同财产的行为。其次,法院可以根据具体家事纠纷案情的特点,依职权实施司法调查,对有关线索进行核实,查明客观事实。若一方当事人确属填报不实,可以参照《婚姻法》第 47 条之规定,判断其行为当属故意隐藏财产,在分割夫妻共同财产时可少分或者不分,目的是规范当事人的诉讼诚信,尤其是在家事案件中,这种诚信尤为重要。

(四)实行离婚生效证明书机制

人民法院出具的民事判决书和民事调解书中,往往记载着大量当事人的基本信息甚至包括当事人不愿被外人所知的隐私,由于工作和生活的需要,比如当事人再婚、申请廉租房等,都需要提供生效的裁判文书,涉及婚姻私密的内容就会被他人知晓,不利于保护家事案件当事人的隐私权。创设离婚生效证明书机制,实现了证明性与保护性双重结合,既解决当事人的后顾之忧,又维护了司法的权威性。另外,武城县人民法院与武城县民政局联合构建家事工作协作机制,这一机制实现了县域内离婚信息的统一核对,保障了离婚证明书的法律效力。

四、转变庭审方式

(一)不公开审理原则

家事案件特别是离婚案件的审理过程,有可能涉及家庭的隐私,中国自古便有家丑不可外扬的传统习俗,有鉴于此,在审理家事案件时,我国以不公开审理为原则,以公开审理为例外,①维护当事人的隐私权,减少双方亲属之间可能发生的矛盾冲突。另外,规定当事人应当亲自到庭参加庭审,便于调查了解当事人的矛盾焦点、感情状况、本人意愿等情况,同时也便于感情修复和婚姻挽救。对于当事人亲自到庭原则,有待于法律法规做出进一步的规定,对于不到庭的被告可否视为妨碍民事诉讼而采取罚款、拘留、拘传等措施,对该项原则的落实至关重要。

(二)未成年子女利益最大化原则

根据武城县人民法院近三年的数据统计,涉及未成年子女抚养问题的离婚案件数占总离婚案件数的 50% 以上,家事法官承办这些案件时,要通过家事调查、诉前调解等制度主动掌握未成年人的具体状态,在审理过程中时刻有未成年子女利益最大化的断案思路,这样才能适应家事案件因感情等原因,比较容易出现突发因素的特性。② 有两种类型的案件是法官特别关注的:一是当事人双方同意离婚都不要求直接抚养未成年子女的情况,例如,未成年子女身患重病、身体残疾等,法官

---

① 张晓茹:《家事事件程序的法理分析》,载《河北法学》2006 年第 6 期。
② 蒋月:《家事审判制:家事诉讼程序与家事法庭》,载《甘肃政法学院学报》2008 年第 1 期。

如果调解不成,一般判决不准离婚,这不是阻碍公民的婚姻自由权,而是把未成年子女利益最大化原则放在第一位;二是当事人双方都要求直接抚养未成年子女的情况,则通过多元化解纠纷机制,运用新型家事审判制度,通过家事调查的走访、儿童托管室的观察,综合人情、财力、成长环境等多方面因素,形成家事调查报告在庭审中由当事人质证,最终由法官根据未成年子女利益最大化原则的要求,裁决婚生子女由一方直接抚养。

(三)转变审判理念,打造修复式庭审模式

受传统的民事审判理念和僵化的民事审理经验影响,很多法院的资深法官长期存在一种错误认识,认为"没有办不了的离婚案件",婚姻家庭纠纷不能体现专业的审判技能与法学底蕴,只是给刚任命的初任法官熟悉审判流程的简易案件。很多法官不愿意审理被边缘化的家事案件,更愿意承办诸如破产纠纷、建设工程施工合同纠纷这样的高标的民商事案件。家事审判制度改革首先要转变这种错误的审判理念,家事审判是民事审判的重要组成部门,是一项需要跨学科领域知识、综合素养要求很高的审判工作,家事法官不仅要求通过全国司法考试,具备专业的法律知识储备,还应掌握一定的社会学、心理学、教育学等各方面知识。早在2007年就有学者对家事审判理念提出变革的要求,如"涉及人身关系的人事诉讼程序应采取限制当事人处分权与一定的干预主义"。[①]

现在武城法院的家事审判庭审模式,以最高人民法院杜万华专委提出的"三个转变"为理论基础,制定以查明人身关系为重点、财产关系为次重点的庭审程序与庭审笔录,摒弃僵化、单一的当事人主义庭审模式,重新创设"职权主义、当事人主义"相结合的修复式庭审模式。[②] 在法庭调查阶段,家事法官主要依职权探知主义提取情感要素,情感要素包括两种途径的提取,一是通过开展"修复式询问"了解当事人的生活细节、感情经历,例如,"请列出对方的主要优点""请回忆对方曾经做过的让你最感动的一件事"等;二是庭审前通知不同意离婚一方准备影像资料、特殊意义物品,在法庭调查阶段予以播放或者展示,例如,求婚物品、结婚生子录像、全家福相册等。这种方式可以准确地抓住"人都是有感情的"这一关键,将其恰当地用在家事案件庭审中,可以平复当事人的情绪、修复感情,使当事人能够冷静地做出选择,具有重要意义。另外,对于属于夫妻感情确已破裂或者只涉及财产关系的家事案件,武城法院也设置了财产类家事案件速裁庭审模式,让当事人能够在法律调整的框架内快速理清财产关系,不因分割财产过度激化矛盾,这也是修复式庭审的另一种表现方式。

五、进一步细化家事审判制度改革的建议

目前,武城法院的家事审判制度改革仍然处于探索和完善阶段,也取得了阶段性的成果。自2016年4月5日至2017年9月1日,武城法院启动家事审判改革

---

① 江伟、孙邦清:《略论民事诉讼法的修订》,载《法学家》2004年第3期。
② 杜万华:《大力推进家事审判方式和工作机制》,《人民法院报》2017年5月3日。

以来,家事案件诉前登记812件,立案521件,立案数占比仅为64.2%;在全院审判执行案件同比上升17.28%的情况下,家事案件同比减少22.3%,诉前调解和好91件,诉中调解和好72件,撤诉87件,现经过家事回访、调查,所有家庭和谐稳定,效果明显。而在试点家事审判制度改革之前的2015年,全年调解结案147件家事案件,无一调解和好案例。

随着改革举措在家事审判实践中的深入运用,一些制度逐渐显现出一些缺陷和不足。笔者对武城法院自2016年4月份试行改革以来的各项举措进行了阶段性总结和分析,并有针对性地提出一些完善的建议。

(一)完善家事审判辅助团队的进出机制

为配合家事案件的审理,武城县人民法院组建了心理咨询员、心理辅导员、家事调查员、情绪平复员、家事调解员、少年观护员、家事回访员的七员家事审判辅助团队。为迅速推进家事审判各项制度改革的深入开展,武城县人民法院主要将退休干部、县妇联同志、各村妇委会主任、律师、法律工作者、有心理咨询师资格的人员及其他爱心人士纳入团队中来,增加家事审判辅助团队的广泛社会参与度。[①] 根据目前的运行状态来看,这是一支集聚专业性、高效性的人员团队,在家事审判制度创新中起到承上启下的作用。但一项制度的长期推行,应当主要靠制度本身的科学性、规律性和稳定性,而不单纯依赖人的主观能动性。家事审判辅助团队成员的资格选任、退出机制事关团队本身的活力,事关各项制度的可持续性运行。以武城县人民法院为例,在家事审判改革初期,主要考虑的是辅助人员的选任问题,对于退休干部采取任职返聘方式,对于需要定期负责心理辅导、家事调查、家事回访等在职人员,采取"政府推荐,法院考核,人民监督"的临时聘任方式,这种方式在一定程度上保障了家事审判辅助人员的素质,满足了目前的改革任务要求。而辅助人员的退出机制,武城县人民法院也只规定违反廉洁、泄露隐私等惩罚性的退出机制,机制设定不够完善。中期来看,其应当设置专门管理辅助人员的内设部门或者组织机构。笔者认为,在现有条件下,可以考虑构建由人民法院党组牵头、政工考核、书记员办公室或审判管理办公室直接管理的整体模式,组建成家事辅助人员管理委员会,负责对家事辅助人员的统一管理,保障人员奖惩有秩、进出有序的良好态势。远期来看,我国可借鉴德国的家事审判制度,构建家事纠纷多元化解机制,把辅助人员的选任、管理等职责交给第三方中立机构,减少人民法院的非审判事务性工作,亦能确保人员的素质符合家事审判各项制度的职能要求。

(二)制定家事审判辅助人员出庭机制

当下所探索试行的多项制度大多是创新之举,是在法律没有明确规定的情况下进行的有益尝试,这也是最高人民法院决定选取部分法院进行试点的初衷,即充分发挥基层法院的首创精神,为全国范围内广泛推行,积累经验做法。但对于一些制度,我们必须在法律范围内进行一定的定位。比如,家事调查员、心理咨询员的性质。如果当事人对家事调查报告或心理咨询报告提出异议,可否允许出具该报

---

① 刘敏:《21世纪全球家事诉讼法的发展趋势》,载《中国应用法学》2017年第5期。

告的相关人员出庭说明,其是作为专家证人的身份还是其他?家事调查员、心理辅导员等均是由法院委托,当事人一般不具有选择权,这是否会损害当事人的程序权利?所以,我国需要制定家事审判辅助人员出庭机制,填补家事案件诉讼程序中的盲点,使创新制度在法律原则的框架内正常运行,不能突破现有法律法规的底线。

(三) 准确定性家事报告效力

家事调查报告、心理辅导报告的性质如何定性?家事调查报告与法院依职权所做的调查笔录有何区别?如果将这些机制引入到家事诉讼特别法中,那么这些都是我们在今后的改革探索中需要认真思考和解决的问题。有人主张应允许在审理程序中援用家庭法院调查官依职权调取的相关证据,[①]我们的初步建议是在家事审判制度改革的相关配套机构、人员还不完善的情况下,家事调查员、心理咨询员的专业性、客观性、公正性无法完全保证,在这段过渡时期,将这些报告视为一种类似于"专家意见"的书证,双方当事人可以对影响裁判结果的家事调查报告、心理辅导报告发表质证意见。在家事案件未能调解成功,需经法官作出最终裁判时,法官可以综合这些报告,以及当事人的意见,做出最终的结论。当然,随着司法辅助团队人员进出机制的不断完善,我们相信这些书面文件的客观性、科学性一定会越来越高,对法官作出恰当的裁判发挥越来越重要的作用。

(四) 建立探视抚养档案

建立家事回访机制,延伸司法服务,不仅仅是要对特定类型的家事案件进行回访关注,更主要的是要发挥帮扶功能,以最大限度地发挥家事审判保护未成年人、妇女、老年人合法权益的根本宗旨。目前,家事回访机制尚处于探索阶段,功能作用的发挥尚不全面,限于"案多人少"的压力,很多家事回访工作是通过电话回访的形式来完成的,这样就大大限制了该项机制的帮扶效果。我们建议在下一步的家事回访机制运行过程中,特别是对涉及未成年人抚养的案件中,与武城县检察院的未检平台相衔接,建立并完善探视抚养档案,实行定期跟踪回访,发现存在的问题及时提出建议,一方面保障父母对子女的探视权,同时实现未成年子女利益最大化。

(五) 创设家事法官培训体系

为适应家事纠纷的复杂性、特殊性,武城县人民法院在家事审判制度改革之初就组建家事审判团队,后因中央司法改革的政策变化,过渡成以员额法官为中心的家事审判团队,由其专门审理家事案件。但笔者认为,从长远来看,推进家事审判制度改革,仅仅依靠审理机构的专门化是远远不够的,还应当提升审判人员的专业化。家事案件的审理不仅仅需要法官对家事诉讼法律法规有熟稔的把握,还应当具有心理学、教育学、社会学等其他学科的知识储备。因此,笔者建议建立家事法官培训体系,为进一步提升家事审判专业化夯实人才根基。

初步构想家事法官的培训可以从内外两个方面入手:"内"是指人民法院系统本身具备的培训体系,比如,各地师资力量雄厚的法官学院,每年各地法官学院都会制定工作计划,对人民法院的新进人员、业务骨干及其他工作人员开展教育培训

[①] 张晓茹:《家事裁判制度研究》,中国政法大学2004年。

活动，其可以根据家事法官的专业要求，制定专门的培训课程，设定结业考核标准；"外"是指根据各级人民法院的地理位置、专业要求等方面的不同，其可以与当地普通高校、社会培训机构制定联合培训方案，利用高校、社会的教育资源、培训资源提高家事法官的专业水平。2016年，武城县人民法院率先与社会培训机构合作，为想要考取心理咨询师资格的家事法官进行辅导、授课，多名家事法官顺利取得专业资格证书，提高了处理家事纠纷的综合能力。

（六）离婚冷静期制度的适用标准

离婚冷静期只是通过家事审判制度的改革来防止当事人轻率离婚、挽救破碎家庭，难免会出现同案不同设置的差异与问题，但要禁止出现限制当事人诉权的"出格"设置。① 因冷静期的设置具有较强的主观色彩，笔者认为，在"离婚冷静期"作为一项制度能在全国范围内推广适用之前，其设置的正当性、合理性和可行性必会经历一个探索实践阶段，②在实践过程中，应总结出可操作的认定标准。为此，笔者提出以下设想：

适用离婚冷静期的情形可以视案情分为以下几种：（1）被告不同意离婚，有挽救婚姻意愿与举措，原告同意给予被告机会；（2）在传统节假日，符合中国传统文化思想，给予被告挽救婚姻的机会，双方通过节假日的表现来理性判断婚姻有无存续的可能；（3）涉及未成年人利益，包括未成年人正值中考、高考期间，经双方当事人同意设置冷静期。任何冷静期的设置都不能离开理论基础、人文基础及可行性基础。

1.危机婚姻和死亡婚姻冷静期的区别设置。实践中，我们将"夫妻感情是否确已破裂"作为区分危机婚姻和死亡婚姻的标准。危机婚姻多是因夫妻双方缺乏有效沟通、缺乏信任，夫妻生活不和谐、经济因素、家务事分配、家庭成员之间的琐事冲突等引起的，双方感情并未达到婚姻法及司法解释规定夫妻感情确已破裂的认定标准，家事法官应视情况给予双方一个缓冲期，并借助其他举措，引入社会力量的有效帮扶，使夫妻双方能够更好地适应对方、反思各自存在的问题。死亡婚姻，除双方感情无法挽回确已破裂外，还包括当事人下落不明、严重精神疾病久治不愈、一方残疾等确实无法互相履行夫妻义务的情形，这类型的婚姻，根据是否涉及未成年人利益来决定是否设置冷静期。若放任离婚自由，并非是司法效率的提高，有效设置冷静期，是提高司法效率、节约司法资源的关键。

2.据诉讼次数区别设置冷静期。在实践中，有一种所谓的"潜规则"，因当事人很难举证证明夫妻感情确已破裂，通常的做法是，先调解和好，调和不成就调离，调离不成首次起诉判不离，再次诉讼的做法也是调和—调离—叛离或判不离。这种"首次判不离"的潜规则虽然在法律上给予了夫妻双方冷静处理的时间、空间，但靠本来出现感情裂痕的夫妻双方自我救赎、自我修复是很难实现重归于好的，甚至期间容易造成家庭暴力、转移财产、伪造债务、争夺子女等一系列恶性事件的发生，偏离预期制度的效用。实践中，冷静期的设置并不是诉讼的终结。我们可以在诉讼

---

① 王德新：《家事审判改革的理念革新与路径调适》，载《中国应用法学》2018年第1期。
② 刘敏：《21世纪全球家事诉讼法的发展趋势》，载《中国应用法学》2017年第5期。

中采取各种配套措施对当事人婚姻给予挽救和救济,对于首次诉讼的,若确属死亡婚姻,不涉及未成年人利益,可以首次判离;对于二次诉讼或多次诉讼,同样区分危机和死亡婚姻来设置,从而避免给当事人带来的诉累。

3.据婚姻关系成立时间长短区别设置冷静期。① 实践中,80后夫妻离婚比率呈上升趋势,占比较大,大多夫妻的结合是"双独"的结合,彼此观念分歧、感情基础较弱,冲动型离婚多发,更需要有效调解的介入,需要冷静期的磨合;60后或70后夫妻离婚占比下降,因夫妻双方生活时间较长,对彼此认知透彻,可以双方成年孩子作为调解的突破口,设置3个月以内的冷静期;90后夫妻,因婚姻关系成立时间短,有的无子女起诉至法院,通过冷静期期间的婚姻指导,引导年轻的夫妻做出理性的决定,这对原生家庭的关系固定起重要作用。

4.据离婚合意区别设置冷静期。诉讼中的当事人离婚合意可以分为单意离婚和合意离婚。笔者认为,对单意离婚,法官应审查另一方不同意离婚的原因,是否有挽救婚姻的举措,引导设置冷静期来重新审视婚姻;对合意离婚,双方对离婚这一问题没有分歧,但对子女抚养和财产有较大争议,从而有针对性地设置冷静期。

结　语

家庭和睦是构建社会主义和谐社会的重要组成单元,婚姻关系的稳定不仅关系到小家庭的幸福,更与社会和谐密切相关。当前离婚门槛的降低、离婚政策的放宽,为夫妻双方打开了方便之门,而现行诉讼离婚审判方式存在的种种弊端,不利于婚姻美满、家庭和睦的形成。"家和万事兴,家稳天下固。"婚姻家庭是社会的细胞,没有稳定的婚姻家庭关系,就不可能有和谐的社会关系。改革开放以来,随着我国社会的深刻变革,交通、信息技术的快速发展,家庭结构、家庭生活、家庭财产等方面与传统的家庭模式相比,出现了很多新的变化,婚姻家庭关系变得越来越不稳定,人民法院作为国家的审判机关,对维护婚姻家庭关系应该承担起相应的社会责任。"路漫漫其修远兮,吾将上下而求索",在司法改革关键时期,家事审判改革既具有了前所未有的改革契机,也遇到了现实的问题与困境,但改革就是在厘清一次次思维认知、进行一次次探索、取得一次次实效中不断推进发展,家事审判制度有待各界法律共同体不断探索,从而打造符合中国国情和人民预期的特色家事审判制度!

---

① 周姣:《关于离婚冷静期制度的思考》,载《法制与社会》2018年第1期。

学理研究

论民事诉讼请求的强制合并[*]

■ 闫庆霞[**]

摘 要 为实现纠纷的一次性解决,民事诉讼应当实行诉讼请求强制合并。民事诉讼请求在结构上可分为诉讼请求类、诉讼请求项和诉讼请求目三个层次。同一个纠纷的两个或两个以上密切相关的诉讼请求目、诉讼请求项和诉讼请求类应于同一诉讼程序中主张和审判,不得分别诉讼。经法院释明后当事人拒绝合并的,未主张的请求发生丧失诉权的效果。一个纠纷中,构成一项诉讼请求的各个诉讼请求目,应当强制合并;体现不同责任承担方式的多个诉讼请求项,应当强制合并;诉讼请求类的强制合并包括本诉请求的强制合并和强制反诉,前者又分为显性合并和隐含合并两种形式。同时,为保障诉权,应当对诉讼请求的强制合并设定合理、必要的限制。

关键词 诉讼请求 强制合并 纠纷一次性解决

引 言

在民事诉讼中,当事人的诉辩行为和法院的审判行为均以诉讼请求为核心展开。提出诉讼请求是当事人的一项基本的诉讼权利。依处分原则,当事人有权在法律规定的范围内处分自己的民事实体权利和诉讼权利,何时提出以及提出何种诉讼请求应由当事人自主决定。

但这并不是说当事人可以随心所欲地提出和设定诉讼请求。为了达致纠纷的

---

[*] 本文是教育部人文社会科学研究青年基金项目"民事诉讼请求研究"(项目批准号15YJC820067)的阶段性成果。

[**] 闫庆霞,暨南大学法学院副教授,法学博士。

一次性解决,《民事诉讼法》禁止当事人重复起诉,即禁止再次提出法院已经审理并作出裁判的诉讼请求。最高人民法院《关于适用〈中华人民共和国民事诉讼法〉的解释》(以下简称《民诉法解释》)第247条[①]明确了重复起诉的判断标准。

然而,由于对"诉讼请求"基本含义认识的不一致,上述规范在许多案件中被轻易忽略,造成同一纠纷的二次或多次诉讼。例如,交通事故损害赔偿纠纷,原告起诉要求被告赔偿损失,获得胜诉判决后又就前诉遗漏的护理费另行起诉该被告。由于后诉的诉讼请求在外观上与前诉不同,后诉不被视为重复起诉而得以受理并审判。类似情况在司法实践中时有发生。从实质上看,这构成了同一纠纷的二次诉讼。学术界对这种"部分请求"[②]现象进行的研究,因与本身争论不休以至"内卷化"[③]的诉讼标的理论相互缠绕而难以获得一致意见。除"部分请求"外,实践中还存在其他类型的同一纠纷二次(或多次)诉讼现象。其中,有些是因当事人的诉讼行为引起的,如被告另行起诉主张与前诉主要争点相同的反请求;有些则归因于法院的裁判行为,如不规范的"另案处理""不予处理"[④]。这架空了纠纷一次性解决的理念,不利于司法权威的维护和诉讼平等原则的贯彻,降低了纠纷解决的效率。仅凭"禁止重复起诉原则"难以充分实现纠纷一次性解决,需要结合其他理论和制度来协同完成。

在一个民事纠纷中,当事人根据其诉讼目的的不同,可以提出若干不同的诉讼请求。其中,有些诉讼请求相互之间的联系是非常紧密的,如果不在同一个诉讼程序中一并解决而是分割开进行审判,很容易导致矛盾判决、对当事人不能平等保护、诉讼不经济等问题。处分原则所关照的是当事人自主决定的自由,如果这反而造成对方当事人程序权益减损、司法公共资源浪费,那么,这种"自由"就成了应受法律限制的恣意。

因此,本文提出"诉讼请求的强制合并"理论,旨在通过将联系紧密的诉讼请求归于同一个诉讼程序中裁判,以追求平等保护当事人民事权益的同时提高纠纷解决的效率。

[①] 该条规定,同时符合下列条件的构成重复起诉:(一)后诉与前诉的当事人相同;(二)后诉与前诉的诉讼标的相同;(三)后诉与前诉的诉讼请求相同,或者后诉的诉讼请求实质上否定了前诉裁判结果。

[②] 袁琳:《部分请求的类型化及合法性研究》,载《当代法学》2017年第2期;黄毅:《部分请求之再检讨》,载《中外法学》2014第2期;段文波:《日本民事诉讼法上部分请求学说与判例评说》,载《环球法律评论》2010年第4期。

[③] 吴英姿:《诉讼标的理论"内卷化"批判》,载《中国法学》2011年第2期。

[④] 项延永、王华鑫:《多少个"另案处理"可以另案处理——我国民事诉讼请求的合并与分离机制的理性构建》,载《全国法院第二十六届学术讨论会论文集:司法体制改革与民商事法律适用问题研究》(2015年),第639页;吴良志:《法官为什么说"不":拒绝裁判权的失范与规范——对一万五千份"不予审理""不予处理"裁判文书的分析》,载《全国法院第二十六届学术讨论会论文集:司法体制改革与民商事法律适用问题研究》(2015年),第711页。

一、民事诉讼请求的内涵与分类

为了规范诉讼请求的强制合并,我们首先需要对"诉讼请求"概念进行解析。实践中,在判断什么是"一项诉讼请求"以及前诉与后诉的诉讼请求是否一致的问题上存在较大争议,这主要源于对诉讼请求内涵和外延认识的不一致。

民事起诉状的"诉讼请求"部分本应表达原告的诉讼目的,然而,很多时候它们表达的却是原告对诉讼结果的一种朴素愿望。这些朴素愿望受主客观条件的局限,往往存在"噪声"①。例如,原告在"诉讼请求"中提出的诉讼费主张就是一种噪声,从法律性质分析,它不属于诉讼请求的组成部分②。法院需要对这些含有"噪声"的诉求按规则甄别、提炼、整理,使之成为具有法律意义的、能产生特定民事诉讼法律后果的诉讼行为。本文所研究的就是这些经过甄别、提炼、整理之后的诉讼请求。

剔除了"噪声"的诉讼请求,是原告所主张的法律救济,它"显示了原告要求什么以及在何种范围内要求"③,体现了原告诉讼的最终目的。它包括两方面含义:一是原告对被告所主张的实体权利;二是原告对法院提出的判决结果的要求。④从结构上看,诉讼请求包含诉讼请求类、诉讼请求项和诉讼请求目三个层次。

(一)诉讼请求类

民事诉讼理论中,"诉"通常被划分为确认之诉、给付之诉、形成之诉三大类别。本源上,这种划分的依据乃是诉讼请求的不同性质。是诉讼请求内容上的不同特点决定了诉的不同类型,而不是相反。因此,依性质不同,诉讼请求可以先在地划分为三种类型:确认请求、给付请求和形成请求。不同类的诉讼请求,所主张的实体权利的内容是不同的。比如,解除合同的诉讼请求,其权利内容不同于履行合同。前者属于形成请求,其权利要求在于变更原被告之间现存的法律关系,后者属于给付请求,其权利要求则在于获得被告一定形式的给付,如金钱给付、特定物给付、行为给付等。

(二)诉讼请求项

诉讼请求项,指的是在一类诉讼请求中体现不同救济目的的划分。同一类诉讼请求中,也存在不同的救济目的。例如,在给付请求中,赔礼道歉的救济目的不

---

① 在心理学中,噪声是指那些无关但会产生干扰的刺激。在网络学中,噪声数据是指错误的或异常(偏离期望值)的数据。此处借用这一概念,表示那些无关的、不规范的、不合法的、不合理的诉求。

② 诉讼费用是法院代表国家通过行使司法权对当事人消耗司法资源所课以的费用。它以败诉方承担为原则。当事人对此是否主张以及如何主张,均不影响法院对诉讼费用的决定。《诉讼费用交纳办法》第43条规定,当事人不得单独对诉讼费用的决定提起上诉,就是因为诉讼费用的收取完全属于法院职权范围内的事项,排除当事人的处分。实践中,诉讼费用不是起诉状固有内容的观念逐渐被接受。

③ [德]罗森贝克等:《德国民事诉讼法》,李大雪译,中国法制出版社2007年版,第687页。

④ [日]高桥宏志:《民事诉讼法:制度与理论的深层分析》,林剑锋译,法律出版社2003年版,第55~56页。

同于恢复原状;返还原物的救济目的不同于赔偿损失;履行合同的救济目的不同于给付违约金。

救济目的体现的是当事人的利益需求的满足。不同的利益需求决定了不同的救济目的。例如,赔礼道歉在于满足当事人心理上和精神上获得安慰的需求;返还原物在于满足当事人对"原物"这一特定对象的物的价值的需求;履行合同在于满足当事人对合同标的的价值的需求。我国《民法总则》中将这些救济目的称为"承担民事责任的方式"。之所以表现为不同的责任承担方式,是因为它们在满足人的利益需求方面的不可相互替代的性质。民事诉讼中,不同的救济目的(即责任承担方式)分别成立不同的诉讼请求项。诉讼请求项是诉讼请求的基本单位,一个完整的诉中至少有一个诉讼请求项,也就是通常所说的"一项诉讼请求"。

(三)诉讼请求目

诉讼请求目,是对诉讼请求项所作的进一步划分。它是指一项诉讼请求的各个不同的组成部分。例如,在人身损害侵权诉讼的"赔偿损失"这个诉讼请求项下,可分为多个诉讼请求目:1)医疗费;(2)误工费;(3)护理费;(4)交通费;(5)住宿费;(6)住院伙食补助费;(7)营养费;(8)残疾赔偿金;(9)残疾辅助器具费;(10)被扶养人生活费;(11)康复费;(12)后续治疗费;(13)精神损害赔偿金等。尽管这些诉讼请求目的名称各不相同,但是它们的救济目的相同,即以金钱弥补所受损失。为补偿已支付的住宿费所获得的金钱,和为补偿已支付的护理费所获得的金钱,在价值的实现上是等质的,它们具有同样的效用。

诉讼请求目各自并不独立成就一项诉讼请求,而是结合在一起形成一项诉讼请求。当事人可以主张一个诉讼请求项下的所有目,也可以仅主张其中一部分诉讼请求目,而舍弃其他。

表1以交通事故损害赔偿纠纷为例来说明诉讼请求类、诉讼请求项和诉讼请求目三个概念之间的关系。

表1

诉讼请求类	诉讼请求项	诉讼请求目
给付请求	一、赔偿损失请求	1、医疗费请求
		2、误工费请求
		3、交通费请求
		4、住宿费请求
		5、残疾赔偿金请求
		6、精神损害赔偿金请求
		……
	二、赔礼道歉请求	
	……	

(四)诉讼请求与诉讼请求法律观点的区别

要明确诉讼请求的含义,还需将不属于诉讼请求的事项予以排除。很多时候,起诉状的"诉讼请求"中会出现如"赔偿金""欠款""补偿费""租金""押金""投资款"等当事人所理解的表达给付内容的法律性质的语词。司法实践中,这些语词容易被误当作诉讼请求的组成部分。将法律关系定性的不同(案由)当作是审判对象的不同,是实务上的主流观点。① 实质上,当事人所使用的这些概念,仅仅是其法律观点的表达,反映了当事人对其纠纷的法律性质的认识,并不一定是正确的。例如,表述为"欠款"的,有可能是民间借贷的借款,也可能是拖欠的货款,或者可能是损害赔偿金。当事人所主张的法律观点不应必然成为法院认定案件法律关系性质的依据。当事人只需要提出诉讼所要达到的目的,即诉讼请求,而无需决定也无权决定根据什么法律依据达到该目的。"寻法义务"归之于审理案件的法官,而非当事人。"法律适用"是法院的职责所在,当事人虽然有权利提出法律观点,但是该观点不应约束法官的裁判。

将法律观点作为诉讼请求的组成部分,可能会导致错误的裁判。例如,甲公司诉乙公司,起诉状中写明的诉讼请求是:乙公司支付项目转让款××元。法院经审理认为双方之间是合作开发关系,而非项目转让关系,多次释明并要求原告变更诉讼请求,但原告拒绝,法院最终判决驳回原告诉讼请求。从法理分析,本案中并不存在"变更诉讼请求"问题。本案诉讼请求是:原告因该纠纷从被告处获得××元金钱给付,其诉讼请求类是给付,诉讼请求项是履行合同。至于该给付是基于合作开发关系还是项目转让关系,是原告所认为的诉讼理由,即其对该给付的法律性质的判断。法官不应局限于当事人对法律关系的认识(项目转让关系),而应当运用自己的专业判断。处分原则要求法院在原告的诉讼请求范围内进行裁判,并不是要求法院在原告的法律观点的范围内进行裁判。原告关于诉讼请求的法律观点(项目转让关系)与法院的法律观点(合作开发关系)不同,并不意味着原告一定要变更诉讼请求。本案诉讼请求是"给付××元",而非"给付项目转让款××元"。因此,只要原告的给付请求权有事实和法律根据,法院就应当做出原告胜诉的判决。本案中,法院并不认为原告无权获得该金钱给付,而只是不认同原告对该给付的法律性质的认识。所以正确的做法是,法院向当事人释明法律观点之后,在原告主张的××元给付范围内进行判决,而不是驳回原告的诉讼请求。

同理,在请求权竞合情形下,原告的诉讼请求是"从对方获得××元给付",而对于该金钱给付的性质的描述,"损害赔偿款"或"违约赔偿款",不属于诉讼请求的组成部分。

---

① 陈杭平:《诉讼标的理论的新范式——"相对化"与我国民事审判实务》,载《法学研究》2016年第4期。

二、民事诉讼请求强制合并的含义和功能

(一)"合并"、"强制合并"与"诉讼请求的强制合并"

合并的字面意思是,将相符的事物结合到一起。它具有不言而喻的目的性。我国民事诉讼法中"合并审理"的"合并"与民事诉讼理论中"诉的合并"的"合并"意义相同。诉讼请求的合并只发生在程序意义上,对民事实体权利的内容并不增加或减少,它指的是将相互关联的诉讼请求置于同一诉讼程序中加以审理和裁判。

"强制合并"中的"强制"与"强制执行"中的"强制"意思有所不同。它并不是法院依职权强制进行,不是强制当事人提出、增加、变更、放弃诉讼请求,而是指"若非如此即失权",即法院通过释明来引导并规范当事人的诉讼请求,告知当事人应予合并的情形以及不合并的法律后果,当事人拒绝合并的,则丧失相应的权利。换言之,强制合并的强制性,并不是必须做出某种诉讼行为的强制性,而是指相应的法律后果上的强制性。《日本民事诉讼法》第 142 条所体现的"禁止另行起诉并进行强制合并"[①]和《美国联邦法院民事诉讼规则》第 13 条 a"强制反诉"(compulsory counterclaim)[②]中的"强制"均为此意。

诉讼请求的合并模式有三种,一是单纯合并,即"A 和 B"模式;二是选择合并,即"A 或 B"模式;三是预备合并,即"A 否则 B"模式。因为选择合并与预备合并均取决于当事人的处分权,不属于强制合并的范围,因此,本文所讨论的强制合并仅指单纯合并。

民事诉讼请求强制合并的法律效力体现为两个方面:对当事人的效力和对法院的效力。前者表现为失权后果,后者则表现为释明义务和作出程序上驳回的裁定。

对那些应当合并的诉讼请求,当事人必须在同一个诉讼程序中一并提出,原则上禁止当事人对它们进行拆分诉讼。诉讼程序结束,就推定当事人已经穷尽地提出了所有诉讼请求。对那些应当一并提出却并未提出的请求,诉讼程序结束之后,当事人就丧失了诉权。

对那些应当合并的诉讼请求,法院应当合并审判。在当事人应合并而未合并另案起诉时,法院应当裁定不予受理或驳回起诉。具体而言,如果后诉于前诉过程中提起,法院应当裁定不予受理,告知当事人通过补充诉讼请求或提起反诉的方式与前诉合并;法院已经受理后诉的,则应当将案件移送前诉法院。如果后诉于前诉裁判生效后提起,法院应当裁定不予受理,已经受理的,裁定驳回起诉。需要强调的是,为了保障当事人的程序利益,在诉讼程序进行中,审理案件的法官对于需要

---

① [日]高桥宏志:《民事诉讼法:制度与理论的深层分析》,林剑锋译,法律出版社 2003 年版,第 104 页。

② 《美国联邦民事诉讼规则》第 13 条 a 规定,在本诉进行过程中,被告应当以反诉向原告提出主张,如果该主张产生于作为原告诉讼请求基础的事件或交易,并且不需要引入法院无管辖权的其他主体参加诉讼。

进行强制合并的诉讼请求,应当向双方当事人明确、充分阐释合并的方式、内容以及法律后果。未经充分释明,不产生诉讼请求强制合并的法律后果。

综上,诉讼请求强制合并的含义是:围绕一个纠纷事件①的两个或两个以上应予合并的诉讼请求目、诉讼请求项和诉讼请求类,在不违背法律禁止性规定的条件下,应当在一个诉讼程序中予以主张和裁判,当事人没有正当理由的,不得拆分诉讼,法院释明之后当事人拒绝合并的,未主张的请求发生丧失诉权的效果。

(二)民事诉讼请求强制合并的功能

《美国联邦民事诉讼规则》规定了"禁止拆分诉讼请求"(rule against splitting a claim/cause of action)。作为"纠纷一次性解决"原则的具体要求,禁止拆分诉讼请求的意思是:一个完整的请求可能包含比原告在起诉中实际陈述的更多的内容,如果原告仅起诉了该请求的一部分,那么,该请求的其他部分,在原告胜诉时被视为已经审判,在原告败诉时被禁止提起。② 与之相协调的"既判力/请求排除规则"(claim preclusion /res judicata)要求:要么现在就说,要么永远闭嘴(speak now or forever hold your peace),即当事人应当将源于相同交易或事件的请求合并在同一诉讼中提出,否则将永远丧失再次诉讼的机会。③ 包括请求合并在内的诉讼合并制度是当代美国司法的重要特点,其在促进诉讼经济、提高诉讼效率等方面发挥着不可替代的作用。其通过一次诉讼而解决众多错综复杂的纠葛的功能,在当代社会越发引人关注。④

本文提出的诉讼请求强制合并规则即服务于纠纷一次性解决原则,其目的是纠纷解决的实效性。"纠纷一次性解决"原则在传统上被视为"事实出发型"的英美法系诉讼原则,与"规范出发型"的大陆法系并不十分契合。⑤ 然而,即便在大陆法系,纠纷的实效性解决也始终是民事诉讼所追求的。并且,由于当今各国法院普遍面临着案件急剧增多的压力,"纠纷的一次性解决"比以往任何时候都显得重要了。近年来,欧盟法院通过裁判发展出的"核心理论",也是为纠纷一次性解决所做的尝试。该理论主张,不同成员国法院先后受理的案件,如果案件事实相同,且争议的核心也相同,即使当事人提出的诉讼请求在形式上不同,仍然不得分置于不同诉讼

---

① 同一个纠纷的诉讼请求之间才存在强制合并。对于不同纠纷提出的诉讼请求,相互之间本就是各自独立的,因此不适用强制合并。此处所说的"一个纠纷事件"是从生活事实的角度来理解的。

② Steven L.Emanuel:《Civil Procedure》,中信出版社 2003 年版,第 385 页。

③ Subrin, Minow, Brodin, and Main. *Civil procedure: doctrine, practice, and context, third editio*. Aspen Publishers, 2008. 865—926.

④ 吴如巧:《美国联邦民事诉讼规则的新发展》,中国政法大学出版社 2013 年版,第 53~67 页。

⑤ [日]中村宗雄、中村英郎:《诉讼法学方法论——中村民事诉讼理论精要》,陈刚、段文波译,中国法制出版社 2009 年版,第 228、268 页。

程序。①

日本民事诉讼理论中,法院在判决理由中做出的对判决主文的判断起着先决性作用的主要判断,即"主要争点"②被用来作为判断是否强制反诉的标准,其目的亦在于纠纷一次性解决。如果对主要争点相同的请求不强制反诉,则可能造成法院针对该争点重复审理,产生矛盾判决,也造成司法资源的浪费。

最高人民法院《关于在经济审判工作中严格执行〈中华人民共和国民事诉讼法〉的若干规定》[法发(1994)29号]第2条的规定③也体现了同样的精神。

与相互关联的多个诉讼请求被分别提出并置于不同的诉讼程序之中由不同法院各自审理或同一法院先后审理相比,诉讼请求强制合并很好地体现了纠纷一次性解决原则,更有利于实现民事诉讼的基本价值,更有利于发挥避免矛盾判决、平等保护当事人程序利益、节省司法资源等功能。

三、民事诉讼请求强制合并的方式

(一)诉讼请求目的强制合并

构成一项诉讼请求的各个目,属于该项诉讼请求的组成部分,因而应当一并提出,不得拆分。当事人一旦提出了某诉讼请求目,那就视为其已提出了该诉讼请求目所属的诉讼请求项。如果当事人仅就某诉讼请求项下的部分目提出诉讼,则意味着需要强制合并其他目,当事人经法院释明后仍拒绝补足的,即产生失权效果——视为当事人放弃了其他诉讼请求目的诉权。

1. 一般情形下诉讼请求目的强制合并

一般情形下诉讼请求目进行强制合并的具体规则是:

(1)禁止"部分请求"

所谓"部分请求",是指对于以在数量上具有可分性的金钱或其他替代物为给付内容的债权④,债权人将其在数量上加以分割,而将其中一部分作为诉讼请求提出,同时不放弃其余部分的诉权。例如,甲将对乙的十万元债权分割为两个五万元分别起诉。允许提出"部分请求"并保留"剩余债权"所导致的后果是:司法资源在

---

① 陈杭平:《诉讼标的理论的新范式——"相对化"与我国民事审判实务》,载《法学研究》2016年第4期。

② [日]高桥宏志:《民事诉讼法:制度与理论的深层分析》,林剑锋译,法律出版社2003年版,第113~115页。

③ 该条规定,"当事人基于同一法律关系或者同一法律事实而发生纠纷,以不同诉讼请求分别向有管辖权的不同法院起诉的,后立案的法院在得知有关法院先立案的情况后,应当在七日内裁定将案件移送先立案的法院合并审理。"

④ 部分请求中所讨论的债权是仅仅在数量上具有可分性的(以金钱或其他替代物为给付内容的)债权,而不包括根据实体法规定可于法律上加以区分的债权,如分期履行的债权、同一债权中存在有无担保权之分的情形、同一债权中各部分所附条件不相同的情形等,基于法律规定的可分性,作为债权人的原告自然可就实体法上相区别的部分债权分别起诉,其判决的既判力也只限于该部分债权。

同一纠纷事件上被重复使用,司法秩序受到严重干扰;被告的诉讼利益受损,在程序上遭遇不公。因此,当事人应当将债权的各部分一并提出,不得拆分诉讼。

(2)因一次侵权事件所遭受的所有损害的赔偿请求应当合并提出

这是对上述第一点的进一步强调。例如,对于同一起交通事故损害赔偿案件,受害人没有正当理由不得提起若干次起诉,分别主张医疗费、误工费、住院伙食补助费、残疾赔偿金、营养费、交通费等不同的请求目。在诉讼中漏掉的请求目,不得另诉提起。

最高人民法院《关于确定民事侵权精神损害赔偿责任若干问题的解释》第6条①体现的正是这一法理。也就是说,精神损害赔偿和其他赔偿目属于同一项诉讼请求(赔偿损失请求)的组成部分,当事人应当在一次诉讼中一并提出,而不得予以分割。如果当事人未尽足够的注意义务而忽略提出了其中的某些部分,那么就丧失了就该部分再次提起诉讼的权利。《民诉法解释》第328条第1款②也表达了类似的意思。该款之所以强调"独立的诉讼请求",理由就在于,如果新增加的部分只是原诉讼请求在量上的变化(如只增加诉讼请求目),那就不应适用另行起诉。

(3)诉讼请求目经合并之后成立一个诉讼请求项

即便原告在起诉书中将各个诉讼请求目分列提出,法院也应当将其合并之后,作为一项诉讼请求加以审判。归根结底,判决主文中的每一个判项所对应的并不是一个个诉讼请求目,而是这些目合并之后所形成的诉讼请求项。

这样可以更合理地解决某些案件中部分诉讼请求目主张额度过高而部分目主张不足的情形下对当事人实体权利保护不充分的问题。例如,某劳动争议案件中,原告主张被告应支付加班工资2万元、未足额发放的工资2万元,法院经审理认为被告应支付加班工资2.2万元、未足额发放的工资1.8万元。如果将加班工资和未足额发放的工资作为两项诉讼请求,根据处分原则,原告仅能获得3.8万元。事实上,加班工资和未足额发放的工资虽然名称不同,但其救济目的相同,是两个诉讼请求目,应当合并为一项诉讼请求予以判决:被告给付原告4万元。法院判决的数额没有超出当事人就该诉讼请求项的主张数额,并不违反处分原则。

又如在前述交通事故侵权损害赔偿纠纷中,原告分别罗列的许多费用请求实际上均为同一项诉讼请求(赔偿损失)的不同目。这些目应当被合并为一项诉讼请求,判决书主文应当直接针对该诉讼请求项作出,各诉讼请求目只在判决理由中阐述即可。

2.请求权竞合情形下诉讼请求目的强制合并

在请求权竞合情形下,当事人行使不同的请求权时,其诉讼请求目并不完全相

---

① 该条规定,"当事人在侵权诉讼中没有提出赔偿精神损害的诉讼请求,诉讼终结后又基于同一侵权事实另行起诉请求赔偿精神损害的,人民法院不予受理。"

② 该款规定,"在第二审程序中,原审原告增加独立的诉讼请求或者原审被告提出反诉的,第二审人民法院可以根据当事人自愿的原则就新增加的诉讼请求或者反诉进行调解;调解不成的,告知当事人另行起诉。"

同,救济范围也会有所不同。比如说,同样是赔偿损失,如果选择侵权损害赔偿,则包含"精神损害赔偿金"请求目;如果选择违约赔偿,则不包含该请求目。在违约损害赔偿请求权和侵权损害赔偿请求权竞合时,无论当事人选择哪个请求权,都应当将该请求权中诉讼请求项下的所有请求目合并提出,无论该诉中原告是否胜诉,判决生效后,原告不仅不得再以其他请求权为由另行起诉,而且也不得再以同一请求权的遗留请求目另行起诉。遗漏的请求发生失权效果。

(二)诉讼请求项的强制合并

诉讼请求项的强制合并指的是,对于一个纠纷案件,基于不同的救济目的在法律上能够同时并列提出的若干责任承担方式,应当一并提出。《民法总则》第183条规定:"承担民事责任的方式主要有:(一)停止侵害;(二)排除妨碍;(三)消除危险;(四)返还财产;(五)恢复原状;(六)修理、重作、更换;(七)继续履行;(八)赔偿损失;(九)支付违约金;(十)消除影响、恢复名誉;(十一)赔礼道歉。法律规定惩罚性赔偿的,依照其规定。本条规定的承担民事责任的方式,可以单独适用,也可以合并适用。"《物权法》《合同法》《侵权责任法》等法律中也有责任承担方式的规定。如果当事人主张两种或两种以上的责任承担方式,那么应当在同一诉讼程序中一并提出。例如,针对同一纠纷的赔礼道歉和赔偿损失不得置于不同诉讼程序中分别主张。

(三)诉讼请求类的强制合并

诉讼请求类的合并,同时也表现为诉的客观合并。从发生原因看,诉的客观合并是由诉讼请求的合并引起的,由于当事人在一个案件中提出了若干诉讼请求,从而使得这些诉讼请求所属的两个或两个以上的诉合并在同一个诉讼程序之中,就是通常所说的诉的客观合并。

1.本诉请求的强制合并

(1)显性合并

如果一个纠纷的原告针对被告依法能够同时提出两个或两个以上的诉讼请求类,则原告应当合并提出,法院应当合并审理。

例如,原告提起确认合同无效、解除合同或撤销合同的诉讼请求时,须将随之引起的返还或者赔偿等给付事项,一并主张,不得事后另行起诉。劳动者起诉用人单位,要求解除劳动合同的,须将要求用人单位支付拖欠的劳动报酬等给付事项一并主张。

又如,在离婚诉讼中,关于解除婚姻关系的诉讼请求、分割共同财产的诉讼请求和变更子女抚养关系的诉讼请求,应当强制合并。这三个请求虽然在性质上同属于形成请求,但由于所产生形成效果的法律关系不同,因而成立三个不同的形成请求。另外,依据最高人民法院《关于适用〈中华人民共和国婚姻法〉若干问题的解释》第30条的规定,无过错方作为原告提起损害赔偿请求的,必须在离婚诉讼中同时提出。也就是说,过错损害赔偿请求应当与解除婚姻关系的诉讼请求强制合并。

(2)隐含合并

当事人未明确予以主张的作为给付请求或形成请求前提的确认请求,隐含合并于该给付请求或形成请求之中。

例如,原告起诉要求被告依合同支付货款。表面上看,原告提出的仅有一项给付请求。但合同有效是该货款给付请求的先决性问题,法院审理给付请求时必须对该确认请求进行审理(虽然判决主文仅针对给付请求,先决性问题的阐明在判决理由中完成)。所以说合同有效这一确认请求是隐含于给付请求之中的。这种合并也属于强制合并。换言之,合同有效的确认请求和被告依合同支付货款的给付请求不得于两个诉讼中拆分处理。同理,仅以形成请求面貌出现的诉讼请求,实质上也隐含着一个确认请求,该确认请求被视为隐含合并于该形成请求。

2.反诉请求与本诉请求的强制合并

反诉请求与本诉请求的强制合并,又称为强制反诉。设立强制反诉制度,有利于实现裁判成本和错判成本的最小化。① 存在下列情形的,禁止被告通过另行起诉的方式向原告提出诉讼请求,被告应当在本诉进行过程中通过反诉的方式对该请求予以主张,否则被告便失去了该请求的诉权。

(1)如果被告提出的确认请求是本诉给付请求的先决性问题,则不论其是积极确认请求还是消极确认请求,均应当与本诉强制合并。例如,甲向A区法院起诉乙,要求乙履行双方订立的C合同中的义务,诉讼过程中乙向B区法院起诉甲,请求法院确认其与甲之间签订的C合同无效,B区法院应当裁定不予受理或驳回起诉。后诉中乙提出的是消极确认请求;前诉从表面上看仅存在一个给付请求,但实际上还隐含了一个确认请求:确认双方订立的C合同有效。如此,前诉和后诉均存在一个关于C合同效力的确认请求,故后诉整体与前诉的一部分发生重合,后诉实质上是被完全包含于前诉之中的,因此,后诉构成了重复起诉。概言之,乙的"C合同无效"主张,不得另行起诉,而应当在本诉过程中以反诉的形式提出,与本诉合并审理。②

(2)如果被告提出的确认请求是本诉形成请求的先决性问题,则不论其是积极确认请求还是消极确认请求,均应当与本诉强制合并。例如,甲诉乙要求解除双方订立的合同,乙不得另行起诉甲要求法院撤销该合同,而应当提起反诉。

(3)基于同一权利的积极确认请求和消极确认请求应当强制合并。例如,甲诉乙请求确认双方签订的合同有效,与乙诉甲请求确认该合同无效,不得在两个诉讼程序中分别审理。被告可以在本诉过程中提起反诉或仅提出反驳,但不得另行起诉。

(4)基于同一物所有权的确认请求,应当强制合并。根据"一物一权"原则,相同当事人之间基于同一物的所有权关系而提起的确认请求,不得分别审理。如甲诉乙请求确认对某物享有所有权,与乙诉甲请求确认对该物享有所有权,应当强制合并,被告不得另行起诉,而只能在本诉过程中提起反诉。

---

① 乔欣、王克楠:《强制反诉与我国反诉制度之完善》,载《法律科学》2003年第4期。
② 乙也可以将该主张仅作为抗辩提出,此时并不成立一个诉,该主张也不能成为诉讼请求。

四、民事诉讼请求强制合并的限制

诉讼请求的强制合并并不是强迫当事人变更、增加诉讼请求,而是强制失权。诉讼程序的目的是赋予当事人公平诉讼的权利,而不是限制和剥夺之。之所以采取强制合并,恰恰在于它能够更加周全、有效、快捷地帮助当事人实现法律权益,避免司法秩序的混乱。然而,任何极端强制都不可避免地导致滥用和失范,从而造成对当事人诉讼权利的侵害与剥夺。因此,我国必须对诉讼请求的强制合并设置必要的限制。

(一)当事人因不可归责于自身的原因未能提出相关诉讼请求的,不发生失权效果

如在人身侵权纠纷中,原告提起损害赔偿诉讼并获得胜诉判决后又出现了后遗症,基于公平考虑,应当允许原告就该后遗症另行起诉。因为该请求是前诉中原告不能预见的,因而不可能提出,并非原告未予适当注意而未提出。在这种情况下前诉判决对后遗症的损害赔偿请求权不产生既判力。正是基于这个理由,最高人民法院《关于人身损害赔偿案件审理若干问题的解释》第19条第2款规定,赔偿权利人可以待后续治疗费实际发生后另行起诉。

(二)通过裁判予以保留

在特定情况下,原告虽然知晓相关的请求,但限于条件暂时不能或不利①在前诉中一并提出,可由当事人提供证据和理由请求法院判决保留后诉的权利。例如,合同纠纷中如果原告的实际损失将随着被告履行合同的情况而发生变化,原告可以请求法院保留诉权。

(三)当事人自行协商予以保留

在不违反程序法的前提下,当事人有权以意思自治原则对诉权进行自由处分,订立诉权合同。② 允许当事人通过自愿协商订立契约保留后诉权利,是诉讼请求强制合并的合理而必要的限制。

(四)不违反法律禁止性规定

民事诉讼强制合并的场合是同一个法院的同一个诉讼程序,因此,法院对被合并的诉讼请求拥有管辖权以及被合并的诉讼请求可以适用同一诉讼程序,是强制合并的前提。因此,即便属于强制反诉的情形,如果反请求与本诉合并违反了专属管辖、级别管辖的规定,或者本诉法院对反请求无管辖权而对方又提出管辖权异议的,则应当允许被告就反请求另行起诉。被告在前诉过程中另行起诉的,后诉可以"本案需以另一案的审理结果为依据"裁定诉讼中止。如果被告在前诉判决生效后另行起诉,则前诉判决事项对后诉产生预决效力。

---

① 严仁群:《部分请求之本土路径》,载《中国法学》2010年第2期。
② 巢志雄:《民事诉权合同研究——兼论我国司法裁判经验对法学理论发展的影响》,载《法学家》2017年第1期。

(五)前诉判决既判力基准时之后发生的事实

既判力的基准时是指事实审言词辩论终结之时。当事人之间的权利义务关系以此时为基准被确定,不得复为争执。[①] 基准时之后发生的事实,即使是前诉案件接续发生的事实,与前诉属于同一纠纷,但因其不受前诉既判力的遮断,因而可以另行起诉。例如,房屋买卖合同纠纷,开发商未按合同约定期限办理房产证,买方起诉要求支付违约金,然而,至庭审结束时房产证仍未办理,违约行为仍在继续,因此,前诉判决之后新产生的违约金可以另行起诉。又如,离婚纠纷或分家析产纠纷中,当事人要求分割的房屋尚在建设过程中,尚不具备提起相关诉讼请求的条件,当事人可于房屋建成之后另行起诉分割。再如,最高人民法院《关于适用〈中华人民共和国婚姻法〉若干问题的解释(二)》第21条规定的情形:"离婚时双方对尚未取得所有权或者尚未取得完全所有权的房屋有争议且协商不成的,人民法院不宜判决房屋所有权的归属,应当根据实际情况判决由当事人使用。当事人就前款规定的房屋取得完全所有权后,有争议的,可以另行向人民法院提起诉讼。"

---

① 翁晓斌:《我国民事判决既判力的范围研究》,载《现代法学》2004年第6期。

我国民事诉讼反诉成立之正当性研究

余孙俐[*]

摘 要 反诉制度是我国民事诉讼法律制度的重要组成部分,理论上亦多有研究,然而,这些规定和研究都存在一定的不足,无法回应反诉制度应保障的价值平衡,也与现下诉讼实践的实际需要相脱节。其中,反诉制度需要关注的核心问题是反诉成立要件的正当性。而我国反诉制度在反诉当事人范围及牵连性要件的适用上均较为严苛。而利用调解制度缓和在第二审程序中提起反诉的审级利益与诉权利益的冲突,也存在着程序逻辑难以自洽的问题。最为重要的是,现行的反诉制度缺乏对当事人自由处分其程序利益的保障。原告可否接受并不满足法定成立要件的反诉,而要求法院在同一程序中解决双方的纠纷?就这一问题,现行法律及现有理论均未能涉及或予以回应。基于对我国现有反诉制度现状及存在问题的反思,本文认为应当在反诉程序中纳入当事人合意机制,即在反诉的对方当事人同意该反诉的提起时,法院即应受理该反诉。只有在反诉当事人不同意该反诉提起时,法院才对反诉成立要件进行审查,对满足反诉成立要件的反诉予以受理。建立当事人合意机制及强制反诉制度,完善反诉成立要件及反诉配套程序,有利于建成一个更为健全、可操作性更强的反诉制度。

关键词 反诉 当事人扩张 牵连性 程序选择权 当事人合意机制

一、引 言

反诉,是民事诉讼中的一项重要制度,也在民商事诉讼实践中扮演着重要的角色。一般认为,设立反诉制度的目的,是为了能通过在同一程序中合并审理反诉与本诉,全面、终局地将当事人之间的有关争议予以解决,避免多次诉讼对人力、物力、时间的浪费,亦防止在多次诉讼中可能产生的矛盾裁判。有鉴于此,各国在立法上都对反诉制度作了相应规定。

我国现行《民事诉讼法》也对反诉制度作了相关规定,其中第51条规定:对于原告提起的诉讼请求,被告可以承认或者反驳,被告亦享有提起反诉的权利;第140条规定了被告提出的反诉,可以与本诉合并审理。2015年2月4日公布施行的最高人民法院关于适用《民事诉讼法》的司法解释(下文简称《民诉法司法解释》)对反诉制度的当事人、牵连关系等问题作出了进一步的规定,弥补了之前立法的不

---

[*] 余孙俐,北京市海问律师事务所律师。

足,但并未对完善反诉制度做出突破性的修改。

反诉的成立,当然需要满足一般诉讼的成立要件,但反诉区别于本诉,还需要一些特殊的要件。然而,立法上关于这些反诉要件的规定较为模糊并且分散,对于不满足反诉要件的法律后果和救济手段未进行说明,学理上对反诉要件的理解也并非完全一致,尤其在反诉当事人范围、牵连性内涵等问题上颇有争议。反诉是否可以提起,侧面反映了当事人诉权与法官裁量权之间的价值平衡。反诉要件不明确,法官在是否允许反诉上的自由裁量权较大,导致实践中对反诉的适用较为混乱。此外,第二审程序中反诉的提出,以及反诉不予受理后救济程序等配套制度的建构问题,都尚有研究的空间和完善我国反诉制度的研究价值。

因此,本文拟从保障当事人自由处分其程序利益的角度入手,关注反诉制度背后的价值平衡,结合民事诉讼领域从司法竞技主义向当事人商谈合作理念转变的新趋势,以《民诉法司法解释》对反诉制度的补充规定为切入点,重新审视我国反诉成立制度的正当性,并通过比较法视角对相关制度进行研究,以期为进一步完善反诉制度提出一点建议。

本文的结构除引言与结语外,共分为四个部分:

第一部分是"反诉制度意义及价值平衡"。本部分将首先从反诉的本质出发,明确我国现有法律规定及理论上的反诉制度实然概念,指明反诉制度的意义,并从平衡当事人起诉权与反诉权、当事人反诉权与法官裁量权及当事人诉权与当事人程序选择权的角度考察反诉制度背后的价值平衡。

第二部分是"反诉成立的基本问题"。本部分旨在重新检视反诉成立的正当性问题。本章通过规范研究的方法,梳理我国民事诉讼法对反诉制度的各项基本规定,明晰反诉成立要件的法条含义,并结合理论上对反诉当事人扩张、牵连性要件内涵及存废问题以及第二审程序提出反诉等问题的争论,反思我国现有反诉成立程序的设置。

第三部分是"反诉制度的域外经验"。本部分将通过比较研究,重点关注域外几个重要国家如何设计其反诉制度,研究其制度建构历史及发展趋势,并探究两大法系不同诉讼哲学对其反诉观产生的影响,以期为完善我国的反诉制度提供可供借鉴的经验。

第四部分是"完善反诉成立的程序化设计"。基于前述三个部分对我国现有反诉制度现状及存在问题的反思,并借鉴合理的域外相关制度经验,本部分以保障当事人反诉权及其程序选择权为出发点,以适度扩张反诉成立范围为基本方向,对反诉成立程序进行完善;通过建立当事人合意机制和强制反诉制度,完善当事人扩张、明确牵连性内涵等反诉成立要件及反诉配套程序等措施,以期建立一个更为健全的反诉制度,并探讨完善后反诉制度的应然概念。

本文的研究并非仅将视角局限于反诉制度本身,亦试图将反诉制度置于民事诉讼制度中进行整体探查。反诉制度作为民事诉讼制度的重要一环,亦须反映民事诉讼制度的整体价值和各项原则,以便更好地回应社会对完善反诉制度的期待,亦能更好地发挥反诉制度的功能和效用。

二、反诉制度的意义及价值平衡

(一)反诉制度的实然概念

谈及反诉制度的历史,就不得不提到罗马法上抵销抗辩制度的演变及发展。罗马法经历了从允许被告提出对原告诉讼请求的抵销抗辩,到承认被告可以向原告提出独立的诉讼请求的发展。反诉制度由此确立,并在其后日趋完善的民事诉讼程序体系中发挥了重要的作用。

我国民事诉讼法律未就反诉的概念作出明确界定。在理论上,我国对反诉概念亦定义不一。江伟主编的《民事诉讼法》将反诉简单地定义为"正在进行的诉讼中,本诉的被告以本诉的原告为被告提起的诉讼"。[①] 田平安主编的《民事诉讼法学》则认为,反诉的定义还需要体现这一反请求与本诉请求之间存在牵连关系。[②] 也有学者在定义中突出了反诉的目的性特征,强调反诉是一种旨在抵销、吞并或排斥原告诉讼请求的反请求。[③] 另有学者认为,反诉的上述所有特点均反映了反诉区别于本诉的根本特性,应当全部涵盖在反诉的概念中。[④]

笔者看来,以上几种定义对反诉概念的理解大致达成了共识,只是侧重的角度有所差异。有学者侧重反诉的独立性特征,有学者强调反诉吞并、抵销原告诉讼请求的目的性功能,亦有定义融合了反诉制度的各项特征。探究反诉的实然定义,诚然需要关注反诉区别于其他诉讼制度的独有特征,但作为一项制度的定义,它更应当反映反诉的本质属性,而非仅仅在定义中囊括所有的特征。究其根本,反诉制度功能实现的程序设置为:基于争议之间的牵连性或关联性,通过同一诉讼程序合并处理诉讼当事人之间的多项争议。而该种程序设置背后蕴含的逻辑内涵则为:在司法投入恒定的情况下,通过程序的扩容性设计,产出更多的诉讼效益,从而达到反诉制度的预期目标。[⑤] 从反诉的本质上考量,笔者认为,除了上述列举的学者所关注的特征,与本诉适用同一程序审理是反诉区别于被告另行他诉的重要特征,是反映反诉程序模型的本质所在,亦为反诉制度建立的重要意义,因此应当在反诉定义的涵摄范围之内。而反诉的目的性功能或独立性特征,则为反诉概念衍生出来的制度特点,可作为反诉定义的外延,对其内涵进行补充。

尽管我国现行民事诉讼法律并未明确指明反诉的定义,但基于民事诉讼法律中关于反诉制度的相关规定,提炼各学者对反诉定义的共识,以反诉的本质属性为落脚点,笔者认为,反诉的实然概念为正在进行的诉讼中,本诉的被告向本诉的原告提起的能与本诉适用同一程序审理的反请求。

(二)反诉制度的意义

反诉制度产生于生活实践中应对日益复杂的民事纠纷之现实需要,其设立与

[①] 江伟主编:《民事诉讼法》,高等教育出版社 2016 年第 5 版,第 72 页。
[②] 田平安主编:《民事诉讼法学》,法律出版社 2015 年版,第 252~253 页。
[③] 王娣、傅郁林等著:《民事诉讼法》,高等教育出版社 2013 年版,第 66 页。
[④] 张艳丽主编:《民事诉讼法》,北京大学出版社 2017 年第 2 版,第 96 页。
[⑤] 张天一:《反诉牵连性研究》,载《研究生法学》2017 年第 2 期(第 32 卷)。

运行具有现实意义。

首先,在传统民事诉讼中,原告作为开启诉讼程序的一方,往往被更多地赋予了"诉权"的实际利益。而民事诉讼不同于刑事诉讼的一个重要特点,在于诉讼两造力量对比的平等。现代民事诉讼制度的一项重要功能即在于保障诉讼两造之间的平等武装对抗。以此作为指导民事诉讼制度建构的基本原则,体现了程序正义的价值追求,也有利于发现案件真实,获得公平裁判。具体而言,民事诉讼的对抗式结构要求诉讼当事人能在诉讼程序中充分陈述案件事实,充分表达自己的意见与诉求,在攻击与防御之回合中一步步明晰案件事实。为了实现这种平等力量对比的抗衡,无论当事人所承担的诉讼主体的角色为原告抑或是被告,无论在实体法律关系上一方是否为另一方的附属,亦无论其各自的社会地位如何,就民事诉讼程序而言,双方的诉讼地位相同。此外,民事诉讼的双方当事人亦享有平等地接近法院、利用法院作为中立裁判者解决纠纷的机会。在查明案情之前,双方当事人均面临着同等的败诉风险。因此,当事人的平等武装对抗不仅仅要体现形式上的平等,实现程序正义,更要保障实质上的平等,获得公正裁判。"诉权"作为当事人能向法院提起诉讼的权利,应当体现这种平等对抗的功能,保障任何一方均享有利用诉讼制度主张其合法权益的机会。① 各国建构反诉制度,正是出于落实诉权平等以及实现实体意义上的诉权之目的,对等地赋予被告提出反诉的权利。② 虽然被告本身享有的抗辩权已然对民事诉讼制度的平等对抗功能有所体现,但为满足一种相对完满的公平理念,仅凭赋予被告抗辩权以对抗原告起诉权,未必能够完全实现。③ 通过反诉制度的建立,被告享有反诉权,确保了诉权平等对抗的实质化;通过这种程序的对等设计,法官对诉讼两造当事人在诉讼阶段主张的请求予以同等程度的关注,亦能真正实现原被告之间的平等武装对抗,体现诉讼公正的价值。

其次,诉讼经济理论亦为反诉制度提供了坚实的理论基础。反诉制度的另一种程序价值则体现在反诉与本诉可于同一法院采取同一诉讼程序进行审理。同一程序审理的优点就在于反诉不必重复提交本诉中已经呈现的各项资料,可以有效地节约司法资源,避免出现互相矛盾的裁判,进而全面而终局地解决相关当事人之间的民事纠纷,以实现诉讼两造间的实质正义。④ 可以说,现代司法制度已不满足于仅仅追求形式上的平等公正,随着诉讼理论和实践的发展,重视诉讼效益成为新的趋势。追求诉讼效益的最大化,是谋求实质正义的更高要求,这意味着在恒定的司法投入下,追求最大的司法效益;或在产出恒定的司法效益下,尽可能减少司法

---

① 沈冠伶:《诉讼权保障与裁判外纠纷处理》,北京大学出版社 2008 年版,第 27 页。
② 唐玉富:《第二审程序的反诉:制度建构与理念变迁——兼评〈民诉法解释〉第 328 条》,载《现代法学》2016 年第 5 期(第 38 卷)。
③ [日]兼子一、竹下守夫:《民事诉讼法》,法律出版社 1995 年版,第 186 页。转引自王福华:《论反诉制度中的诉讼权能平衡——完善我国反诉制度的一个新视角》,载《法学论坛》2000 年第 2 期。
④ 唐玉富:《第二审程序的反诉:制度建构与理念变迁——兼评〈民诉法解释〉第 328 条》,载《现代法学》2016 年第 5 期(第 38 卷)。

投入。如前文所述,反诉制度通过合并审理的程序设计,减少了诉讼的运行成本。尽管个案的审理周期可能有所延长,但通过利用本诉程序呈示的诉讼资料与证据资料,避免另行起诉时再度重复审查本诉中已经提出的资料,仍然可以起到大量节省司法资源,提高诉讼效益的效果。在我国案多人少、纠纷频发的司法现状下,反诉制度尽可能地追求诉讼效益的最大化,具有重大意义。此外,对于当事人而言,反诉制度亦可以大幅降低其因另行起诉而负担的诉讼成本,节约其纠纷获得实体解决的时间,减少其因讼累造成的精神损耗。

最后,反诉制度可以避免造成矛盾判决。由于反诉与本诉存在牵连关系,因此通过同一程序将纠纷一次性予以解决,可以避免被告在另诉中基于关联的事实或法律关系得出截然相反的结论。此外,反诉制度通过在同一程序中合并审理,防止反诉当事人另行提起的诉讼受到《民诉法司法解释》第247条关于重复起诉规定的规制,而无法在他诉中主张自己合法、合理的诉讼请求。

(三)反诉制度的价值平衡

为了更好地实现反诉制度的意义及其追求的目标,反诉制度的程序设计需要关注诉讼程序中多种价值的相互平衡。理解反诉制度中的价值平衡,能充分发挥其在实体法律关系日趋复杂、诉讼日益增长、当事人法制意识不断提升的社会背景下实现诉讼效益最大化的功能。

第一,反诉制度中要达到起诉权与反诉权的平衡配置。反诉制度在推动两造平等对抗上有重要意义。在程序设计上,亦要将此种平衡配置置于首要地位。就被告而言,反诉权是实现其诉权的重要保障。通过反诉,被告可以将"防御"转变为"攻击",而将其对原告的回应从仅针对原告提出之诉讼请求延伸到原告起诉的事实主张之层面。因此,法院不得因避免诉讼程序的复杂化而剥夺和限制被告的反诉权利,并且应当及时履行释明及告知义务,积极告知被告有反诉的权利。[①] 从反诉程序的设计上,我们更应当关注起诉权与反诉权平等地位的价值内涵,给予反诉权同等的关注。从本质上看,反诉亦是起诉的一种,因此,起诉权的程序配置亦应被吸收到反诉的程序配置之中。尽管当前我国民事反诉制度对反诉不予受理后是否可以上诉的问题没有明确规定,但实践中已有最高法院的裁判案例表明对此类裁定可以上诉。[②] 确保反诉原告在反诉不予受理后的救济权,能最大限度地平衡起诉权与反诉权。

第二,反诉权与法官裁量权之间的关系亦值得关注。反诉受理与否取决于法官对反诉成立要件的主观认知,这意味着虽然反诉成立要件为客观要件,法官在反诉受理问题上仍有裁量的自由。因此,规范反诉中的法官裁量权,即是反思法院在受理反诉时是否履行了提供司法保护的权能,而不是仅凭其自由意志。反诉成立要件的设置,即意味着法官的自由裁量权受到制度约束。被告提起反诉,从法院的

[①] 王福华:《论反诉制度中的诉讼权能平衡——完善我国反诉制度的一个新视角》,载《法学论坛》2000年第2期。

[②] 相关最高法院裁判案例详见(2016)最高法民终字426号;(2015)民二终字第291号等。

角度来看,倘若反诉的成立要件均获满足,且并不会造成过分拖延诉讼进程或使案件不必要地复杂化,则应当将其与本诉合并审理,而不得随意驳回。即便驳回,也应当说明驳回的理由,并给予当事人补正其程序瑕疵的机会。从这个角度来反思反诉的制约功能,通过设立适法的成立要件,法官的自由裁量权便不得恣意运用,更不得仅凭法官个人喜恶处理被告提出的反诉。① 因此,为了更好地实现反诉制度的价值,在反诉权与法官裁量权之间达到平衡尤为重要。

第三,反诉制度是否存在平衡当事人诉权与当事人程序选择权的空间。在我国目前的反诉制度设计下,反诉成立与否由法院决定。对于被告提起的不满足法定反诉成立要件的诉讼请求,法院可以不予受理,要求被告另诉。出于诉讼经济的考虑,为了一次性解决原被告之间的纠纷及争议,原告作为本诉与反诉的当事人,是否享有选择适用何种程序的权利,即程序选择权? 换言之,本诉原告可否接受并不满足法定成立要件的反诉请求,而使法院在同一程序中解决两方之间的纠纷? 这是本文反思我国反诉制度提出的一个新视角。当事人享有诉权也意味着当事人有权放弃这种权利,无论是出于何种考虑或者是作为某种诉讼策略。在法院决定反诉是否受理或成立的现有框架下,反诉制度不存在平衡当事人诉权与当事人程序选择权的空间,当事人只能被动地接受反诉成立或不成立的后果,而不能主动通过合意选择同一程序解决其复杂的纠纷,程序的控制权完全掌握在法院一方。反诉制度若能平衡当事人诉权与当事人程序选择权,则能更好地保障当事人应享有的程序自由。而在民事诉讼中,当事人的程序自由直接推动了程序运作的进程,分配了当事人与法官之间的程序控制权。② 假设当事人程序选择权得以前置于法院裁判权,在此种反诉制度设计下,若当事人选择了与对方当事人通过反诉解决双方之间的多项纠纷,则其后不得再提出对该反诉成立的异议,即可以通过程序异议失权制度维护反诉制度的稳定或治愈这种诉讼行为的瑕疵。当事人程序异议失权制度指的是,出于某种原因或因某种事由的发生,当事人(包括第三人)丧失了其所享有的程序上的权利。除此之外,如若发生违反程序规定的瑕疵诉讼行为,同样也可能因为当事人自愿放弃或者没有行使异议权利等原因而产生程序异议失权的后果。③ 对于这种价值平衡下新的反诉成立程序之设计,笔者会在下文中详细介绍。

三、反诉成立的基本问题

(一)我国民事诉讼法律对反诉的基本规定

我国现行《民事诉讼法》对反诉制度的规定主要集中在第 51 条(明确被告享有提起反诉的权利)和第 140 条(被告提出的反诉可以合并审理)。此外,第 59 条规定了委托诉讼的情况下,提起反诉需要委托人的特别授权。值得注意的是,当前

---

① 江伟主编:《民事诉讼法》,高等教育出版社 2016 年第 5 版,第 85 页。
② 王福华:《论反诉制度中的诉讼权能平衡——完善我国反诉制度的一个新视角》,载《法学论坛》2000 年第 2 期。
③ 李峰:《论程序异议失权》,载《法商研究》2014 年第 5 期。

《民事诉讼法》对于反诉成立要件的规定仍处于缺位状态。

为弥补《民事诉讼法》对反诉规定的空白,《民诉法司法解释》对反诉制度进行了补充规定,主要集中在第 39 条(除违反级别管辖、专属管辖的情形外,当事人提起反诉不改变本诉法院的管辖)、第 232 条(规定了反诉与本诉应进行合并审理)、第 233 条(规定了反诉的当事人,以及牵连性要件)、第 239 条(反诉的独立性不受本诉撤诉的影响),以及第 328 条(第二审提起反诉的适用)。

《民诉法司法解释》对反诉制度的上述补充规定对于明晰反诉成立的要件有重要价值,但研究司法解释出台之后反诉制度变化的文献目前较少,因此,我们有必要澄清司法解释中对反诉制度的理解和适用。

(二)反诉成立要件的法条含义

反诉成立范围的大小取决于对反诉要件的理解。诉讼法上所谓的要件,是指成立某项诉讼行为所必须具备的条件。反诉作为起诉的一种,当然需要满足《民事诉讼法》规定的起诉条件,因此,本文所指的反诉成立要件均指反诉区别于本诉提起的特别要件。综合而言,反诉的成立要件主要有以下五项:

第一项是当事人要件。就现行法而言,《民诉法司法解释》第 233 条规定了我国反诉制度当事人的范围。不同于英美法系国家当事人可以为第三人的规定,我国反诉的当事人为本诉的当事人。

第二项是管辖要件。除了符合级别管辖或专属管辖的情形,反诉只能向受理本诉的法院提出。

第三项是时间要件。《民诉法司法解释》规定反诉应在法庭辩论终结前提出。同时,《民诉法司法解释》并未禁止在第二审程序中提起反诉。但考虑到双方当事人的审级利益,《民诉法司法解释》第 328 条规定先进行调解;倘若未能达成调解合意,法院则告知原审被告另行提起诉讼。

第四项是同种程序要件。反诉适用的程序特点是其区别于本诉的一项重要特征。为实现诉讼经济之目标,反诉应当能够与本诉适用同一程序[①],即本诉的诉讼程序不会排斥反诉的诉讼程序。反诉与本诉适用的程序具有同一性,一方面是指反诉和本诉均适用诉讼程序;另一方面是指反诉和本诉适用同一种类的诉讼程序,如果本诉适用简易程序,而反诉却需要适用普通程序,则普通程序无法合并到简易程序中进行审理,因此两诉适用的程序便不具备同一性。但如果本诉适用普通程序,而反诉适用简易程序,则可以合并审理,因为简易程序可以适用普通程序审理。[②] 法院受理反诉后,可以合并审理的,应当合并审理。合并审理是同一审判组织在同一诉讼程序中审理本诉与反诉。这并不意味着反诉与本诉的所有诉讼行为必须同时进行。从反诉的性质上来看,反诉与本诉是两个相互独立的诉,当合并审理使程序过于复杂时,也可以分别辩论。

五是牵连性要件。《民诉法司法解释》第 233 条对争议已久的牵连性要件的内

---

① 张卫平:《民事诉讼法》,法律出版社 2016 年第 4 版,第 320 页。
② 张艳丽主编:《民事诉讼法》,北京大学出版社 2017 年第 2 版,第 97 页。

涵做出了回应。该条第 2 款表明，牵连性体现在反诉与本诉的诉讼请求之间的联系关系，即其依据的法律关系是否相同、是否互为因果，或者两者依据的法律事实是否同一。同时，该条第 3 款明确了落入专属管辖范围的反诉，法院对此不予受理，当事人应另行提起诉讼，以及同反诉在事实和理由上不具备关联关系的反诉。由此可见，反诉与本诉的诉讼标的及诉讼请求所依据的事实、理由所必须具备的关联性或牵连性的具体含义，即为司法解释给出的列举式规定。

(三) 反诉成立要件的理论争议

尽管现有的民事诉讼法律规范对反诉要件已有相对具体的规定，但理论界对法律规定之理解并未完全统一，对现行法规之态度亦未必完全赞同。理论界对反诉成立要件的争论主要集中于对当事人要件、牵连性要件及二审提起反诉问题的理解上。

1. 反诉当事人扩张问题

本诉被告可否同时起诉本诉当事人范围之外的第三人，或同理，本诉被告可否与第三人作为反诉的共同原告，一直以来素有争论。

就反诉当事人的范围，理论通说上一直采取"严格限制"反诉当事人扩张的态度。在前文所述定义部分，大部分教科书仅将反诉视为本诉被告向本诉原告提起的诉讼。《民诉法司法解释》对此采取了"应当限于本诉当事人范围"的立场。支持"严格限制"反诉当事人范围的学者认为该条明确了通说的立场，即反诉当事人不得扩张至除本诉原告之外的第三人。① 而另有学者则认为该条第 1 款对反诉当事人限于本诉当事人范围的规定，实质上也有扩大解释反诉当事人的空间，尤其针对第三人参加诉讼的情形如何明确反诉当事人的地位，值得思考。②

笔者认为，对该条当事人要件的理解，关键在于第三人是否获得了本诉当事人的地位。在有独立请求权第三人参加诉讼的情形中，有独立请求权第三人获得了相当于原告的地位，因此，反诉的当事人可以扩大解释为包含有独立请求权第三人。本诉被告以本诉原告与有独立请求权第三人作为反诉共同被告参与诉讼，不存在障碍。而在无独立请求权第三人参加诉讼的情况下，因其是否承担民事责任在一审过程中并不明确，不宜将其认定为本诉的当事人。而对案外第三人而言，无论如何都不会落入本诉当事人的范围，因此从这一角度理解第 233 条第 1 款，笔者亦赞同其仍是严格限制当事人范围的规定。

然而，从该项要件的正当性角度予以审查，此种限制的理由是否充分则不无疑问。作出此种限制的理由在于，因为第三人的加入，反诉与本诉的当事人不再完全一致，则反诉制度的目的就难以达到。换言之，由于反诉当事人与本诉当事人的不完全重合，反诉与本诉是否可以合并审理可能存在障碍，则反诉提高诉讼效益、避

---

① 刘学在、古岩：《论反诉当事人的扩张》，载《贵州民族大学学报（哲学社会科学版）》2016 年第 6 期。

② 张卫平主编：《最高人民法院民事诉讼法司法解释要点解读》，中国法制出版社 2015 年版，第 178 页。

免产生冲突判决的功能便无法实现。有学者担心,扩大反诉当事人至第三人会使案件更加复杂,增加法院审理的难度,更容易出现错案。①

笔者认为,上述理由未必充分。因为在很多情况下,第三人对于案件事实的查明或责任的分配有着至关重要的作用,如果被告不将第三人作为反诉的当事人使其参与反诉的程序,则纠纷反而难以获得全面而终局的解决。强制要求被告在另诉中再行处理与第三人的争议,很可能出现裁判的前后矛盾,且并不一定能降低相关争议的处理难度,反而可能更容易出现错案。严格限制反诉当事人的范围有悖于反诉的独立性特征,尤其是无法处理实体法要求共同诉讼的争议,反诉的制度价值将受到阻碍。②

笔者赞同,反诉作为一项相对独立的诉,没有必要在诉讼当事人的范围上受到本诉的牵制。而反诉若要发挥维护原被告诉权平等的功能,更不应当在当事人范围上对其过分限制。因为本诉原告作为其"诉讼请求的主人",在起诉时对选择诉讼的当事人享有控制权,因此,原告可以选择共同诉讼,也可以在起诉后变更或追加当事人。那么,出于同样的考虑,本诉被告在反诉中实际亦获得了原告的地位,亦应当对选择诉讼当事人享有对等的权利,因此,也应当承认本诉被告有提起共同诉讼的自由。

民事诉讼法上规定,必要共同诉讼必须追加没有参加诉讼的共同诉讼人,因此倘若本诉被告提起的反诉属于必要共同诉讼,则根据现行反诉制度的规定,反诉当事人与上述规定的立场产生冲突。实践中,本诉被告需要以共同起诉的方式提起反诉的情形并不少见,很多实体法亦规定了相关主体应当负连带责任的情形。支持反诉当事人扩张的学者还指出,在我国民事诉讼制度并未明确规定既判力主观范围扩张规则的前提下,判决对未参加诉讼的必要共同诉讼人是否产生效力的问题无法解决。③尤其是在类似必要共同诉讼的场合下,由于原告可以选择一同起诉或部分起诉,在原告选择部分起诉时,根据大陆法系既判力主观范围扩张的规则,判决效力也及于其他与被告就该诉讼标的必须合一确定之人。在我国法律未明确既判力主观范围扩张效力之前,我们无法通过既判力约束本诉被告就第三人另行提起诉讼,产生矛盾裁判的风险也就相应增加。

值得注意的是,反诉当事人的扩张并非毫无限制。允许第三人成为反诉当事人,主要是为了处理必要共同诉讼场合下的反诉问题。因为这样可以更好地发挥反诉制度的意义与价值,提高诉讼效益,一次性解决双方的争议,减少当事人的讼累。因此,反诉当事人扩张的条件之一是新加入的反诉当事人与原反诉当事人为必要共同诉讼人的关系。在第三人与反诉当事人仅为普通共同诉讼人或完全没有

---

① 沈德咏:《最高人民法院民事诉讼法司法解释理解与适用》,人民法院出版社 2015 年版,第 610 页。
② 江伟主编:《民事诉讼法》,高等教育出版社 2016 年第 5 版,第 139 页。
③ 刘学在、古岩:《论反诉当事人的扩张》,载《贵州民族大学学报(哲学社会科学版)》2016 年第 6 期。

共同诉讼必要的场合时,强行合并审理反而会造成审理时间无故延长,不必要地增加案件的复杂性。

此外,反诉当事人的扩张是否需要考虑不同审级间的差异,亦值得探讨。笔者认为,反诉当事人的扩张应视不同审级而有所不同。如果原审被告在第二审程序中提起反诉的对象涉及第三人,由于反诉被告在第二审程序终结后不得再享有上诉之权利,法院应当让其自由选择是否允许该反诉减损其审级利益。借鉴比较法上的处理方式,法院可以反诉被告的同意为受理反诉的前置要求,首先征询反诉被告对此反诉是否应当受理的意见。如果反诉被告同意在第二审程序中接受第三人参加的反诉,则法院应当尊重当事人的诉讼自由,受理该反诉。

2.反诉牵连性要件内涵及存废争议

是否需要牵连性要件以及如何界定牵连性都是反诉制度的核心议题。现有研究中探讨牵连性要件的文献十分丰富,但对牵连性的范围与程度之理解却不尽相同。有学者主张,反诉应当与本诉在某些方面存在关联,或是因两者诉讼标的属于同一法律关系,或是因为两者的诉讼请求基于同一法律关系或同一事实,或是两者的诉请互不相容或其中之一为先决问题。① 亦有学者主张更为宽松的牵连性理解,即除了事实上或法律上的联系外,还包括"主观权益上的联系"。② 此外,还有学者认为反诉在目的上的要求亦是体现其牵连性的必要条件,即要求反映反诉的对抗性特征,具体表现为能够吞并、抵销或排斥本诉原告的诉讼请求。③

另有研究根据不同学者的研究方法及视角的不同,采用类型化方法对目前理论上对牵连性的理解作了梳理,具体分为二牵连说、三牵连说和四牵连说。④ 二牵连说的观点表现为:反诉的牵连性在于诉讼请求的基础为法律关系或法律事实的同一。⑤ 三牵连说的观点认为,反诉的牵连性除了表现为上述两种类型,还应当包括被告行使抵销权的情形。⑥ 持四牵连说的学者则认为,反诉的牵连性还应在上述学说的基础上增加"一请求为另一请求的先决问题"的类型。⑦

近年来,也有学者否认牵连性要件的必要性,认为该要件是限制了被告行使其

---

① 张卫平:《民事诉讼法(第四版)》,法律出版社2016年版,第321页;张勇:《反诉构成要件新探》,载《法律科学》1994年第5期。

② 王征:《完善我国反诉制度之构想》,载《法学评论》1997年第5期。

③ 张勇:《反诉构成要件新探》,载《法律科学》1994年第5期。

④ 张天一:《反诉牵连性研究》,载《研究生法学》2017年第2期(第32卷)。

⑤ 李浩:《民事诉讼法学(第三版)》,法律出版社2016年版,第127页。转引自张天一:《反诉牵连性研究》,载《研究生法学》2017年第2期(第32卷)。

⑥ 肖建华:《论反诉牵连要件之缓和》,载《诉讼法理论与实践(下)2001年》,中国政法大学出版社2002年版,第358页;刘学在:《美国民事诉讼中的反诉、交叉诉讼与引入诉讼介评》,载《华东政法学院学报》2003年第6期。转引自张天一:《反诉牵连性研究》,载《研究生法学》2017年第2期(第32卷)。

⑦ 陈桂明、李仕春:《论诉讼上的抵销》,载《法学研究》2005年第5期;肖建华、唐玉富:《抵销诉讼及其判决的效力》,载《政法论坛》2005年第6期。转引自张天一:《反诉牵连性研究》,载《研究生法学》2017年第2期(第32卷)。

诉权，是对当事人诉讼权利平等原则的悖反。① 持这类观点的学者大多呼吁我国借鉴美国法的做法，通过建立强制反诉与任意反诉制度，以平衡当事人的反诉权与法院的审判权。

笔者认为，牵连性要件仍是反诉成立合法要件的核心关键。反诉制度的理论基础在于其可以合并处理相互有关联的纠纷，达到一次性解决矛盾的效果。如果反诉成立不再要求其与本诉请求之间的牵连关系，则被告在本诉程序中提出的诉讼请求将不受任何限制，容易产生被告滥诉的风险，给本诉原告带来沉重的诉讼负担。对法院而言，这将增加法院的工作强度，不利于法院及时作出判决。对于整个案件程序来说，欠缺牵连性的反诉请求也可能造成诉讼进程不必要的延迟，最终与反诉制度的初衷相背离。

我们在明确反诉成立需要牵连性要件之后，则须进一步明确对牵连性要件的理解与适用。《民诉法司法解释》第233条规定牵连性的第一种类型是诉讼请求基于同一法律关系，这一项类型的内涵在理解上并无太大争议。诉讼请求基于同一法律关系，即本诉与反诉的诉讼标的相一致，两者有着共通的诉讼材料，合并审理能极大地提高诉讼效率。牵连性的第二种类型为诉讼请求基于同一法律事实。法律事实相同，而两造的请求却相互对抗，如果另行起诉，依然可能会产生矛盾裁判。这里需要明确的是法律事实的含义。法律事实不同于一般的纠纷事实，而是指能够直接支持诉讼请求或作为其理由的原因事实，或要件事实，其与诉讼请求本身一起构成了案件实体内容的主要部分。② 在这一类型牵连关系的认定上，法院不能过于限缩其适用的范围，而要正确理解法律事实的内涵。对于牵连性的第三种类型，《民诉法司法解释》采用的表述为"本诉与反诉的诉讼请求之间具有因果关系"，即本诉与反诉虽然依据的并非同一法律关系或法律事实，但两者的诉请互不相容或其中之一为先决问题。在这三种情况下，本诉与反诉都体现了较强的牵连关系。至于有学者提出扩张牵连性关系的外延，使其包含诉讼抵销的情形，笔者持保留态度。因诉讼抵销实际上可以通过抗辩行使，同时其作为反诉未必符合牵连性的上述三项情形。而在当事人提出的实体问题不能为同一案件所容纳时，则拆分到不同的诉讼程序中分别处理，不失为更好的选择。

3.对第二审程序中提起反诉的研究

我国民事诉讼制度并未完全禁止在第二审程序中提起反诉。《民诉法司法解释》第328条第1款的规定事实上照搬了之前《民诉法意见》第184条对于二审提出反诉的规定。是否应该在第二审程序中允许提起反诉之所以引起广泛的讨论与争议，是因为在程序设计上需要考量诉权利益与审级利益的平衡。司法解释为了平衡这两种利益之间的冲突，前置地将本土化的调解制度作为缓冲，却在程序逻辑的自洽上带来了一些新的问题。笔者认为，承认第二审程序的反诉契合制度的发

---

① 房保国：《论反诉》，载《比较法研究》2002年第4期。
② 王亚新、陈杭平、刘君博：《中国民事诉讼法重点讲义》，高等教育出版社2017年版，第20页。

展和现实的需要,但在具体程序设计上却需要对目前的制度进行一定程度的修正。从域外的经验来看,日本民事诉讼法和德国民事诉讼法也允许在原告同意且法院认为合理的情况下在第二审程序中提起反诉。

根据我国两审终审的审级制度,如果当事人不服第二审程序中提出的反诉的判决结果,也将无法就其进行上诉,因此允许第二审程序的反诉相当于剥离了一级民事诉讼法律制度所确立的审级构造。对二审反诉的双方当事人而言,他们本应享有的审级利益均因该反诉的提起受到减损。因此,讨论是否允许在第二审程序中提起反诉,必须设计合理的程序机制以平衡当事人享有的诉权利益和审级利益。

有学者分析,《民诉法司法解释》第328条的规定从实用主义的角度出发,试图平衡审级利益与诉权利益之间看似不可调和的矛盾,反而造成了以下三个问题:一是利益失衡,即剥夺了原告选择程序的权利并减损其审级利益;二是程序断裂,以程序结果来倒推程序启动,即强制要求调解作为第二审提起反诉的必经程序,实际上第二审法院是将调解结果作为了第二审程序反诉案件的成立要件或受理标准;三是规范错位,即保障的程序选择权错误地被利用为对反诉是否应与本诉之上诉合并审理的选择权,而非开启反诉程序的选择权。因此,该学者主张通过保障原告的程序选择权并辅之以法院阐明权,平衡诉权利益和审级利益。①

笔者同样认为,允许在第二审程序中提出反诉必须要回应审级利益与诉权利益之间的冲突与矛盾。如果由法院直接作出裁判,未免会有失偏颇,亦可能对当事人的处分权造成损害。因此,在这一问题的处理上,双方当事人应被赋予程序选择权,以自由选择是否对审级利益或诉权利益进行一定程度的牺牲。从第二审程序建构来看,由于原审原告在第二审程序反诉启动过程中的缺位,原审原告只能被动地接受反诉开启的程序后果。换言之,第二审程序的反诉是由原审被告单方面启动的。因此,保障原审原告在第二审程序反诉启动过程中的实质参与非常重要。而调解制度作为调和诉权利益与审级利益的缓冲制度是否能发挥实质作用,则存在很大疑问。

调解前置可以作为赋予当事人程序选择权的一种方式。然而,倘若当事人不愿接受调解,或双方未能就是否可以在第二审程序中提起反诉达成一致意见,法院便告知当事人另行起诉。这一规定显然不符合"法院不得拒绝作出裁判"的原则。《民诉法司法解释》以调解机制缝合第二审程序中反诉案件的利益冲突,但却未能在调解不能结案的情况下对该反诉案件进行实体上的处理。调解不成,争议案件理应回归到诉讼审理的程序中。然而,第二审法院既不利用本诉中的上诉程序继续进行审理,也不对此作出裁判,使该反诉在本诉的二审程序中不了了之。② 法院"告知当事人另行起诉"的做法使第二审程序中的反诉案件处于一个十分尴尬的地位。一方面,该反诉案件未能回归到原先的诉讼制度框架内,无法通过判决的方式

---

① 唐玉富:《第二审程序的反诉:制度建构与理念变迁——兼评〈民诉法解释〉第328条》,载《现代法学》2016年第5期。
② 占善刚:《关于二审程序中反诉问题的一点思考》,载《河北法学》2000年第6期。

定纷止争;另一方面,它却又在另行提起的诉讼中重新开启。尽管法院是希望通过另诉的形式自始否定该反诉的提起,但这非制度化的解决方法,在程序逻辑上难免有无法自洽之嫌。由此可以得见,现行司法解释对该问题的处理实质上有损法院终局裁判的职能,更严重破坏了反诉程序的连续性、完整性和不可逆性。第二审法院将调解作为解决反诉的必经程序,调解不成,对于两造而言,都耗费了大量时间、劳力和成本,但纠纷却并未得到一次性终局的解决。此外,《民诉法司法解释》通过调解制度所赋予原审原告的程序选择权,针对的是原审原告对反诉与本诉是否合并审理的选择权,而第二审提起反诉机制所应保障的程序选择权应为对反诉可否提起或受理的立场,这是两个不同的问题。反诉可否合并审理也不应当作为反诉启动的前提,而现行的《民诉法司法解释》却对此问题存在理解上的混淆。因此,《民诉法司法解释》第328条的规定存在程序逻辑不自洽的问题。

  有学者分析,法院避开正面回应第二审程序中的反诉案件,或是因为:尽管形式上第二审程序有提出反诉的可能,但法院实质上并不鼓励在上诉审程序开启反诉。[1]

  笔者认为,反诉原则上应当在第一审程序中提起,但在例外的情况下,亦可以适度扩张反诉制度的适用范围,允许在第二审程序中提出反诉。因此,笔者赞同在改革第二审程序反诉制度时,借鉴域外经验,采用当事人合意机制来保障双方当事人的程序选择权。当原审被告选择在第二审程序中提起反诉,就表明其通过程序选择的衡量主动放弃了自己一方的审级利益。同样,原审原告亦应享有对等的程序选择权,即选择是否同意在第二审程序中开启反诉的自由。此种同意,亦可视作是双方一致达成的一项诉讼契约,其内容为共同舍弃一个事实审审理的审级利益,因此,原审原告亦须承担该项契约的法律后果。[2] 采用当事人合意机制是民事诉讼程序自由的体现,因为民事诉讼解决的是双方当事人之间的私权纠纷,因此更重视当事人以自主意志自由处分其个人的程序利益;同时,当事人合意机制亦体现了民事诉讼保障人权的功能价值,更从一定程度上反映了现代司法活动中的公民自由权。[3] 当事人合意机制,亦可以用来反思整个反诉制度的程序建构,将在下文中详细论述。

  除第二审可否提起反诉的争论之外,也有学者对反诉成立的时间要件有所质疑,认为允许被告在辩论终结前的任何阶段提起反诉,是对被告诉权的放纵,可能造成对原告的"诉讼突袭",建议将我国提起反诉的时间限制在庭审前的答辩期间为宜。[4] 由于针对反诉成立的时间要件在理论上基本已达成与现行规定一致的共识,笔者也认为在一审辩论终结前均可提起反诉,有利于保障被告的反诉权。至于

---

[1] 唐玉富:《第二审程序的反诉:制度建构与理念变迁——兼评〈民诉法解释〉第328条》,载《现代法学》2016年第5期。
[2] 占善刚:《关于二审程序中反诉问题的一点思考》,载《河北法学》2000年第6期。
[3] 李峰:《论程序异议失权》,载《法商研究》2014年第5期。
[4] 房保国:《论反诉》,载《比较法研究》2002年第4期。

对原告造成"诉讼突袭"的质疑,笔者认为可以通过保证本诉原告享有针对反诉的一定答辩期间予以保障。

(四)反诉成立程序之反思

1.反诉程序缺乏当事人程序选择自由的空间

考察反诉成立要件正当性之后,我们有必要对反诉成立程序进行反思。本诉被告提起反诉之后,由法院审查该反诉是否满足上文所述诸项成立要件,并做出是否受理的决定。由此可见,反诉是否受理,决定权在法院。倘若反诉与本诉可以合并审理,则法院应当合并审理;倘若合并审理会过度拖延诉讼进程,则亦可以分别审理,这均属于法院诉讼指挥权规制的范围。

反诉需要满足一定要件才得以成立,是为了防止本诉被告滥用其反诉权,恶意反诉而使本诉原告陷入不必要的诉讼泥潭,给本诉原告造成实质上的不公平;同时也是为了防止将无关联的案件在本诉程序中合并审理造成案件过度复杂化,审理程序不必要地延长。这是法院平衡当事人起诉权与反诉权的结果。然而,当事人的程序利益是决定其诉讼行为的重要因素。当事人对于其自身的程序利益可以任意处分,以选择最佳的诉讼策略。赋予当事人以程序选择的自由处分权利,能更好地发挥当事人的能动性,促进多元纠纷的实际解决。在本诉原告也愿意将本诉被告提起的可能不满足反诉成立要件之诉讼纳入本诉程序解决,利用本诉程序中已经呈示的诉讼材料和证据资料,是本诉原告自由处分其程序利益的方式,在反诉制度的设计上也应当给予本诉原告以如此选择的可能和空间。当事人面对的社会现实纷繁复杂,往往需要兼顾各种利益平衡。如果单纯将程序的控制权完全交予法院决定,则当事人难以在诉讼参与中妥适地处理各项利益之间的冲突,最终结果可能与其实体预期不符,诉讼程序亦难谓发挥了定纷止争的效用。民事诉讼程序解决的是当事人之间的私法纠纷,需要保证诉讼程序在解决私法争议中能有一定的弹性空间。民事诉讼的诉讼模式鼓励当事人更为主动地参加到诉讼程序之中。赋予其选择程序的自由,亦能有效防止将程序制度的刚性发挥过度。①

此外,从瑕疵诉讼行为治愈的角度来反思反诉成立正当性的问题,在法院受理不满足成立要件的反诉之情形下,如果对方当事人未及时提出异议,则该反诉也不应当被驳回。就诉讼行为存在瑕疵的处理方式,一般认为,瑕疵诉讼行为原则上都有救济的可能。由于公法领域的诉讼行为与私法领域的法律行为相互独立,因此,瑕疵诉讼行为的法律后果不必类推适用民法上法律行为存在瑕疵的法律后果,一刀切地认为该诉讼行为无效或可撤销。反诉,作为当事人实施、须通过法院的行为才能够直接产生诉讼法上效果的取效性诉讼行为②,如果在法定形式或内容上存在瑕疵,当事人可以撤回有瑕疵的诉讼行为或补正该瑕疵。然而,如果法院仍然受理了不满足反诉成立要件的反诉,且对方当事人未就此提出程序异议,则该诉讼行为的瑕疵亦因为当事人没有提出异议而治愈。当事人通过主动放弃程序赋予其的

---

① 李峰:《论程序异议失权》,载《法商研究》2014年第5期。
② 张卫平:《民事诉讼法(第四版)》,法律出版社2016年版,第130页。

异议权,实质上同意或默认了接受该等瑕疵诉讼行为可能带来的法律后果,相当于治疗了该瑕疵诉讼行为,因此,反诉程序仍然有效,可以继续进行。

因此,从反诉受理的程序设计上看,法院可以通过当事人合意为主,例外规定为辅的机制弥补先前对当事人程序选择权的忽视。申言之,在本诉被告提起反诉后,法院可先征询本诉原告是否同意该反诉的提起,在其不同意反诉后再行判断反诉成立要件的满足情况。而对于可能因本诉被告"恶意诉讼"或与本诉原告恶意串通进行虚假诉讼,进而损害国家、集体和第三人利益,则法院可以根据《民事诉讼法》第112条驳回其请求或追究当事人的刑事责任。在本诉原告同意本诉被告提起的反诉并不存在当事人恶意串通进行虚假诉讼的情形时,即使在满足反诉成立要件上存在一定的程序瑕疵,法院也应当尊重当事人对自身程序利益的处分,受理该反诉,而不是一刀切地加以驳回。

除此之外,反诉受理后的程序也应当有所明确。反诉从本质上来看,也是"起诉的一种",因此,在本诉被告提出反诉之后,本诉原告也应当明确被赋予一定期间的答辩期以对本诉被告提出的诉讼请求及争议焦点有所回应。另外,还有学者提出,应当赋予反诉被告提出管辖权异议的权利,以保障反诉被告与反诉原告享有同样的权利,更好地实现双方当事人在诉权上的对抗性。[①]《民诉法司法解释》第39条确立了当事人提起反诉不改变管辖的原则。除了违反级别管辖或专属管辖,出于合并审理及管辖恒定的考虑,不宜因反诉改变本诉法院的管辖权。这亦符合比较法上的实践,如德国和日本的民诉法都规定在反诉不违背专属管辖的情况下,本诉法院对反诉即享有管辖权。不改变反诉管辖的规定是为了反诉与本诉可以在同一法院进行审理,有效降低诉讼成本,提高诉讼效益,符合设立反诉制度的宗旨。

2.反诉不予受理的救济程序

我国民事诉讼法律没有明确规定反诉不予受理的回应形式以及救济程序。实践中,法院或作出不予受理的决定,或当庭口头驳回被告的反诉,没有统一规范的程序性处理。反诉实质上可视为起诉的一种,对于起诉不予受理或被驳回的情形,《民事诉讼法》明确规定了适用书面裁定的形式。基于相同的理由,法院亦应当采用书面裁定的形式回应反诉不予受理的情形,以保障反诉原告对裁定不予受理的上诉权。

由于缺乏相关规定,很长一段时间内,当事人是否可以就反诉不予受理的裁定提起上诉存在争议。近年来,最高法院的多个案例表明在实务中最高法院的态度是支持对反诉不予受理的裁定可上诉。

在上诉人某房地产公司与被上诉人某购物公司商品房预售合同纠纷一案中[②],被上诉人即原审原告某购物公司向一审法院提起诉讼,上诉人即原审被告某房地产公司提起反诉。一审法院经审理裁定对上诉人的反诉不予受理,上诉人遂提起上诉。最高法院在该案中认为,本案争议问题是上诉人的反诉是否应予受理。

---

① 赵丽霞:《论对反诉的保护与规制》,载《忻州师范学院学报》第3期。
② 最高人民法院,(2016)最高法民终426号;裁判日期:2016年6月30日。

本案中,上诉人提起反诉符合法律规定的反诉条件,但因其本案反诉与另案反诉构成重复起诉,依法不予受理。原审裁定以上诉人反诉与被上诉人本诉类型不同,不是基于同一事实和法律关系为由,裁定对上诉人的反诉不予受理,理由不当,应予以纠正。

在上诉人张秀某、张某1与被上诉人某公司、一审被告张某2、一审第三人赵某、陕西某公司股权转让纠纷一案中①,被上诉人某公司因与上诉人、一审被告、一审第三人之间的股权转让纠纷,向陕西省高级人民法院起诉。庭审中,上诉人提出反诉。陕西省高级人民法院裁定对上诉人的反诉不予受理,两方不服一审裁定,上诉到最高法院。最高法院经审理认为,上诉人在反诉中要求本诉第三人赵某承担连带民事责任,不符合民事诉讼法关于反诉当事人应当限于本诉当事人的规定。同时,上诉人与一审被告已就涉案股权转让纠纷,另案起诉被上诉人和第三人赵某,目前正在审理中,因此一审裁定对上诉人的反诉不予受理并无不当。

又例如:在上诉人某房地产公司与被上诉人某股份公司、某生物科技公司、某创新投资公司、高某、黄某、张某1、某投资公司、某商贸公司、张某2买卖合同纠纷一案中②,原审原告即被上诉人某股份公司向云南省高级人民法院起诉。原审被告即上诉人某房地产公司在一审提交答辩状期间提出反诉。云南省高级人民法院经审理裁定:对上诉人某房地产公司的反诉不予受理。上诉人不服一审裁定,向最高人民法院提出上诉。最高人民法院认为:上诉人提出的反诉请求是确认被上诉人某股份公司与某生物科技公司之间签订的《某买卖合同》及被上诉人某股份公司、某生物科技公司与上诉人三方签订的《最高额抵押担保合同》无效,其目的在于抵销、排斥或者吞并被上诉人某股份公司要求上诉人承担保证责任的诉讼请求。但上诉人在反诉中关于确认上述两份合同无效的请求,属于判断合同效力问题,已经在被上诉人的诉讼请求中涉及,因此,人民法院必须审理,故上诉人该项请求不构成反诉请求。一审法院不予受理上诉人的反诉并无不当。上诉人的上诉请求及理由不能成立,应予驳回。

从上述三个最高法院的案例中不难看出,在实践中,对反诉不予受理的程序正在逐步完善、日趋规范中,各级法院开始重视作出反诉不予受理裁定的说理,并通过赋予当事人上诉权,保障其程序救济权。反诉在性质上也属于提起诉讼请求,作为诉讼程序对等赋予反诉原告相对于本诉原告起诉权的反诉权,在反诉不予受理的处理方式上也应当谋求与起诉不予受理的处理方式相统一。从程序建构的完善化与完整性角度考量,在反诉不满足受理条件的情况下,法院应以书面形式出具裁定书。在裁定书中,法院应当充分说明理由,并告知当事人对此裁定的救济程序,即可以就该反诉不予受理的裁定提出上诉。由于一审裁定并非该反诉案件的终局处理,因此,法院在等待二审法院终审裁定的同时应当对本诉程序中止审理。如果二审法院终审决定受理该反诉的话,则再行恢复本诉的审理,并应当及时通知双方

---

① 最高人民法院,(2015)民二终字第291号;裁判日期:2015年12月30日。
② 最高人民法院,(2014)民一终字第29号;裁判日期:2014年3月21日。

当事人,使其做好相应的庭前准备。①

四、反诉制度的域外经验

(一)英美法系

1.英国

普通法时代的英国曾禁止反诉的提出,随着社会发展的需要,亦逐渐放开了这种限制。在英国法上,被告不限于辩护,还可以通过提出"额外的请求"(additional claims)来获得对自身权益的救济。其中,被告向原告或原告和其他第三人提起的诉讼即为反诉。英国民事诉讼程序中的反诉请求并不仅限于对金钱的索赔,亦并不要求必须与原告的诉讼行为相关。反诉请求可以是任何时候发生的、针对任何事项、采取任何形式的救济。如果发现对本诉请求与反诉请求合并审理可能会过于复杂,或是极有可能造成延迟或产生不必要的费用,法院可以决定两者在不同的诉讼程序中进行处理,例如,采取不同的诉讼阶段时间表和开庭日期等。②

英国在其《民事诉讼规则》第20章规定了反诉的相关程序。③ 被告提起反诉需要在其答辩书中书面陈述其反诉请求;如果被告在地方法院提起反诉则必须另外包含价值主张。被告如果在其提交答辩书的同时提起反诉,则无需经法院许可。而倘若被告在提交答辩之后才意识到需要提起反诉,则其可能会因寻求法院许可而支付额外的费用,因此在被告为诉讼辩护的同时,应当仔细考虑任何可能的反诉。英国的反诉制度允许被告向除原告以外的其他人提起反诉,前提是法院认为该反诉同样针对原告,且其处理的事项与原告提出的本诉请求相关。要求反诉与本诉以这样的方式连结在一起,可以使两者均获公正、迅速的解决。④

综上,根据英国法,只要被告在答辩期间提起反诉,则无论其诉求为何,均无需获得法院的准许,即可受理,无成立要件上的限制。虽然英国的反诉制度允许被告追加第三人作为反诉当事人,但该针对第三人的反诉需要与本诉请求相关,才可以被允许。此外,在诉讼是否合并审理上,法官享有自由裁量权。

2.美国

由于司法制度承袭自英国,美国也经历了从限制请求合并到允许反诉提起的过程。根据普通法,被告可能会寻求与原告诉讼请求的"抵销",形成抵销基础的事项不一定要基于原告起诉的同一交易。然而,抵销无法成为向原告宣告独立裁判的基础。换言之,抵销的唯一影响是降低或完全消除原告以其他方式收回的任何金额。如果原告败诉,则抵销不会得到解决。由此,普通法发展了一项相关的程序性设置即"追偿制度",其中被告的请求不得不由原告的本诉请求引起。随着社会

---

① 王亚新:《新民事诉讼法关于庭前准备之若干程序规定的解释适用》,载《当代法学》2013年第6期。
② Jone O'hare & Kevin Browne,Civil Litigation 301 (16th ed. 2013).
③ 徐昕译:《英国民事诉讼规则》,中国法制出版社2001年版,第94～99页。
④ Jone O'hare & Kevin Browne,Civil Litigation 302 (16th ed. 2013).

需要的发展,程序法亦不断创新,例如,19世纪中叶《纽约土地法典》中就允许提起真正的反诉,即被告可以要求法院对原告进行单独的判决,而不考虑原告的主张是否成功。①

就被告而言,抗辩即使成功,也不过是为了避免责任。然而,被诉一方还可以选择向对方当事人提出自身肯定性的主张,即联邦体系中的反诉,并受到《联邦民事诉讼规则》第13条的规制。该条规定了两种类型的反诉:强制反诉与任意反诉。强制反诉是指由作为对方当事人诉讼请求主体的交易或事实引发的反诉,且被告只能在本诉程序中提出,否则将产生失权效果。除此之外,均为任意反诉。美国的判例法至少确立了四项标准以判断一项反诉是强制性的还是任意性的:(1)本诉和反诉所提出的事实和法律问题是否在很大程度上是相同的;(2)如果没有强制性反诉的规定,被告另行起诉是否会违反既判力原则;(3)支持或反驳原告主张以及被告反诉的证据是否相同;(4)两诉之间是否存在逻辑联系。②

上述标准中最难判断的一点在于反诉与本诉须具有逻辑联系。"逻辑联系"标准是一个松散但灵活的标准,其目的是为了避免多重诉讼。③ 在麦卡弗利诉雷克斯摩托运输公司④一案中,第五巡回法院的法官确立了判断逻辑联系的两项标准:(1)有相同的集合部分事实作为本诉与反诉的基础;(2)是由本诉依据的事实核心触发了被告的法律权利,否则这些权利将持续处于休眠的状态。⑤

而反思为何美国会建立类型化的反诉制度,我们可以看到美国在平衡两项相互竞争的政策间的努力和妥协:一方面,反诉制度的目的是尽可能在已经启动的程序中解决两方当事人之间的所有法律争议,因此,无论反诉请求与本诉请求之间的联系如何松散、牵强,法官亦允许被告将其所有请求全部主张;另一方面,反诉制度又不得不避免使诉讼变得过度复杂。任意反诉保障了被告对原告从防御转向攻击的反诉权几乎没有任何限制,而强制反诉则预防了当事人对反诉权的滥用。而为了防止诉讼复杂的出现,法官可以依据自由裁量,决定是否将案件分别审理,分别判决。

美国经由普通法时代到《联邦民事诉讼规则》的发展历程折射出民事诉讼制度在一个社会转型、提升过程中发挥的举足轻重的作用和一些极其重要的价值。当查理斯·克拉克起草1938年的《联邦民事诉讼规则》时,美国强大的社会、经济、政治以及法哲学的思潮都期待着这个社会的民事诉讼制度向一个更少约束的方向发展。这种趋势造就了律师可以创造性地提起复杂案件的诉讼,也不断要求法官通过这些复杂诉讼的判例创制新的权利来满足新的需要,与此同时,在这些富有创造

---

① Joel Wm. Friedman & Michael G. Collins, The Law of Civil Procedure: Cases and Materials 607 (3rd ed. 2010).

② Id., at 609.

③ 汤维建、徐卉、卢正敏:《美国民事诉讼规则》,中国检察出版社2003年版,第91页。

④ McCaffrey v. Rex Motor Transp., Inc., 672 F.2d at 246, 249 (1st Cir. 1982).

⑤ Joel Wm. Friedman & Michael G. Collins, The Law of Civil Procedure: Cases and Materials 609 (3rd ed. 2010).

力的律师的帮助下,法官也享有在新领域创制法律的大量的自由裁量权。①

(二)大陆法系

1.法国

在法国民事诉讼中,反诉作为附带诉讼中的一种,也是一项重要的诉讼制度。② 法国学者认为,被告通过提起反诉,可以降低原告通过起诉试图对其造成的利益减损,或者从根本上消除这种诉讼攻击带来的利益减损之可能性以制止其发生,甚至可以通过新的诉请使原告接受某种处罚。③ 法国对于反诉制度的概念可见法国民事诉讼法第64条。该条认为,反诉为本诉被告为主张某种利益而提出的诉讼请求。④ 同我国对反诉要件的限制一样,法国的反诉制度也要求其请求与本诉请求之间的充分联系(第70条)。⑤ 而此种充分联系的判断未在法律规范上明确说明,而是取决于法官的自由裁量。法国民事诉讼法禁止再反诉的提出,立法院在1968年2月15日的判决中确立了"反诉之上的反诉没有意义"的规则。

较之英美反诉制度上反诉主体扩张至第三人的制度,法国民事诉讼法原则上将反诉主体限缩在本诉的被告之中,而不允许由第三人提起反诉或向第三人提起反诉。

2.德国

《德国民事诉讼法》对反诉制度的相关规定主要集中在第33条。德国法上的反诉成立要件主要有以下几个要求:一是时间要求,原则上反诉只能在第一审程序中提出,但这种限制并非绝对的,对方当事人同意该反诉的提起或法院认为合理的情况下,反诉亦可在第二审程序中启动(第533条);二是管辖要件,反诉可以向本诉的法院提起,本诉法院对反诉案件有管辖权;三是牵连性要件,德国反诉制度同样要求反诉与本诉在诉讼请求或其防御方法之间存在牵连关系;四是当事人要件,原则上,反诉的当事人仅限于本诉的原被告。在审理方式上,德国法院根据牵连性关系的有无,可以决定是否将反诉与本诉合并审理、裁判(第145条和第147条)。⑥

随着实践的发展和社会环境的变化,反诉当事人仅限于本诉原被告的规定已渐渐无法满足现实的需要,因此,德国在学说和实务上都逐渐放松了对当事人要件的限制,呈现出允许第三人成为反诉当事人的趋势。

3.日本

《日本民事诉讼法》第146条规定了反诉的要件。一是牵连性要件,即反诉请

---

① [美]史蒂文·苏本,玛格瑞特(绮剑)·伍,《美国民事诉讼的真谛》,蔡彦敏、徐卉译,法律出版社2002年版,第119页。
② 张卫平、陈刚编著:《法国民事诉讼法导论》,中国政法大学出版社1997年版,第78页。
③ [法]让·文森,塞尔日·金沙尔著:《法国民事诉讼法要义》(下)(第二版),罗结珍译,中国法制出版社2005年版,第1080页。
④ 《法国新民事诉讼法典(上册)》,罗结珍译,法律出版社2008年版,第131页。
⑤ 《法国新民事诉讼法典(上册)》,罗结珍译,法律出版社2008年版,第136页。
⑥ 《德国民事诉讼法》,丁启明译,厦门大学出版社2016年版,第7页。

求必须与本诉请求或其针对此的防御方法之间存在关联;二是时间要件,即必须在本诉的诉讼系属中且事实审的口头辩论终结前提出反诉;三是管辖要件,即当反诉请求属于其他法院的专属管辖时,不允许提起反诉;四是同类诉讼程序要件,即反诉请求必须是可以通过同类诉讼程序予以审判的请求及不属于禁止提出反诉的情形。① 在理解关联性要件上,日本学者新堂幸司认为这种关联性体现在两个方面:一方面,反诉与本诉的诉讼标的的法律关系或发生的原因事实上存在关联;另一方面两者依据共通的事实,从而构成防御方法上的关联性。②

在日本反诉制度发展的过程中,日本学者也讨论过在当时的民事诉讼法上引入美国法中的强制反诉和任意反诉制度的可能性。虽然最终日本反诉制度并未建立类似的强制反诉制度,但日本学者已经关注到如果不能在本诉程序中解决与本诉争点共通的请求,另行起诉会面临重复起诉的风险。最后日本民诉法通过既判力主观范围的扩张,本诉被告实际上也只能通过在本诉中提起反诉来主张其诉求。

4.韩国

韩国的反诉制度不承认强制反诉,被告在是否提出反诉或另行起诉上享有自由选择权。就反诉成立的要件而言,韩国法上一般认为有以下六个方面:一是当事人仅限于本诉被告向本诉原告提起,不允许扩张至第三人;二是在提起反诉的时间限制上,要求被告必须在本诉事实审辩论终结前提出;三是关联性要求,基本与德国、日本民诉法上的相关要求一致;四是反诉不得对诉讼程序造成明显的迟延;五是反诉与本诉适用同一诉讼程序;六是反诉不属于其他法院的专属管辖。③

值得注意的是,韩国学者孙汉琦指出,由于关联性要件并非法院职权调查的对象,因此,在原告同意反诉或应诉的情况下,反诉即使与本诉无关联性亦可成立。④

(三)两大法系差异成因分析及启示

纵观比较法上主要国家的反诉制度,可以发现,英美两国对反诉要件的规制较为宽松,美国除在强制反诉类型中要求反诉与本诉具备一定的关联性,在任意反诉类型中无关联性的要求。同时,英美国家一般允许反诉的当事人向第三人扩张。而大陆法系国家在反诉要件中亦有明显的共通性,如要求反诉与本诉的牵连关系,在时间上要求在本诉事实审辩论终结前提出,在管辖上禁止属于专属管辖的反诉的提出,等等。在反诉当事人的问题上,各国采取的态度不一样,德国和日本都在学说和实务中体现出了向第三人扩张的趋势。

---

① [日]新堂幸司著:《新民事诉讼法》,林剑锋译,法律出版社2008年版,第534~536页。
② 《德国民事诉讼法》,丁启明译,厦门大学出版社2016年版,第536页。
③ [韩]孙汉琦著:《韩国民事诉讼法导论》,陈刚审译,中国法制出版社2010年版,第440页。
④ 《德国民事诉讼法》,丁启明译,厦门大学出版社2016年版,第440页。

国内文献对反诉制度比较法的研究较多,集中在英、美、德、日、法等主要国家,但总体上以制度观察和规则介绍为主,较少分析为何外国在立法和实践中对反诉要件作此规定和理解,主要原因在于缺乏对各国立法背景及文化的深入了解。

国内亦有不少文献探讨了在我国民事诉讼制度中引入强制反诉、任意反诉、再反诉等规定,以完善反诉制度的整体建构。出于对诉讼效率的追求和防止滥诉的考虑,不少学者主张引入强制反诉制度。① 另有学者建议引入再反诉制度,允许对反诉再行提起反诉。② 但也有学者认为再反诉制度会过分拖延诉讼程序,与反诉制度目的相违背。此外,还有学者主张将再反诉作为原告诉讼请求的增加或变更,而非作为独立的诉。③

笔者认为,各国诉讼制度运行环境不同,诉讼哲学和观念亦有所差异,因此会发展出不同的反诉制度。在借鉴域外经验时,我们有必要分析两大法系不同的反诉观之成因,更好地理解制度生成的背景和运行模式,以此为镜来思考我国反诉制度的未来发展才是有意义的。

从哲学层面上看,英美法系为经验主义传统,英美等国非常重视对个人自由的保障和对实效性的追求,因此,反映在反诉制度中,也体现为较少设置要件上的限制。英美法系的诉讼传统也同样在寻求一种动态的、灵活的进路,以适应具体环境带来的具体问题,因此,英美法系注重通过个例累积寻求"法律的经验化",并避免因遵循极端逻辑化而在具体操作中带来的不适。④ 而大陆法系则为理性主义传统,注重逻辑推演和体系性的完整,更趋向于在立法上明确反诉的要件,并强调要件中对牵连关系的要求。因此,英美法系更倾向于追求结果的正义与合理,并非将所有制度纳入到一个严谨、不容变通的理性世界,逐渐形成了其对待实际问题时务实、灵活的法律观。其在反诉制度上自然体现为更尊重当事人的意志,较少干涉其提起反诉的自由。大陆法系则因对理性主义的推崇,而非常重视理论体系的严密性和逻辑完整性,强调精练的语言和明确的概念,并注重在实践中处理具体案例时运用演绎的方法。因此,其在反诉制度上体现为更关注制度体系所建构的秩序的一致性,以明确的反诉要件约束当事人对反诉权的行使。

不同的哲学传统导致两大法系对制度目标的追求亦有所差异。英美法系更注重审判在具体案例中的适用性或实用性。因此,为了达到这样的效果,英美法系反诉制度的目标便是希望通过诉讼程序全面而又终局地解决相关当事人之间的所有相关纠纷。而反观大陆法系的反诉观,大陆法系不会过分追求解决所有纠纷的效

---

① 郭玲、王菡:《对在我国引入强制反诉制度的探讨与思考》,载《法制与社会》2016年第6期;乔欣、王克楠:《强制反诉与我国反诉制度之完善》,载《法律科学(西北政法学院学报)》2003年第4期;王福华:《论反诉制度中的诉讼权能平衡——完善我国反诉制度的一个新视角》,载《法学论坛》2000年第2期。

② 房保国:《论反诉》,载《比较法研究》2002年第4期。

③ 尹西明、孙嘉瑞:《反诉若干问题研究》,载《河南省政法管理干部学院学报》1999年第4期。

④ 杜闻:《论英美民事诉讼的文化历史背景》,法律出版社2012年版,第64~68页。

率,因为其已建构了一套严密的程序体系,这些纠纷可以通过其他诉讼另行解决。对于大陆法系而言,整个程序的顺畅和严谨是其首要推崇的价值和追求的目标。而倘若允许被告在本诉中提出一切请求,则本诉程序必定冗长而又复杂,从而可能与其追求的目标和价值相悖。

总而言之,两者在反诉观上的差异也正是源于两者追求价值与追求路径的不同。英美法系崇尚实验科学精神,更易于接纳经过实践验证的经验,即强调对复杂问题的有效解决,而不完全倚赖理论的一脉相承。因此,英美法系的制度发展能紧随社会观念的变迁,及时反映社会各个领域的进步与转变,但却也不可避免地缺乏足够的思想支配力。大陆法系则遵照严谨的逻辑推理精神,关注行动本身或过程本身是否符合制度的目的或价值,因此往往非常重视证明的步骤和论证的严密性,而在回应社会现实的变化中稍显不足。

从我国的诉讼制度运行环境和诉讼哲学来看,其和大陆法系的反诉观更为接近。然而,也正如前文所述,大陆法系的个别国家和地区近年来在反诉制度的完善和发展上也有新的突破,比如,允许反诉当事人一定程度上向第三人进行扩张。大陆法系的理性精神并非为了逻辑缜密而完全抛弃对实践需求的关照,无论是大陆法系还是英美法系,都是在经验主义和理性主义之间寻求更符合社会整体价值的平衡。总体而言,随着社会的发展,对司法正当性的追求逐渐让位于现实主义的观念,在司法改革中也愈加强调对诉讼效益的追求。① 英美法系国家的反诉制度虽然对诉讼效率有所牺牲,但通过合理分配有限的诉讼资源,从整体上提高了诉讼效益。正如美国学者指出,美国民事诉讼制度之所以设计如此复杂的程序,原因之一就在于其力图同时实现多个相互对抗的目标。让当事人以平和的方式解决纠纷而非诉诸武力是民事诉讼及调整民事诉讼规则的目的之一。而民事诉讼规则的另一目标则是提高效率。因为无论是当事人还是社会的资源都是有限的,倘若诉讼耗费过多的时间、金钱和人力,是对当事人和社会资源的巨大浪费。如果诉讼成本过高,或纠纷的解决需要过长的时间,则受到损害的当事人或许宁愿选择息事宁人,正义可能也无法实现。②

民事诉讼制度发展到今天,除了实现司法公正的目标,也越来越注重对诉讼效益的追求,从而更能在整体上度量诉讼产生的综合影响。这种趋势亦应当在中国的民事诉讼改革中有所体现。在充分把握我国民事诉讼制度运行环境和反诉制度需要衡量的价值平衡之基础上,我们寻找域外实践可用于本土吸收的经验,由此来完善现有的制度,使其更符合社会现实的发展。

---

① 范愉:《世界司法改革的潮流、趋势与中国的民事审判方式改革》,载《法学家》1998年第2期。

② [美]史蒂文·苏本,玛格瑞特(绮剑)·伍:《美国民事诉讼的真谛》,蔡彦敏、徐卉译,法律出版社2002年版,第24页。

五、完善反诉成立的程序化设计

(一)完善反诉成立正当性的基本方向

梳理和反思了我国反诉制度的基本问题,并探究和分析了比较法上反诉制度的建构模式及生成原因,现在我们有必要吸收比较法上优秀的经验,回应我国反诉制度一直以来争议的焦点并予以完善。在具体提出如何完善反诉制度、反思反诉成立正当性问题的建议之前,我们亦有必要先厘清制度建构的基本方向和指导思想,以使改革后的反诉成立程序能更好地反映反诉制度的价值,实现其追求的目标。

当前中国正处在一个向现代社会转型的最重要的时期,面临着各种价值观念涌入所产生的冲突与对抗。① 随着社会现代化程度的提高,民事法律关系日益复杂,当事人也更愿意通过诉讼渠道解决双方之间的民事纠纷。私法争议的复杂多元,使传统的单一诉讼模式面临挑战,迫切需要民事诉讼制度转变观念,突破原有的诉讼模式,强化其定纷止争的功能,以适应社会发展的需要。除了反诉制度之外,共同诉讼、第三人参与诉讼等制度的出现,便是利用程序扩容的设计,使同一诉讼程序尽可能多地容纳更多方面的诉求。而我国当前对反诉成立要件的限缩规制,和对反诉价值功能扩张的严格禁止,无疑与这一要求相悖。在深化司法改革的道路上,民事诉讼程序的改革亦是这一重大进程中十分关键的一环。司法作为社会公平正义的体现,在调解和平衡社会关系上发挥着举足轻重的作用。实现司法公正,追求效益最大化是民事诉讼改革的指导方向。因此,我国需要给民事诉讼改革"松绑"和"放权",才能真正达到改革的目标,实现制度的价值。

上述指导方向同样适用于我国对反诉制度的革新。反诉制度的亮点在于尽可能通过同一诉讼程序审理当事人之间的多项争议,发挥其提高诉讼效益的优点,实现民事诉讼定纷止争的功能。如前所述,比较法上的国家在建构反诉制度时,亦是通过平衡诉讼效率和诉讼效益之间的冲突,尽可能换取整体利益的提升。因此,我国在改革反诉制度时,亦应当充分认识其制度价值,优化配置有限的诉讼资源。

值得注意的是,反诉所在的民事诉讼体系所遵照及贯彻的原则与价值,同样也是反诉制度追求的原则和价值。我们不应当割裂反诉制度与其他民事诉讼制度之间的联系,将反诉制度孤立起来看待,而应将其置于整个民事诉讼程序体系中予以关照及探察。因此,我们亦不得不关注全球司法改革中,民事诉讼程序理念的沿袭和变革。民事诉讼程序理念从极度强调诉辩双方竞技性的对抗到探求一种当事人之间商谈合作、协同共治的变迁,其根本目的在于创制一种平等的交往性司法模式或协商性司法制度,从而促使司法权力向一种"公共理性交涉机制"转变,实现真正

---

① 张嘉军:《扩张与限制:试析两大法系两种不同反诉观——兼论我国反诉制度的未来走势》,载《安徽大学学报(哲学社会科学版)》2005年第2期(第29卷)。

解决纠纷的目标。①

具体而言,其则是通过保障当事人合意行使的程序处分权或程序选择权来实现这种诉讼合意机制。在对反诉制度的反思中,笔者亦在探求一种当事人合意机制,增加当事人合意选择是否在同一程序中解决多项纠纷的程序选择权。赋予当事人决定程序选择的自由,是将程序的控制权更多地向当事人倾斜,以保障其作为民事诉讼程序主体的地位。当事人可以通过自己平衡诉讼效率与实体利益的结果,自行决定选择哪种程序解决纠纷,从而弥补程序刚性发挥过度的弊端,使程序更容易被双方当事人所接纳。合意性机制通过交还当事人处分自身权利的主动权,缩减法院在程序控制方面的自由裁量权,亦降低其所须承担的风险和压力,减少司法权力可能的滥用或错误,以期减弱诉讼中的对抗,简化复杂的程序,从而为当事人节约成本。② 当事人合意机制加深了当事人之间的横向交流与合作,而同时要求法院履行释明义务,则可以保证当事人获得程序信息的渠道不被阻塞,保障法院与当事人之间纵向的信息交换。③

其在促进诉讼公正,提高诉讼效率的同时,关注当事人的平等交往和合意机制,以达到反诉当事人之间诉权的平衡。这种变革反诉制度的基本方向保证了反诉制度不会盲目扩张,导致诉讼剧增或诉讼程序过于复杂、冗长,亦能在一定限度内通过当事人对诉讼利益的合意处分,在达到一次性解决多元化纠纷的目的之同时,不致损害一方的诉权利益。基于此,笔者认为应当从以下几个方面提出对反诉制度完善的建议。

(二)建立反诉当事人合意机制

如前所述,目前的民事诉讼理念逐渐呈现出向程序主体之间协商合作、协同共治理念发展之趋势,其目的在于变革诉讼程序为一种公共理性交涉机制和处理手段,以此适应解决多元化纠纷的需要。民事诉讼理念的这一变化同样应当反映在反诉制度的变革中。笔者认为,基于对程序主体自由处分其程序利益的程序选择权或处分权的关照,应当在反诉制度中建立反诉当事人合意机制,并将这种合意机制前置于反诉成立要件的审查。

具体而言,反诉成立的整体程序应当设计为反诉原告提起反诉后,法院征求反诉被告对该反诉的意见。若反诉被告同意反诉,法官仅审查是否可能造成虚假诉讼或可能串通损害国家、集体、第三人的利益,在不存在上述可能的情形下,则法院无须审查该提起的反诉是否符合反诉成立的各项要件,应立即受理该反诉。在存在多个反诉被告的情况下,这里所谓的反诉被告的同意应为所有反诉被告均同意的情形。这背后蕴涵的理念即为优先尊重当事人的合意及当事人对程序的选择

---

① 韩德明:《竞技主义到商谈合作:诉讼哲学的演进和转型》,载《法学论坛》2010 年第 2 期。
② 傅郁林:《新民事诉讼法中的程序性合意机制》,载《比较法研究》2012 年第 5 期。
③ 唐玉富:《第二审程序的反诉:制度建构与理念变迁——兼评〈民诉法解释〉第 328 条》,载《现代法学》2016 年第 5 期(第 38 卷)。

权。即使该反诉确实存在不满足反诉成立要件的部分程序瑕疵,但在征求当事人意见时已经给予当事人基于该程序瑕疵提出异议的机会,在当事人明确表示同意或默示可以接受可能存在的反诉程序瑕疵时,遵照程序异议失权的原则,即当事人因自己放弃或没有行使异议权利等原因丧失某项程序权利,则不应当在该反诉进行的随后程序中再对反诉的成立要件提出异议,反诉程序应当继续进行,而不应被法院驳回。

程序异议失权作为对程序异议权的一种约束和节制,在瑕疵诉讼行为处理中非常关键。因当事人对原有权利的自主放弃,实际治愈了诉讼行为中原有的瑕疵,使原有诉讼程序可以正常进行下去。对程序异议失权进行制度建构,有利于防止当事人滥用程序异议权而致使对方当事人不可预测民事诉讼程序的流转,避免造成诉讼资源的不合理损耗。[1] 很多情况下,民事诉讼程序是由双方当事人的一系列诉讼行为向前推进,因此,一方当事人的诉讼行为对于另一方当事人实施进一步的诉讼行为至关重要。如果一方当事人已经在前述诉讼行为放弃提出异议或以实际行动接受了某项程序瑕疵或某项程序不利益,则该方当事人基于对对方当事人的信赖而实施后诉讼行为的信赖利益也应获得一定的保障。

而给予反诉制度中当事人合意机制重点关注的原因在于当事人对其自身的程序利益应享有自由处分的选择权,无论当事人是基于何种理由或出于何种诉讼政策上的考量。正如有的学者指出,一如履行其他社会义务或参与其他社会活动,当事人加入民事诉讼活动所做出的行为并非总是符合社会一般理性的期待,而多多少少会受到个体理性或者非理性意志的支配。制定程序的立法者所考量的目的未必总是与利用程序的当事人的目的相一致,因为当事人在利用程序的过程中更希望尽快达成其实体利益博弈的目标,因此,个人对诉讼行为的处置需要服务于该目的。从当事人的角度来看,有时不行使程序异议权系出于利益衡量的考虑,即认为某一瑕疵诉讼行为未必会实质损害到自身利益,或者认为与案件最终的实体利益预期相比,该瑕疵诉讼行为造成的暂时利益损害可以接受。[2] 因此,我们应当尊重当事人对自身程序利益处分的权利,以合意机制保障当事人对自身诉讼需求的实际考量和利益预期。

另一方面,很多情况下,反诉被告并不会同意该反诉的提出,因为反诉被告提起反诉的目的主要在于排斥、抵销本诉原告对其提起的诉讼请求,允许反诉的提起可能会对其自身诉讼利益造成一定的减损,因此,在反诉被告不同意该反诉提出的情况下,为了保障反诉原告的反诉权,使之与本诉原告的起诉权相平衡,法院不宜直接根据当事人未达成合意的结果对该反诉作出不予受理的裁定。此时,反诉成立要件便具有适用的空间和功能的需求。只要反诉原告提起的反诉满足反诉成立要件,则该反诉即具有合法性和正当性,法院应当予以受理。若反诉原告提起的反诉不满足反诉成立的要件,则为了不盲目扩大反诉成立范围造成反诉权与起诉权

---

[1] 李峰:《论程序异议失权》,载《法商研究》2014年第5期。
[2] 李峰:《论程序异议失权》,载《法商研究》2014年第5期。

不平衡以及对反诉被告可能造成的实质不公平,对该类反诉,法院应当作出不予受理的裁定。

综合而言,建立了当事人合意机制后的反诉成立程序设计应当如下图所示:

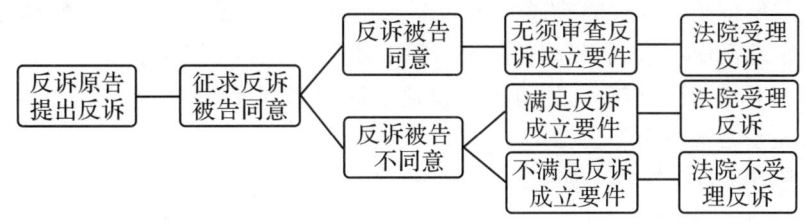

图1 反诉成立程序设计

(三)完善反诉成立要件

在反诉当事人就反诉无法达成合意的情形下,法院应根据反诉成立要件的满足与否决定是否受理该反诉。因此,完备而适法的反诉成立要件仍是健全及完善反诉制度的关键所在。目前,我国现行反诉制度下反诉成立要件存在的问题在于设置的要件过于严格,不合理地限缩了反诉的成立范围,造成部分反诉无法与本诉在同一程序中一次性解决,而本诉被告另行提起诉讼则又可能因为与本诉基于同一法律关系或同一法律事实,受到重复起诉"一事不再理"之原则规制,从而使被告无法在本诉中行使其合法的反诉权。基于反诉权与起诉权的平衡,当事人反诉权与法院裁量权的平衡,当事人诉权与当事人程序选择权的平衡,我们有必要对现有反诉成立要件进行正当性解释及完善。

1.反诉当事人要件的完善

如前文所述,英美法系一般允许反诉向除本诉原告之外的第三人提起。而大陆法系一般禁止这种当事人的扩张。不过,近年来,大陆法系国家在学说和实践中均对此限制有一定程度的突破,反诉可以向本诉原告之外的第三人提起。

目前,我国民事诉讼法律将反诉当事人严格限制为本诉当事人。我国传统理论认为,反诉只能向本诉原告提出。最高法院亦在实践中贯彻了这种观念,认为当事人向本诉第三人提起反诉的情形不符合反诉制度的规定。① 这种限制的原因在于将反诉当事人扩张到第三人,会削减反诉提高诉讼效率的功能和目的,致使诉讼程序变得复杂。在前文对反诉要件的反思中,笔者亦提出,扩张反诉当事人至第三人并不一定会降低诉讼效率,或致使错案频发。因为若按照现行规定,那么,无论是何种类型的第三人,如果本诉的被告与该第三人不能通过反诉的方式在本诉程序当中一并解决纠纷,则不仅可能使当事人无法达到诉讼效益最大化的目标,而且还可能导致法院对同一法律关系或同一法律事实作出相抵触的判决。

相反,将反诉当事人扩张至第三人可以实现诉讼经济,防止裁判之间的矛盾,减少当事人的讼累,统一解决纠纷。因此,在借鉴域外经验,反思我国传统反诉理

---

① 最高人民法院,(2015)民二终字第291号,裁判日期:2015年12月30日。

论的不足之后,笔者建议,在今后反诉制度的修改中,应当允许反诉当事人扩张至第三人。但这种扩张并非毫无限制的,因为反诉当事人扩张的这些目的和功能的实现,主要是为了处理必要共同诉讼场合下的反诉问题。因此,反诉当事人扩张的条件之一是新加入的反诉当事人与原反诉当事人属于必要共同诉讼人的关系。在第三人与反诉当事人仅为普通共同诉讼人或完全没有共同诉讼必要的场合时,强行合并审理反而会造成审理时间无故延长,使案件不必要地复杂化。

综上所述,反诉当事人的范围应包括本诉当事人及与本诉当事人为必要共同诉讼人关系之第三人。

2.反诉时间要件的完善

《民诉法司法解释》规定了反诉应在庭审辩论结束前提起,笔者赞同本诉被告可以在一审庭审辩论结束前提起反诉。但在二审提出反诉这一问题上,应当注意反诉成立的特殊要件。目前,我国民诉法律规定为了平衡当事人审级利益和诉权利益,在第二审程序提出反诉的制度安排上设计了强制调解程序以缓和二者的矛盾。如前文所述,以调解达到纠纷解决的结果无可厚非,但强制二审程序以调解结案则有不尊重当事人诉讼权利之嫌。此外,在调解不成的情况下,法院直接要求当事人另行起诉而使二审程序实际上不了了之,亦有程序保障不周全的弊病。因此,笔者建议在第二审程序提起反诉的问题上,借鉴域外经验,采用当事人合意前置的程序取代强制调解程序。本诉被告选择在第二审程序中提出反诉,则表明其选择放弃了对该反诉本应享有的上诉的权利。如果本诉原告同意该反诉,则意味着双方当事人在放弃审级利益上达成一致,属于当事人对自身程序利益的处分,理应获得尊重,因此,法院应受理此反诉。如果本诉原告不同意该反诉,则意味着当事人比起在一诉中解决所有纠纷,更重视其能够上诉的权利,法院则应当作出对该反诉不予受理的裁定。此时,本诉被告是否可以另行起诉?

需要明确的是,另行起诉意味着本诉被告作为原告开启一个新的诉讼,而非分别审理情形下的反诉。因本诉被告的反诉必定在法律关系、要件事实上与本诉有所牵连,或与本诉请求存在因果关系,因此,本诉被告另行起诉的案件很有可能被视为"重复起诉"。因此,笔者认为反诉原则上应当在一审提出,除非本诉原告同意在二审提出的反诉,否则应贯彻"一事不再理"之法理禁止本诉被告在反诉不予受理后另行提起该诉。这种程序设计也可以督促本诉被告尽量在一审时提出反诉,避免在权利上睡眠。

此外,在第二审程序中提出反诉的问题,虽然因涉及当事人审级利益而较之第一审程序的反诉成立制度更为复杂,但仍应考虑整个反诉制度的体系性和整体性。采用当事人合意机制作为第二审程序提出反诉的先决条件亦可以与笔者前述提出的反诉成立程序的基本设计相统一。因为在第二审程序上提出反诉,本质上亦是一种诉讼行为瑕疵,本诉被告本应在一审中提出该反诉,但出于种种原因,本诉被告未能在一审中提出反诉,而在本不鼓励提出反诉的第二审程序中提起。如果对方当事人接受这种诉讼行为瑕疵对其自身带来的不利益,则法官没必要以其裁量权去剥夺当事人对程序利益自由处分的选择权。

综上所述,在反诉提起的时间要件的完善上,笔者建议原则上反诉应在第一审庭审辩论结束前提出,但例外情况下,如果当事人同意,则法院可以受理第二审提出的反诉且无需判断是否满足其他反诉成立要件。第二审反诉提出亦应当在第二审庭审辩论结束前提出。如果当事人不同意,则法院应不受理该反诉。第二审提起反诉程序设计模型不同于第一审反诉程序设计,在于对反诉被告审级利益的保护。此时,法院在平衡反诉被告审级利益与反诉原告的反诉权时,应当适当倾向于反诉被告的审级利益。因为反诉原告本来可以在第一审诉讼程序中提出反诉,对等地行使其反诉权。而其选择在第二审程序中提起反诉,本身是在牺牲对方当事人审级利益的前提下做出的诉讼行为,自然应当有所限制。反诉被告不同意第二审反诉提起的情形下,法院即应作出不受理第二审反诉的裁定,以尊重和保障反诉被告所享有的审级利益,亦有利于保障当事人诉权与法官裁量权之间的价值平衡。因此,第二审程序的反诉成立程序实为第一审反诉程序的一个变形,具体的程序设计如下图所示:

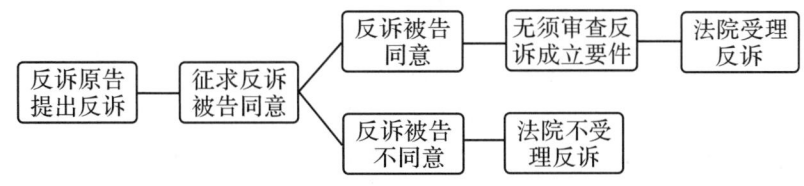

图 2　第二审提起反诉程序设计

3.反诉牵连性要件的完善

反诉成立的另一核心要件为反诉的牵连性要件。如前所述,在《民诉法司法解释》中规定的三种情形下,反诉与本诉具有较强的牵连关系,因此对该类反诉合并审理可以达到一次性解决纠纷,提高诉讼效率,防止矛盾裁判的目的。

因我国的诉讼传统亦是偏向大陆法系这种理性主义的传统,且并不具备英美法系完备的诉答程序,因此废弃"牵连性要件"而完全扩张反诉制度在现阶段的中国并不具备适用的条件。尤其是在目前诉讼爆炸、法院案多人少的现状下,我国亦不宜采用"不牵连理论"致使大量案件涌入诉讼程序。此外,反诉与本诉有牵连关系更符合反诉制度的本质和目的,我们应当站在适度扩张和保障诉权的角度完善反诉牵连性要件。

但我国目前对反诉牵连性要件在理解和适用上存在的问题是过于限缩对牵连性的解释。例如,最高人民法院更倾向于将牵连性限定在同一法律关系之中,而在基于相同事实或两者的诉请互不相容或其中之一为先决问题这几种类型的反诉认定中态度谨慎。① 对反诉牵连性要件的限缩解释和谨慎运用反映了在实务中法院

---

① 有研究在总结最高人民法院 2015 年至 2016 年反诉案件的基础上,得出最高人民法院限缩对反诉牵连性关系的解释。其研究表明,最高人民法院倾向于通过寻找同一法律关系认定反诉与本诉的牵连性,而同一法律事实的认定持谨慎态度。参见张天一:《反诉牵连性研究》,载《研究生法学》2017 年第 2 期(第 32 卷)。

并不鼓励反诉的提出,这并不利于实现反诉制度设立的目的,也难以保障当事人的反诉权。因此,在完善反诉牵连性要件上,首要的任务是澄清反诉牵连性的内涵。

两诉基于相同法律关系:本诉与反诉是基于相同法律关系而分别提起的两个诉讼。基于相同法律关系,意味着两诉诉讼请求的裁判基础均涉及该法律关系,则两诉存在共通的诉讼资料,在同一程序中处理可以利用这些共通的诉讼资料,节约司法资源,达到提高诉讼效率的目的。

两诉基于相同事实:这里所指的"相同事实"是指两诉裁判赖以存在的基础要件事实,即该事实是两诉诉讼请求获得支持所必须依赖的法律事实,而非一般的事实。很多情况下,本诉与反诉针对的是不同的法律关系,但两诉请求的裁判基础均为某一事实,该事实即为法律要件事实。如果两诉的诉讼请求基于相同的要件事实,则应当承认反诉与本诉存在牵连关系,而不能仅仅因为其针对不同的法律关系而认定其不满足成立要件。

两诉诉讼请求之间为因果关系:两诉诉讼请求的因果关系表现为两诉请求的互不相容或其中之一为先决问题。两诉诉讼请求因具有明显的对抗性,相互对立,若不在本诉中一并审理反诉,则会导致矛盾判决的出现。

综上,在审查反诉牵连性要件的满足情况时,法院不能过度限缩对牵连性的解释和适用,而应对法律规定的三种情形予以同等程度的认识和关注。在存在上述情形时,法院应当根据法律规定,作出受理反诉的决定。

4.建立强制反诉制度

当事人合意机制保障的是当事人在反诉中的程序选择权,这种程序选择权亦非毫无限制,与此同时,也应当注意防止反诉当事人对反诉权利的滥用。因此,我国有必要借鉴英美法系反诉制度中的强制反诉制度,要求反诉必须在本诉中提出,否则将产生失权的后果,无法另案起诉。强制反诉制度有利于敦促本诉被告在具备相关条件的情况下积极地提起反诉,尽最大努力将案件一次性解决,避免当事人恶意反诉,故意拖延诉讼进度。

强制反诉制度的理论基础之一是禁反言原则,即禁止后诉中所主张的观点与之前所主张的观点存有相矛盾之处。禁反言原则旨在防止另行诉讼中再次处理相同的争点而导致矛盾裁判。强制反诉制度的另一理论基础则是既判力原则,即法院对案件作出的最终判决对双方当事人均具有约束作用,禁止重复起诉。上文已经阐明,我国反诉成立的要件之一是反诉与本诉具有牵连性,具体表现为两诉在法律关系、法律事实上存在关联性、两诉诉讼请求之间互为因果。存在上述牵连性的反诉若是以另诉提起,则有可能落入《民诉法司法解释》第247条规定的重复起诉的情形,与既判力原则和禁反言原则相悖。

强制反诉制度,同引入当事人合意机制一样,也是尽量通过同一程序一次性处理多项私法争议,并力求避免出现矛盾裁判的情形,维护法院裁判的统一性和权威性。而最为重要的是,强制反诉制度关注到了当事人平等的实质保护,以求实现诉讼公正。[①]

与前文所述的反诉成立程序的设计相衔接,强制反诉制度也能较好地发挥平衡当事人起诉权与反诉权、平衡当事人反诉权与法官裁量权、平衡当事人诉权与当事人程序选择权的价值功能。如果反诉本身满足反诉成立要件,具备与本诉之间的牵连性,则反诉被告必须在本诉程序进行时提起,否则,法院将不允许其另行起诉。而在被告提出的反诉本身并不具备反诉成立要件,例如该反诉与本诉不具有牵连性,则在这种美国法上属于任意反诉的情形下,本诉被告是否想在本诉程序中提起该反诉,则取决于其自身的选择。法院并不禁止其在另诉中提出。如果本诉被告选择在本诉程序中提出此类并不满足反诉成立要件的反诉,则需要考虑反诉另一方当事人的程序选择权,征求反诉被告同意,在其同意后,则法院必须受理该反诉。

然而,许多学者并不建议我国建立强制反诉制度,主要原因在于我国没有完善的程序机制和健全的律师服务制度。为了更好地发挥强制反诉制度的功能和价值,笔者建议,完善法官对强制反诉制度的释明义务。由法官充分告知反诉当事人在强制反诉制度下不提起反诉可能带来的失权后果,当事人仍然未在本诉中提起反诉的,视为其对自身反诉权的放弃,而不得另行提起他诉,这也能有效节约司法资源,实现有限的司法资源的优化配置。

(四)完善反诉配套程序

完善了反诉成立程序,还需要关注反诉配套程序的建构和健全。目前我国民事诉讼法律对反诉配套程序的规定长期处于缺位的状态,对反诉提起的形式要件,例如,是否可以在答辩状中提起反诉还是另外需要提交反诉状,对反诉被告的答辩期和反诉不予受理后的救济程序等没有统一而明确的规定。因为缺乏明确法律规定的指导,因此,实务中的操作各式各样,造成了一定程度上适用的混乱。因此,笔者认为有必要在今后的修法中明确规定反诉制度的配套程序,澄清实务中反诉适用的各项程序问题。

在提起反诉的形式要件上,笔者认为应当明确反诉的提起必须提交反诉状。反诉作为一种独立之诉,本质上应与起诉同等对待。依照《民事诉讼法》第109条的规定,起诉需递交起诉书,因此,反诉的提起其亦应当以书面方式提出。此外,亦应当规定反诉被告享有同本诉被告一致的答辩期,使反诉被告有时间就针对自身的诉讼请求进行准备和防御,防止给反诉被告造成"诉讼突袭"。

《民诉法司法解释》第225条规定了反诉可以在庭前会议审查。庭前会议作为审理前的准备程序,能为双方当事人提供交换意见和展示证据的平台,避免双方信息闭锁而造成诉讼突袭,也有助于整理争点,提升程序效率,满足集中审理的需

[①] 刘学在:《美国民事诉讼中的反诉、交叉诉讼与引入诉讼介评》,载《华东政法学院学报》2003年第6期。

求。① 利用好庭前会议的程序,也可以大大提高反诉审查程序和受理程序的效率。对当事人合意的确认就可以在庭前会议中进行,促使当事人积极行使自己的程序选择权。

在反诉不予受理的救济程序上,法院应当明确规定当事人可以就不予受理的裁定进行上诉。这首先意味着法院应完善反诉不予受理的程序,明确反诉不予受理应以裁定的形式作出,并且应当说明反诉不予受理的理由,保障当事人的反诉权。

(五)完善后的反诉制度应然概念

基于反诉制度的本质、目的以及其保障和平衡的价值,反诉制度应当作出上述各项变革。完善后的反诉制度在程序建构、成立要件设置等方面均有一定的突破,突出的表现在于当事人合意机制的引入,使诉讼程序更为重视当事人的地位及作用。与此同时,根据我国传统反诉理论和反诉的法律规定得出的反诉制度实然概念亦有必要根据完善后的程序制度加以修正,从而得出一个适用于更为健全的反诉制度的应然概念。

如前文所述,反诉制度的实然概念"为正在进行的诉讼中,本诉的被告向本诉的原告提起的能与本诉适用同一程序审理的反请求"。为了更好地实现反诉制度保障当事人反诉权,提高诉讼效益,一次性解决纠纷的目标,反诉的当事人应当扩张至第三人,而不仅仅限于本诉当事人。仅仅将反诉定义为本诉被告向本诉原告提起的特殊之诉不能涵盖在本诉被告同时针对本诉原告及其他必要共同诉讼人提起反诉的情形,因此,这里有必要将反诉的这一本质特征反映在其概念定义中。

基于此,笔者认为,反诉制度的应然概念应为"正在进行的诉讼中,本诉的被告或本诉被告与第三人向本诉的原告或原告和第三人提起的能与本诉适用同一程序审理的反请求"。

六、结 语

反诉制度对保障当事人的反诉权有重要意义。笔者立足于《民诉法司法解释》出台后对反诉制度的补充,对我国反诉制度进行反思,尤其是对我国反诉成立的正当性重新做了一番审视。为了更好地实现反诉制度的目的及其价值追求,我国有必要重构反诉成立的程序设计。随着现代民事纠纷日益趋于多样化、复杂化,民事诉讼理念亦有了新的发展,不再单单追求当事人之间的竞技对抗,而逐渐开始关注当事人之间的商谈合作和协同共治,使司法手段回归到一种公共理性的交涉机制。这种理念的发展变化亦应当在反诉制度的完善中予以反映。因此,笔者建议在反诉制度中纳入当事人合意机制,即被告在反诉成立的程序设计中嵌入前置的当事人合意机制,给予当事人程序选择权应有的关注与尊重,使当事人有权根据其诉讼需求及策略自主处分其程序利益,更好地保障程序自由。在反诉的对方当事人同

---

① 熊跃敏、张润:《民事庭前会议:规范解读、法理分析与实证考察》,载《现代法学》2016年第6期(第38卷)。

意该反诉的提起时,法院无须再对反诉成立要件进行审查,而应受理该反诉。在反诉当事人不同意该反诉提起时,法院则须对反诉成立要件进行审查,对满足反诉成立要件的反诉予以受理,以保障本诉被告合法的反诉权。同时,引入强制反诉制度,在具备可以在本诉中提起反诉的要件而未能提起时,不允许被告另行起诉,以避免被告对其反诉权的滥用,督促被告及时履行自己享有的反诉权利。此外,第二审程序中反诉的成立程序亦能通过当事人合意机制与一审反诉成立制度相统一,更好地消解审级利益与诉权利益的矛盾与冲突。

目前我国在反诉成立要件的设置上仍过于严格,实务中对各项要件的理解亦偏于狭隘,尤其是在反诉当事人要件和牵连性要件上争议较大,理解不一,导致现实中不合理地将某些类型的反诉排斥在外。在反思各项要件的正当性及对比域外相关制度后,笔者认为扩张反诉当事人至第三人,有利于提高诉讼效率,避免矛盾裁判。而在牵连性要件适用上,我们则要正确理解"基于相同法律关系、基于相同事实、诉讼请求之间具有因果关系"的内涵及外延,不盲目限缩牵连性的认定,限制反诉成立的范围。

基于对我国整个反诉制度的审视,笔者认为,反诉制度的应然概念应为"正在进行的诉讼中,本诉的被告或被告和第三人向本诉的原告或原告和第三人提起的能与本诉适用同一程序审理的反请求"。

论民事诉讼"排除合理怀疑"的理解与适用
——以《民诉法解释》第109条为中心

任品杰[*]

摘 要 《民诉法解释》第109条将五类特殊事实(欺诈、胁迫、恶意串通、口头遗嘱、赠与)的证明标准规定为"排除合理怀疑"。立法的模糊性和学界理解的不统一,以及我国一元制审理模式的影响,导致该条规定在司法实践中出现法官恣意裁判风险增大、证伪功能受限等问题。因此,对《民法解释》第109条的适用应当限制在立法目的范围内,在操作层面将"提出疑点"和"排除疑点"的任务部分或全部分配给当事人,此外要强化判决书中对"合理怀疑"的说理义务。

关键词 排除合理怀疑 提出疑点 排除疑点 证伪功能

一、引 言

2015年2月4日施行的《最高人民法院关于适用〈中华人民共和国民事诉讼法〉的解释》(以下简称《民诉法解释》)第109条规定了:"当事人对欺诈、胁迫、恶意串通事实的证明,以及口头遗嘱或者赠与事实的证明,人民法院确信该待证事实存在的可能性能够排除合理怀疑的,应当认定该事实存在。"该规定颁布后,学界多数撰文对该条规定持批判态度,从立法论角度否定了该条规定的合理性。然而,该条规定在实践中已经被大量适用,由于司法实践者未能准确理解《民诉法解释》第109条的规范目的,以及无法将该"排除合理怀疑"证明标准与"高度可能性"以及我国刑事诉讼证明标准相区分,使得该条规定的适用在实践中产生了大量问题。本文不打算从立法论角度对《民诉法解释》第109条的合理与否展开分析,而拟从法解释学出发,在理清《民诉法解释》第109条规范目的的前提下,结合司法实践,对该规定的适用提出理论上的方法指导,以促进对该条款的统一认识和适用。

二、对《民诉法解释》第109条规范目的分析

(一)欺诈、胁迫和恶意串通类事实

1.法政策的考量

关于《民诉法解释》第109条提高证明标准的理由,权威解读著作认为,实体法

---

[*] 任品杰,清华大学法学院2018级博士研究生。

上使用"足以""显失公平"这类表述往往表明其有拔高证明标准的意图;①而对欺诈、胁迫、恶意串通事实的认定往往会导致合同无效或可撤销,从而影响法律秩序的稳定性和市场交易安全。基于对这种民商立法目的的追求,其需要对这些事实赋予更高的证明标准。② 还有观点认为,民事诉讼中对欺诈、胁迫、恶意串通的认定会导致当事人可能因民事诉讼的结果而涉嫌刑事犯罪。如果在民事诉讼中认定当事人欺诈、胁迫或恶意串通,即使未承担刑事责任,也可能导致其社会评价降低、社会信用等级下降等不良后果。③

  权威解说书和学界的权威观点从法政策学的利益衡量角度分析了《民诉法解释》第 109 条的立法目的。价值判断是民法的核心问题,作为社会治理的工具,民法是通过对特定类型冲突的利益关系设置相应的协调规则,来维护社会秩序的和谐。④ 然而,民法规则的实现离不开民事诉讼法的实施,民法价值讨论以法律要件事实的成立为前提,因此,民事诉讼法对民法预设价值的实现具有辅助作用。我国《民法总则》第 148 条、⑤149 条、⑥150 条、⑦154 条⑧;《合同法》第 52 条、⑨54 条⑩;《最高人民法院关于审理融资租赁合同纠纷案件若干问题的规定》第 6 条⑪等都涉及对欺诈、胁迫、恶意串通等事实的认定或造成合同无效、可撤销后果的规定。依照这些规范,在商事交往中,一旦发生了欺诈、胁迫、恶意串通事实,当事人便有权在法定期间内请求法院撤销或确认合同无效。因此,《民诉法解释》第 109 条通过对这些事实证明标准的提高来增加事实主张者的证明难度,从而达到削减对一些可能导致利益失衡、有害交易安全的欺诈、胁迫、恶意串通事实的认定。但这样做也存在着放过欺诈、胁迫、恶意串通行为的风险,从而损害一方当事人的经济利益

---

  ① 沈德咏主编:《最高人民法院民事诉讼法司法解释理解与适用》,人民法院出版社 2015 年版,第 362~363 页。
  ② 江必新主编:《新民诉法解释法义精要与实务指引》,法律出版社 2015 年版,第 231 页。
  ③ 江伟、肖建国:《民事诉讼法》,中国人民大学出版社 2015 年版,第 212~213 页。
  ④ 王轶:《民法价值判断的实体性论证规则》,载《中国社会科学》2004 年第 6 期。
  ⑤ 一方以欺诈手段,使对方在违背真实意思的情况下实施的民事法律行为,受欺诈方有权请求人民法院或仲裁机构予以撤销。
  ⑥ 第三人实施欺诈行为,使一方在违背真实意思的情况下实施的民事法律行为,对方知道或者应当知道该欺诈行为的,受欺诈方有权请求人民法院或者仲裁机构予以撤销。
  ⑦ 一方或者第三人以胁迫手段,使对方在违背真实意思的情况下实施民事法律行为,受胁迫方有权请求人民法院或者仲裁机构予以撤销。
  ⑧ 行为人与相对人恶意串通,损害他人合法权益的民事法律行为无效。
  ⑨ 有下列情形之一的,合同无效:(一)一方以欺诈、胁迫手段订立合同,损害国家利益;(二)恶意串通,损害国家、集体或者第三人利益;(三)以合法形式掩盖非法目的;(四)损害社会公共利益;(五)违反法律、行政法规的强制性规定。
  ⑩ 一方以欺诈、胁迫手段或者乘人之危,使对方在违背真实意思的情况下订立的合同,受损害方有权请求人民法院或者仲裁机构变更或者撤销。
  ⑪ 第 6 条第 2 款:承租人与供货人恶意串通,骗取出租人资金的,应认定融资租赁合同为无效合同。

或其他法律保护的利益。在利益多元化的时代,各种利益交织难免发生冲突。通过利益衡量,在选择一种价值的同时,并不一定要放弃其他的价值,而是尽量在冲突利益之间寻找平衡,并使法律应当优先保护的利益获得优先保护。[①]《民诉法解释》第109条优先保护了交易安全和经济市场的稳定性,但并不代表放弃了对当事人生命权、健康权、身份利益和期待利益等权益的保护。在民法上,利益位阶是客观存在的,实际上是各种利益发生冲突以后,其中一些利益应当得到优先的保护,或者比例更大的保护。[②] 在仅涉及轻微经济损失或期待利益等案件时,对交易安全的保护显得更为重要,但如果超出了一定限度,例如,对人身健康、生命安全、身份利益等为人们朴素价值所认为的更重要的利益造成损害时,则就超出了该法条所承载的功能范围,从而寻求其他规范的适用。每一个制度和条文的设计,都渗透了立法者的价值考量,解释者的任务首先是去发现立法者的价值衡量,而不能轻易以自己的价值判断来替代立法者的价值选择。[③]《民法解释》第109条虽然在价值冲突中选择了对交易安全的保护,但这种保护是存在一定限度的,根据民法上客观存在的利益位阶,一旦超越人们最低限度的价值共识,[④]对交易安全的保护功能就会面向失灵。

2.盖然性衡量

科学上的盖然性可被定义为在集体中对特定现象发生频率的确认。[⑤] 但法学意义上的盖然性与科学意义上的不尽相同,民诉中的盖然性是指法官在证据评价后对事件或现象发生频率的认定。[⑥] 法官要将这种认定的盖然性与证明标准所要求的盖然性相比较,从而形成对事实真伪的判断。盖然性是民事诉讼追求"客观真实"的目标对人类认识局限性的妥协和发展。盖然性一方面为法官自由心证提供了辅助工具,另一方面也为内心确信的形成提供了一定的弹性空间。对举证责任依事实发生的盖然性进行分配的支持者Peters认为,一个案件中对各种事实证明责任的分析,应当按照举证责任与事实发生盖然性的比率关系进行,对于发生概率较低的事实者应负举证责任。持抽象盖然性说的Reinecke也主张类似的观点。[⑦] 虽然这种根据盖然性来分配证明责任的学说并未被多数学者支持,但这种学说主要是基于待证明事实在社会中发生概率的大小,让低概率事实主张者对该待证事实承担证明责任,这一定程度上有利于维持法律关系和社会状态的稳定,对打破这种平静状态的当事人科以证明责任从公平角度来讲也比较合理。

[①] 王利明:《法律解释学》,中国人民大学出版社2011年版,第62页。
[②] 王利明:《法律解释学》,中国人民大学出版社2011年版,第66页。
[③] 王利明:《法律解释学》中国人民大学出版社2011年版,第66页。
[④] 最低限度的价值共识一词来源于王轶:《民法价值判断问题的实体性论证规则》,载《中国社会科学》2004年第6期。
[⑤] Musielak/Stadler,Grundfragen des Beweisrechts,1984,S. 67.转引自姜世明:《举证责任与证明度》,厦门大学出版社2017年版,第89页。
[⑥] 姜世明:《举证责任与证明度》,厦门大学出版社2017年版,第89页。
[⑦] 姜世明:《举证责任与证明度》,厦门大学出版社2017年版,第84页。

但《民诉法解释》第109条涉及的五类特殊事实证明责任分配并未按照这种盖然性实质原则划分,而是遵循了规范说。因为我国民事诉讼的证明责任理论基本采取了罗森贝克的规范说,而欺诈、胁迫、恶意串通作为合同生效的瑕疵,其具有合同无效、可撤销的效力,其性质属于权利消灭规范或其他消极规范,这种瑕疵事由由主张者承担证明责任,因此在证明责任的分配上已经增加了主张这些事实的当事人的举证难度。但《民诉法解释》第109条又再一次将这些事实的证明标准提高,如果将证明度视为待证法规要件的补充,那么它就具有决定待证要件是否成立的作用。如果证明度提高,则待证要件的适用范围就会削减;反之,则会促进该待证要件成立的简化效果。① 证明标准并不是不能提升,除非有重大实体法或诉讼法之价值预设及要求时才能为之,因为其对于主张者的权利实现将会造成重大困难。② 然而,《民诉法解释》第109条特地对欺诈、胁迫、恶意串通事实的证明提高证明标准,显然是为了抑制与此相关规范的适用,即防止合同被撤销或宣告无效,维护交易安全、经济秩序的稳定性。或许在该规范制定机关看来,欺诈、胁迫、恶意串通属于非常态现象,其发生的概率本身比较低,因此不宜过多认定这类事实成立。③

(二)口头遗嘱、赠与类事实

有学者认为,对口头遗嘱、赠与事实证明标准的提高,主要考虑这两类事实在现实生活中属于"非常态"的行为。就口头遗嘱而言,其属于危急情况下所采取的立遗嘱方式而不是通常方式,这种遗嘱是否是遗嘱人的真实意思,很有可疑。就赠与事实而言,在市场经济社会中,以有对价的交易为常态,以单纯的赠与为非常态。故在赠与事实产生争议时,我们有必要提高对待证事实的证明标准。而且实践中有些赠与行为的背后往往存在着隐情,例如,违反公序良俗地对婚外情人的赠与,附带违法对价条件的赠与等。因此,对此类事实的认定应当更加谨慎。④ 然而,笔者认为,口头遗嘱、赠与并不属于"非常态"行为,它只是当事人处分自己财产的一种方式,但对该类事实的证明要求过低,则很容易发生违背当事人真实意思而"强行"发生继承、赠与等事实,从而损害他人的合法权益。然而,口头遗嘱、赠与类事实涉及我国的风俗习惯、传统观念等因素,将这些事实证明标准提高可能更多地出于通过法律的指引作用来改变人们的行为模式。

1.口头遗嘱

口头遗嘱是我国遗嘱继承的一种形式,我国关于口头遗嘱的规定主要在《中华

---

① 姜世明:《举证责任与证明度》,厦门大学出版社2017年版,第93页。
② 姜世明:《举证责任与证明度》,厦门大学出版社2017年版,第144页。
③ 为了考察《民事法解释》109条颁布前,对欺诈、胁迫、恶意串通事实的认定情况,笔者在中国裁判文书上各抽样调查了100个判决书,对各类事实的认定率做了粗略统计,其中,欺诈类事实的认定率为36.4%,胁迫为9.8%,恶意串通为51.9%。从这些数据大致可以看出,欺诈和恶意串通类案件在司法实践中的认定率比较高,也就是在这类案件中三到五成的合同都会被撤销或宣告无效。
④ 江伟、肖建国:《民事诉讼法》,中国人民大学出版社2015年版,第213页。

人民共和国继承法》(以下简称《继承法》)第17条。① 从该规定可以看出,口头遗嘱必须是在危急情形中做出,一旦危急情形消除,遗嘱人有能力以书面或录音形式立遗嘱的,口头遗嘱自动无效。在我国,口头遗嘱往往没有公证遗嘱、自书遗嘱、代书遗嘱等形式的遗嘱效力高,它只是作为危急情形中保护遗嘱人真实意愿的最后一个砝码。而且,口头遗嘱由于没有客观、可查证的载体,因此往往真假难辨,也容易被篡改和伪造,这也许是我国规范制定机关要提高其证明标准的原因之一。另外,受我国传统文化和风俗习惯的影响,长辈的死亡往往涉及地位、财产的继承等重大事项。为了避免将来出现纠纷,被继承人在生前就处理好将来的继承问题则是一个重要的方法。但受传统文化影响,人们一般很少在被继承人在世时商讨遗产继承问题。因此,很多遗嘱都是在被继承人即将离世时交代给在场的人,但以这种方式立下的遗嘱的真实性往往难以证明。将口头遗嘱的证明标准提高可以引导人们在有遗嘱能力的时候积极地将自己的财产做出分配,这样既有利于保护被继承人的真实意愿,又有利于防止以后纠纷的发生。②

2.赠与

关于对赠与提高证明标准的理由,权威解读是这样认为的:赠与是造成赠与人财产占有、使用、收益、处分所有权能的永久性转移这一重大事项,在事实认定上应该更谨慎;而且口头赠与容易被捏造,更不可轻易认定;赠与人的所有权相比受赠人的期待利益值得受到更强的保护。③

在我国,赠与合同是一种诺成性合同,即一旦双方达成合意,承诺生效则合同成立。而赠与合同不同于一般的双务合同,在赠与合同中,赠与人无对价而支付利益,与赠与人失去所有权相比,受赠人没有负担任何义务却获得了纯利益,双方地位失去了平衡。因此,法律有必要侧重保护赠与人利益,从而达到双方利益趋于平衡。④ 合同法赋予了赠与人任意撤销权和法定撤销权,在财产权利转移前任意撤销权给了赠与人一定的冷静、反悔的机会,因此,在赠与财产所有权移转前赠与人可以随时撤销。⑤ 而法定撤销权的行使有一定的条件限制,只有在特定情形下,赠

---

① 《继承法》第17条第五款:遗嘱人在危机情况下,可以立口头遗嘱。口头遗嘱应当有两个以上见证人在场见证。危机情况解除后,遗嘱人能够用书面或者录音形式立遗嘱的,所立口头遗嘱无效。

② 也有观点认为,之所以要规定涉及口头遗嘱的事实适用排除合理怀疑的证明标准,一方面是因为遗嘱本身是对死亡公民个人财产的分配,这涉及家庭近亲属之间和睦关系的维持及家庭的稳定,所以要慎重对待;另外,口头遗嘱一般是在情况危急时临时采用的,当事人没有事先准备,很难有客观载体以供审查,因此更容易受到质疑,因此对涉及口头遗嘱的证明需要更高的证明标准,即排除合理怀疑。参见江必新主编:《新民诉法解释法义精要与实务指引(上)》,法律出版社2015年版,第231页。

③ 江必新主编:《新民诉法解释法义精要与实务指引(上)》,法律出版社2015年版,第232页。

④ 陈小君、易军:《论我国合同法赠与合同的性质》,载《法商研究》2001年第1期。

⑤ 《合同法》186条第2款规定了具有救灾、扶贫等社会公益、道德义务性质的赠予合同或者经过公证的赠与合同,赠与人在赠与财产的权利转移之前不能撤销。

与人才能撤销赠与。在赠与合同中,一旦标的物交付(不动产需要过户),则赠与人丧失对标的物的所有权,并且只能在有限范围内获得救济,因此,法官在对赠与合同的认定上应该保持审慎。

权威解说和有些学者将《民诉法解释》第109条的适用仅限于口头赠与事实而不包括其他形式的赠与。[1] 这种限缩性的解释有一定的道理。除了口头赠与容易被捏造以外,《民诉法解释》第109条证明标准的提高增加了受赠人举证的难度,一定程度上有助于保护赠与人的利益。但受赠人的信赖利益同样也需要法律的保护,尤其在物权已经被移转时,对这种新的平衡状态的保护也是民法的任务所在。因此将《民诉法解释》第109条的适用限制在口头赠与合同,一方面提醒法官对没有书面证明的赠与合同纠纷要保持审慎、严谨的态度,另一方面在其他形式的赠予合同中仍然采取"高度盖然性"证明标准来保护受赠人的期待利益。然而,问题在于,口头赠与虽然容易捏造,但本身又很难证明到令法官信服的盖然性,即使不使用"排除合理怀疑"证明标准,受赠人依然难以举证。[2] 如果将《民诉法解释》第109条仅限于口头赠与合同则对赠与事实的规制可能会形成具文,因此对赠与事实证明标准的提高不能仅限于口头赠与事实,而应包括其他形式的赠与。

三、《民诉法解释》第109条适用上的问题

(一)恣意裁判风险增加

《民诉法解释》第109条提高了特殊类事实的证明标准后,法律拟制的事实存在范围只有"排除合理怀疑"到100%真实这个狭小的范围,也就是说,在"排除合理怀疑"到事实不存在这个范围内,法官都可以事实真伪不明(证据不足、主张事实不予认定)为理由而认定事实不存在,这种自由裁量的空间显然要比适用普通证明标准要大。

自由心证原则在形式上涉及一个法官评价证据时是根据法定的规则或要件还是根据自己的自由判断来进行的问题。但是在实质上,这又是一个如何既保障更准确可靠地发现真实,同时又有效地防止或抑制法官可能出现的主观随意性、片面性的问题。在神明裁判时期,在以神为代表的形式主义裁判下,以"神判"结果为事实裁决结果,而裁决的方法与探究案件事实并不存在逻辑或现实上的联系。其在解决纷争的过程中缺乏发现真实、查明真相的明显动机,因此并不存在审判者对案件事实判断的主观性发挥和抑制问题。而法定证据时期,为了防止法官裁量的恣意性,以法定的方式将不同证据的不同证据价值加以绝对化,强制法官无视具体情况对证据进行机械的、划一的评价。这样导致的结果是以牺牲发现真实的诉讼目

---

[1] 沈德咏主编:《最高人民法院民事诉讼法司法解释理解与适用(上)》,人民法院出版社2015年版,第362~363;刘学在,王静:《民事诉讼中"排除合理怀疑"证明标准评析》,载《法治研究》2016年第4期。

[2] 详见《(2016)冀0702民初796号判决书》《(2014)孟民初字第73号判决书》《(2013)沈民初字第1404号判决书》《(2016)冀0702民初796号判决书》。

的来保障抑制法官主观随意性,即在某种程度上以牺牲诉讼的可靠性来确保诉讼的可信赖性。①

因此,对自由心证的制约不能与发现真实的诉讼目的相冲突,即对自由心证的限制不能妨碍其探究事实真相的主观能动性的发挥。一旦跨越这个边界,受限制的自由心证就会带来形式主义的危险。如果证明标准过高,即使根据经验法则、逻辑推理、思维法则等使事实的认定已经具有高度可能性,但法官可能会因为内心丝毫的一点怀疑而否定该事实的成立,但是在"高度盖然性"的证明标准下,只要法官达到基本的内心确信即可认定事实成立。因此,如果对"排除合理怀疑"证明标准理解不当,对"合理怀疑"的产生存在任意性,可能会导致事实的认定偏离逻辑推理、经验法则、逻辑法则、科学规律等,从而增加法官裁判的恣意性。而在"高度盖然性"到"排除合理怀疑"这个灰色区间内,"高度盖然性"已经趋近于事实真相,即使未达到"排除合理怀疑"的程度,但事实存在的概率仍然十之八九,因此,即使认定事实存在,也不会违背大多数人的认识包括当事人。若认定事实不存在,则未达到"排除合理怀疑"这个理由即可作为挡箭牌,毕竟在《民诉法解释》第 109 条的适用上,大多数判决书并未尽到充分的说理义务,使得对"排除合理怀疑"缺乏事后审查保障,这样做反而为其恣意裁判提供了可能性。

(二)证伪功能受限

有学者提出将"证伪方法"作为"排除合理怀疑"的证明手段。"证伪方法"由英籍奥地利哲学家波普尔提出。关于该方法有一个著名的例子:如果想要证明所有的天鹅都是白的,你不需要把全世界所有的天鹅都收集起来,而只需要找到一个反例,即只要发现一只天鹅不是白的,那么这个结论就会被推翻。② "排除合理怀疑"的思维模式与"高度盖然性"不同,"高度盖然性"重在强调事实为真或为假的可信程度,它更多的是在建立法官对事实的评判,最终表现为法官最终形成的内心确信。而"排除合理怀疑"重在强调"排除"而不是建构,它体现为一个消极和否定的标准,即在证明过程中寻求其薄弱环节,进行疑点发现及其消除性检验。③

在我国司法实践中,法院也少有对如何理解"排除合理怀疑"中的"怀疑"进行论述。④ 多数判决仅表明:"以上事实并不能排除合理怀疑地证明欺诈(胁迫、恶意

---

① 王亚新:《刑事诉讼中发现案件真相与抑制主观随意性的问题》,载《比较法研究》1993 年第 2 期。

② I. H. Dennis, The Law of Evidence, Facts and Fact finding at Part 1. London Sweet&Maxwell,1999.转引自张雪纯,葛琳:《证伪方法、经验法则和心理因素——以影片〈十二怒汉〉为分析文本诠释"排除合理怀疑"在陪审团制度下的运作要素》,载《当代法学》2005 年第 5 期。

③ 龙宗智:《中国法语境中的"排除合理怀疑"》,载《中外法学》2012 年第 6 期。

④ 对合理怀疑论证的为数不多的判决有:《(2015)成民终字第 3921 号判决书》。

串通)事实的存在,本院不予支持。"①虽然在这些判决中也有不乏说理的,但从事实认定部分的内容看,思维模式依然是意在建构事实。法官可能愿意将这种疑点隐匿,以避免来自当事人或外界的攻击。但"排除合理怀疑"证明标准的优势恰巧在于这种"合理怀疑"为何可以存在,或者说"排除合理怀疑"具有对心证进行验证的功能,这种验证功能的发挥需要对什么怀疑是合理的做判断。然而,实务中法官回避对"合理怀疑"分析的做法使得"排除合理怀疑"的证伪优势无法充分发挥。

四、对《民诉法解释》第109条实践问题成因分析

(一)一元制审理模式的影响

在英美法系,法官在向陪审员就"排除合理怀疑"进行指示时,通过"道德确信""与生活中的重要事实相类比""通过量化方法解释"等形式来类比,②从这些十分具有主观色彩的指示内容可以看出,它更强调陪审团个体的"确信"。而陪审团由不同的平民个体组成,它具有多样性、多元化、层次性等特点,每个陪审团成员的知识背景与经验阅历可能会有很大差别,由此造成的他们的思维模式、思考方式也会有所不同。在英美法系的对抗制下,原被告双方将案件的事实细节展现得更加显露,陪审团受到场景化的感染,更容易对自己的内心真实意思形成判断。在陪审员对事实评议的过程中,陪审员可能会对自己的最初判断进行修改和放弃,从而达到最终判决的一致性。③因此,在这种最终裁决作出的过程中,往往伴随着对不同观点的质疑。并且,英美法系关于"排除合理怀疑"中质疑的提出,是诉诸陪审团其他成员的质疑,这是一种客观的、看得见的、在陪审团中可讨论的质疑。这种质疑一旦达到能够说服其他持反对观点的陪审员,那么其他陪审员可能会改变自己的观点,从而最终获得裁决的一致性。通过这种细微的观察,我们发现,在陪审团事实认定中,陪审员个人内在的事实建构,伴随着外部不同观点对其造成的冲击与瓦解,因此,整个过程是建立在建构事实和"排除疑点"的基础上。

"排除合理怀疑"证明标准能够在英美法系国家比较自然地运用,主要原因在于独特的陪审团审理——对证明标准做出解释的主体与适用证明标准主体的"二分化",使得"排除合理怀疑"证明标准在司法适用上更具操作性和成效性。但在大

---

① 判决详情参见:《(2015)顺民初字第08232号判决书》,《(2015)二中民终字第13263号判决书》,《(2016)内04民终229号判决书》,《(2015)二中民终字第04030号判决书》,《(2015)红民初字第2571号判决书》,《(2016)京02民终1253号判决书》,《(2015)鄂商终字第161号判决书》,《(2016)京02民终6906号判决书》,《(2016)京02民终1955号判决书》等。

② 李昌盛:《反思排除合理怀疑标准》,载《南京大学法律评论》2013年第1期;陈永生:《排除合理怀疑及其在西方面临的挑战》,载《中国法学》2003年第2期;赖早兴:《美国刑事诉讼中的"排除合理怀疑"》,载《法律科学(西北政法大学学报)》2008年第5期。

③ 吴泽勇:《"正义标尺"还是"乌托邦"——比较视野中的民事诉讼证明标准》,载《法学家》2014年第3期。

陆法系,法官虽然要受法定证明标准的制约,但是否达到这个台阶却由法官自己决定。① 这种自相矛盾的制度,使得"排除合理怀疑"证明标准事实验证功能难以充分发挥。

(二)对"排除合理怀疑"理解缺乏共识

我国有学者提出通过对《民事诉讼法》第101条、《民诉法解释》第108条和第109条进行体系解释,可以建立"排除合理怀疑""高度盖然性""优势盖然性"证明标准的三层结构,并且三者对应的证明度用数字表示分别为90%、75%、50%。其中,处于中间位置的高度盖然性标准是一般规定,排除合理怀疑和优势盖然性均作为例外,仅当法律和司法解释有明确规定时采用。② 权威解说著作也认为《民诉法解释》第109条的设立主要为了在我国建立层次、多元化证明标准体系,其关于证明标准提高主要借鉴了英美法系的相关理论。③ 但有学者认为在英美法系中的"优势盖然性"是一个较低的证明标准,其与"排除合理怀疑"证明标准之间存在较大的空间,提高后的"清晰而又有说服力"的证明标准与刑事诉讼证明标准仍可区分。但我国的"高度盖然性"证明标准本身就较高,提高后则容易造成与刑事诉讼证明标准相混同。④ 因此,在三元证明标准体系下,如何区分"高度盖然性"与"排除合理怀疑",如何防止《民诉法解释》第109条与刑事诉讼证明标准相混同则成为协调三者的关键。

但笔者认为,由于刑事诉讼与民事诉讼在内在逻辑和制度构造上有着本质的不同,⑤如果以刑事诉讼的证明标准来要求民事主体,不但客观上不具有可行性,而且结果上不利于民事纠纷的解决。因此,对《民诉法解释》第109条中"排除合理

---

① 吴泽勇:《"正义标尺"还是"乌托邦"——比较视野中的民事诉讼证明标准》,载《法学家》2014年第3期。

② 任重:《我国诉前行为保全申请的实践难题:成因与出路》,载《环球法律评论》2016年第4期。

③ 沈德咏主编:《最高人民法院民事诉讼法司法解释理解与适用(上)》,人民法院出版社2015年版,第363页。

④ 霍海红:《提高民事诉讼证明标准的理论反思》,载《中国法学》2016年第2期。

⑤ 在查明事实的手段上,民事诉讼中不存在独立的侦查机关,证据的收集主要由当事人完成,在某些特殊情况下,法院可以进行证据收集。在刑事诉讼中,审判人员、检察人员、侦查人员、律师都有权收集证据,且侦查手段和资金、技术投入都远超过民事诉讼;从证明责任的分配上,民事诉讼的证明责任分配依据"规范说"由当事人承担相应的证明责任。而刑事诉讼中,由国家权力主体承担证明责任;从证据规则上,刑事诉讼事关公民的生命、自由等权利,有着全面系统的证据规则,对诉讼主体的约束较严格。民事诉讼的证据规则分布较零散,且没有刑事诉讼那样严格,法官进行证据评价的空间比较大;从诉讼原则和理念上,刑事诉讼遵循"疑罪从无""无罪推定"原则,其直接目的是公正地实施刑法和公正地保障人权。因此,其在事实无法查明时对被告人宣告无罪。而民事诉讼主要以纠纷解决为目的,即使无法查明事实也不会搁置裁判,由负有举证责任的一方当事人承担证明责任。在民事诉讼的制度规律及理念下,不可能达到刑事诉讼证明标准所要的效果。在民事诉讼中,查明事实的方法手段有限,案件事实主要通过当事人的主张、举证及辩论来呈现,法官不得违反法律规定帮助任何一方收集证据。不管事实认定的结果如何,都是当事人自我参与、自我负责的结果。

怀疑"证明标准的理解要区别于我国的刑事诉讼证明标准。在民事诉讼中,不能生硬地以刑事诉讼要求来适用"排除合理怀疑"的证明标准。其区分手段可以从民事证据规则入手,要结合具体案件情况,通过经验法则、表见证明、间接证据等证据规则的运用进行推理,并要考虑到当事人收集证据条件的现实情况,结合整个案情来分析、裁决案件事实。此外,在操作上可辅以动态过程中的技术手段。

五、《民诉法解释》第109条的适用建议

(一)限制《民诉法解释》第109条的适用范围

《民诉法解释》第108条第3款规定:法律对于待证事实所应达到的证明标准另有规定的,从其规定。从文义来看,《民诉法解释》第108条与109条是一般法与特别法的关系。《民诉法解释》第108条是对证明标准的一般规定,109条则是特殊规定。按照同一位阶特别法优于一般法的原则,在对五类特殊事实案件进行审理时,应当优先适用第109条。但凡发生了欺诈、胁迫、恶意串通、口头遗嘱、赠与的事实,则一律适用《民诉法解释》第109条,即将第109条的适用范围限定在以上五类事实。

然而,这些特殊事实的认定领域仍应有所限制,例如欺诈,实践中关于欺诈的案例贯穿了劳动合同、股权转让合同、建筑合同、借贷合同等诸多领域,甚至涉及消费合同领域,如果所有领域的五类特殊事实均适用该证明标准,可能并不恰当。

《消费者权益保护法》(以下简称《消法》)第55条的规定是对经营者存在欺诈行为的惩罚性规定。按照民法的完全赔偿原则,侵权者对受害者的赔偿等于其受到的损害,受害者不能因侵权行为而获利。这是为了防止因为诉讼获利而导致人们不正当的滥诉行为。然而,《消法》第55条是对经营者的惩罚性规定,它不同于一般意义上的完全赔偿原则。在消费领域,由于信息不对称以及买卖双方地位不平等,导致在市场交易中,消费者往往处于劣势地位。《消法》第55条明显侧重维护市场诚实信用秩序,在价值取舍中不惜牺牲交易安全,致使目前我国市场经济存在以次充好、以假充真、不正当的营销等现象,《消法》第55条也是为了让公众反对假货,逐渐改善市场环境,建立诚信机制。然而,这与《民诉法解释》第109条的立法目的是相悖的。《民诉法解释》第109条以保护交易安全为目的,防止合同被轻易撤销,不利于市场秩序的稳定性。从立法目的上,该两条存在冲突,那么应该如何适用法律呢?《民诉法解释》第108条和109条是对民事诉讼中证明标准的规定,它是法律问题,不允许法官自由裁量。《消法》第55条是关于消费欺诈赔偿请求的基础规范。两者的联系在于,当对请求权是否成立进行判断时,首先要对其各个构成要件的事实进行综合分析,如果该案中的证据和事实能够使法官获得确信,那该要件的证明则完成,而达到什么样的程度能够证明成功,则是二者之间建立的联系。消费欺诈到底适用108条还是109条,就回到了适用一般法条还是特殊法条的问题上。首先要看消费欺诈是否满足《民诉法解释》第109条的构成要件,很显然消费欺诈仅仅是欺诈类事实的一种,因此很容易被该条容纳。但是从立法目的来看,二者在立法目的上存在冲突,如果选择109条,则会导致原本处于交易弱

势方的消费者证明更加困难,难以有效起到惩罚欺诈行为的作用,从而使《消法》第55条目的落空。因此,对消费欺诈事实的判断是否适用《民诉法解释》第109条,笔者认为不能简单以法条的性质来决定,而是要结合法规的立法目的灵活适用。

(二)当事人分担"提出疑点"和"排除疑点"任务

笔者认为,改善"排除合理怀疑"证明标准在民事诉讼中的适用状况,促进其证伪功能的发挥、防止法官恣意裁判的关键不在于对其进行详细的定义,而在于从程序规则入手,使其在操作上能够与"高度盖然性"证明标准及刑事诉讼证明标准相区分。

由于我国不存在英美法系的二元制的审理模式,并且法官在适用"排除合理怀疑"证明标准时对事实的认定说理不足,尤其对产生了什么样的怀疑,这种怀疑是否合理,这些被有意无意地回避。因此,如果想要发挥"排出合理怀疑"的证伪功能,必须将"提出疑点"和"排除疑点"的责任全部或部分分担给当事人,其具体做法是可以将"提出疑点"分配给反对特殊事实成立一方,将"排除疑点"分配给主张特殊事实成立一方,法官对整个事实的认定过程可以自由裁量。

在民事诉讼证明责任中存在着本证与反证两对概念。所谓本证,是指负有证明责任的一方当事人应当提供证据证明待证事实。而反证则是指当负有证明责任的对方当事人对待证事实的证明达到了法定证明标准,则行为意义上的证明责任转移到对方,此时不负证明责任的当事人应当提供证据证明事实不存在。因此,本证的证明需要达到高度盖然性的程度,而反证只需要将法官对待证事实的内心状态由"内心确信"拉低到"真伪不明"即可。① 本证、反证的证明模式与"排除合理怀疑"的证明模式相比,具有一定的相似性。与适用《民诉法解释》第108条"高度可能性"证明标准的不同之处在于,"排除合理怀疑"证明标准为反证提供了具体的手段指引,即在负有证明责任一方当事人对事实的证明足以使法官达到"内心确信"时,对方当事人可以通过"提出疑点"来动摇法官的心证。这种疑点的提出相比"高度盖然性"证明标准下反证的提出难度相对较低,有时甚至不需要提供任何证据证明,只需对事实推理的逻辑漏洞或对方的证据瑕疵提出质疑即可。

在适用《民诉法解释》第109条时,法官对事实成立的认定达到了"高度可能性"时,需要对被告进行释明,告知其有必要对原告主张的事实提出"疑点",否则其可能会因对事实的认定而承受不利后果。一旦被告提出了"疑点",且证明或说明了其"合理"之处,原告需要对"疑点"进行排除证明。在"排除合理怀疑"的证明模式中,即使当事人未提出"疑点",法官也需要反复对案件中是否存在其他相反事实进行质疑和论证,这种思考存在于法官内心,并不像当事人提出的反证那样可以出现在辩论言辞中并为对方当事人所知。因此在具体案件中,法官对"排出合理怀疑"中所谓的"合理怀疑"的解释就变得尤为重要。这不仅仅是一般意义上的判决说理,是对判决的正当性和可接受性的保障,也是对当事人平等原则和正当程序原则的落实。因此,适用《民诉法解释》第109条,法官的说理义务显得更加重要。

---

① 吴泽勇:《民间借贷诉讼中的证明责任问题》,载《中国法学》2017年第5期。

(三)强化"合理怀疑"的判决说理义务

现代法律对法官自由心证的约束主要体现在三个方面:首先,法官的证据评价要受思维法则、经验法则以及自然法则的约束;其次,法官要对事实裁决给出理由;最后,法官的证据评价要受证据规则的约束。在自由心证背景下,法定证据作为例外只适用法律规定的情形。判决说理义务作为法官裁判权力正当化的基础,也为裁判文书接受上诉审查提供了前提保障。在这种义务下,法官要详细说明对事实认定中关于证据评判、取舍和事实推理的具体过程,而不能笼统概括,这种说理至少应当能被法律专业人士接受。在德国,法官如果对关键证据未做分析,可能会违反宪法上的"恣意禁止"规定。①

近年来,随着信息网络技术的发展,庭审现场直播、判决书上网等手段一定程度上促进了我国判决说理性的提高,但整体质量仍不如意。在适用《民诉法解释》第109条的案例中,说理不足的现象也比较严重。笔者从适用《民诉法解释》第109条的判决书中发现,诸多认定事实不存在的案例中,并未对产生的"合理怀疑"是怎样的进行论述,而这一点恰恰是适用《民诉法解释》第109条最重要的说理内容。

证明标准越高对所要达到的证据链条的周延性、逻辑严密性、论证的充分性要求就越高,相应的法官的说理义务也越重。"排除合理怀疑"在民事诉讼中是一个特殊的证明标准,与"高度盖然性"相比,证明度更高自不待言。"排除合理怀疑"更注重对事实判断的逆向思维,即通过前文所述的"证伪法"的方式,利用反向方法获得法官对事实的"内心确信"。如果说"证伪法"采用的是逆向思维方式,是一种反证方法,那么对欺诈、胁迫、恶意串通、口头遗嘱、赠与事实成立的证明则采用的是正向思维,是一种立证的方法。因此,在法官对事实成立的主张获得初步确信时,反对事实成立者提出的"疑点"是否为"合理怀疑"成为事实认定过程中的重要环节。由于"合理怀疑"本身具有不确定性,法官对其判断可能存在其他主观因素干扰,导致法官对合理疑点的认定出于自身的片面认识或掺杂其他感情因素。为了防止这种恣意性,法官在判决中必须对"合理怀疑"的认定或"排除疑点"进行说理和论证,不得在裁判中将其隐匿。

六、结 语

虽然《民诉法解释》第109条将"排除合理怀疑"引入民事诉讼的做法可能存在立法仓促、法条设计不严谨等问题,但该条在实践中已经被广泛运用并出现了诸多问题,如过于追求形式上的"排除合理怀疑"证明标准的高标准,忽略了事实真相查明对法官主观能动性的指导作用,将《民诉法解释》第109条与刑事诉讼证明标准相等同,法官恣意裁判风险增大,"排除合理怀疑"证伪优势受限等。如何促进《民诉法解释》第109条在立法目的范围内得到良好实施是目前学界的重要任务。为防止"排除合理怀疑"证明标准在实践中被滥用,我们可以通过以下手段进行规制:

---

① 吴泽勇:《自由心证的边界:"彭宇案"中的证据与证明——兼与王亚新教授商榷》,载《月旦民商法杂志》2012年12期。

(1)将《民法解释》第 109 条的适用范围限制在立法目的范围内;(2)将"提出疑点"和"排除疑点"的任务部分或全部分配给当事人;(3)强化判决书中对"合理怀疑"的说理义务;(4)重视民事诉讼证据规则、间接证据、经验法则、表见证明等对事实认定的重要作用。

制度研究

民商事仲裁制度的完善*

■赵信会　葛春燕**

摘　要　随着新的仲裁法的实施,仲裁制度越来越得到民众的认可,但是我们既要看到仲裁制度发展的积极影响,也应该看到仲裁制度存在的不足和问题。我国目前的仲裁制度在仲裁员的任职资格上、仲裁的受案范围上以及仲裁的证据调查和救济途径方面都存在着一定的问题。本文通过对这些问题的研究,并借鉴国外的先进立法经验,针对我国仲裁制度存在的问题提出一些改进的意见,以期能够有益于我国未来民商事仲裁制度的发展。

关键词　任职资格　受案范围　救济途径

2018年1月1日新仲裁法实施,法的实施在较大程度上促进了当事人对民商事仲裁制度的认可,并在实际上分流了相当数量的民商事案件。国务院法制办政府法制协调司副司长袁诗鸣在2015年召开的全国仲裁会议上表示,2015年,全国仲裁机构累计受理案件数将突破100万件,案件标的额将超过15000亿元。"仲裁在国家民商事纠纷化解机制中,角色日益重要,地位显著提升。"[①]在看到民商事仲裁制度发展、民商事仲裁事业发展的同时,我们还必须注意到现行的民商事仲裁制度还存在的不足,其仲裁员的任职资格、受案范围等严重影响着民商事仲裁制度的社会认可,其在保全、执行等方面还存在与司法协调不足的问题,我们有必要从理

---

* 本文受2018年山东省社科规划项目重点课题"法律审式的民事上诉制度研究"(18BFXJ03)支持,是2017年山东省法学会省级法学研究课题重点项目"民事替代纠纷替代解决机制研究"(2017A5)的中间研究成果。

** 赵信会,山东财经大学三级教授、法学博士、博士后;葛春燕,山东财经大学法学院民事诉讼法学研究生。

① 张维:《全国仲裁机构受案数有望突破百万件》,载《法制日报》2015年11月20日。

论上对之认真研究。本文拟对仲裁员的任职资格、受案的范围、仲裁程序中的证据调查等问题进行梳理,并努力探索解决以上问题的方法,以求裨益于我国民商事仲裁制度的完善。

一、民商事仲裁员的任职:问题及其解决

(一)立法现状及其存在的问题

仲裁员任职资格是仲裁制度首要解决的问题。所谓仲裁员任职资格是指当事人或者适用仲裁法对担任商事仲裁员的自然人所施加的某种限制,仲裁员是仲裁程序的必备条件,没有仲裁员仲裁程序就无法进行。仲裁员的任职资格是保证商事仲裁员公正性和独立性的前提和基础。一般来讲,仲裁员的任职资格有三种途径:第一,仲裁员的法定资格,即仲裁法规定的仲裁员的任职条件;第二,仲裁机构的内部规定,主要是仲裁机构依据自身情况所设定的具有一定约束性质的内部标准;第三,当事人意思自治下的约定,这是由仲裁的契约性所决定的,在争议发生前或发生后双方一致确定的仲裁员的资格。我国《仲裁法》规定,仲裁委员会应当从公道正派的人员中聘任仲裁员。仲裁员应当符合以下条件:(1)通过国家统一的法律职业资格考试取得法律职业资格,从事仲裁工作满八年;(2)从事律师工作满八年的;(3)曾任法官满八年的;(4)从事法律研究、教学工作并具有高级职称的;(5)具有法律知识、从事经济贸易等专业工作并具有高级职称或者具有同等专业水平的。① 不难看出,我国仲裁立法在道德要求和专业资格两个方面都可谓是相当的严格。就道德要求而言,其要求仲裁员须"公道正派"。且不说判断"公道正派"的标准本就是各抒己见、莫衷一是的,过度相信依靠仲裁员的人品就能实现独立和公正的仲裁,更颇有"人治"大于"法治"的意味。《法官法》中选任法官的道德要求也仅为品行良好,还远未到达"公道正派"的程度。而就专业资格而言,本科毕业且法律工作满两年即可成为法官,而仲裁员的要求却远高于法官,就仲裁员条件之一的曾任审判员满八年亦可看出,还不论对其他专业素养的要求。

我国《仲裁法》在仲裁员任职资格上有着一些非常明显的问题,存在着一些立法上的缺陷。比如,对仲裁员的任职资格采用严格的任职资格制度;未赋予商事仲裁当事人决定商事仲裁员任职资格的权利;采用商事仲裁员强制名册制度;对外国人担任商事仲裁员问题规定不明确,并剥夺了现任法官担任商事仲裁员的资格;仲裁机构信息披露不足。

(二)域外制度比较

考察域外各国制度,我发现在仲裁员的任职资格立法方面世界各国的仲裁立法就严苛与否分为一般资格的仲裁立法和严格资格的仲裁立法。前者大致仅需要为完全的民事行为能力人,甚至有的国家对其不作任何规定,完全交由当事人约定,即任何普通的人都可能成为仲裁员,如英、美、德等国家。而后者则需严格的限制,且大多使用否定列举模式,如韩国和意大利。仅有少数国家和地区采用肯定列

---

① 具体参见《中华人民共和国仲裁法》第13条。

举的方式,中国大陆即为典型代表。在仲裁员强制名册问题上,大多数国家都使用的是推荐名册制。我国有学者指出,强制名册制是中国特色的仲裁制度①,有学者在研究了中国国际经济贸易中委员会仲裁员名册后所得出的结论是:1999年该会所处理案件涉及当事人来自43个国家和地区,而有16个国家和地区的当事人无法选择本国人作为仲裁,②而世界上的大多数国家都采用的是推荐名册制。关于仲裁员的法定任职资格,其他仲裁立法国家都比我国的仲裁员任职资格要低。我国是少数坚持对商事仲裁员任职资格进行严格要求的国家。意大利、韩国等国对商事仲裁员消极任职资格问题作出规定,采用否定式列举的方式来规定仲裁员的任职资格。比如,规定了具有被开除公职或者受到刑事处罚等情形的人士不得担任商事仲裁员。对于外国人是否具备担任仲裁员的资格这一问题,世界主要国家在仲裁的不同历史发展时期有不同的做法。在20世纪70年代以前,多数国家并未赋予外国人担任商事仲裁员的资格。随着国际商事仲裁的发展,越来越多的国家仲裁法律开始放宽对仲裁员任职条件所施加的限制,其中多数国家已不再限制外国人担任商事仲裁员。但目前仍有少数国家如意大利、哥伦比亚、葡萄牙以及拉美地区对外国人担任商事仲裁员持否定态度。此外,沙特阿拉伯目前也不允许外国人担任仲裁员。与上述少数国家的做法不同的是,世界主要国家的商事仲裁立法都已不限制外国人担任商事仲裁员。对于现任法官是否具备担任商事仲裁员资格的问题,世界各国主要形成了允许和禁止两种立法例。很多国家的商事仲裁立法都禁止现任法官担任仲裁员从事商事仲裁审理和裁决工作,比如,奥地利《民事诉讼法》第578条就规定,担任法官职务的人,在其任职期间,不能充任仲裁员。荷兰、阿根廷、波兰、西班牙等国已有类似规定。而世界上的其他主要国家通常都允许现任法官担任商事仲裁员。在瑞典,当事人完全可以在仲裁协议中约定仲裁庭的首席仲裁员应当是瑞典法官③。在英国,"技术"仲裁处理法律争端,例如,单据的解释和合同的解释不如品质纠纷或者法律与事实混合纠纷那么适合仲裁,仲裁员也不太具备这方面的实际技能。为了充分利用这两方面的长处,于是法官仲裁员出现了④。日本《民事诉讼法典》未明确禁止现任法官为仲裁员,有日本学者采纳肯定说,法官在担任仲裁员而获取报酬时,应得到最高裁判所的许可⑤。法国《新民事诉讼法典》对现任法官能否担任商事仲裁员并无明确规定,有法国学者认为,从法国民事诉讼法典关于具有完全民事行为能力人均可充当仲裁员的规定来看,并不排除职业司法官担任商事仲裁员⑥。

---

① 乔欣主编:《比较商事仲裁》,法律出版社2004年版,第65页。
② 黄进:《仲裁法学》,中国政法大学出版社2008版,第56页。
③ [瑞典]费恩·迈德森:《瑞典商事仲裁》,李虎译,法律出版社2008年版,第80页。
④ [英]马克·霍伊:《国际贸易法》,李文玺译,法律出版社1992年版,第325页。
⑤ [日]小岛武司·高桑昭:《注解仲裁法》,转引自杨崇森等主编:《仲裁法新论》,"中华民国"仲裁协会2008年版,第137页。
⑥ [法]让·文森与赛尔日·金沙尔:《法国民事诉讼法要义》,罗结珍译,中国法制出版社2005年版,第1442页。

(三)改革的具体路径

针对我国目前的立法现状以及自身存在的问题并结合域外的先进立法经验,我国可以在仲裁法上做出一些改革,使仲裁更好地发挥它的作用,更快地与世界接轨。我国对仲裁员的任职使用的是严格资格立法模式。商事仲裁员严格资格立法模式的主要立法目的有两个:一是确保高素质人士担任仲裁员,以便能够公正合理地作出高质量的仲裁裁决;二是在法院和公众对仲裁尚未完全建立信任的前提下,对仲裁员任职的高标准要求可以打消顾虑,促进仲裁事业的发展。但是,在这种模式下,选择仲裁机构的主体是国家,而不是当事人。仲裁本就是一种契约,主体是双方当事人,这样由国家选择仲裁机构就违背了契约精神,也违背了当事人自治的内涵。我国可以参考其他国家采用的一般资格立法模式,法律只需要作出对仲裁员的底线设计,给当事人留出足够的空间。法律可规定只需为完全民事行为能力人即可,并且可以参考韩国和意大利采取否定列举的模式,排除曾因犯罪受过刑事处罚等不适宜的人成为仲裁员。如果按照上面的方法降低仲裁员的法定资格,就有人会担心仲裁员的质量下降,针对这种情况就需要仲裁机构对仲裁员的信息进行真实的披露。仲裁机构可以把仲裁员的年龄、性别、国籍、教育背景、工作经历、擅长领域等信息都披露出来以供大众查阅。此外,还可以参考美国对仲裁员先前办案的尽责情况进行披露说明。再者就是各个仲裁机构之间为了保持它的竞争力和权威性必然会选择优秀的仲裁员。降低仲裁员的法定资格,然后加强对仲裁机构的管理,才能保证仲裁进行良性的运转。另外,我国应该把强制名册制改为推荐名册制,允许当事人在名册之外的地方选择自己的仲裁员。这样就充分尊重了当事人的意思自治,因为仲裁本来就是一种契约,而意思自治是契约的核心,由当事人自己选任的仲裁员所作出的仲裁结果,当事人也比较容易接受,有助于当事人自动履行仲裁裁决。再者,有国外学者也对我国实行商事仲裁员强制名册制提出了批评意见:尽管中国国际经济贸易仲裁委员会名册由许多中外技术方面的专家组成,但这个名册绝对不可能包括所有方面的专家。中国国际经济贸易委员会要想成为一个真正的国际商事仲裁机构,其仲裁员名册应当终止,或者该名册至少只能是建议性的,由当事人决定仲裁员任职资格符合国际仲裁的发展趋势。世界上的多数国家基于私法自治原则,仅对仲裁员任职条件作出最低的法定要求,但普遍允许并保障当事人决定仲裁员任职资格的权利。仲裁越具有国际趋同性,其生命力就越旺盛,对仲裁当事人的吸引力就越强。我国主要是由国家而非当事人决定仲裁员任职资格的做法属本土特色,其与仲裁中由当事人决定仲裁员任职资格的国际趋势并不相符。对于外国人能否在国际案件中担任仲裁员,笔者认为,我国的仲裁立法已经明确外国人在国际仲裁案件中具有担任仲裁员的资格,但对国内仲裁案件中外国人是否可以担任商事仲裁员确有模糊之处。就私法自治及国际化的原则而言,一方面尊重当事人的选择,另一方面限制仲裁员为本国国籍人,排除了选任外国人为仲裁员的机会,不但限制了当事人选任仲裁员的自由,也有碍仲裁的国际化发展,应予以避免。从世界主要国家关于外国人担任仲裁员的普遍做法来看,我国有必要在仲裁立法中明确赋予外国人在我国国内仲裁案件中担任仲裁员的资格。最后,关于现任法官能否担任仲裁员的问题,笔者认为现任法官是否能够担任仲裁员的关键在于法官行使仲裁权与司法监督权之间是否存在可能的和潜在的利益冲突。应该说,这种冲突客观上是有可能发生的,但完全可以通过相关程序安排来解决这种冲突的可能。比如,规定有可能从事仲裁司法监督的法官在接受选定或者指定时,必须对此种情况进行披露并自行退出仲裁程序,否则在裁决作出后当事人有权以此为由申请撤销或者不予执行仲裁裁决。

二、民商事仲裁的受案范围:问题及解决

(一)立法现状及存在的问题

仲裁的受案范围就是什么样的案件、怎样的纠纷可以通过仲裁这一途径来解决。在纠纷解决方式多元化的今天,并非所有的民商事纠纷都可以被纳入仲裁。仲裁是一种具有高度自治性的解纷方式,是在纠纷主体双方达成一致协议的情况下才可能进行的活动。

虽然各国对仲裁受案范围的规定并不一致、甚至在同一制度框架内的每一具体的仲裁机构对自身所应受理案件的范围也不完全相同,但是仲裁不可能解决所有纠纷,即仲裁必须有一定的受案范围,这是肯定的[1]。关于仲裁受案范围的规定,在当前我国的法律体系中,最主要体现在《中华人民共和国仲裁法》当中,该法第2条规定:"平等主体的公民、法人和其他组织之间发生的合同纠纷和其他财产权益纠纷,可以仲裁。"同时,《仲裁法》第3条从反面对仲裁范围加以规定不能仲裁的两类纠纷:(1)婚姻、收养、监护、扶养、继承纠纷;(2)依法应当由行政机关处理的行政争议。第77条规定:"劳动争议和农业集体经济组织内部的农业承包合同纠纷的仲裁,另行规定。"

我国关于仲裁受案范围存在的问题有以下几个方面。一是规定不明确。该条规定平等主体之间的"合同纠纷"和"其他财产权益纠纷"可以仲裁,这就存在对"其他财产权益纠纷"的理解出现了不一致。但这首先表明了纠纷的涉仲裁性,如刑事法律关系、单纯的人身关系和非平等主体之间的行政法律关系等纠纷则不能进入仲裁。其次是对"财产权益"的范围界定不确定,这主要包括以下几类纠纷:(1)涉及知识产权的纠纷。如著作权的侵权纠纷,专利许可合同纠纷和商标侵权;(2)涉及房地产纠纷的财产侵权纠纷;(3)《中华人民共和国海事仲裁委员会仲裁规则》中规定的有关共同海损和船舶碰撞纠纷等。[2] 二是对仲裁范围的规定太窄。在当前涉及仲裁受案范围的论述中,几乎一致认为我国现行法的规定范围过窄,这对我国还不发达的仲裁制度的发展是一大制约,扩大仲裁的范围是一种必然趋势。对仲裁范围的规定其实与对仲裁这一种解纷机制的性质认识是相联系的。如果强调仲裁的民间性质,就会过分排斥国家公权力的介入,这实际上就限制了一些带有国家公权因素的纠纷进入仲裁。比如,知识产权争议、反垄断争议和破产争议。如果强

---

[1] 谭兵:《中国仲裁制度的改革与完善》,人民出版社2005年版,第136页。
[2] 姜宪明、李乾贵主编:《中国仲裁法学》,东南大学出版社1996年版,第55页。

调仲裁的司法性,这虽然可以客观上扩大仲裁对一些纠纷干涉的正当性,但又强化了法院对仲裁的监督,仲裁的独立性势必受到影响。

(二)域外制度比较

作为中国涉外仲裁机构之一的中国国际经济贸易仲裁委员会的规定与《纽约条约》和《国际商事仲裁示范法》的仲裁范围相一致,1998年和2000年的《仲裁规则》第2条将其受案范围改为"中国国际经济贸易仲裁委员会以仲裁的方式独立、公正地解决契约性和非契约性经济贸易交易"。由此可见,我国仲裁的受案范围比国际通行的受案范围小得多。

(三)具体改革路径

1.非合同和财产权益纠纷

我国仲裁法规定仲裁的受案范围为合同纠纷和财产权益纠纷。我国《仲裁法》中的"财产权益争议"一词,则仅仅将交付仲裁的事项限定在与"财产"有关的事项,而与财产无关的争议/纠纷则不在此列。而且,其对"财产权益"的范围界定也不明确。总之,我国《仲裁法》和地方仲裁规则的这一分类和界定,既与国际仲裁范围不符,同时又将实践中许多争议排除在仲裁范围之外。例如,在民事法律关系中,对侵害公民名誉权、公民隐私权的侵权行为,如果加害一方并不以追求财产为目的,且受损害一方也并不要求以赔偿经济损失为目的,而只是要求对方停止侵害,那么,这种侵权争议就既不是"合同纠纷",也不是"其他财产权益纠纷",当然也就不能采用仲裁方式解决。另外,按照现有的法律规定,非财产性侵权和侵犯无形财产的纠纷,既不是"合同纠纷",也不是"其他财产权益纠纷",当然被排除在仲裁范围之外。而且,对于既包括人身权又包括财产权,二者合而为一的知识产权侵权,根据现行规定和分类,只有财产权部分才能仲裁,这显然是不合逻辑的。我国《仲裁法》的受案范围较国际通行的范围要小得多,并导致我国涉外仲裁机构的受案范围与《仲裁法》的规定不相一致。为了充分地实现仲裁的当事人意思自治原则,保证一国之内仲裁机构受案范围的一致性并尽快与国际有关规定接轨,我国的仲裁范围亟需根据现实的发展和需要来修订完善,将不属于财产权益的合同纠纷纳入仲裁范围。

2.农业集体经济组织内部的农业承包合同纠纷

农业承包合同纠纷主要有以下几种情况:1.承包人不按时交纳承包金,发包方往往以违约为由,要求承包人返还承包土地,并给付承包金。2.发包人擅自毁约,将土地另发包他人,或单方提高承包金,或不能及时交付土地,承包人起诉要求发包人继续履行合同,或要求发包人承担违约责任、赔偿损失。3.第三人对土地承包合同存在异议,要求解除合同,重新进行土地承包,这类合同往往是村组将土地发包后,第三人提出发包违法或损害其利益,要求确认合同无效。当前农村土地承包纠纷案件日益增多、类型复杂,已经严重影响到社会稳定和农业经济的健康发展。所以,针对农业承包合同纠纷建立一套制度化的解决机制就显得非常重要。但是,由于《仲裁法》的立法者过于强调此类纠纷不同于一般民事纠纷的特殊性,而使得《仲裁法》对该类纠纷另行立法的承诺至今无法兑现,从而使得农业承包合同纠纷的可仲裁性至今缺乏立法依据,仲裁机构是由各领域具有相当经验且成绩突出的大学法学院教授、优秀律师、政府相关部门的资深官员等担任仲裁员的,并由当事人自主选择其个人更信赖的仲裁员参与案件的裁决,所以,这完全尊重了当事人的意思自治,体现了公平性和权威性;另外,与繁杂并成本高昂的诉讼制度相比较而言,由于仲裁当事人可自由选择仲裁机构、仲裁地点、仲裁员、仲裁程序、适用的法律以及仲裁语言等,所以,对于解决地处偏远乡村、涉案当事人数量庞杂、地方性知识特征突出的农业承包合同纠纷中,仲裁制度就显得更具适用性、更加灵活,因此在解决农业集体经济组织内部的农业承包合同纠纷,仲裁有着明显的优势。我国现行仲裁制度将农村承包纠纷拒于门外,是仲裁制度的一大缺陷。未来立法很有必要弥补这一缺憾。仲裁既快捷,又成本低廉。仲裁纠纷解决机制对当事人自治权的充分尊重,赋予了仲裁过程与结果更大的合法性,同时也会使得当事人更容易自愿执行裁决。更为重要的是,只有仲裁的圆桌会议机制才能够务实地避开村民集体的法律主体资格难题,也才能够包容其中的公私利益交融和政策与法律交织的复杂局面。

3.政府商事合同(经济合同)纠纷

对于从中央到地方仲裁规则所明确并一致性做出的"依法应当由行政机关处理的行政争议"不能仲裁的规定,虽然,从正确处理民间仲裁、司法诉讼与行政调处三者之间的分工配合的关系的角度,我们承认这一规定本身具有一定的合理性,但是,由于现代社会中政府身份的多重性,对于"什么是依法由行政机关处理的行政争议",需要我们进行界定并在未来立法中进一步明确它的适用性。因为,众所周知,现代政府拥有多重身份,例如行政管理者、经济管理者、国有资产所有者(总老板)、国有资产经营管理者(具体小老板)。无论是西方市场体制国家还是转型中国,政府或其设立的企业,都会直接或间接地参加经济性合同关系,比如招标、订货等;投资基础设施或者其他事业时订立订(购)货合同和工程承包合同等。这样,也即意味着"行政机关"有着多重身份。这使得同样作为理性经济人的行政机关会基于自身利益最大化的考虑,在涉及关于自己的合同纠纷时就会自然而然地把自己置于不平等的行政管理者的角色中,从而谋求对自己有利的结果。而普通民众也会因为日常观念的束缚而误认为所有与行政机关有关的行为或事项都是"行政争议"。但是事实上,政府商事合同本质上是国家或政府在经济活动或者经济管理中,将其意志直接体现在原本由私人自治的契约关系中。政府商事合同或经济合同既不是当事人自治的问题,也不是政府的行政事务,而是"政府+商事""经济+公共职能和公共管理"的合同。这样,就使得大量政府商事合同如政府采购合同,因立法上的不足而无法进行仲裁。仲裁机构就会把它纳入受案范围的否定条款,认为是应该依法由行政机关处理的行政争议。这对于和政府签订合同的私人主体是非常不公平的,私人主体无法得到仲裁的保护。而且,由于政府作为商事主体参与的大量活动都具有专业性、经济性和公私交融的复杂性,特别是在今天中国的司法还具有浓厚的"行政化"与"地方化"色彩的背景下,作为平等主体的政府与其他市场主体之间的这种关系,通过民间性、专业性的纠纷解决机制——仲裁来解决具有内在的优势。

(四)部分劳动争议

虽然我国《仲裁法》由于强调劳动争议自身的特殊性,而在普通仲裁立法中排除了劳动争议的可仲裁性,并且还通过专门的立法——《劳动争议调解仲裁法》来规范劳动争议案件的仲裁。

但是,劳动争议调解的历史和实践已经证明,由工会成员或全体职工推举产生的职工代表以及由企业负责人指定的企业代表所组成的企业劳动争议调解委员会,由于组织萎缩、自身缺乏独立性、人员素质较低等原因,在化解劳动争议中的作用相当有限。其次,基层人民调解组织,也就是村委会、居委会等,由于专业知识和法律知识水平较低,亦因地域所限,在调解劳动争议中难有大的作为。至于乡镇、街道设立的具有劳动争议调解职能的组织,对化解中小企业劳动争议或许能起到一定的作用,但对跨乡、跨街的大型企业,或者矛盾纷繁复杂的劳动争议的作用也是有限的①。所以,仅依靠上述调解组织和机制来解决劳动纠纷、维护劳动者合法权益注定收效甚微。再加上诉讼成本高、耗时长以及劳动者畏于自身的弱势地位也难以启动诉讼程序等原因,使得诉讼在劳动争议中总是被作为下下选。这进而,就把劳动争议仲裁推倒了风口浪尖。然而,面对大量增长的劳动争议案件,无论是劳动争议仲裁机构还是法院,均感处理能力不足。拓宽劳动争议的"司法"外处理渠道已成为必然,而普通仲裁制度的效力不明显。虽然《劳动争议调解仲裁法》第19条规定"劳动争议仲裁委员会由劳动行政部门代表、工会代表和企业方面代表组成",同时还规定由劳动争议仲裁委员会选定仲裁员。但很显然,这一规定本身不仅忽视了我国劳动仲裁制度改革已经取得的成功经验,更是与意思自治这一仲裁制度的灵魂相悖。

因此,我认为,从《仲裁法》与《劳动争议调解仲裁法》二者普通法与特别法之间的关系出发,若能将部分劳动争议纳入仲裁受案范围,充分发挥普通仲裁制度的特点,也即如果双方当事人事先在劳动合同中约定了劳动争议解决的仲裁方式,就不能绝对排除劳动争议实现普通仲裁程序的可能性,从而为劳动争议提供更多同时也更快捷有效的解决途径。

三、仲裁的证据调查的问题及解决

(一)立法现状及存在的问题

我国台湾地区学者陈朴生认为:"证据之调查,因其作用不同,分为形式调查与实质调查两种,前者重在证据资料之收集,属于立证范围;后者重在证据形态之发现,属于判断范围。"也就是说,从活动的内容与目的看,证据调查既可以指形式调查,也就是我们通常所指的证据的收集,也可以指实质调查,即证据的审查与判断。而从活动的主体看,关于仲裁证据调查的定义,我认为应该借鉴"形式调查"。我国现行《仲裁法》第43条规定:"当事人应当对自己的主张提供证据。仲裁庭认为有

---

① 刘云甫、朱最新:《和谐社会视角下的劳动调解仲裁法》,载《行政与法》2008年第2期。

必要收集的证据可以自行收集。"由此可见,《仲裁法》证据调查的界定仅限于形式调查,也就是当事人等收集证据的活动。

民商事仲裁证据制度存在的问题有:一是我国民商事仲裁证据收集制度的基本理论存在缺陷;二是当事人的仲裁证据收集权缺乏程序保障;三是仲裁庭调取证据的规定简陋,可操作性差;四是仲裁证据保全程序存在缺陷。

(二)域外相关制度

在英美法系国家,受"当事人主义"或"辩论主义"的影响,民事诉讼证据通常是由当事人自行收集的,包括向对方当事人或第三人取证。一般规定,双方当事人在开庭审理之前,都应当将自己获取的证据展示给对方,为了避免审判人员先入为主,除非是在法律规定的特殊情况下,法院原则上是不会介入当事人的证据收集活动的。最为典型的就是美国的证据开示制度,在设计上对当事人取证起到积极的作用。在英国,仲裁作为争议解决方式的历史和普通法的历史一样悠久。法院对仲裁庭曾经一直奉行过度干预,理由是基于"法院管辖不容剥夺"的原则。直至以《示范法》为蓝本制定了现行有效的《仲裁法》,改变了法院和仲裁庭之间曾经的关系定位,出台后的法律认为,法院对于仲裁庭存在一种支持、协助的关系。《英国仲裁法》第1条中将基本原则单独进行规定并始终贯彻于民商事仲裁证据收集的过程中,包括自然公正原则、当事人意思自治原则、有限的法院干预原则。在《英国仲裁法》中规定,争议双方当事人必须披露他所依赖并且控制的与案件有关的所有文件,无论对其有利与否,证据披露制度通常仅涉及能够被明确认定的文件以及请求方已经有理由相信其存在的证据。该款规定了仲裁庭在当事人一方或双方不提供应披露的证据时所具有的权力。若一方当事人未遵守仲裁庭的强制性命令,在不违背法院对仲裁庭强制性命令执行的前提下,仲裁庭可以对不遵守命令的当事人视情况做出不利的或相反的推论。[①] 第二,《英国仲裁法》规定了限制法院对于仲裁的干涉,即只有当仲裁庭无权或不能有效行使某项权力时,如当事人要求对第三人掌握的证据作出命令时,法院方可行使此项权力。法院只在得到仲裁庭许可或双方当事人书面同意的情况下才能行使权力,除非是在紧急情况下,如实施仲裁前的证据保全。

德国新修订的《仲裁法》规定了仲裁当事人有权获得仲裁庭已经取得的对方当事人提供的相关证据,为当事人获取更充分的证据提供了更好的保障。新的《仲裁法》对于有关仲裁庭采取临时措施的权力的规定是在《示范法》的基础上作了进一步的扩大。根据《仲裁法》的规定,在裁决之前,仲裁庭认为必要时,可以调查作为案件争执的事实,可以讯问证人或指令其提交文件,但是没有权力命令证人或当事人宣誓,仲裁机构调查取证并不受民事诉讼法上关于证据种类以及当事人提出的证人和方式的限制。[②] 若当事人在仲裁协议中没有约定且法律也没有规定关于证据收集的内容时,仲裁庭有权按照自由裁量来决定并有权进行取证,对于仲裁庭无

[①] 罗楚湘:《英国仲裁法研究》,武汉大学出版社2012年版,第163页。
[②] 陈桂明:《程序理念与程序规则》,中国法制出版社2002年版,第256页。

权进行的取证行为,可以申请法院协助获取,前提是仲裁庭向法院提出请求,而管辖法院则为调查取证实施地的地方法院。德国仲裁法关于证据临时保全措施的规定,当事人有权选择向仲裁机构或法院来申请证据保全,对于仲裁机构无法实施的临时保全措施,由法院来协助。这种自由选择式的证据保全措施最大限度地实现当事人的意思自治,也体现了法院对仲裁证据保全程序的支持。

(三) 改革的具体路径

结合我国关于民商事仲裁证据调查存在的问题并借鉴域外的相关立法经验,我国可以对仲裁证据调查问题作出适当的改革,以使我国的仲裁证据调查更好的适用。首先应该明晰仲裁证据收集法律适用的关系,在仲裁证据收集的时候依照什么法律进行,应该排个顺序。比如,规定《仲裁法》没有规定的应该适用《民事诉讼法》,载《民事诉讼法》没有规定的应该适用《证据法》。

再者就是要为当事人收集证据提供程序保障。我国没有统一的证据规则,与其他国家在民事诉讼法或者仲裁法中规定保障当事人收集证据的具体制度不同,我国《仲裁法》中虽然也规定当事人有权收集证据,但在仲裁程序中并没有相应的程序予以配合,《民事诉讼法》中可资借鉴的法条也非常单薄,当事人的调查取证权还是一种游离于仲裁程序之外的抽象权利。为使当事人收集证据的权利具体化,也使我们就强化仲裁庭证据调查权的建议不致产生仲裁程序结构失衡,笔者觉得有必要完善当事人收集证据的程序保障。首先,仲裁程序开始前,在仲裁协议或合同的仲裁条款中,应约定好适当的证据收集规则。如果事先达成协议,确定好证据出示规则,可以消除当事人取证时于己不利的隐患。其次,受理后,开庭审理前,可向双方当事人送达"当事人举证须知""当事人证据索引"等举证指导书,讲明举证的性质与重要性,同时还应告知当事人可申请仲裁庭调查收集证据的范围,以及不同案件的不同举证范围,当事人应利用《仲裁法》中仲裁庭协助当事人收集证据的规定作出申请。再次,可以引入调查令制度。对于经仲裁庭同意的当事人可以申请法院发出调查令,来收集被对方当事人或案外第三人所持有的证据,若证据持有人拒不提供证据,则由法院来强制调取;或者当事人一方有证据证明另一方持有证据而无正当理由拒不提供,如果当事人主张该证据的内容不利于证据持有人时,应推定该主张成立。因为在仲裁中,当事人是仲裁权的直接受体,必须受仲裁权的制约,当事人出于恶意,故意隐瞒、毁损于对方有利的证据,不按照仲裁庭的要求出示证据时,仲裁庭有权使其承担不利后果,在此对民事诉讼法的借鉴是合理的,也是必要的。

四、仲裁的救济途径问题及解决

(一) 立法现状及存在的问题

所谓仲裁的救济途径,是指当事人的权益受到不公正或者不合法的仲裁裁决侵犯时所寻求的得以改变裁决结果强制力的方法。司法监督作为一切纠纷解决的最后保障,无疑是能作为仲裁的有力救济途径。对国内的仲裁裁决,当事人请求撤销仲裁委员会的裁决,在我国《仲裁法》第58条有规定,下列情形可向仲裁委所在地中院申请撤销：一是没有协议的；二是裁决事项超出协议范围或超出裁决权力范围的；三是仲裁违反法定程序；四是仲裁依据伪造证据作出的；五是当事人隐瞒的证据足以造成裁决不公的；六是仲裁员收受贿赂，徇私舞弊，枉法裁决的。另外，如果法院认为仲裁有损社会公共利益的，也应予以撤销。对涉外仲裁裁决，我国实行形式审查制，也就是只对仲裁程序性问题是否合法进行审查，根据《民事诉讼法》第二百七十四条的规定，存在下列情形的，人民法院合议庭审核后，裁定仲裁裁决不予执行：一是无仲裁条款或事后也没有达成书面仲裁协议；二是没有按照规定制定被申请人或非因被申请人原因未能陈述意见的；三是仲裁庭组成或仲裁程序不符合规定；四是仲裁事项超出协议范围或超出仲裁机构权力仲裁的。另外，如果法院认为仲裁有损社会公共利益的，也应予以撤销。与国内仲裁不同的是，涉外仲裁的合意因素很强，且有诸多国际仲裁方面的规定，我国司法对其监督仅限于程序性的审查。

另外，我国民商事仲裁制度的救济途径存在的问题有以下几个：第一，对仲裁本身的事实认定和法律适用问题，当事人如果向法院提出异议，法院不会予以受理。第二，在管辖权方面也存在问题，如果仲裁庭完全没有管辖权，当事人可以申请法院撤销仲裁裁决，这没有问题，但对于当事人提交仲裁的事项如果没有完全仲裁，也就是类似出现了诉讼中法院没有对当事人的所有诉讼请求做出判决的情况，当事人能否据此来向法院提出异议，目前我国法律没有相关规定。第三，在关于一些程序上也存在问题。国内仲裁只对仲裁庭的组成或者仲裁的程序与仲裁规则不符的情况作出了规定，但如果仲裁庭没有适用当事人选择的规则对仲裁结果产生了影响等情况，是否应归为程序不合法一类来解释，使当事人能够向法院寻求司法救济没有予以规定。

（二）域外相关制度研究

美国、德国、法国、日本等许多国家都规定了申请撤销裁决的程序，有利于保护当事人的合法权益，减少仲裁工作中的失误。在德国，对撤销裁决的裁定采取上告制度。[①] 在美国，对于法院的撤销仲裁裁决而不复审的命令，当事人可以提起上诉，上诉的方式及其适用的范围，按民事诉讼法中对于命令或裁决提出上诉的规定执行。在韩国，仲裁裁决撤销诉讼尽管在启动时间上不适用一般的时效规定，以照顾仲裁效率性的特别考虑，但仲裁裁决撤销诉讼仍然属于两造诉讼，必须由双方当事人参与审理，撤销裁决的判决仍然属于一般的判决，对此类判决可以上诉，上诉期适用民事诉讼法的一般规定。双方当事人仍然受民事诉讼法上正当程序的一般保障。[②] 在日本，仲裁裁决的执行必须经过法院宣告执行后才可以强制执行，在进行执行宣告的审理中，当事人可以一并主张裁决具有可撤销的情形而提出撤销仲裁裁决之诉，法院应该依职权审查后作出判决。如果当事人对法院的执行判决有不同意见，可以向上级法院提起上诉，上级法院的判决又可以由最高法院复审。在

[①] 具体可参见《德国民事诉讼法》第 1045 条。
[②] 金泳奎：《中韩商事仲裁制度比较研究》，中国政法大学博士论文 2009 年，第 100 页。

英国,法律对上诉制度的规定包括两方面的内容:一是对仲裁庭作出的裁决中的法律问题的上诉;二是对法院撤销裁决的决定的上诉。但无论是哪种情况的上诉,英国法律都赋予了当事人法院的管辖权。

(三)具体改革路径

针对我国目前仲裁救济途径存在的问题并借鉴国外的先进法经验,我国对仲裁救济途径中存在的问题进行改革,以期能使我国的仲裁法能更快地与世界接轨。首先是对事实认定和法律适用问题的改革。如果当事人就仲裁裁决书认定事实错误或适用法律不当向法院提出异议,根据我国法律,法院是不予受理的,这也是世界上大多数国家的做法。诚然,司法如果对仲裁本身过多地干预就会影响其"一裁终局"的效力,仲裁本身具有的快速高效的特点就无法体现。但是,我认为仲裁作为一种"替代性纠纷解决机制(ADR)",其目的是解决纠纷,虽然仲裁不像诉讼属于国家司法权的固有内容,但仲裁裁决依靠法院也有其强制力,如果仲裁本身不能保证公平公正、依法,那么,因为出于对仲裁庭的信任而选择仲裁的当事人,只能是无可奈何地接受这种错误吗?立法的完善就是为了减少冤假错案,在错案无纠正的情况下仲裁也就失去了本身的意义。所以,对于仲裁本身的救济途径也应有规定,就算不能做到像诉讼那样全面,就算规定比较严格,也比完全空白好,对于事实认定和法律适用上的严重错误,法院也应进行审查并纠正错误。

其次,对于当事人提交仲裁的事项,如果没有完全仲裁,也就是类似出现诉讼中法院没有对当事人的所有诉讼请求做出判决的情况,当事人能否据此来向法院提出异议,目前我国法律没有相关规定,我国应该制定相应的政策法律来填补目前法律上在这一块的空白。对于涉外仲裁裁决,根据《民事诉讼法》第二十六章(仲裁)的规定,"中华人民共和国涉外仲裁机构作出的裁决"审查时适用《民事诉讼法》第274条行使审查。如果是以机构为本位,就是凡属涉外机构作出的裁决均属涉外裁决。当事人可以在仲裁协议里约定仲裁机构,也就是可以自由选择,如果双方当事人以及合同内容都没有涉外因素,但选择了涉外仲裁机构就适用涉外的规定明显是不合理的。再者,我国目前对于哪些机构属于涉外仲裁机构,涉外机构里对于无涉外因素的纠纷如何裁决都尚无明确的标准。所以,我国应该针对这种规定不明确的问题制定具体的法律法规予以规定。

对于裁定撤销仲裁裁决不当的救济途径是申请复议赋予被申请人向上级人民法院申请复议的权利。仲裁裁决如果有错误,可以由法院来纠正,但如果法院发生错误,当事人却无法加以纠正,这显然是不平衡的。但出于"一裁终局"原则,对仲裁裁决的撤销意味着对"一裁终局"的否定。从鼓励和支持仲裁的理念出发,对于法院裁定撤销仲裁裁决的应予设置救济的程序。

结 语

在《新仲裁法》颁布实施之际,本文并结合外国的先进立法对我国仲裁员的任职和仲裁的受案范围以及仲裁的证据审查和仲裁的救济途径进行了阐述,提出了我国仲裁法存在的不足,并对如何进行完善提出了自己的一点建议。我认为关于仲裁员的任职应该更大限度地尊重当事人的合意,比如,把强制名册制改为推荐名册制。同时也应该扩大仲裁的受案范围,并不能仅仅限定在合同和财产权益纠纷上,把政府商事合同也应该纳入仲裁的受案范围等。对于仲裁的证据调查,仲裁庭调查证据是为了弥补当事人调查证据的不足,但是我国并没有规定如果不协助仲裁员调查证据的后果,这样单纯的一个条文并没有约束力,所以应该加以改进。

中欧电子商务消费争议多元纠纷解决机制之比较研究

■ 郑 洁*

摘 要 本文以电子商务消费争议的多元化纠纷解决机制为研究对象。首先对我国的多元化纠纷解决机制与西方的替代性纠纷解决机制进行制度比较;其次分析了多元化纠纷解决机制对促进电子商务发展的必要性;接着,着重介绍我国电子商务消费争议多元化纠纷解决制度的立法与实践;随后引入欧盟消费争议的ADR机制[2],以英国、荷兰和瑞典等国的消费争议ADR机构为例,结合欧盟消费者权益保护领域的相关立法,研究其对电子商务消费争议解决的作用和影响;最后,指出欧盟的经验对规范我国电子商务消费争议解决的借鉴作用,提出构建和完善我国消费纠纷多元化纠纷解决机制的建议。

关键词 消费争议多元化纠纷解决 欧盟消费争议ADR机制 诉讼与多元化纠纷解决机制的程序对接

一、我国多元化纠纷解决机制与西方替代性纠纷解决机制的渊源

(一)我国多元化纠纷解决机制的发展

我国多元化纠纷解决具有丰富的历史渊源。早在中国古代西周时期,就已有对"调处"的记载。[1] 受传统儒家思想的影响,"无讼"是我国封建法律文化的重要组成,"息讼"则成为了历代统治者所推崇和施政所追求的目标。[2] 但是,我国古代的调解制度片面强调调解对维护社会秩序的作用,却忽略了调解应符合双方自愿这一基本原则。随着政治经济的高速发展和法治文明的高度深化,我们需要重新审视并发挥多元化纠纷解决机制的作用。我国在深化多元化纠纷解决机制的改革过程中,亟待建设国际化、外向型、开放式的多元化纠纷解决机制,为中外当事人提

---

* 郑洁,比利时根特大学博士研究生。本文系博士研究课题"电子商务的争议解决"的阶段性成果,并受留学基金委资助。

② ADR(Alternative Dispute Resolution),指的是替代性纠纷解决机制,在我国被称为"多元化纠纷解决机制",是在诉讼以外通过和解、调解或者仲裁方式化解纠纷的形式。

① 张晋藩:《中国立法的传统与现代转型》,法律出版社1997年版,第283页。调处制度与调解制度类似,但有一定的强制性,目的在于平息纠纷。

② 范愉:《非诉讼纠纷解决机制研究》,中国人民大学出版社2000年版,第66页。

供多元化的法律服务和保障。①

党的十八届四中全会通过的《中共中央关于全面推进依法治国若干重大问题的决定》提出了"健全社会矛盾纠纷化解机制,完善多元化纠纷解决机制"的要求。多元化纠纷解决机制是解决我国日益增加的社会矛盾和有限的司法资源之间冲突的主要手段。2016 年上半年,我国新收案件1002.9 万件,与2015 年同期新收 843.2 万件相比增加 159.7 万件,上升 18.94%。同时,我国的未结案件数量也相应上升。截止至 2016 年 6 月 30 日,全国法院未审结案件 510.9 万件,与 2015 年同期相比,未审结案件增加了 26 万件,上升达 5.36%。② 随着法院案件受理数量的大幅增加,我国开始关注非诉纠纷解决机制在国家治理层面和社会矛盾纠纷化解体系中的位置、作用及其相互关系。③

我国的多元化纠纷解决机制具有中国特色,它是指"在一个社会中,多种多样的纠纷解决方式以其特定的功能和运作方式相互协调地共同存在,所结成的一种互补的、满足社会主体多样需求的程序体系和动态的调整系统。"④多元化纠纷解决机制对保证法治和司法的可持续发展具有重要意义。随着电子商务在我国的不断发展,传统的法院诉讼方式已经无法满足日益增长的消费争议需求。⑤ 因此,我国应该充分利用多元化纠纷解决机制,与诉讼制度有机结合,为消费者提供多元化的纠纷解决机制。2015 年 12 月,中共中央办公厅和国务院办公厅联合印发《关于完善矛盾纠纷多元化解机制的意见》,明确了完善矛盾纠纷多元化解机制的指导思想和基本原则。2016 年,最高人民法院相继发布了《最高人民法院进一步深化多元化纠纷解决机制改革的意见》和《最高人民法院关于进一步推进案件繁简分流优化司法资源配置的若干意见》,进一步深化多元化纠纷解决机制的思路,通过合理配置纠纷解决的社会资源,完善和解、调解、仲裁等非诉手段与诉讼有机衔接、相互协调的多元化纠纷解决机制。

(二)西方替代性纠纷解决机制的渊源

西方"替代性争议解决"(Alternative Dispute Resolution)并没有统一的概念,它主要是指在民事争议中使用非诉讼的方法化解争议的手段。⑥ 替代性争议解决

---

① 周强:《深化多元化纠纷解决机制改革　促进提升社会治理法治化水平》,载《最高人民法院多元化纠纷解决机制改革意见和特邀调解规定的理解与运用》,人民法院出版社 2016 年版,第 3 页。

② 胡仕浩,刘树德,罗灿:《关于进一步推进案件繁简分流优化司法资源配置的若干意见的理解与适用》,载《人民司法(应用)》2016 年第 28 期。

③ 杨万明:《推动诉调有机对接　促进纠纷多元化解》,人民法院报 2016 年 8 月 17 日第 5 版。

④ 范愉:《多元化纠纷解决机制》,厦门大学出版社 2005 年版,第 2 页。

⑤ 随着电子商务的高速发展,涉电商纠纷呈井喷式增长趋势,杭州法院受理电子商务案件从 2013 年的 600 件提高到 2016 年的超 1 万件。广州两级法院 2011 年至 2013 年审理的涉电子商务纠纷案件的年平均增长率为 24%,其中新类型案件的年平均增长率高达 75%,每 10 件电商纠纷有 7 件涉及网购。

⑥ Susan Blake, Julie Browne and Stuart Sime, *The Jackson ADR Handbook* (2013)2.

方式根据程序的正式性与否又可分为裁判型ADR与合意型ADR。① 裁判型ADR与法院判决比较类似,有较为严格的程序规则,例如,仲裁或者裁判(Adjudication)。由中立第三方根据双方提交的答辩意见和证据作出对争议各方有约束力的裁决。合意型ADR虽然缺少严格的程序规则,但相对合意型ADR也较为灵活:既可由中立第三方参与调解,促成双方达成合意(例如调解);又可直接由争议方相互协商,自行达成和解。

西方替代性纠纷解决机制,被誉为是第三次"接近正义"(Access to Justice)运动。② "接近正义"运动目的在于扫除那些阻碍公民实现权利救济的制度缺陷,更好地保障社会成员利用司法制度的权利。Cappelletti 和 Garth 将美国的"接近正义"司法改革运动分为三个阶段:第一阶段是 1960 年在美国法院系统引入法律援助体系,用于解决人们由于诉讼成本过高而无法接近正义的问题;第二阶段是 1970 年年初在美国法院系统引入的集团诉讼,用于解决单一个体无法在诉讼中与庞大企业相抗衡的问题;第三阶段则是在 1970 年年末引入的替代性争议解决机制,用于解决由于司法资源稀缺而导致人们无法接近正义的问题。③ 作为第三次"接近正义"运动,替代性纠纷解决机制已经逐渐成为人们熟悉并选择的纠纷解决方式之一,因为它不仅降低了司法成本,也节约了司法资源。在英国,由大法官沃尔夫勋爵主持的"接近正义"报告中也提出了简化民事诉讼程序、提高效率、降低诉讼成本的司法改革目标,为在英国民事诉讼规则中引入替代性纠纷解决机制奠定了基础。④

(三)我国多元化纠纷解决机制与西方替代性纠纷解决机制的异同

我国多元化纠纷解决机制与西方替代性纠纷解决机制的引入,都是基于稀缺的司法资源已无法满足日益增长的社会矛盾需求。多元化纠纷解决机制有助于化解矛盾、节约成本和提高争议解决的效率。

但是,两者又存在着一定的差异。西方替代性纠纷解决机制的发展是建立在法治理念的基础之上的。随着社会的发展,其从法院中心主义转向了鼓励当事人进行利益衡量、协商、妥协,并自主处分自己的权利,以替代诉讼和审判。⑤ 我国的

---

① Susan Blake, Julie Browne and Stuart Sime, *The Jackson ADR Handbook* (2013) 2.

② 英国"接近正义"司法改革,参见齐树杰:《接近正义:英国民事司法改革述评》,人民法院报 2001 年 9 月 12 日第 3 版。美国也实施了与英国相似的司法改革,以提高诉讼效率、节约司法资源。

③ Mauro Cappelletti, 'Alternative Dispute Resolution Processes within the Framework of the World-Wide Access-to-Justice Movement' (1993) 56 The Modern Law Review 282, 282-296; Mauro Cappelletti and Bryant Garth, 'Access to justice: the newest wave in the worldwide movement to make rights effective' (1977) 27 *Buffalo Law Review* 181, 222-227; Anna Nylund, 'Access to Justice: Is ADR a Help or Hindrance?' in *The Future of Civil Litigation* (Springer International Publishing 2014) 326.

④ 郭辉:《接近正义考》,载《澳门法学》2014 年第 3 期。

⑤ 范愉:《多元化纠纷解决机制》,厦门大学出版社 2005 年版,第 101～102 页。

多元化纠纷解决有着丰富的历史渊源和法律文化,是一种适应我国法治社会可持续发展、兼顾诉讼与非诉均衡发展的理念与实践。① 其中,人民调解是一种有中国特色的多元化纠纷解决机制,强调司法为民,使司法尽可能地贴近群众并依靠群众司法。同时,我国强调完善诉讼与各多元化纠纷解决机制(仲裁、行政调处、人民调解、商事调解、行业调解及其他非诉讼纠纷解决方式)之间的有效衔接。② 与西方替代性纠纷解决机制及诉讼之间的平行关系相比,我国更强调诉讼与非诉争议解决之间的融合与转化。

二、在电子商务交易中发展消费争议多元化纠纷解决机制的必要性

B2C(Business-to-Consumer)"商户对消费者"电子商务是指在电子商务领域产生于商户与消费者之间的交易类型,由商户直接向消费者销售产品或提供服务。根据艾瑞咨询的研究数据显示,2016年中国网络购物市场中B2C市场交易规模为2.6万亿元,在网购市场交易规模中的比例达到了55.3%,较2015年提高了3.2%。③ B2C电子商务交易形式相较传统的线下交易存在着一定的特殊性,这主要表现为交易金额较低且交易总量较大。因此,传统的诉讼争议解决模式不能完全满足电子商务消费争议的需要。

1.商户与消费者之间的信息不对称

商户与消费者之间的信息不对称是导致市场机制失灵的主要原因。George Arthur Akerlof教授在其著名的"柠檬市场理论"中提出④:"在信息不对称的情况下,若不存在市场规制,就会发生'逆向选择的结果'。由于只有卖家知道商品的真实品质,而买家无法予以识别,因而只能以商品的平均价值作为参照,这就会使卖家通过经营质量低下的商品而实现利益的最大化。"⑤

在电子商务中,尽管消费者看似可以通过网站商品的信息描述以及评价增加对商品信息的了解,但是互联网的虚拟性这一特点却加剧了商户和消费者之间的信息不对称。首先,商户可以通过获取消费者访问网站时留下的个人信息(消费偏好、消费习惯等),向消费者提供相关的商品、服务信息的广告推送。其次,消费者

---

① 范愉:《多元化纠纷解决机制的国家化发展趋势》,载《人民法院报》2016年7月6日第2版。

② 《最高人民法院关于建立健全诉讼与非诉讼相衔接的矛盾纠纷解决机制的若干意见》,法发[2009]45号。

③ 艾瑞咨询:《2016中国电商报告》,网络购物市场规模为C2C(消费者对消费者)交易额和B2C交易额之和。来源:http://cj.sina.com.cn/article/detail/6044229343/142348? column=china&ch=9,2017年5月12日访问。

④ "柠檬"是美国口语对次品的称呼。

⑤ George Akerlof,"The market for 'lemons': Quality uncertainty and the market mechanism" in *Essential Readings in Economics* (Springer 1995) 136.

无法通过网页描述直观了解商户及其商品,而只能盲从商品描述及其他买家的评论。① 这些商品的评论可能会受商户物质奖励的利诱而高于实际情况,或者受到同业竞争的打压而低于实际情况,因而并不能反映商品的真实质量。② 再次,相比线下交易,消费者又无法直观了解商品的外观形态。因此,电子商务领域的消费争议日益频发。

截止至 2016 年 12 月,我国的网民规模已有 7.31 亿人,网络的普及率达到 53.2%。其中,手机网民数量达到 6.95 亿人,用手机支付的用户接近 4.7 亿人。③ 2016 年上半年,中国网购用户规模达 4.8 亿人,同比增长 15.1%。④ 互联网在为消费者提供选择商品和服务便利的同时,也形成了网购争议逐年上升的态势。仅在 2016 年双十一期间,深圳市消费者权益保护协会就收到网购投诉 4958 起,比去年同期增长了 48%。⑤ 互联网消费者在获取轻松、便捷的购物体验的同时,也面临着较多的交易风险。然而,传统的法院诉讼并不能完全缓解日益增长的纠纷需要,更无法快捷而高效地解决争议。

2. 商户与消费者之间的地位不平等

在电子商务交易中,商户经常通过电子合同的方式订立有利于自己但却有损消费者权利的格式条款。这些不公平条款主要表现在,赋予了商户单一修改合同条款的权利、限制或免除商户责任的条款、争议处理制度等内容。⑥ 在争议处理方面,由于商户经常将约定管辖法院放在自己的经营地,造成消费者碍于诉讼费用和地域限制等原因而无法提起诉讼程序。

(5)建立消费争议多元化纠纷解决机制的意义及作用

电子商务在方便消费者进行网络购物的同时,也增加了消费者遭受商家欺诈的风险。这主要是由于消费者在网站上获取的信息不全面、不客观,以及商户通过格式条款限制消费者缔约权利所导致的。鉴于消费争议的金额往往偏低,消费者并不会为了一笔小额交易而诉诸法院。根据欧盟 Eurobarometer 的统计,33%的消费者认为诉讼程序太复杂、费用太高、太耗时。⑦ 实践证明,建立多元化的消费

---

① 程可:《信息不对称下网购存在的问题及对策》,载《经济研究导刊》2014 年第 16 期。
② 第一财经,《大数据揭发了网购虚假点评,快来看看亚马逊怎么应对》,来源:http://m.yicai.com/news/5133762.html,2017 年 4 月 12 日访问。
③ 中国互联网络信息中心:《第 39 次中国互联网络发展状况统计报告》2017 年 1 月,第 1 页。
④ 中国电子商务研究中心:2016 年(上)中国电子商务市场数据监测报告,来源:http://www.100ec.cn/zt/upload_data/B2B/EC.pdf,2017 年 4 月 6 日访问。
⑤ 深圳特区报:《深圳"双十一"网购投诉同比增长 48%》2016 年 11 月 29 日,来源:http://sz.people.com.cn/n2/2016/1129/c202846-29385676.html,2017 年 4 月 6 日访问。
⑥ 王红霞、杨玉杰:《互联网平台滥用格式条款的法律规制——以 20 份互联网用户注册协议为样本》,载《上海政法学院学报》2016 年第 1 期。
⑦ Special Eurobarometer 342:Consumer empowerment,April 2011,204.

纠纷解决机制有助于增强消费者对电子商务的信心、推动电子商务的发展。①

为了切实保障消费者争议解决的权利,我国亟需出台与电子商务交易相配套的消费争议多元化纠纷解决机制。为此,我国正在起草中的《电子商务法》在第4章电子商务交易保障中规定了争议解决的内容,鼓励采取多元化的纠纷解决模式。其中既包括传统的和解、调解、仲裁、诉讼等争议解决方式,又包括由电子商务主体自发建立的内部争议解决机制。②

三、我国电子商务消费争议多元化纠纷解决制度的立法与实践

(一)我国消费争议解决的路径选择——行政投诉、诉讼、多元化纠纷解决方式?

根据我国《消费者权益保护法》第39条,消费者可以通过各种途径解决与经营者发生的消费权益争议,其中既包括诉讼手段,又包括非诉讼手段(协商、仲裁、调解),还包括向行政部门投诉。

目前我国消费争议解决的主要途径为行政投诉。工商行政管理总局加强建设12315投诉系统,方便消费者对商户的投诉。2014年,全国工商部门共同受理网购投诉7.78万件,同比增长356.6%。③ 在消费者保护协会受理的20135件远程购物投诉中,网络购物占到了92.3%。④ 其次是通过诉讼形式解决争议,根据最高人民法院2017年的工作报告,2016年,我国各级法院审理消费者权益保护案件2.9万件,仅占民事案件总数的0.43%。⑤ 导致我国消费争议诉讼数量较低的主要原因有以下两个:其一,消费争议的标的较小,⑥提起诉讼的费用和成本比标的本身的金额要高,因而,消费者往往选择行政投诉或者通过媒体曝光等手段解决;其二,商户通过格式管辖条款,强制消费者到其所在地的法院进行诉讼。消费者的住所地往往与商户住所地不在同一个地方,因而增加了消费者的诉讼成本和难度。

相较行政投诉和诉讼,选择通过协商、调解或仲裁等多元化纠纷解决方式解决

---

① Christopher Hodges, Iris Benä and Naomi Creutzfeldt-Banda, *Consumer ADR in Europe* (Bloomsbury Publishing 2012) 365.

② 《中华人民共和国电子商务法(草案)》第四章 电子交易保障:第四节争议解决,来源:http://www.npc.gov.cn/npc/lfzt/rlyw/node_31834.htm,2017年11月20日访问。

③ 中国经济网:《2014网购正品率仅58.7% 公益诉讼仅成功一例》,来源:http://www.cidf.net/2015-11/06/c_1117062480.htm,2017年4月17日访问。

④ 中国经济网:《2014网购正品率仅58.7% 公益诉讼仅成功一例》,来源:http://www.cidf.net/2015-11/06/c_1117062480.htm,2017年4月17日访问。

⑤ 最高人民法院院长周强2017年3月12日在第十二届全国人大第五次会议上作的最高人民法院工作报告中指出,各级法院2017年审结一审民事案件673.8万件,来源:http://news.xinhuanet.com/politics/2017-03/19/c_1120653949.htm,2017年4月17日访问。

⑥ 根据华北电力大学人文与社会科学学院民事案例研习团对无讼公布的300个消费争议案例,争议标的最小的金额仅为11.9元,来源:https://read01.com/5o2JBo.html,2017年4月17日访问。

消费争议的人数就少之又少。这是由于我国尚未建立起一套系统的多元化消费纠纷解决机制。消费争议与其他商事争议相比,具有法律关系清晰、案情简单、争议标的额较低的特点,因此,多元化纠纷解决机制是解决此类纠纷的最佳选择。下文将从我国现有的消费争议解决方式入手,分析我国消费争议多元化纠纷解决制度的实践与不足。

(二)电子商务平台内部争议解决机制的缺陷

经济合作与发展组织(OECD)在2016年的《关于电子商务中消费者保护指南的建议》第F项关于争议解决和救济中提及了企业内部的争议解决机制:"应该鼓励企业建立内部的争议解决机制,使消费能够在争议一发生时就能立即获得免费的救济途径。"[1]在我国,淘宝网作为电子商务的零售交易平台,自发地形成了一套交易规则和争议解决机制。这套争议机制有效地解决了消费者和平台卖家之间的纠纷,并且可以通过支付宝公司内部执行争议的货款。淘宝机制的成功之处在于,其能迅速而有效地化解买卖双方的争议,并通过支付宝迅速划拨争议货款,使消费者在最短的时间内获得赔付。但是,淘宝作为平台主体形成的争议解决机制也存在着制度上的缺陷。

首先,淘宝争议处理规则是否合法?《淘宝争议处理规则》是为了解决买卖双方在淘宝网上发生争议而作出的规定。[2] 该规则由淘宝制定并详细规定了淘宝解决争议的程序以及所依据的交易行为规范。《淘宝争议处理规则》反映了电子商务平台经营者规范市场、解决争议、提高消费者信心的需要。淘宝为了提高规则的透明度,引入了规则众议院,让买家和卖家向淘宝提供意见,完善规则的制定。根据相关的调研数据,仅在2012年5月30日至2014年2月28日期间淘宝规则的变更数量就多达244条,新增326条,废除8条。[3] 但是,除了规则众议院公示规则外,淘宝并未以其他合理的方式提醒用户注意其规则的变更。淘宝规则赋予了淘宝随时变更规则的权利,却未能通过合理的方式让所有用户知晓其变更的内容,而是以格式条款规定用户继续使用网站即视为同意变更。[4] 淘宝规则的制定和变更都应严格遵循意思自治,例如,淘宝可以通过邮件或者弹出窗口的形式向用户充分披露其重大条款的变更,并赋予消费者一定的选择权。

其次,淘宝网作为促成双方交易的居间人,是否拥有对争议的处理权限以及能否客观中立地做出判断?根据淘宝争议处理规则的规定,买卖双方在淘宝上交易

---

[1] OECD(2016), Consumer Protection in E-commerce: OECD Recommendation, OECD Publishing,16,http://dx.doi.org/10.1787/9789264255258-en,2017年4月17日访问。

[2] 《淘宝争议处理规则》2015年1月1日,第1、2条,来源:https://rule.taobao.com/detail-99.htm? spm=a2177.7231193.0.0.CfDkLb&tag=self,2017年4月17日访问。

[3] 唐远雄、丘泽奇:《淘宝平台规则的共生演化》,来源:http://www.chinaeclaw.com/html/eclegislation/ppt/tangyx.pdf,2017年4月18日访问。

[4] 孔政、丁伟华、成文娟,杭州市余杭区人民法院:调研报告《关于电子商务平台争议处理机制的调查与分析——以淘宝交易平台为例》。

时发生争议,任何一方向淘宝申请投诉处理的,淘宝将根据规则对争议作出处理。① 这个规定一方面提高了淘宝介入纠纷的效率,另一方面却违反了当事人提交争议解决的意思自治。同时,作为居间的电子商务平台,与买卖双方都有紧密的商业联系,这一定程度上影响了争议解决第三方的中立性。为了增加公正性,淘宝网引入了第三方的大众评审机制,由买方和卖方的代表,通过投票的方式对用户的违规行为和交易纠纷进行判定,但是该制度也仅限于一小部分争议类型并且需要争议双方的一致同意。② 淘宝由于缺乏一套内部监督机制,影响了其决定的客观和公正性。

第三,支付宝是否有权执行淘宝的决定?淘宝不是行政机关,也不是执法机关,因而它不具有罚没用户资金的权利。淘宝的权限来自于《淘宝争议处理规则》第109、110条和《支付宝服务协议》第4条第2款第7项的规定:"您已授权支付宝可按照淘宝的指令将争议款一部分或者全部支付给交易的一方或双方。"淘宝也规定在支付宝执行了相关款项后,争议方如果对淘宝的处理结果有异议的,可向人民法院起诉。在操作中,由于淘宝的交易规则偏向性保护买方的利益,不乏有人恶意滥用淘宝规则,侵犯卖方的合法权益。③ 因此,淘宝应该强化对其内部争议解决机制的监督,谨防不法之徒利用淘宝规则恶意欺诈。

我国现阶段在电子商务的消费争议中主要依靠电子商务平台内部提供的争议解决程序,它从一定程度上缓解了平台内的纠纷。但是,由于这种电子商务平台内部争议解决机制缺乏中立性和专业性,因而不能完全依赖内部争议机制解决所有的电子商务消费争议。④ 除了规范电子商务平台内部的争议解决机制外,我国还应该着力发展专业化的多元化消费争议解决机制。

(三)专业化的多元化消费争议解决机制

我国专业化的消费争议解决机制主要可以分为两个方面:消费仲裁制度与人民调解制度。前者是约束性纠纷解决机制,仲裁的结果可以直接在法院获得承认和执行;后者是非约束性纠纷解决机制,建立在争议双方合意的基础之上。

随着我国仲裁制度的发展,仲裁的受案范围也由传统的商事纠纷逐步拓展至消费争议领域。然而,由于我国仲裁机构的收费标准普遍偏高,加上消费者对仲裁制度的陌生,导致我国消费仲裁制度并未得以发展壮大。⑤ 为此,我国的一些仲裁机构也纷纷出台了消费争议仲裁程序,通过降低收费和简化仲裁程序等方式,吸引消费争议案件。⑥ 但由于我国没有设立专门的消费仲裁制度,而消费仲裁需要同时获得商户和消费者的同意,因此一旦商户不愿意参与仲裁程序就无法保障消费者能够使用消费争议仲裁制度。对此,我国可以借鉴西班牙、葡萄牙等国的先进立

---

① 《淘宝争议处理规则》第101条。
② 淘宝大众评审仅适用于卖家违规以及交易纠纷。
③ 中国电脑教育报:《淘宝规则现漏洞,引发卖家恶意索赔》2012年6月25日。
④ 徐妤:《网络交易平台提供商在电子商务纠纷中的法律定位》,载《仲裁研究》第15期。
⑤ 皇甫家果:《消费争议仲裁制度研究》,郑州大学硕士论文2011年,第28~31页。
⑥ 例如:《青岛市消费纠纷仲裁暂行办法》《荆门仲裁委员会消费争议仲裁规则》等。

法,构建独立的消费仲裁制度。该消费仲裁制度仅适用于消费者对商户提起的仲裁申请,并且各仲裁机构应该适用统一的消费争议仲裁规则。在涉及公共服务业(例如:水、电、气等能源性、交通、银行等领域)的消费争议中,要求商户必须参与消费仲裁,并且主动执行该仲裁裁决,以保障消费者的基本权利。①

除了仲裁制度,我国还应着力发展人民调解制度以解决消费纠纷。我国当代的人民调解制度是建立在传统社会人民调解(即由村委会、居委会和企事业单位设立的人民调解委员会对民间纠纷双方当事人进行劝说)基础上的制度创新。② 这主要表现为对调解组织的范围(如专业性、行业性人民调解委员会)和调解纠纷的内容(如电子商务纠纷、金融消费纠纷等)进行了扩充。此外,《人民调解法》还赋予了人民调解协议以合同效力。③ 尽管调解机制缺乏一定的约束力,但是根据《人民调解法》第33条规定:"经人民调解委员会调解达成协议后,双方当事人认为有必要时,可以自调解协议生效之日起30日内共同向人民法院申请司法确认。"通过人民法院对调解协议加以司法确认的方式,调解协议对当事人具有了强制执行力。以北京为例,截止至2015年8月,北京市消费纠纷人民调解机构已达175家,④ 其中既有消协和司法行政机关组建的专业性人民调解组织⑤,又有相关社会组织、企业在行业协会内部建立的行业性人民调解组织。⑥ 随着专业性的消费纠纷人民调解委员会的相继成立,如何保障其调解服务的质量对发挥人民调解机制在化解纠纷方面的作用也至关重要。这就要求相应的立法及时跟进,规范对人民调解员的培训和资质的准入要求。

四、欧盟消费争议 ADR 机制的内涵

(一)欧盟消费争议 ADR 机制的立法框架

欧盟通过加强对消费者保护方面的立法,以推动其内部市场一体化的进程。根据《欧盟运行条约》第169条第2款的规定,欧盟在消费者权益保护方面的立法权仅限于可能对欧盟内部市场运行产生影响的事项。⑦ 近年来,欧盟对消费者方

---

① Pablo Cortés, *The New Regulatory Framework for Consumer Dispute Resolution* (Oxford University Press 2016) 255 & 278.
② 刘敏:《人民调解制度的创新与发展》,载《法学杂志》2012年第3期。
③ 《最高人民法院关于人民调解协议的民事案件若干规定》第1条。
④ 《北京消费纠纷人民调解机构达175家,为消费者挽回损失212.6万元》,载《中国工商报》2015年10月19日, http://www.saic.gov.cn/xw/yw/df/201609/t20160921_179578.html, 2017年5月12日访问。
⑤ 例如:北京消费纠纷人民调解委员会。
⑥ 例如:北京保险业协会建立的保险行业协会调解委员会。
⑦ 《欧盟运行条约》,Consolidated Version of the Treaty of the Functioning of the European Union (TFEU) [2012] OJ C 326/47。

面的立法保护也从注重实体性权利转向了程序性权利。① 为了实现更高水平的消费者权利保护,欧盟通过制定一套适用于消费争议 ADR 机构的原则,统一了 ADR 机构的服务质量,增强了对消费者程序性权利的保障。欧洲议会和欧盟理事会于 2013 年 5 月 21 日分别通过了《欧盟消费争议 ADR 指令》和《欧盟消费争议在线解决条例》②,下文将着重讨论这两个文件对消费者争议 ADR 机制的影响和作用。

1.《欧盟消费争议 ADR 指令》

2002 年,欧盟起草了《民商法领域替代性争议解决机制的绿皮书》,该绿皮书首次肯定了 ADR 机制在保障公民获得司法正义(Access to Justice)中的作用:ADR 能有效解决欧盟各成员国内纠纷数量不断增加、法院司法程序过于冗长以及司法成本过高的问题。③

欧盟相继发布了两个有关消费纠纷庭外争议解决的建议:《关于消费纠纷庭外争议解决机构适用原则的建议》④《关于合意解决消费纠纷的庭外争议解决机构适用原则的建议》⑤。前者对裁决型 ADR 机制提出了七个基本原则(独立原则、透明原则、对抗原则、有效原则、合法原则、自由原则、代表原则),后者对合意型 ADR 机制提出了四大基本原则(中立原则、透明原则、有效原则、公平原则)。但是,由于欧盟的建议不具有法律约束力,因而,40% 的欧盟各国 ADR 机制未能遵守该建议的基本要求。⑥ 因而,欧盟出台了具有法律约束力的《欧盟消费争议 ADR 指令》,并融合了之前两个建议中对 ADR 机制的最低要求,但是对裁决型 ADR 与合意型 ADR 不再作以区分。

《欧盟消费争议 ADR 指令》制定了一套原则性标准,对消费争议 ADR 机制的

---

① 欧盟对消费者实体性权利保护的立法主要包括:《关于消费者合同中不公平条款的指令》(93/13 号指令)、《不公平商业行为指令》(2005/29 号指令)、《消费者权益保护指令》(2001/83 号指令)等。欧盟对消费者程序性权利保护的立法主要包括:《欧盟关于民商事调解指令》(2008/52 号指令)、《小额诉讼程序条例》(861/2007 号条例)、《欧盟消费争议 ADR 指令》(2013/11 号指令)和《欧盟消费争议在线解决条例》(524/2013 号条例)等。

② 《欧盟消费争议 ADR 指令》(Directive 2013/11/EU of 21 May 2013 on alternative dispute resolution for consumer disputes, OJ L165/63);《欧盟消费争议在线解决条例》(Regulation(EU) No 524/2013 of 21 May 2013 on online dispute resolution for consumer disputes, OJ L165/1)。

③ 《民商法领域替代性争议解决机制的绿皮书》,Green paper on alternative dispute resolution in civil and commercial Law, COM (2002)196 final, paragraph 5。

④ 《关于消费纠纷庭外争议解决机构适用原则的建议》,Commission Recommendation on the principles applicable to the bodies responsible for out-of-court settlement of consumer disputes (98/257/EC)。

⑤ 《关于合意解决消费纠纷的庭外争议解决机构适用原则的建议》,Commission Recommendation on the principles for out-of-court bodies involved in the consensual resolution of consumer disputes (2001/310/EC)。

⑥ Impact Assessment Accompanying the Proposal for a Directive on Alternative Dispute Resolution for Consumer Disputes and a Proposal for a Regulation on Online Dispute Resolution for Consumer Disputes, SEC (2011) 408 final, 46-47.

运作从三个方面进行了详尽的规定。首先,对消费者诉诸 ADR 的权利进行了规定,这主要包括:保障消费者选择不同 ADR 机制的权利、获得平等的陈述和申辩的权利、隐私保护的权利以及获得公正合理的裁决的权利。其次,对 ADR 机构提出了要求:确保第三方的独立、公正,程序透明,保护各方的隐私以及便利当事人。再次,对 ADR 的程序作出了原则性的规定:保障程序的灵活性、高效性、便宜性、保密性及合法性。这些原则性的规定有助于保障消费争议 ADR 的服务质量,为消费者提供诉讼外的争议解决支持。此外,《欧盟消费争议 ADR 指令》还要求欧盟各成员国成立相应的管理机构,负责对各国的 ADR 机构进行服务认证,并且将符合指令要求的 ADR 机构名单公布在其网站上,确保公众能够查阅相关信息。①

4.《欧盟消费争议在线解决条例》

《欧盟消费争议在线解决条例》则是在欧盟层面设立了一个统一的消费争议 ADR 网上争议解决平台,向欧盟的消费者提供欧盟各成员国国内符合《欧盟消费争议 ADR 指令》要求的相关 ADR 机构信息。消费者可以通过平台提交争议申请,平台将该申请翻译后通知有关商户。经争议双方一致同意,平台可将争议转交双方一致选定的消费争议 ADR 机构。但是,《欧盟消费争议在线解决条例》仅适用于欧盟境内的消费者与商户在跨境交易中产生的纠纷,因而并不包括欧盟外的消费者。②

(二)欧盟消费争议 ADR 机构的类型

根据欧盟 2009 年对消费争议 ADR 解决机构的调查,在欧盟境内有约 750 个 ADR 争议解决机构。③ 在欧盟境内,随着 ADR 机制的普及化,人们通过 ADR 的方式解决消费争议的数量也与日俱增。④ 下面就以英国、荷兰和瑞典三国的消费争议 ADR 机构为例,简要介绍消费争议 ADR 的运行机制。

1.英国金融申诉专员服务机构

英国金融申诉专员服务机构(Financial Ombudsman Service/FOS)⑤最早源于保险公司自发建立的保险申诉专员署,后被金融服务领域的其他部门所复制。⑥英国金融申诉专员服务制度是根据《金融服务和市场法案 2000》⑦于 2001 年建立的争议解决机制,涵盖银行、保险和投资等领域。当金融服务机构无法与消费者达

---

① 《欧盟消费争议 ADR 指令》,第 18 条。
② 《欧盟消费争议在线解决条例》,第 2 条第 1 款。
③ Internal Market and Consumer Protection, Cross-border Alternative Dispute Resolution in the European Union (2011) IP/A/IMCO/ST/2010-15,9.
④ 同上,2006 年通过 ADR 解决的消费争议有 41 万件,2007 年为 47.3 万件,2008 年增长为 50 万件。
⑤ 英国金融申诉专员服务机构,Financial Ombudsman Service(FOS)官网,来源:http://www.financial-ombudsman.org.uk/,2017 年 4 月 19 日访问。
⑥ 贾小雷、刘媛:《英国金融申诉专员服务制度之述评》,载《河北法学》2011 年第 9 期。
⑦ 《英国金融服务和市场法案》,Financial Services and Market Act 2000,FSA/PN/160/2000,Part XVI The Ombudsman Scheme.

成合意后,消费者可以向金融申诉专员服务机构发起投诉。受到投诉的金融服务机构需要向金融申诉专员服务机构支付一笔 500 磅(约合人民币 4000 元)的费用,这是鼓励金融服务机构与消费者达成事前和解。金融申诉专员可以作出金钱给付赔偿(不超过 15 万英镑,约合人民币 133 万元)或者特定行为(更正错误的消费评级、向消费者赔礼道歉等)的裁定。英国金融申诉专员服务机构受理的案件数量占欧盟各消费争议 ADR 机构之最,2010 年的案件数量达到了 16.3 万件。[①]凡是由英国金融监管局(Financial Services Authority)审批的金融服务机构均受金融申诉专员的管辖,并且必须执行其做出的决定。

2. 荷兰消费者投诉委员会

荷兰消费者投诉委员会(Foundation for Consumer Complaints Boards/SGC)成立于 1970 年,是一个跨行业的国家性消费争议 ADR 争议解决组织。[②] 2011 年,消费者投诉委员会涵盖的行业已经达到 50 多个。[③] 各行业协会的会员都必须参与到 ADR 之中解决与消费者之间的争议,并且该决定对争议双方都具有强制执行力。荷兰消费者投诉委员的经费来源主要是拨款,其中的 85% 由行业协会出资,剩下的 15% 来自政府补贴。消费者应该首先与商户内部协商解决纠纷,如果双方未能在 4 周内达成协议,消费者就可以向委员会投诉。消费者先根据投诉的金额付一笔案件的受理费,一旦案件顺利解决,该费用会退还给消费者。如果商户拒不执行委员会的裁决,商户所属的行业协会将会先行垫付该赔偿。

3. 瑞典国家消费争议诉愿委员会

瑞典国家消费争议诉愿委员会(National Board for Consumer Disputes/ARN)[④]是由国家出资组建的消费争议处理机构,由其下属的 13 个部门涵盖 13 个行业。在组建之初,消费争议诉愿委员会是瑞典消费者保护机构的下属分支,自 1981 年起就成为独立的消费争议处理机构。[⑤] 其要务是解决商户与消费者之间的争议,同时也为消费者提供诉讼的意见支持等。消费者应先与商户协商解决争议,在双方无法达成一致意见后,消费者应在 6 个月内向瑞典国家消费争议诉愿委员会提起投诉。同时,对于争议的提起还设置了争议的最低金额:对于鞋、纺织品和综合类争议的投诉起点为 500 瑞典克朗(约合人民币 380 元);对于电子产品、摩托车、旅游或者清洗服务类争议的投诉起点为 1000 瑞典克朗(约合人民币 760 元);对于银行、船只或者保险行业争议的投诉起点为 2000 瑞典克朗(约合人民币 1500

---

① Cross-border Alternative Dispute Resolution in the European Union (2011) 27.

② 荷兰消费者投诉委员会官网,Stiching Geschillencommissie (SGC) 官网,来源:https://www.degeschillencommissie.nl/consumenten,2017 年 4 月 19 日访问。Cross-border Alternative Dispute Resolution in the European Union (2011) 33.

③ Christopher Hodges, Iris BenÂ and Naomi Creutzfeldt-Banda, *Consumer ADR in Europe* (Bloomsbury Publishing 2012) 136.

④ 瑞典国家消费争议诉愿委员会,Allmänna reklamationsnämnden(ARN)官网,来源:http://www.arn.se/,2017 年 4 月 23 日访问。

⑤ Hodges, BenÂ and Creutzfeldt-Banda (参见注释第 65 项)239.

元)。消费者提交的争议由相关的部门处理,部门的决定仅具有参考意义,并不强制争议方履行。但是,瑞典国家消费争议诉愿委员会将定期在其网站公布争议的处理结果及其执行情况,这将会对商户的声誉产生一定的影响。①

4.总结

为了方便比较上述三个欧盟国家消费争议 ADR 机构之间的区别,笔者将在表1中简要分析他们各自的特点。

表1

比较点	英国 FOS	荷兰 SGC	瑞典 ARN
行业范围	金融领域(银行、保险、投资)	50个行业争议处理委员会②	13个针对不同行业的争议处理部门③
程序参与的强制性	半强制	半强制	半强制
经费来源	行业	行业+政府	政府
结果的强制力	可诉诸法院强制执行	由行业协会担保强制执行	不具有强制执行力

可见,尽管欧盟在立法层面并未对消费争议 ADR 机制的强制性和约束力作出规定,但是在有些成员国内部为了更有效地发挥 ADR 机制的作用,还是通过立法的形式要求商户必须参与到 ADR 机制中来,并且依靠司法和担保执行等方式保障 ADR 结果的执行。在经费方面,各成员国通过由行业协会或政府出资,保障了消费争议 ADR 机构的相对独立和中立地位。

(三)对欧盟消费争议 ADR 解决机制的评价

欧盟消费者保护相关的法律明确了消费者拥有的诉讼权利,这是《欧洲保障人权和根本自由公约》赋予公民的基本权利。④ 这种诉讼权利既包括选择诉讼或者 ADR 非诉争议解决机制的权利,又包括了选择特定法院或者特定 ADR 机构的权利。同时,欧盟消费争议 ADR 解决机制向消费者提供了便捷、高效而又低廉的消费争议 ADR 服务,消费者拥有更多的争议解决手段和选择。欧盟消费争议在线解决平台的建立,不仅为欧盟境内的消费者跨境解决消费争议提供了重要的信息渠道和多语言的环境,也提高了消费争议 ADR 机制的知名度。

尽管《欧盟消费争议 ADR 指令》和《欧盟消费争议在线解决条例》为消费者提

---

① 2008年和2009年 ARN 决定的执行率为75%,2010年 ARN 决定的执行率为71%。瑞典国家消费争议诉愿委员会决定的执行率主要取决于商户的主要消费市场是否在瑞典。

② 包括:空调、航空、建筑装潢、租车、干洗和清洗服务、驾校、休闲、搬家公司、电信、旅游、车辆等。

③ 包括:综合类、银行、房屋、船只、电子产品、房地产中介、家具、保险、机动车、摩托车、旅游、鞋、纺织品和清洗服务等。

④ 《欧洲保障人权和根本自由公约》第6条的规定,任何人有理由在合理的时间内接受依法设立的、独立而公正的法院公平且公开的审判。

供了解决争议的多元化途径,但是也存在着一定的缺陷。例如,由于 ADR 建立在意思自治的基础上,因此,即使消费者选择了 ADR 的方式解决纠纷,商户也未必会同意加入,这就减少了在消费争议中使用 ADR 机制的机会。另外,绝大多数消费争议 ADR 的裁决结果对商户并没有约束力。[①] 根据欧盟最新的研究报告显示,在消费者提交的争议中,仅有 1% 左右的争议最终通过 ADR 机制予以解决。[②] 有学者指出,ADR 结果对商户缺乏约束力会削弱消费争议 ADR 机制的功效、挫伤消费者使用 ADR 的积极性。[③] 由于 ADR 机制缺乏强制约束力,只能通过荣誉激励机制来促进其对 ADR 结果的执行,即通过公布 ADR 争议的裁决结果及其执行情况来督促商户自觉执行 ADR 结果。

五、欧盟经验对我国构建多元化消费纠纷解决机制的启示

欧盟通过建立统一的消费争议网上争议解决平台,联动了欧盟各成员国国内的消费争议 ADR 机构,同时也为这些 ADR 机构提供了一套统一的行为准则,提高了消费争议 ADR 的服务质量。欧盟消费争议 ADR 机制对构建我国多元化消费纠纷解决机制具有重要的借鉴意义,我国应该充分发挥多元化纠纷解决机制在消费纠纷处理中的作用。具体而言,我国需要从立法和制度建设两个方面进一步完善消费争议的多元化纠纷解决机制。

(一)加强消费者保护的立法规制

尽管我国《消费者权益保护法》第 39 条赋予了消费者各种争议解决的途径,但是除了工商行政部门受理大量的消费投诉以外,并没有建立起一套系统的消费争议 ADR 机制。笔者建议应该从立法层面加强对消费争议 ADR 机制的规范,丰富消费者获得低廉而公正的多元化纠纷解决机制的途径。例如,要求商户在争议发生后,必须参与其所在行业协会组织的人民调解或者消费仲裁程序,并且自觉执行其调解或仲裁的结果,否则将会受到行业协会的制裁。[④] 同时,我国应该制定消费争议 ADR 机构所应遵循的基本原则,[⑤]并且据此对这些机构进行认证、对机构从业人员定期考察。我国可以借鉴欧盟的做法,对消费争议 ADR 机构的服务质量进行认证,并且将结果予以公示。这有助于提高消费争议多元化解机构的自律,增加

[①] 除了欧盟各国内部通过立法规定商户必须遵守的特定消费争议 ADR 决定外(例如:英国 FOS 金融申诉专员制度),其他 ADR 机制对商户不具有约束力。

[②] Report from the Commission on the Functioning of the EU Regulation on Consumer ODR,COM (2017) 744 final,7,https://ec.europa.eu/info/sites/info/files/first_report_on_the_functioning_of_the_odr_platform.pdf,2017 年 12 月 18 日访问。

[③] Andrea Fejos and Chris Willett,'Consumer Access to Justice: The Role of the ADR Directive and the Member States' (2016)24 European Review of Private Law 33,55-58.

[④] 例如,英国金融申诉员的裁决可直接在法院执行,荷兰消费者投诉委员会的裁决由行业协会担保强制执行。

[⑤] 《欧盟消费争议 ADR 指令》第 6 条至第 11 条规定消费争议 ADR 机构需要遵守中立原则、透明原则、效率原则、公平原则、自由原则和合法原则。

消费者对多元化消费纠纷解决机制的信心。

(二)构建和完善我国消费争议多元化纠纷解决制度

构建一套全方位、多角度的消费争议解决框架主要可以包含三个步骤(参见下图):第一阶段,发挥电子商务平台内部争议解决的自身优势,规范第三方平台内部的争议解决规则,保证参与的自愿性和程序的公正性。第二阶段,通过充分利用社会资源,完善和建立以行业协会为主体的人民调解机制以及消费争议仲裁制度。行业协会可以在调解或者仲裁中任选其一,并且规定该行业内商户在用尽其内部争议解决后,必须参与行业协会规定的调解或仲裁程序。第三阶段,根据商户选择的不同程序(调解或者仲裁)再分为两种情形:如果调解成功则可以由人民法院进行司法确认,保障调解协议的强制执行效力;如果消费争议经人民调解仍然无法解决,通过诉调对接机制,将争议提交人民法院。如果消费争议经由消费仲裁,则可借鉴类似的我国劳动仲裁制度,由消费者选择是执行仲裁裁决还是向法院提起诉讼。这三个阶段之间虽然具有一定的递进关系,但也可由争议方自由选择跳过其中的任意一步。(如图1)

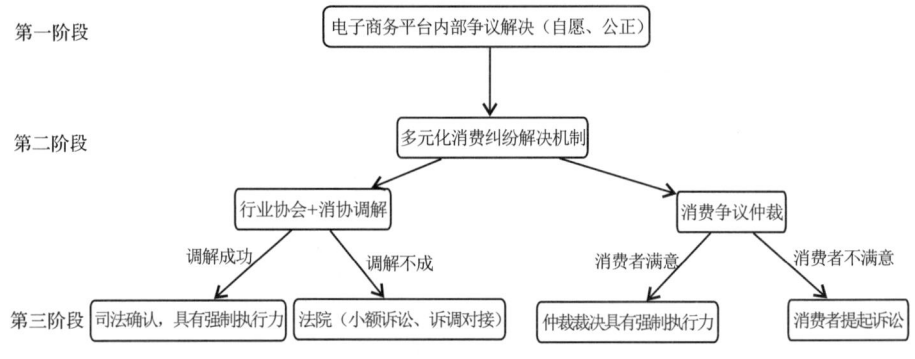

图1

1.规范电子商务平台内部的纠纷解决机制

电子商务平台内部的纠纷解决机制属于私力救济途径,法律并没有过多介入的必要,但需要国家相关机构对其进行必要的引导和监督。政府可以发布相关的指引或争议解决示范规则,提高电子商务企业内部争议解决规则的透明度和公正性,保障在争议各方自愿的基础上由电子商务平台的内部纠纷解决机制化解矛盾。例如,商务部发布的《第三方电子商务交易平台服务指引》以及工商总局发布的《网络加以平台合同格式条款规范指引》对电子商务平台的服务和规则制度提供了参照。同时,电子商务行业协会可以组织对电子商务平台的相关人员进行定期的培训,提高其争议解决的专业性。

2.建立消费争议调解机构,完善诉调对接机制

我国应该发挥行业调解和消费者协会调解的优势,由商户所在的行业协会代表和消费者协会代表组成消费争议人民调解委员会受理消费争议。这种形式的人民调解机构可以保证其独立于行业协会和消费者协会,不偏袒任何一方的利益。在经费方面,我国可以借鉴欧盟解决 B2C 争议 ADR 机构的经验,由政府或者行业

协会出资,保障消费争议调解机构的中立性和公正性。一方面,我国通过立法强制商户参与争议的调解;另一方面,消费者可以自由选择是否参加调解或直接提起诉讼。一旦双方达成调解协议,双方可以通过申请人民法院进行司法确认的方式赋予调解协议强制执行的效力。① 如果双方未能达成调解协议,消费者可以将争议提交其住所地的法院进行诉讼。对此,我国浙江法院已经率先尝试使用网上调解和网上法庭对接的形式,解决电子商务交易纠纷。②

3. 构建消费争议仲裁制度

仲裁制度的优势在于,其程序有很大的弹性、保密、一裁终决,具有强制执行力。但是我国的仲裁机构受理的案件多为商事纠纷,因而,案件的标的较大、收费也相对较高。③ 广州仲裁委员会的网上仲裁规则,创设了适合消费争议的小额网上仲裁规则,其中包含了对小额网购合同纠纷、网贷纠纷以及信用卡纠纷的专门规则。这种制度创新丰富了我国仲裁制度的内涵,为消费争议提供了新的解决途径。对于消费者而言,小额网上仲裁的费用比传统的仲裁要低廉较多。

除了依靠专门的仲裁委员会设立消费争议仲裁程序外,我国还可以借鉴西班牙、葡萄牙等国的经验,构建独立的消费争议仲裁机构。消费争议仲裁机构只处理与消费者相关的案件,同时,该类型的消费仲裁具有价格低廉、程序高效以及对商户具有约束力等特点。在程序设定方面,我国也可以在消费争议仲裁中采纳类似于我国劳动仲裁的相关制度。④ 对于消费争议仲裁机构的裁决,消费者一方可以提出异议、向其所在地的法院提起诉讼,用于保护消费者这一弱势群体。对于消费者没有异议的裁决,对商户应该直接生效,消费者可以直接在法院申请强制执行。

---

① 《人民调解法》第33条;《最高人民法院关于人民调解协议司法确认程序的若干规定》第9条。

② 浙江法院电子商务网上法庭,来源:https://www.yuncourt.com/portal/main/domain/index.htm,2017年5月8日访问。

③ 皇甫家果:《论我国消费争议仲裁程序的完善》,载《南阳理工学院学报》2011年第3卷第3期。

④ 《劳动仲裁法》第47、48、49条对于部分案件适用一裁终决。劳动者对仲裁裁决不服的,可以向法院提起诉讼,用人单位不服仲裁裁决的,不能提起诉讼,只能依据法定事由向法院申请撤销仲裁裁决。劳动者和用人单位之间法律地位的不平等与消费者与商户之间的关系类似,可以通过倾斜保护消费者的诉权以保障其合法权益的充分实现。

行为保全程序中的证明问题研究

胡 婷[*]

摘 要 行为保全程序中的证明问题涉及行为保全中的证明对象、证明责任、证明程序、证明标准等方面内容。不同于实体法事项的证明,行为保全作为一个关涉重要实体利益的程序性事项,其证明问题将会呈现不同的样态。本文通过整理和分析我国知识产权行为保全的现行规则以及司法案例后发现:行为保全作为一项程序性事项,亦适用民事诉讼中的"证明"制度;我国当前行为保全的证明对象趋向统一,包括权利、被申请保全的行为、保全原因;在程序设置上注重对当事人的程序保障,以言词审理为原则,以书面审理为例外;证明对象和证明程序的变化使得相应的证明标准呈现层次化,不同的证明对象和不同的证明程序存在不同的证明标准;而与此相关,法官的裁量主要以英美法系的四因素说为导向。

关键词 程序事项 行为保全 证明对象 证明程序 证明标准

引 言

在民事诉讼的立法上,证明的概念普遍适用于实体事项层面[①],对于程序事项的证明则不予关注;在司法上,程序法事实的发生、变更、消灭总是被以类似行政化的方式进行简单的形式审查即作为认定的依据。与此相对应,理论上实体事项证明的著作汗牛充栋,但是以程序事项的证明为研究对象的却尚付阙如[②]。然而,程序事项在诉讼的进程中却极具实践意义,包括起诉、管辖、回避、保全、先予执行等,贯穿于诉讼程序的各个阶段,其关系着诉讼进程的开展、诉讼合法性的进行,甚至

---

[*] 胡婷,清华大学法学院 2016 级民事诉讼法博士研究生。

[①] 如我国《最高人民法院关于民事诉讼证据的若干规定》第 2 条第 1 款即规定,当事人对自己提出的诉讼请求所依据的事实或者反驳对方诉讼请求所依据的事实有责任提供证据加以证明。该规定中据以证明的事实即指实体争议事实。

[②] 在知网上搜索"程序事项""证明""疏明"等关键词,目前提出"证明责任同样适用民事诉讼法要件事实"这一命题的仅有李浩:《民事诉讼法适用中的证明责任》,载《中国法学》2018 年第 1 期;而通过以实体法要件事实的证明责任为参照,试图在程序事项上引入疏明制度的有黄海涛:《民事诉讼中疏明责任初探》,载《法学家》2008 年第 4 期;与本文研究的行为保全证明问题相关的有任重:《我国诉前行为保全申请的实践难题:成因与出路》,载《环球法律评论》2016 年第 4 期,该文在分析我国诉前行为保全的困境与成因后,倡导将诉前行为保全及部分程序事项的证明标准界定为疏明。

直接关系到实体权利义务的实现,对其证明问题的研究将使得对程序事项的裁定的做出更具有正当性和合理性。基于此,本文试图探讨司法实务中程序事项如何进行证明,并以此展现程序事项证明的基本规则。

　　行为保全程序存在两组重要关系:一是申请人的利益(准许保全所获得的利益以及不准许保全所获得的损害)与被申请人的利益(准许申请其所获得的损害及不准许申请其所获得的利益)的平衡关系;二是程序的效率价值的追求与程序的公平价值的协调关系。在程序法领域,对于诉讼悖论的解决往往在于增加当事人的参与性和合理分配不同主体的责任,因而使得程序正当化及裁定具有可接受性。而目前,我国对知识产权行为保全的证明程序的规定简陋而模糊。我国立法上对于一般的行为保全制度仅在《民事诉讼法》100条及101条有概念性的规定,缺乏对该具体制度的运行规定;在知识产权领域虽有诉前禁令的若干规定,但其中有关证明的规定存在法条上的模糊性和矛盾性。而我国司法上则因缺乏明确的立法指引而造成法官适用的困惑,当事人证明的无所适从以及个案裁定结果的差异巨大。由此,行为保全不但不能发挥其制度功能,在对双方当事人利益进行衡量的基础上正当化、合理化地进行裁驳,反而成为在另一个层次上阻碍当事人诉讼权利实现的障碍。本文通过"证明"的视角重新对这一制度进行梳理,也有望对该领域的难题提出新的研究路径。

　　值得说明的是,本文所涉的是非职权调查的程序性事项,本应使用"疏明"的概念。疏明多用于附随性,简易的程序性事项中,其证明度只需大致如此。正因为疏明所要求达到的心证程度不高,能够作为疏明对象的事项只能是程序性或诉讼中附带性的事实,而凡是作为判决基础的有关案件实体的事实都不能适用疏明。[1]但因我国立法上并未引进疏明制度,而为了对程序事项的证明进行一个全面而又体系化的论述,本文仍用"证明"一词。但本文所采的证明之含义,不是狭义上的证明,而为广泛意义上的证明[2]。一般而言,通过证据等来对某事项存在与否予以明确,都可以被广泛地称为证明。[3]而通常意义上的证明是当事人提出事实与证据以证明对己方有利的活动,进而说服法官达到确定待证事实的状态。[4]本文在对

---

[1]　王亚新:《对抗与判定》,清华出版社2010年版,第164页。
[2]　证明的广泛含义还可参见[日]新堂幸司:《新民事诉讼法》,林剑锋译,法律出版社2008年版,第371页。[德]罗森贝克、施瓦布、戈特瓦尔德:《德国民事诉讼法》,李大雪译,中国法制出版社2007年版,第814页。新堂一书中认为,证明是指(当事人)通过五官可感知的证据等来对应作为裁判基础予以认定的事项加以印证,从而使法官达到确信其为真实程度的状态。而且,证明也指为了促使形成这种状态而提出证据以影响法官的当事人行为。对于认定作为判决基础的事实而言,这种证明是不可或缺的。从要求胜诉的当事人来看,证明成为其举证活动的目标状态。罗氏一书中认为,完全证明是指如果法院对待证事实的真实性形成了确信(第286条),即根据法定的(基本)证据标准得到了证明,就是完全证明。
[3]　[日]新堂幸司:《新民事诉讼法》,林剑锋译,法律出版社2008年版,第371页。
[4]　王亚新:《对抗与判定》,清华出版社2010年版,第163～164页。

程序事项的"证明"进行描述分析时,该概念并不局限于证明的方法抑或证明的标准①范围,而是具有广泛的适用性。

一、知识产权行为保全规范的证明视角分析

在 2012 年《民事诉讼法》第 100 条及 101 条规定行为保全制度之前,我国行为保全制度仅限于海事领域和知识产权领域,本部分也将重点介绍知识产权中的行为保全规定。2000 年在我国加入世贸组织之际,我国在立法上吸收了《与贸易有关的知识产权协议》(TRIPS)中有关知识产权的诉前禁令制度,并相继修改了《专利法》《商标法》《知识产权法》中的相关规定,颁布了相关的司法解释。现行生效并运行的知识产权行为保全证明的相关规定除民事诉讼领域一般的行为保全规定外,还包括专利权领域内的《专利法》第 66 条、《最高人民法院关于对诉前停止侵犯专利权行为适用法律问题的若干规定》②第 1 条(申请人适格)、第 3 条(书面申请状)、第 4 条(应提交的证据)、第 6 条(担保)、第 7 条(追加担保)、第 9 条(审查裁定)、第 11 条(复议审查事项);商标专用权领域内的《商标法》第 65 条、《最高人民法院关于诉前停止侵犯注册商标专用权行为和保全证据适用法律问题的解释》第 1 条(申请人适格)、第 3 条(书面申请状)、第 4 条(应提交的证据)、第 6 条(担保)、第 7 条(追加担保)、第 9 条(审查裁定)、第 11 条(复议审查事项);著作权及其邻接权领域内的《著作权法》第 50 条、《计算机软件保护条例》第 26 条、《最高人民法院关于审理著作权民事纠纷案件适用法律若干问题的解释》第 1 条、第 30 条。

知识产权各领域中的行为保全制度在立法上几乎一致,以下将以专利权的行为保全制度为例说明知识产权领域中的现行证明规则。

1.证明对象。2012 年,《民事诉讼法》中的行为保全制度只是简单地规定了保全理由,在《专利法》66 条则从证据证明的角度来规定诉前行为保全制度。"专利权人或利害关系人有证据证明他人正在实施或者即将实施侵犯专利权的行为,如不及时制止将会使其合法权益受到难以弥补的损害的",可以起诉前申请法院责令停止有关行为。此专利法中规定了应该提供证据证明的有"自身为权利人或利害关系人""他人的侵权行为(正在或者即将实施)""如不及时发布禁令将造成其损害难以弥补"。在《专利法诉前禁令的规定》中,则较为明确地规定了在申请阶段申请人需要提交书面申请状及证据。其中,书面申请状中需要载明当事人及其基本情况、申请的具体内容、范围和理由等事项。申请的理由包括有关行为如不及时制止会使申请人合法权益受到难以弥补的损害的具体说明。而所需提供的证据包括"申请人享有权利的证据"和"证明被申请人正在实施或者即将实施侵犯其专利权的行为的证据",后者主要是指被控侵权产品以及专利技术与被控侵权产品技术特

---

① 在民事证据法领域,对于"证明"周边概念的引用通常都有具体的适用范围。如疏明的引用通常针对的是程序性事项的证明度,而自由的证明的引用通常针对证据方法和程序,与严格证明不同,自由的证明不受诉讼法的规范。

② 以下简称《专利权诉前禁令的规定》。

征对比材料等。从《专利法诉前禁令的规定》中可以看出,在申请阶段其所必须证明的对象并不包括"难以弥补的损害",该项为保全的理由仅需要说明,但在该规定第 11 条却规定了,法院在复议申请的审查中需要审查的事项包括了四项:"被申请人是否有侵犯专利权的行为""难以弥补的损害""担保情况""是否损害社会公共利益"。这就造成了申请阶段和复议阶段证明和审核标准的不一。

2.证明程序设置。有关行为保全的证明程序仅在《专利权诉前禁令的规定》中有规定,该法第 9 条第 2 款规定:人民法院在前述期限内,需要对有关事实进行核对的,可以传唤单方或双方当事人进行询问,然后再及时作出裁定。以上证明程序的设置要求在 48 小时内法院必须作出裁定,在此期间需要对证据进行审查,包括专利的比对和权利的审核,而若有疑问还要在此时间段内询问单方或双方当事人。期限上的"应当"设定与行为保全中的"公平"追求,使得证明程序更无所适从。

3.担保与证明标准的关系。现行的规则缺乏对担保数额审核的指引,也并未体现担保的提供能减轻证明标准。

2015 年 2 月份,最高院发布了《征求意见稿》,该《征求意见稿》全面规定了知识产权行为保全制度,对之前立法和司法中存在的问题进行了回应。《征求意见稿》在 22 条规定了该司法解释施行之日则《专利权诉前禁令的规定》及《商标权诉前禁令的规定》都将同时废止。

对比现行的规则,《征求意见稿》有以下几点不同:

1.证明对象。《征求意见稿》第 3 条明确规定了申请书中应载明"申请的依据、事实和理由",其中,依据具体是指"权利依据""保全行为的内容""可能造成判决难以执行或者造成申请人其他损害、难以弥补的损害"等。进而,其在第 7 条中规定了法院的裁量因素,包括"胜诉可能性"[①]"可能造成判决难以执行、其他损害或者难以弥补的损害""申请方和被申请方利益衡量""公共利益的考量"。而其在复议中也并未规定法院的审查因素,避免了与申请阶段不同的审查标准。另外,《征求意见稿》也明确规定了申请人缺乏申请行为保全的权利依据、不具备保全必要性等将被认为是保全申请错误。可以说《征求意见稿》统一了法院在不同程序阶段的考量因素,在申请审查、复议审查、保全申请错误的认定中都考虑到了权利和保全的必要性,具有一贯性和统一性。

但是,《征求意见稿》多在法院层面考量作出裁定的因素,而并未以当事人证明的角度进行设计。对于司法审查中的裁量因素,如胜诉可能性是不是还需提出对方侵权行为的证据;对于行为的正在实施和即将实施将给申请方造成的结果,又是否需申请方提交侵权结果的证明;而利益的衡量又是否意味着也需要对方提出该行为保全将给其造成的损害,若对方对此损害不予证明是否就意味着无法完成证明责任而裁定支持申请方行为保全的申请;对于是否造成公共利益的损害又是否是申请方必须做出的说明和证明。仅仅规定法院的裁量因素使得当事人和法院之间的分工不明确,将使得知识产权行为保全的证明对象、证明责任、证明程序都

---

① 《征求意见稿》中规定,胜诉可能性包括申请人或者利害关系人的权利审查。

处于不确定状态,而以上当事人的证明对象、证据资料、证明责任都由法院来发动、收集、分配将加重法院的负担,使得法院所承担的保全错误的责任更大。

2.证明程序。对于审理行为保全程序,《征求意见稿》明确规定了作出裁定前必须询问双方当事人,仅在例外情况下可以不询问,并删除了48小时的规定,仅仅要求法院"应该及时进行审查",无时限的要求。从《专利权诉前禁令的规定》中"可以传唤或询问单方或双方"变为"必须询问双方当事人"或"必须听取双方的意见"的规定,首先体现了对公平性价值的追求高于对于迅捷性的要求,更加强调双方的利益关系的平衡;其次,这样的做法也如上述增加了法院裁量权力而相应地匹配法院对双方证据的收集程序。

3.关于担保。与现行规则不同,《征求意见稿》中规定了应根据申请人、被申请人的主张和必要证据确定合理的担保金额,但也规定了以能够弥补被申请人因申请保全错误而遭受的损失为限。

二、我国实务中行为保全的证明样态

相对于静态的规范,实务中的众多不同的动态情境则将发展演化抑或舍弃异化静态规范以实现自我运行。在实务中发展和实践而成的规则关涉于法的运行、关涉于当事人的切身利益。而且,程序事项本就是关乎动态的程序,对此的研究更应该回归实务,回归到行为保全证明的动态以及证明状态最终达成的情景分析。

1.有关证明对象的范围

在实务中,证明对象一般包括权利、行为及侵权结果(难以弥补的损害)。如在戴森案件中,法院认为戴森公司在以下三个方面都没有达到证明的标准:一是戴森公司享有专利权的稳定有效性,因其未提交专利评价报告而对此无法证明;二是通过照片比对,也无法证明对方的产品设计侵犯了戴森公司的专利;三是戴森公司在申请理由中也并未说明"难以弥补的损害",因而驳回了戴森公司的申请。① 在炬力案件中,炬力公司则证明了申请人的专利权及被申请人侵犯专利权的行为,并说明了"难以弥补的损害"的理由,因而,法院支持了炬力公司的申请。② 此二者从"驳回"和"支持"两种情形展现了《专利权诉前禁令规定》第4条在实务中的应用,但对"难以弥补的损害"是否只说明即可,而无需提出相应证据证明仍存有疑问。

在实务中,有关"难以弥补的损害"证明存有两种截然不同的态度。一种观点认为:"难以弥补的损害"为证明的对象,不以说明为已足。如在巴斯夫案中,因申请人缺乏证据证明因被申请人的行为已经造成其市场份额下降等实际损失,则纵使其对"权利"与"侵害行为"已经达到高度盖然性的证明标准,但因欠缺了对难以弥补的损害的证明而并未获得法院的支持。③ 在诺瓦提斯案中,法院虽然认为

---

① (2014)苏中知禁字第00001号。
② (2007)西立禁字第001号。
③ (2005)二中民保字第02944号,与此类似的(2005)二中民保字第02943号。

被申请人是实施了侵权行为,但认为申请人所提供的证据不足以证明是"难以弥补的损失",且进一步认为诉前禁令的立法目的在于及时地防止损失的难以弥补,而非单纯制止侵权行为,因而对此不予支持。①

相反观点则认为,"难以弥补的损害"非申请人的证明对象。在鸟人案中,案例中对于"难以弥补的损害"并未要求其证明,仅仅是对此进行说明,由法院进行裁量。② 而在左八根案件中,其所提出的证据中并未对难以弥补的损害实质上举证证明(甚至可能并未说明),只是在申请人证明了对方的侵权可能性较大时而直接推定出将可能造成"难以弥补的损害"。③

通过以上案例可以看出,对于"难以弥补的损害"的证明不一定在所有案件中都对此有要求,该项证明的免除抑或证明标准的降低一方面源于当事人能够证明对方"侵权可能性"达到高度盖然性的地步,一方面在于当难以弥补的损害显而易见而由法官依据经验法则裁量,抑或是情况过于紧急,经过利益衡量,并不要求对此进行证明。"难以弥补的损害"不确定性及难以证明性使得个案的差异巨大,这也正是为什么上文所介绍之《征求意见稿》花费了大量篇幅对此进行定义并进行了正反两方面的详细例示。

此外,我国法院审理证明对象的审查顺序一般为,"权利——侵权行为——保全必要性",而当法院在审理的前一阶段即能够得出申请人不享有此权利或被申请人的行为不构成侵犯申请人的权利时即驳回,无须审理其余证明对象。如在perfect10案中,因申请人并未证明被申请人的行为构成了侵犯专利权,而被法院驳回申请。④

2.行为保全中的证明责任、证明程序

不同于我国现行的规则,实务中的程序选择则依个案的不同而呈现了多元化样态,包括了强制性书面审理(即使有疑问也立即裁驳)⑤、单方询问⑥或双方询问⑦、言词辩论⑧。

采取双方言词辩论程序的案例几乎与本案诉讼的证明程序及证明标准无异。在鸟人案件中,申请人的保全请求是禁止被申请人在演唱会中使用、表演13首歌

---

① (2008)渝一中法民他字第5号。
② (2010)二中民保字第11235号。
③ (2005)佛中法民三诉前禁字第20号,与此类似的(2005)佛中法民三诉前禁字第13号。
④ (2006)佛中法民三禁字第15号。
⑤ (2005)二中民保字第10508号、(2010)青民禁字第1号。在前一案中,其保全请求的提出实质是部分提前实现本案的诉讼请求,其保全请求不仅仅是诉前停止侵权行为还有为某种行为(收回卖出的侵权产品),本应按照我们以上讨论的言词辩论的程序进行审理,但本案采书面审理。这也反映了我国实务中对于采取何种程序的裁量目前并无统一的规则指引。
⑥ 如对被申请人单方询问参见(2005)二中民保字第02944号,与此类似的(2005)二中民保字第02943号。对申请人单方听证参见(2014)沪一中民保字第1号。
⑦ (2008)沈民四禁字第1号。
⑧ (2010)二中民保字第11235号;(2008)渝一中法民他字第5号。

曲。因本案演唱会曲目已经在网上公布,如果裁定不准许申请,申请人方的著作专有权和著作财产权将受到侵害,而如果裁定责令被申请人不准唱涉案的13首歌曲,被申请人已经付出了大量成本宣传,将蒙受巨大损失,因此,法院采用了双方言词辩论的方式。实质上,无论是从证明对象还是从证明标准等方面看,该行为保全禁令的审理与实体问题审理无异。申请方证明的对象集中在著作财产权及著作专有权的享有和被申请人正在实施的侵权行为,而被申请人的抗辩则集中于合同的瑕疵等辅助事实以期能间接证明申请人的权利的不享有;而对于侵权行为,二被申请人则辩称其网上公开的曲目不是最终演唱的曲目,不应认定为侵权。无论是权利的证明还是侵权行为的要件事实证明实质上都属于实体要件事实,其证明标准也采高度盖然性标准。

而对于行为保全所特有的证明对象——"难以弥补的损害",该项证明责任也为申请人所负担,被申请人对此的诉辩则为主观证明责任的转移。如在诺瓦提斯案中,本案双方进行了双方对审、言词辩论,申请人的证明对象是"专利权的享有"、"对方侵权行为"及"难以弥补的损害"。双方虽然在前两个证明对象上取得了一致,但是在"难以弥补的损害"的要件上,被申请人所提出的诉辩证明了其行为不对此造成"难以弥补的损害",而使得申请人并未完成相应的证明责任。而该项证明标准即如前文所述,在实务中依个案而呈现层次化。

与言词辩论相对应的另一端,便是采书面审理程序,此种情形往往表现为法院作出驳回的裁定是根据当事人提交的现有材料,在对本案事实产生疑惑时,法院也并不依职权调取证据或电话询问等自由的证明程序,而仅根据现有材料作出驳回裁定。① 如在李某案件中,法院认为申请人虽提交了两份公证书,但并未提交被申请人生产的被控侵权商品而径行驳回。②

而采用书面程序、询问程序还是双方听证完全依法官的自由裁量,对此实务中目前并没有形成一套规范。但根据所检索到的案例,我们可以得出以下几点:(1)对于行为保全证明对象中的"权利"及"侵权行为"的审理若采谨慎态度,则与实体审理无二;(2)在行为保全申请中,若法院采取听证程序或双方进行言词辩论,则主观证明责任和证明的必要在申请人和被申请人双方之间流动变化;(3)若牵涉到密行性和迅捷性的要求③,则应尽可能地用费时较少的程序,径行审理;若申请人提交的材料真实清楚,能够使法官形成心证,法官可以径行通过裁定准许申请而无须适用询问程序和对席程序;(4)在实务中,通过书面审、询问程序往往造成了因缺少对席,而使得原本在当事人之间的举证责任的分配在当事人和法官依照事实问题和法律问题进行了功能的再分配,原本属于当事人证明的对象进而变成直接由法官加以裁量的因素;(5)程序的设定还应该与时限的要求相结合,我国现行48小时

---

① 这样的做法也曾在台湾旧民事诉讼法中所采,其释明(疏明)的程序即采"即时调查程序",仅依申请人能提出的现有材料迅速作出裁定,对于需要法院额外调查的则不理。
② (2010)青民禁字第1号。
③ (2014)沪一中民保字第1号。

的要求在实务中异化,①尤其在较为复杂的需要询问双方当事人的程序及当事人双方对席辩论的程序中,48小时的规定被舍弃或扩大解释为经审查48小时后。

3.担保的功能与证明的关系

有关担保在行为保全证明中的职能,在对审判决中经过质证,法官对本案的实体权利情况及双方的纠纷有一定的认识,能够形成心证,此时担保一般可以免除,但若经过听证,法官对双方的权利义务仍较为模糊,则此时担保的作用在于补强心证并担保对方可能造成的损失。

具体来说,担保的补强证明的作用在证明已经达到高度盖然性的标准下则显得没有必要。如在鸟人案中,显然,在著作权行为保全的证明中,申请人对于权利的证明已经达到了高度盖然性的标准,虽案例中对保全必要性的证明缺位,但法院仍予以支持,且并未要求其提供担保②。而在暴雪娱乐案中,在双方已经进行了充分的言词辩论的,法院仍酌定1000万元的等值担保。③ 此时的担保则可能兼具担保被申请人损失以及补强心证两种功能。

4.法院在审理行为保全案件时的裁量因素

法院的裁量因素与当事人的证明有着密切的关系,一方面为达法院的裁量标准,当事人需尽力证明一系列的诉讼要件事实,二者的范围有交叉重叠也并不完全等同,另一方面,当事人的证明与法院的裁量意味着证明的对象和责任在当事人和法院之间进行分配,这样的一种认识对于理解程序事项的证明至关重要。因而,对法院裁量因素的考察是为了进一步探明行为保全中当事人与法院的分工,以此观察行为保全的证明对象及证明责任的分配。

实务中,裁量因素一般采英美法系的四要件说(下文将对此介绍),如在诺华生物案中④,是否准许实施诉前行为保全,法院认为应考量两个要件:是否情况紧急以及不立即采取行为保全措施是否会给申请人造成难以弥补的损害;而是否情况紧急又需进一步考虑申请人是否提出了具有理据的严肃争议、双方当事人利益是否明显失衡、本申请是否具有紧迫性以及是否违反公共利益等因素。但当事人实际进行举证论证的仅仅只有"证明自身提出具有理据的严肃争议",而其他几项因素则由法院依据经验法则进行推定。在礼来案中,法院则完全参照英美法系商业秘密保护中的禁令救济制度进行审判,考量的因素如下:1.胜诉实质可能性;2.被申请人将遭受的实质性威胁;3.原告可能受到的损害大于对被告的损害;4.不违反公共利益等。⑤

---

① 胡充寒:《我国知识产权诉前禁令制度的现实考察及正当性构建》,载《法学》2011年第10期。
② (2010)二中民保字第11235号。
③ [法宝引证码]CLI.C.6995221 最高人民法院发布14起北京、上海、广州知识产权法院审结的典型案例之十四:暴雪娱乐有限公司、上海网之易网络科技发展有限公司申请行为保全案。
④ (2014)沪一中民保字第1号。
⑤ (2013)沪一中民五(知)初字第119号。

此外,在适用四要件说的情形中,若行为保全标的与本案诉讼标的越接近,对行为保全的准许裁定将具有提前履行、预先实现的功能,而非仅仅是防止侵害。则该行为保全裁定的作出对另一方的利益损害影响甚大,则"胜诉可能性"在考量的因素中占有很大的比重。而在此情形中,证明标准以及证明程序的要求也被予以提高。如在淘宝网案中,法院裁定准许行为保全,其理由是,首先,被申请人的行为构成不正当竞争的可能性较大;其次,"双十一"即将到来,若不对被申请人的侵权行为加以禁止,对于申请人所造成的损害将难以弥补。而且,本案采取行为保全措施不会损害公共利益而申请人也会提供担保。①

实务中也有并未引用英美法系中法院考量的四要件说,而是按照大陆法系的行为保全要件的证明理论来审判的。"行为保全应符合两个适用条件:一是适用于金钱请求以外的请求权;二是适用于保全的原因,即可能因为被申请人的行为或者其他原因导致判决难以执行或者造成申请人的其他损害。"该二要件是大陆法系的保全程序的证明对象,但在本案中对于法官心证起决定作用的仍是"利益衡量"标准,法官通过分析认为保全对被申请人将造成无法弥补的损害,而对于申请人的损害则并非不可弥补。因此,对于申请人申请保全不予准许。②

综上所述,行为保全虽作为一项程序事项,但在司法实务中也为"证明"制度的活动场域,且具有较为独立的证明程序,包括证明对象、证明责任、证明程序、证明标准等都有自身的特性,且因不同的情形、不同的要件而具有一定的流动性。其次,在实务中,行为保全的证明程序,个案差异很大,在此呈现较为突出的一个现象是我国行为保全的立法体系是大陆法系的,但实务中却独立发展出一套以英美法系为范本的审理模式,这样的现象出现首先是因为我国立法上对于行为保全规定得简陋,使得仅仅依据立法而无法有效地实行行为保全制度。而推崇实用主义的英美法系,且以个案生成判例的法律生成模式无疑对我国现如今实施行为保全制度有天然的吸引力。这样的审理模式得到了实务界的支持和推广,在《征求意见稿》中已有体现。再次,行为保全的证明程序,包括证明对象、审理程序、证明标准等因不同的案件类型、不同的个案情况而变化,呈现出一定的层次性。最后,担保在行为保全中发挥的作用不是如财产保全中的以担保代证明的作用,而发挥着证明的补强作用,但担保金应否提供及数额大小也尚未有相应的裁判习惯。

三、行为保全证明问题的比较法视野

行为保全属于民事诉讼法中的申请行为,当事人的申请对于诉讼程序的启动关系重大,当事人的申请只有在符合民事诉讼法规定的条件时,法院才会作出满足申请人要求的裁定或决定。对于法律规定的作为构成要件的程序法事实,提出申请的当事人须承担证明责任。③ 因而,对于行为保全法律规定的构成要件的审查,

---

① (2015)浦民三(知)初字第1962号。
② (2014)鄂武汉中立保字第00095号。
③ 李浩:《民事诉讼法适用中的证明责任》,载《中国法学》2018年第1期。

从证明视角来看的话,将转化为行为保全的证明对象、证明责任、证明程序、证明标准等问题。

在大陆法系,保全制度分为假扣押、假处分两种,此处的"假"是暂时之意。① 假扣押系针对金钱请求或得易为金钱请求的请求,声请人欲保全强制执行申请法院禁止债务人处分其财产之扣押裁定。假处分分为两种类型:一种是一般假处分,另一种则是定暂时状态之假处分。一般假处分系针对非金钱请求,为保全将来之强制执行,禁止债务人变更系争标的之现状(在德国仅指"现状变更")。定暂时状态之假处分,是指为了防止发生重大损害或避免急迫危险,声请人申请法院裁定对争执之法律关系定暂时状态的处分措施。②

大陆法系的保全程序的分类与我国不同,前者是以本案的请求或法律关系分类,而后者是以保全标的和执行标的划分,其实质上可以诉讼标的、保全标的与执行标的来进行说明。(见图 1)

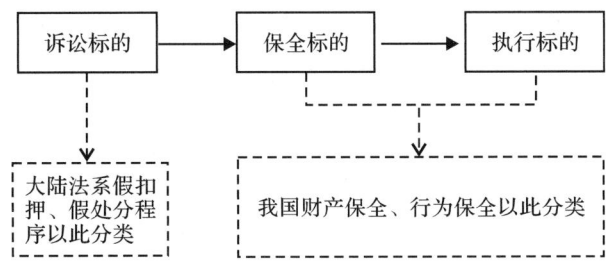

图 1 大陆法系国家和地区与我国保全程序划分的不同阶段

此处的诉讼标的取最狭义的范围,指本案的诉讼请求,在定暂时状态处分中则指双方争执的法律关系;与此对应,此处保全标的是指保全请求,即是请求查封、扣押、冻结财产还是请求责令为一定行为或禁止为一定行为,而执行标的的引入则重在说明行为执行的特殊性。以上图示说明了两点:首先是保全程序本身的二阶段特征,即保全程序不仅包括审理程序还包括执行程序,而且其附随于本案的审理程序;其次是,通过对比大陆法系与我国对保全程序界定阶段的不同,可以看出,我国天然缺失了从诉讼标的的角度看保全的类型,这也能部分说明我国学界对于保全程序证明的显少关注的缘由,而于行为保全上不得不自行发展出一套不同于立法的证明程序制度。

正因为二者划分阶段的不同,导致实质上财产保全、行为保全不能与假扣押、一般的假处分和定暂时状态假处分一一对应。总体来说,我国行为保全基本上对

---

① 《德国民事诉讼法》在第 916 条规定了假扣押请求,又分别在第 917 条、第 918 条规定了"物的假扣押的理由"和"人的假扣押的理由"。《德国民事诉讼法》第 935 条规定了一般性的假处分,而在第 940 条规定了定暂时状态的假处分。同样,《日本民事保全法》第 20 条第 1 款规定了假扣押命令的必要性,而第 23 条第 1 款和第 2 款分别规定了系争物的假处分和定暂时状态的假处分。在我国台湾地区,民事诉讼法的 522 条、532 条和 538 条也有相类似的规定。

② 陈荣宗、林庆苗:《民事诉讼法(下)》,三民书局股份有限公司 2015 年版,第 248 页。

应于大陆法系的定暂时状态的假处分,但仍有一部分对应于一般性的假处分,当然大陆法系对于一般性的假处分和定暂时状态的假处分的交叉地方一直争论不休,对此本文将不予涉及,本文的比较法的资料仅限定在定暂时状态假处分。

(一)证明对象

1.争执之法律关系

此处的"争执之法律关系"则涵盖了如本案的诉讼标的的含义。定暂时状态假处分的"争执之法律关系"并非如假扣押和一般性假处分以金钱或非金钱的请求来划分,其无论财产和身份,无论金钱还是非金钱,都可属之。且该法律关系无论继续性抑或非继续性,均可适用。①

争执之法律关系其实质上是从本案诉讼中能够主张一定的实体法的权利。② 且该法律关系的本案诉讼不限于基于请求权的给付之诉,也可是确认之诉、形成之诉。对此更具体是指,相对人否认该法律关系及内容或相对人不履行或妨害该法律关系的实现,但该侵害行为不一定是现实存在的。③ 而定暂时状态之假处分的申请人不一定是主张权利者,也不限于现在或将来诉讼的原告,被告或债务人有必要时也可声请暂时状态假处分。④

2.定暂时状态处分之必要

定暂时状态假处分的保全原因是"防止发生重大损害"及"急迫危险"。因重大和急迫都为法律上之不确定的概念,具有相对性,无客观性绝对的标准。防止发生重大损害,通常是指如果使申请人继续忍受到本案判决时为止,则他所受的痛苦或不利益则过于苛刻。此处"损害",不仅仅是指因争执之法律关系中可主张之权利直接或间接的损害,也包括该系争权利之外的财产、名誉、信用或其他精神上的损害在内。而"重大"的标准则引入了利益衡量原则,即申请人因申请假处分所获得的利益或预防的损害是否超过了相对人因该处分所蒙受的不利益或损害(未为该处分所可能取得之利益)而定,若前者大于后者,则可以认为到达重大的标准而具有保全的必要性。⑤ 对此,其可类型化为以下案件,如交通事故中受害人对加害人申请支付医疗费等;专利权人对侵权人声请法院制止侵害将被允准;反之,如若房

---

① 许士宦:《定暂时状态处分之基本构造》,载《台湾本土法学杂志》2004年5月第58卷。因定暂时状态假处分系为除去、防止当事人现在或即将蒙受之损害或危险,故其所规范之法律关系,本身固多含有继续性之要素(如地役权、租赁权、承揽、雇佣、专利、人之名誉、自由、专属之演出契约),或以定期反复义务履行行为要素(如薪资之支付),但不以此为限,即使系一次性之给付法律关系(如治疗费、保险金、退职金之支付),既然其至本案判决确定前仍需时日,则仍有防免现在危险之必要,自无以予以排除在外之理由。

② 沈冠伶:《我国假处分制度之过去与未来——以定暂时状态之假处分如何衡平保障两造当事人之利益为中心》,载《月旦法学杂志》2004年6月总第109期。

③ 吕太郎:《假处分裁定程序之研究》,载《法官协会杂志》2004年6卷1期。

④ 许士宦:《定暂时状态处分之基本构造》,载《台湾本土法学杂志》2004年5月第58卷。

⑤ 许士宦:《定暂时状态处分之基本构造》,载《台湾本土法学杂志》2004年5月第58卷。

东声请法院要求保全承租人的租金、商人声请法院要求消费者支付价金等将不予准许。①

(二)证明程序

台湾地区"民诉法"第538条第4项②规定,法院在作出定暂时状态处分之裁定时,应使双方当事人有陈述之机会。但法院认为不适当者,不在此限。此即,定暂时状态之处分原则上应以言词审理,而在例外情况下,法院认为依两造言词辩论审理不适当时,则采其他审理方式。

定暂时状态之假处分的程序的特殊性是因为其往往系预先实现本案请求内容,对当事人权益影响巨大,为了使法院能正确判断是否有处分的必要性,以及为了防止对对方当事人造成突袭裁判。而立法明确规定,应使两造当事人有陈述意见的机会。但如果法院认为先使当事人陈述意见难以达到定暂时状态的目的,则可以径行裁定,而无须给予当事人陈述意见的机会。依上所述,定暂时状态的双方有陈述权的规定是对保全程序迅速性与程序保障权之平衡的规定,是顾及申请方与相对方权益争执的妥协规定。

法院的审理方式一般有以下三种:书面审理、言词或书面询问、言词辩论。而如果对裁定的审理不采用言词辩论,也可以命当事人为书面陈述或言词陈述。在此,因民事保全事项往往需交错适用诉讼法理与非讼法理,有学者将民事保全事项定义为"讼争性非讼事件",并认为在保全的审理程序中,除可采用书面审理、裁定及抗告等程序外,当裁判对利害关系人影响重大时也可以采用言词辩论。③ 因此,定暂时状态处分之审理,可以由法官裁量单一适用或并行适用以上三种审理方式(虽法官的裁量受到一定的限制)。为贯彻程序保障权,法院进行询问审理时,固可为简易之证据调查,但为保障当事人之辩论权、证明权,于为证人、鉴定人、当事人本人等讯问时,宜使两造在场或采用言词辩论之较慎重审理方式,惟在采用书面审理时,应考虑事件有无显著之紧急性或密行性,即是否已无余裕让相对人陈述或使其陈述将有碍于执行之达成。④

(三)证明标准

一般就程序事实存在之证明度仅要求至优越盖然性(证据优越原则),即事实存在的盖然性比不存在的盖然性高,但在假处分程序中则并不依此为原则。在假处分程序中,决定证明标准高低的往往是对于不同要件,基于权衡理论及其与主要程序给付间关系可能作为不同盖然性之要求。如在满足性假处分情形,保全必要

---

① 许士宦:《定暂时状态处分之基本构造》,载《台湾本土法学杂志》2004年5月第58卷。
② 与此相似,《日本保全法》第9条规定,裁判所认为有明确当事人主张的必要时,于口头辩论或审寻期日,可使其认为相当的为当事人处理事务或辅助当事人处理事务的人对与案件争议相关的事实关系予以陈述。
③ 王福华:《民事保全制度研究》,中国政法大学2005年博士论文,第17页;邱联恭:《司法之现代化与程序法》,三民书局1992年版,第132页。
④ 许士宦:《定暂时状态处分之基本构造》,载《台湾本土法学杂志》2004年第58卷。

性须达到较高的证明度。① 对于部分类型要件,法院亦可考虑依紧急性要件予以推定。法院如何于审理中适当指示,亦避免突袭,值得注意。申请人就假处分之取得愈有急迫性时,对被保全权利之释明,愈减愈缓,甚至无庸审查。② 于此情形,法院始进一步判断申请人就保全处分之要件所为之释明是否充分,或有无必要以担保补充释明之不足,以判断保全处分声请是否为有理由。

我国民事诉讼法中关于保全的设计体系与《德国民事诉讼法典》第916条至第945条规定的临时权利保护相近。然而,在知识产权领域中的诉前禁令因以《与贸易有关的知识产权协议(TRIPS)》第50条为参照对象而更接近于英美法系中的临时禁止令。③ 英美法系实行判例主义,并无系统的保全程序的法律规定,在与我国财产保全和行为保全类似的保全程序为扣押和初步禁令。对于初步禁令的审查和裁量,其可以参见美国医院供应公司诉医院产品公司案。在该案中,供应公司与产品公司订有供货合同,由产品公司对供应公司供货,但在该合同期限届满而续签过程中,产品公司单方面对供应公司取消授权。随即,供应公司提起了诉讼,同时动议发出初步禁令,申请禁止产品公司在禁令的有效期内采取任何有损供应公司的行为,供应公司仍是产品公司的授权发货人。现对此案有两种意见。第一种处理方法是双方的损害和胜诉的衡量,即,法院通过衡量用"驳回原告的申请对原告的损害"乘以"驳回的错误的可能性"(即原告在审判中胜诉),与"支持原告的申请对被告的损害"乘以"支持的错误的可能性",若前者大于后者则可以发出禁令。对此,我们可用以下公式表达:当 $P \times Hp > (1-P) \times Hd$ 时(P 代表了若不发出禁令对原告的损害,而 Hp 是原告的胜诉可能性,Hd 是若发出禁令对被告的损害),即同意发出初步禁令。法院可对申请人讯问,其讯问包括:原告是否会因法院拒绝初步禁令而受到不可弥补的损害,拒绝初步禁令对原告的损害是否超过同意初步禁令对于被告的损害,原告是否有合理的可能在审判中胜诉,以及同意或拒绝禁令是否会使公共利益受到影响。而该案的第二种处理方法则认为不应用公式来进行衡量,认为当事人诉求初步禁令的考量应更为灵活而富有弹性,其提出了四个条件:(1)当事人在普通法上没有被给予充分的救济;(2)申请人所受到的难以弥补的损害超过被告因保全而遭受的损害;(3)申请人具有胜诉可能性;(4)禁令不损害公共利益。与以上公式法不同的是,第二种处理方法认为,法官在禁令诉讼中的判决从本性上不可能是确定的,须富有弹性和裁量性,但应在以上四要件标准内。④

---

① 满足性的假处分,是指法院于审理后认为声请有理由者,即应为处分之裁定,于此处分之裁定,并得命债务人先为一定之给付,使声请人之权利预先暂时实现。参见吕太郎:《民事诉讼法》,元照出版有限公司2016年版,第835页。

② 沈冠伶:《我国假处分制度之过去与未来——以定暂时状态之假处分如何衡平保障两造当事人之利益为中心》,载《月旦法学杂志》2004年总第109期。

③ 周翠:《行为保全问题研究——对民事诉讼法第100~105条的解释》,载《法律科学(西北政法大学学报)》2015年第4期。

④ [美]斯蒂文·N.苏本,马莎·L.米卢,马克·N.布诺丁,托马斯·O.梅茵:《民事诉讼法——原理、实务与运作环境》,傅郁林译,中国政法大学出版社2004年版,第96~101页。

另外,在英美法系中,因对《宪法》的第 14 条正当程序的绝对尊崇,法院在保全程序中存在一个共识:利用任何一种临时性救济措施时都应遵循正当程序,即在当事人的财产被剥夺之前履行告知义务并赋予其听审机会。① 因此,在发出禁令的证明上,法院原则上应赋予被申请人听审权。

四、我国行为保全程序中的证明问题的体系构建

无论是在 2015 年 2 月颁布的《征求意见稿》,还是近两年司法实务审判,关于行为保全程序中的证明问题都出现了某些新趋势。其一,证明对象趋向统一化,包括权利、侵权行为、保全原因;其二,程序设置趋向非书面审;其三,随着证明对象已将权利、侵害行为和难以弥补的损害固定下来,证明标准在不同证明对象上呈现出层次化的现象;其四,法官裁量以英美法系的四因素说为导向,包括:胜诉可能性、如不裁定准许将产生无以弥补的损害、不裁定准许对申请人造成的利益损害大于对被申请人造成的利益损害、符合公共利益。

以上共识的发展是对知识产权行为保全多年审判经验的总结,回应了立法和司法实务中的重大问题,使得行为保全裁定的作出更具有正当性和可接受性。而如何系统且更深入地以证明视角构建行为保全程序则将有更高的要求。最理想的状态是:(1)证明对象的统一化和固定化,使得当事人对须证明的事实和证据的提出加以明确,使得双方在采取重要事项的言词辩论的场合分配举证责任成为可能。而对于证明对象中一直困扰实务界的"难以弥补的损害"的证明,加以类型化使其更具有操作性。(2)对于审理程序的设置上以听取双方陈述为原则而以紧急性等为例外,则平衡了当事人双方的利益衡量,当出现非紧急性或密行性的情形,则采言词辩论,保障被申请人的程序权;而当出现紧急性等情形则以申请方的利益为重,以迅捷性为导向则可进行书面审或进行询问。(3)证明标准方面的层次化,是在区分了证明的难易度、程序保障的不同程度而心证成的,具有个案的合理性。(4)在大陆法系定暂时状态理论的基础上构建证明体系,并在司法裁量上以英美法系"四因素说"为范本,易于操作且考量全面,使得裁定的作出更为及时,更具有正当性。而在以上证明体系的构建上,我国还需兼顾效率与公平,注意防止保全程序的诉讼化现象。因而,以下的内容,将进一步构划我国行为保全程序的证明体系。

1.证明对象

我国当前证明对象中包括权利的证明。对于权利的证明则可能导致保全的证明与本案的证明无异,在学说上对于保全程序的证明对象是否包括被保全之权利,有以下三种学说:一是保全程序仅以保全必要性为审理对象而不审查被保全之权利,在德国法中被称为"不审理被保全权利之简速裁判";二是要求当事人须证明被保全权利及保全必要性,且就二者不区分审理上之先后顺序或强度;三是被保全权

---

① [美]杰克·H.弗兰德泰尔,玛丽·凯·凯恩,阿瑟·R.米勒:《民事诉讼法》,夏登峻等译,中国政法大学出版社 2003 年版,第 697 页。

利是否审理,以及应由声请人就被保全权利之要件事实证明到何种程度,应视不同的案件类型,进行差异处理。因权利的审查包括事实的存否、权利的发生、变更、消灭等问题,审理上较为复杂,易造成程序延滞,且当申请人对保全裁定的取得有急迫性之要求时,则对于被保全的权利的严格审查无疑将违背了该程序的意义。但如果准许行为保全将造成相对人极大的损害,且相对人亦争执申请人被保全的权利时,则应强化对被保全权利的证明。因此,被保全权利是否证明,或证明之程度,应由法院视个案中的紧急性或对于本案权利实现的程度,或对于相对人可能造成的损害程度而定。① 对此,笔者认为《征求意见稿》所针对的是知识产权领域,其中明确对权利应为证明的对象具有合理性。因知识产权的特殊性,对于其权利的审查多是权利证书的比对核准等,而非如其他合同侵权案件中对于权利的证明将涉及事实和证据的提出。若行为保全中将以权利为证明标准而一般化到其他行为保全制度恐似不妥,笔者采以上观点三的意见,认为对于权利的证明应视个案所涉及的法律关系、紧迫性程度由法官来裁量。

为使保全原因作为证明对象落到实处,司法中引进了英美法系的四因素检验要件。在大陆法系,对保全原因进行证明和审查依赖于法院极为广泛的自由裁量。学者多以利益权衡理论和比例原则予以认定。② 利益的衡量上也可考虑法益之不同,原则上,生命、身体、名誉等人格权之损害,较之财产法益,宜承认较具有优先保护之必要。相较于大陆法系的广泛的自由裁量,英美法系的四因素说则显得更为具体和具可操作性。对此,需要予以界分的是哪些事项属于当事人应证明的领域被哪些事项属于法官裁量的领域。笔者认为,保全的必要可被剔除出当事人证明对象的范围而纳入法官的裁量范围,并且通过与询问程序相结合,由法官对此进行询问。因保全原因的特殊性,而行为保全中有自身独立的证明程序,且立法和司法都已经发展出多项裁量标准,对于保全原因似可将其归类于法官裁量的范围。

2.程序的设置

我国的实务中,存在书面审、单方或双方询问及双方听证的情形。而对此需要类型化的是,在什么情形下法院可开启不同的审理程序。定暂时状态之审理方式不同于假扣押及一般假处分,后者为保全将来强制执行为目的之保全处分,为免债务人脱产,故不通知债务人陈述。而对于定暂时状态之处分,往往有暂时实现权利

---

① 沈冠伶:《我国假处分制度之过去与未来——以定暂时状态之假处分如何衡平保障两造当事人之利益为中心》,载《月旦法学杂志》2004年总第109期,60~61页;姜世明:《释明之研究——以其证明度为中心》,载《东吴法律学报》2008年第1期;许士宦:《定暂时状态处分之基本构造》,载《台湾本土法学杂志》2004年第58期。沈冠伶老师采以上观点三,认为应视个案而定;许士宦老师认为可以不审理被保全之权利,但其引用邱联恭老师的观点,认为假处分的程序存在仍以本案之可能为前提,若当事人提出了,法院仍应审查;姜世明老师介绍了德国学者 leipold 的第二种观点,而其自身采观点一,认为台湾的释明的对象仅仅包括请求及保全原因事实,认为原旧法中判例曾对"非显无胜诉希望"进行争议,若持肯定则释明之对象包含被保全权利,但该判例已废除,则释明对象也无此例外。

② 姜世明:《民事诉讼法(下册)》,新学林出版社2015年版,第621页。

之必要,对债务人影响甚大,为期法院能正确判断有无处分之必要,故法院裁定前,应使两造有陈述意见之机会。① 定暂时状态之处分则原则上应以言词辩论审理,而在例外情况下,法院认为依两造言词辩论审理不适当时,则采其他审理方式。

而根据我国的现行规则、司法实务,我国法院在裁量使用何种程序进行行为保全的证明时,应考虑以下因素:1.该保全请求的证明涉及复杂的法律问题和事实问题,法院在审查证据材料后仍模糊不清;2.该行为保全将对相对方造成重大影响,使相对方蒙受相当大的不利益;3.保全行为的标的与本案诉讼请求标的接近一致,法院对于保全申请的准许将使得申请人获得提前实现胜诉的判决;4.案件涉及金额较大,对于担保金额的裁量无法进行确定。换言之,究竟采用双方辩论还是陈述意见之审理方式,属于程序指挥权之活用范围。

另外,在证据方法上是否也相应地采可以提请鉴定、证人作证等证据方法,而非仅仅是书面的可立即取得的证据也值得思考。笔者认为,法官裁量适用的程序、可适用的证据方法,应考虑以下几个因素:1.影响的重大;2.是否需要询问证人或调查其他证据的必要;3.保全必要性的紧急性;4.具体案情的密行性的要求。

程序设置上的变化,尤其是当双方在保全程序中行言词辩论时,应谨防行为保全程序证明的本案化。而且,在《征求意见稿》中,我国取消了对于诉前行为保全裁定期限应在48小时作出的规定,且我国多存在提起本案诉讼的同时提起行为保全,因本案审理阶段尚早,对行为保全的审理也呈现本案化。日本曾以判决方式对保全进行裁判,后因对迅捷性的要求,也进行了相应的改革。

3.证明标准

因为个案的具体情形不同,法官审查程序不同,而证明标准也呈现层次化的现象。因此,对于证明标准层次化的设定离不开对证明对象以及具体案件裁量因素的综合判断。

首先,采用双方听审的方式时,应存在当事人双方证明责任分配的问题。从前述双方对审的案例中可以看出,采用双方听审的方式则意味着该案可能对密行性和迅捷性的要求不高,而对对方当事人的利益影响巨大,而当申请人提出行为保全,并提出充分的证据证明了"请求",则此时对方当事人可提出相应的抗辩,但学术上有争议的是,此时被申请方所提出的抗辩是类似本案诉讼的抗辩还是仅仅证明,当事人的请求将使得自身蒙受巨大的不利益,且该不利益远远超过了申请方不准许行为保全所蒙受的不利益。笔者认为,考虑保全程序的迅捷性要求及其二阶段化的程序设置,对保全请求的争议可形成自身独特的法律要件,若被申请人能对利益衡量或公共利益等提出事实和证据,即完成了证明标准的要求。但申请人对于请求的提出的证明度要求则较高,应接近于本案诉讼所应达到的证明度。其次,法院裁量以书面审理或单方讯问的方式,则不应突破疏明的证明度的要求,只要使得法官大致相信的程度。

另外,若在建立了保全程序中的证明制度下,行为保全中的担保的地位又如

---

① 吕太郎:《民事诉讼法》,元照出版有限公司2016年版,第835页。

何?这一问题亦值得思考。在我国保全程序中,大量存在以担保而代证明的情形,担保承担着防止滥诉、赔偿被申请人损失和降低法院的责任的功能。正如前文所述,我国保全的分类即非以本案的诉讼标的划分,天然的缺失保全程序证明的概念,仅仅依申请人担保而无审查证明即准许的保全程序被认为是带有了浓厚的执行色彩。但若在行为保全程序中构建证明制度,担保的功能则与证明标准相衔接。如前文所述,担保有两重功能,担保损失及补强证明。因此,若申请人已经证明了请求及保全之原因,就应该认为相对人因保全程序所遭受之损害可能性较低,则没有必要以担保而补证明不足;若是为了担保相对人将受到的损害,则在此功能意义下仍可要求其提供。因此,担保的必要性在于在对个案的具体审查中,应结合保全证明的标准。至于所提供的担保数额的酌量①,不应根据相对人所可能受到的损害为标准,而应依具体个案的证明程度与难易为判断。台湾实务上,法院酌定之担保金金额得从保全金额之二十分之一至全额担保,已充分授权法院在应尽量准许保全程序之进行时,针对债权人所释明之案情情节及证据资料程度,给予债务人相对应之保障,以避免债权人随意进行保全程序而损害债务人之权利。②

---

① 对于担保的审查及担保的具体数额酌定可参见刘君博:《保全程序中担保的提供与担保数额的确定》,载《法律适用》2015年第8期。
② 陈岳瑜:《实务上假扣押原因释明之我见》,载《高雄律师公会》2011年9月第9期。

实务探微

关于民事诉讼中法官询问权现状的调研报告

孙邦清*

摘　要　本文是对我国民事诉讼询问权进行的调研报告,选取的调查样本虽然具有局限性,但或许从中可一窥管豹,使学界及立法者了解实务中关于询问权的认知和行使情况的资料。报告显示,询问权对于实务界来说几乎是常识性职权,并且实务界行使询问权已经超前于民事诉讼立法。

关键词　民事诉讼　询问权　司法中立

一、研究背景

民事询问权作为民事审判权的重要内容,对于案件事实真相的查明、法官心证的获取、司法公正的实现具有重要意义。大陆法系将询问权视为法官的当然职权,这在理论界鲜少有争议,但由于立法对询问权规定的模糊以及对抗制诉讼模式对我国理论与实践的影响,国内鲜有学者对此进行系统化的研究。随着两大法系民事诉讼模式的日趋融合,我国也正处在民事审判方式改革的重要时期,因此,如何配置庭审询问环节法官与当事人之间的权责关系、界定并规范法官询问权便具有重要的理论和现实意义。因而,本次调研以询问权为主题,调研的主要目的就是理清询问权应该在一个怎样的限度内行使,以怎样的程序行使。

二、问卷结果分析

2012 年暑假,课题组在合肥市中级人民法院、淄博市淄川区人民法院等法院

---

* 孙邦清,中国政法大学副教授,法学博士,民事诉讼法方向。本文系教育部人文社科项目"民事诉讼询问权制度的理论与实务运作考察"(12YJA820061)成果。

的民事审判庭开展"民事诉讼中的法官询问权"的调研项目。本次参与问卷调查的法官共 81 人,调查问卷共设置了 7 个问题,有效的调查问卷为 81 份。下面将调查问卷的基本情况列明一下(见表 1):

表 1

	A	B	C
1	19	62	
2	80	1(无权询问证人)	
3	0	39	42
4	74	6	1 人没选
5	28	53	
6	7	70	3 人双选,1 人不选
7	5	76	

第一个问题是调查法官从事民事审判工作的时间。设置该题的主要目的是保证参与问卷调查的法官既有民事审判工作经验丰富的法官,也有初加入民事审判工作的法官,因不同工作年限的审判人员对相同的问题,受到工作阅历长短的影响,其认识会有所不同。参与问卷调查的法官共 81 人,其中 62 人有 3 年以上的审判经验,19 人有 3 年以下的审判经验。由此可以得出,被调查的法官多数为审判经验比较丰富的法官,他们对民事审判工作较为熟悉,一小部分的被调查者为初加入民事审判的法官,这样保证了调查对象具有典型性和代表性。

第二个问题是在民事诉讼中法官是否有权询问当事人、证人。设置该问题的主要目的在于了解法官是否认识到询问权是法官的职权,及法官对询问权对象的认识情况。被调查的 81 人中,仅有 1 人认为法官仅有权询问当事人但无权询问证人,其余 80 人均认为法官有权询问当事人和证人。可见,对于法官有询问权这个问题几乎是不存在争议。此问题调查的是法官对其自身权力的认识,民事审判者有民事审判权,而询问权正是民事审判权的一个重要组成部分。在大陆法系职权主义诉讼模式的背景下,诉讼程序主要是以法官为中心,法官在庭前阅卷对案件大体情况有所了解以后,庭审时还会就与案件处理结果有关的问题进行询问。法官对当事人以及证人的询问主要发生在法庭调查阶段,法官在总结了调查重点以后,原、被告对每个重点分别发表意见,最后法官会对当事人没有问清楚或者遗漏的但在案件处理上有重要影响的问题进行询问。但是个别法官否认对证人的询问权,这主要是因为其对询问权尚不完全了解。

第三个问题是法官行使询问权是否会损害法官的中立地位。设置该题目的主要目的在于了解询问权和司法中立的关系。参与调查的 81 名法官都在"不会损害法官中立地位"和"有利于查明事实真相,维护司法公正"这两个选项中选择,比例将近 1∶1,同时也有少数法官同时选择了这两个选项。可见询问权不损害法官中立是共识。司法中立实质上的要求是法官赋予当事人双方平等的诉讼权利和义务,而法官行使询问权可以作为一个"主导者"询问当事人碍于诉讼水平较低而无能力询问的事实,进而为弱势当事人实现其诉讼权利、平等地参与诉讼提供实质的机会,而不是任由强势的当事人卖弄其诉讼技巧导致实质的不正义。因此,询问权不仅符合司法中立的要求,而且有助于达成实质的司法中立。

第四个问题是调查法官行使询问权是否有利于维护司法公正。这个问题是在第三个问题的基础之上,进一步理清询问权与司法公正的关系。被调查的 81 名法官都肯定询问权有利于维护司法公正,由此可见,询问权有利于维护司法公正是毋庸置疑的。本题可以看作是对第三题的补充提问,司法中立本身就是司法公正的基础。因为法官审理案件的一个最根本的目标就是实现司法公正,在最大限度上维护原、被告双方的利益,而此目的的实现就需要尽可能地还原案件的真实情况,在审理时法官单凭案卷以及原被告提交的证据并不足以获得内心的确信,所以对以上书面材料显示不充分的部分应当进行询问以获得内心确信,维护司法尊严和公正。

第五个问题是调查法官应在何种情况下行使民事询问权。本题设置了两个选项:A.只要案件有疑点就应行使;B.案件有疑点且在当事人及其代理人对质不充分时才可以行使。本题设置的目的是了解法官对行使询问权的度的把握情况。其中,28 人选 A,认为"只要案件有疑点就应行使",这占总人数的 34.6%;53 人认为"案件有疑点且在当事人及其代理人对质不充分时才可以行使",占总人数的 65.4%。从回收的 81 份调查问卷上看,参与调查的法官赞成询问权不应该无限制被放大,询问权应当在一定的范围内行使,只能在确实需要询问的时候才能询问。法官可以而且应该行使询问权几乎没有争议,但是可以行使到什么程度却出现了很大的分歧,之所以出现这种现象,主要有三个原因:一是国内立法对询问权的规制较少、较不完全,没有对法官询问当事人、证人的时间、场合、顺序、范围限制及后果等作出详细规定,因而实践中关于询问权的行使情形比较混乱;二是司法效率问题,司法资源有限、法官的精力有限决定了只有少数责任心极强的法官可以对每个案件的每个疑点都询问得一清二楚;三是我国正处在民事审判方式改革时期,司法实践中多数人对我国诉讼模式认识不清,认为只要案件有疑点,法官就应该行使民事询问权,应该是受职权主义影响比较重的,而认为案件有疑点且在当事人及其代理人对质不充分时才可以行使的是兼采职权主义和当事人主义。

第六个问题是询问法官会采取什么方式进行询问。设置该问题的主要目的在于了解司法实践中法官是如何行使询问权的,法官行使询问权的方式是否正确。本题是此次调查中各被调查者提出质疑最多的一个题目,他们指出此问题的两个选项"形式性询问或者走过场式询问"与"追根究底,排除当事人、证人陈述中的疑点"是两个极端,很难回答,一般情况下,两个答案都不会选择,如果选择 A 则使庭审过于形式化,是一种不负责任的表现;B 选项比较符合大陆法系法官的审问方式,但是如果在行使民事询问权的时候追根究底,排除当事人、证人陈述中的疑点的询问,就会取代原被告的地位,变成了原被告的代理人,会损害法官的中立地位。因此,本题的结果不似前五题一样一致,这题的答案比较混乱:7 人选 A,70 人选

B,1人没选,3人双选。笔者认为,之所以会出现以上结果,原因在于我国对询问权行使的方式没有明确规定,且法官虽认为法官询问权不会损害司法中立,但不少法官对司法的实质中立并不了解。

调查问卷的第七个问题是"民事诉讼法的完善是否足以防止民事司法腐败、维护司法公正"。该题目设置比较宏大,设置的主要目的在于获知实务界是对"通过完善民事询问权进而完善民事诉讼法,这是否可以有效预防民事诉讼领域的司法腐败、维护司法公正"的问题的认识。令人意外的是,所有参加调查的法官均不认同通过完善民事诉讼法即可防止民事司法腐败、维护司法公正。民事诉讼法的完善对于防止民事司法腐败、维护司法公正有一定的作用,但徒法不能以自行,防治民事司法腐败、维护司法公正不是一部法律或者一个法律体系能解决的,司法腐败的解决是一个社会系统工程。每一部法律的修订都被予以厚望,但是即便是一部在法理上零瑕疵的法律,在实际运用中也会因为各种因素的存在,法律的效果会大打折扣。有效预防民事诉讼领域的司法腐败、维护司法公正不仅需要完善民事诉讼法,还需要采取其他措施。

三、问卷反映的问题成因分析

从回收的调查问卷来看,所有参与调查的法官均认同法官有询问权,询问权是民事审判权的重要组成部分,但是在询问权概念的界定、询问权与司法中立、公正的关系、询问权行使的对象、询问权行使的情形、询问权行使的方式这些问题上存在争议。下面简要分析一下产生这些分歧的原因。首先是我国的诉讼模式上存在的问题。民事诉讼模式是根据法院和当事人在诉讼中的不同地位和作用进行划分的,传统诉讼理论将民事诉讼模式区分为当事人主义和职权主义,这是世界各国民事诉讼模式的基本类型。改革开放以来,伴随着我国经济社会的发展、变化,解决民事纠纷的诉讼程序和诉讼模式也发生了相应的调适和变革。从总体上看,我国民事诉讼模式变化的趋向是法院和法官在诉讼活动中的职权不断弱化,当事人的诉讼主体地位日益增强,我国目前致力于构建协同主义诉讼模式。[①] 我国处于诉讼模式的变革阶段,法官对这一模式无所适从。由于之前我国职权主义诉讼模式的影响,法官在诉讼中处于主导地位,询问权被认为是法官正当享有的权力是毋庸置疑的,但是一些法官在观念上未进行转变,在询问权上过度扩张自己的权力,不受当事人辩论主义和处分权的限制,因而,实践中不少法官认为只要存在疑问就可以行使询问权。在协同主义诉讼模式之下,法官当然享有询问权,但是当事人的处分权也应得到保护,法官的询问权应该在一定的范围内行使,并且以法定的方式行使。

其次,法官对询问权概念的界定认识不清,把阐明权等同于询问权。在民事诉讼中,询问权是法官民事审判权的重要内容。询问权产生于大陆法系国家,指的是

---

① 黄松有:《和谐主义诉讼模式理论基础与制度构建——我国民事诉讼模式转型的基本思路》,载《法学研究》2007年第4期。

法官通过向当事人、证人等提出有针对性的发问,以便法官去伪存真,形成内心确信,从而做出公正裁判的一项权力。阐明权与询问权相似,实践中,许多法官对询问权认识不清,把阐明权等同于询问权,因而造成询问权行使的对象和方式不当。阐明权是法院为了明确当事人的诉讼请求和案件事实而对当事人的诉讼行为加以引导的一种有实体意义的诉讼指挥权,它通常的行使方式为发问,即在必要时,就当事人的声明从事实上或者法律上提出问题,要求当事人作进一步的声明或陈述、主张等。阐明权与询问权从概念上来讲存在许多相似之处,但是两者的差别也是十分明显的。第一,两者行使对象不同。法官询问权的行使对象为广义的当事人和证人(包括专家辅助人、鉴定人等),而阐明权只能面向广义的当事人;第二,权利行使的内容不同。法官询问权的内容为通过法官的有效发问促使当事人及证人的诉讼主张或证据更为清晰明确地表述,以便法官去伪存真、消除疑点,形成内心确信;而阐明权则包括法官对当事人提供的不完备的诉讼材料提示其叙明、补充或修正,启发当事人提出新的诉讼材料,以及适时公开法官心证的内容;最后,两者在功能目的上的侧重点有所不同。法官询问权的目的即发现事实,查明真相,形成法官心证,发现真实归根结底还是为了形成法官心证以作出公正裁判;阐明权更侧重于交流沟通过程中法官对当事人的提醒与提示,更强调向当事人开示法官在庭审中形成的心证及相关的法律见解,以便当事人据此采取更具针对性的防御措施,从而平衡双方当事人的诉讼能力和诉讼地位,保障当事人对诉讼程序的有效参与并防止突袭性裁判。

最后,造成上述分歧的最直接原因在于我国《民事诉讼法》和其他相关法律法规对询问权的规定付之阙如。这也说明我国实务界行使民事诉讼询问权已经超前于民事诉讼立法。我国对法官询问权的规定主要散见于《民事诉讼法》及其相关司法解释之中。除我国《民事诉讼法》第169条、第203条在上诉程序及再审程序中有部分规定外,民事诉讼法典对法官询问当事人并未规定。《关于民事经济审判方式改革问题的若干规定》第8条规定了普通程序中的法官询问当事人;《关于适用〈中华人民共和国民事诉讼法〉审判监督程序若干问题的解释》第21、23条规定了审判监督程序中的询问权。在今年刚颁行的《关于适用〈中华人民共和国民事诉讼法〉的解释》对法官询问当事人作出了全面规定,除在证据部分做出了一般规定外,又在第三人撤销之诉、实现担保物权案件、确认调解协议案件、再审程序、执行程序上作出了一些特别规定。本次调研虽然完成于新司法解释颁布之前,但仍有立法及司法价值。因为新司法解释虽然全面规定了询问权,但仍没有对询问权行使的具体范围、行使方式作出明确规定,因而,在实践中,各地法官做法不一,对询问权行使的方式、行使的范围存在不同的认识和理解。

四、调研结果的理论和实践意义

通过本次调研,我们可以得知在现行法律法规关于询问权规定缺位的情形下,实践中法官对询问权的认知和行使情况。本次调研为今后在理论上研究询问权提供了实务中关于询问权的认知和行使情况的资料,也为以后的理论和立法完善提供了研究问题和研究方向。从调查问卷分析的结果来看,实务界对法官拥有询问权,询问权是民事审判权的组成部分不存在争议,只有极个别法官持法官不应主动询问的观点。询问权行使对象包括当事人,询问权行使应当在一定的条件下行使,最低限度是存在疑问时行使,对于这些问题,实务界也达成了一致认识。但由于理论界对于询问权研究的不足,立法对于询问权规定的零散、不明确,实务中法官在行使询问权时也遇到了很多问题,各地法官对于询问权的行使各不一样。针对实务中存在的问题,学界应当加强对询问权的研究,重点研究的应当是询问权与司法中立、公正的关系、询问权行使的对象、询问权行使的情形、询问权行使的方式这些实务中存在争议的问题。当然,本调研报告可能揭示了另一个问题,即询问权对实务界来说几乎是维护公平正义之常识性职权,但对于学界可能未必。这也可能是值得学界反思的一个领域。

小额诉讼程序适用情况的实证研究[*]
——以 A 省基层法院为对象

潘炳华　周洪波[**]

摘　要　我国立法机关于 2012 年对《民事诉讼法》"大修"时设立了小额诉讼制度,接着,于 2015 年 2 月,最高人民法院颁布《关于适用〈中华人民共和国民事诉讼法〉的解释》,其中对小额诉讼程序的具体适用进行了专门的细化解释。设立小额诉讼程序之旨趣主要在于,一方面是基于法院案件压力过大的现实状况,使之承载案件分流功能,另一方面,使得占基层法院一定数量的民事案件能够以最简易的方式审理、以一审终审的方式来提高审判效率,降低诉讼成本,同时又能减轻因上诉给中级法院带来的审判压力,以此缓解人民法院案多人少之矛盾。然而,本文通过实证调查却发现,立法设立旨在解决"案多人少"问题的小额诉讼程序,在实践中存在适用率极为偏低和运行状况不佳,普遍的基层法院和审判人员对小额诉讼程序的适用表现出消极和谨慎的态度,出现了"不敢用"之现象。与最高人民法院预期的全国基层法院"消化"的小额案件将占基层人民法院受理的民事案件总量的 30% 左右之目标相差甚远。进一步的调研发现,导致小额诉讼程序适用率偏低之原因既有立法上规定的小额诉讼程序适用范围不够完善,也有相关的配套制度如绩效考核制度、涉诉信访制度对法院、法官产生的消极影响。针对成因,本文提出初步的对策与建议。

关键词　小额诉讼程序　适用情况　对策

引　言

民商事案件繁简分流机制运行以来,基层法院纷纷推出了诉讼调解中心、便民速裁、小额诉讼庭等举措,在一定程度上提高了简易案件的审理速度,消化了大量的简易案件,促进了审判效率与审判质量的提高。但是,近年来,全国法院每年受理的民商事案件呈急速上升的趋势,出现了"案多人少"的严峻的司法现实问题,这在一定程度上加剧了"人民群众日益增加的司法需求与司法资源供给有限的矛

---

[*] 本文为广西高级人民法院"关于繁简分流的调研"课题项目之子课题,立项编号 GXGY(2017)B02(03)。

[**] 潘炳华,四川大学法学院 2018 级诉讼法学硕士研究生;周洪波,西南民族大学法学院教授,法学博士后,主要研究诉讼法、证据法、司法制度。

盾"。为解决上述问题,我国需要一种比原有简易程序更为简便、实用、高效的诉讼程序(制度)来消化法院日益增加的大量案件,以实现"司法为民"之宗旨。在这样的背景下,立法机关于2012年对《民事诉讼法》"大修"时设立了小额诉讼制度,接着,于2015年2月,最高人民法院颁布《关于适用〈中华人民共和国民事诉讼法〉的解释》,其中对小额诉讼程序(制度)的具体适用进行了专门的细化解释。可以说,小额诉讼制度的建立,一方面是基于法院案件压力过大的现实状况,承载着案件分流的功能;另一方面,可以为民众提供更高效率、更低成本的诉讼程序。

与全国法院面临案件数量逐年急剧增长的压力相似,A省法院最近10年来的民商事案件收案数量也呈逐年急速递增的态势,而一线审判法官的人数没有明显增加,"案多人少"的矛盾日益突出,基层法院传统的"简易"诉讼模式和审判机制已难以满足社会公众的司法需求。但在调研中我们却发现,立法设立旨在解决"案多人少"问题的小额诉讼程序,在实践中存在适用率偏低和运行状况不佳的现象,法院和审判人员对小额诉讼制度的适用普遍表现出消极和谨慎的态度,存在"不敢用""不愿用""不善用"的现象。例如,调研对象中的N市中级法院辖区内的基层法院一审适用简易程序审理的案件16201件,但适用小额诉讼程序审结的案件为零;在其他基层法院适用小额诉讼程序审结的也只有几件或十来件。总体上,A省基层法院适用小额诉讼程序审理的案件数量极少,机制运行效果不乐观,没有真正达到"简案"简立、简审、简判的目的,与最高人民法院估计的全国基层法院受理小额案件将占基层人民法院受理案件数量的30%左右之预期目标相差甚远。① 调研中还发现,适用小额诉讼程序审结的平均审理期限也不乐观,与适用简易程序审结标的额较大的案件相比,小额诉讼的审理期限并没有实际缩短,审理效率也没有实质性的提高,并未为当事人提供一种更高效率、更低成本的程序。而且,一些法院、法官由于缺乏担当精神,对符合适用小额诉讼的案件,因担心适用小额诉讼一审终审可能会引发涉诉信访问题而造成不利影响,进而对小额诉讼程序"束之高阁",弃之不用,从而造成积案现象。上述问题应引起高度重视。那么,造成小额诉讼程序适用率偏低的原因有哪些,影响程序运行效果的因素何在?造成基层法院、法官消极、谨慎适用的根本原因又是什么?司法实践中存在哪些问题?下一步该如何应对?带着这些问题,我们对部分基层法院进行实证调查,取得了第一手的资料,对上述问题得出了初步答案。

一、A省部分基层法院适用小额诉讼程序的基本情况

(一)调查对象的基本情况及材料来源

基于审理民商事案件适用简易程序及小额诉讼程序的法院仅仅限于基层法院。因此,本次调研对象为基层法院。在选择的调研对象中,除了选择A省首府所在地的中级法院管辖的基层法院之外,本次调研还分别选择了A省辖区内东、西、南、北地区的若干基层法院作为调查对象。调查重点为对象的基层法院2017年度民事审判中适用小额诉讼程序受理、审理案件的基本情况。

---

① 最高人民法院审委会专职委员杜万华2012年9月在宁夏调研时的讲话。

关于材料的来源,除了由下表中所列明的法院报送之外,调研组还于2018年元月份分别到BS市、FCHG市、NN市等市所辖的基层法院采取召开座谈会、访谈、查看立案报表、登记簿等方式,进行实地调查。

在报送的数据及材料中,之所以选择2017年的适用情况,主要是调查理解民事诉讼法关于小额诉讼程序适用的司法解释于2015年2月4日正式实施之后第二年的基本情况,。

(二)适用的基本情况

表2 2017年A省部分基层法院适用普通程序、简易程序、小额诉讼程序的相关数据

法院名称	普通程序	简易程序	小额程序	合计	简易程序适用率	小额程序适用率
QX区法院	3132	1337	0	4469	29.92%	0
XXT区法院	1993	1380	2	3375	40.89%	0.06%
JN区法院	1649	2905	44	4598	63.18%	0.96%
LB区法院	862	1143	720	2725	41.94%	26.42%
YF区法院	1000	3286	306	4592	71.56%	6.66%
LN区法院	2306	1593	0	3899	40.86%	0
FCG市中级法院辖区的全部基层法院	1405	4917	400	6722	73.15%	5.95%
GL市中级法院辖区的全部基层法院	4340	6844	41	11225	60.97%	0.37%
NT中级法院辖区的全部基层法院	255	688	0	943	72.96%	0
CZ市中级法院辖区的全部基层法院	1860	4237	125	6222	68.1%	2%
BS市辖区的全部基层法院	3515	12335	117	15967	77.25%	0.73%
HC中级法院辖区的全部基层法院	1423	3731	0	5154	72.39%	0
BH中级法院辖区的全部基层法院	1601	2042	172	3815	53.53%	4.51%

本文所指的小额诉讼程序的适用率,是指适用小额诉讼程序审结的民商事案件与其审结的全部民商事案件的比值。

如表 2 所示,在上述 7 个中院管辖的基层法院中,小额诉讼程序适用率最高的为 5.95%,其次为 4.51%,再次为 2%;其中,有两个中院管辖的基层法院的适用率为 0,还有两个的适用率不到 1%。

在上述 6 个单列调查的基层法院中,适用率最高的是 LB 区法院,为 26.42%,其次是 YF 区法院,适用率为 6.66%,有两个基层法院适用率为 0,还有两个基层法院的适用率不到 1%。

总体上看,调研对象的基层法院适用小额诉讼程序审理的案件数量极少,普遍存在消极、被动适用的情况,主动适用的法院极少。甚至在一些基层法院还出现"不愿用""不敢用"的现象。可以说,小额诉讼机制运行效果不乐观,没有真正达到案件繁简分流制度设立的目的,与最高人民法院预期的"全国基层法院受理小额案件将占基层人民法院受理案件数量的 30% 左右"之目标相差甚远。[①] 调研中还发现,适用小额诉讼程序审结的平均审理期限也不乐观,与适用简易程序审结标的额较大的案件相比,小额诉讼的审理期限并没有实际缩短,审理效率也没有实质性提高,并未为当事人提供一种更高效率、更低成本的程序,对于法院"案多人少"的矛盾没有得到有效解决,甚至还出现了不同程度的"积案"现象。上述问题应引起我们高度重视。

二、适用小额诉讼程序中存在的问题分析

如前所述,新民事诉讼法设置小额诉讼程序(制度)的宗旨、目的及适用价值均无可置疑,但调研对象的基层法院适用小额诉讼程序的情况却并不理想,甚至出现适用率为零的情况也不鲜见。面对 A 省基层法院适用小额诉讼程序的状况,我们应反思立法和司法实践的契合性,亟待关注进一步如何完善和发挥小额诉讼制度的价值作用。针对目前的状况,其主要问题在以下几个方面:

(一)适用范围和数量受限

1.法律规定的条件使得小额诉讼程序的适用范围和案件数量极为有限

(1)从小额诉讼程序适用范围的法定条件看,民事诉讼法及司法解释对小额诉讼程序的适用设定了两个条件:既要符合适用简易程序的适用条件,同时又要符合"上年度就业人员年平均工资百分之三十以下"这一标的额的条件。如果仅仅从满足案件标的额这一适用条件看,调研中的基层法院 2015 年受理的民商事案件的标的额在"上年度就业人员年平均工资百分之三十以下"的案件数量应该有相当大的数量,但是,除了符合标的额的要求之外,又同时符合简易程序适用条件,在这两个法定条件叠加之后的案件数量,实际上就比预想的数量范围少得多或窄得多。

[①] 最高人民法院审委会专职委员杜万华 2012 年 9 月在宁夏调研时的讲话及时任最高人民法院司法改革办公室俞灵雨 2011 年 7 月在中国民事诉讼法学研究会 2011 年年会上的大会发言。

具体说来,民诉法第157条明确规定七种不适用简易程序的情形中,仅仅第(一)项"起诉时被告下落不明"不能适用简易程序的规定,就大大地制约了小额诉讼程序的适用范围。例如,某基层法院2015年按照小额诉讼程序立案受理的110件案件中,就有78件因被告下落不明而不得不转为普通程序审理。

(2)此外,该条第(三)项"当事人一方人数众多"不适用简易程序的规定也较为严重地制约小额诉讼程序的适用。例如,常见于供水、电、气等公用设施或通讯、物业等领域围绕欠费等发生纠纷,等等,这类案件中,通常出现一方当事人人数众多的情形,这类案件的标的额虽少,在实践中这类案件也会占有一定数量,但出现"一方当事人人数众多"的情形,或者构成"串案"并可能导致连锁效应或引发群体事件的案件在小额程序的适用上也应持较谨慎的态度,由此被排除在了小额诉讼程序的适用范围。

(3)有些案件标的额虽然符合小额诉讼程序适用范围的规定,但出现了被告提起反诉、第三人参加诉讼、需要进行费时费力的鉴定、有众多证人出庭作证,等等,出现上述情形则可能预示着案情复杂,需要谨慎处理,不宜适用小额诉讼程序审理。

(4)符合司法解释规定适用小额诉讼程序的标的额的案件数量也颇为有限。如果说当初立法和司法解释确定的"上年度就业人员年平均工资百分之三十以下"这一标的额似乎还是较为符合实际的话,那么,随着社会经济的发展,这一标的额恐怕就不一定太符合实际了。例如,调研中我们发现,某一距离县城大约20公里之遥的派出法庭,在2015年受理的100多件案件中,在起诉状中请求给付的标的额都高于法定的标的额要求,即高于13000元;该法庭2016年1月份受理的10多件案件中,诉讼请求最少标的额也不低于30000元。虽然这个调研法庭受案的标的额不一定具有绝对的普遍性,但结合社会经济发展趋势,其仍然具有一定的参考价值。至于经济较为活跃的区域,如,城镇、城区等,恐怕符合法定标的额要求的案件数量就更为有限了。

(5)此外,某些标的金额符合小额标准的案件虽然受理时从表面的案情到纠纷类型都看不出有将其排除在小额程序之外的必要,但随着被告答辩及程序的展开,我们可能会发现确实需要采取更加慎重的审理方式,而转为简易程序或者普通程序。

经过上述(1)至(5)条件、因素及情形进行筛选的结果是,符合适用小额诉讼程序的案件范围变得越来越窄,数量骤减。

2.信访压力等因素导致适用小额诉讼程序的案件数量进一步减少

正如上述分析,法定条件制约了小额诉讼程序的适用范围和案件数量。除上述因素外,实践中,对本来符合小额诉讼程序的案件,法院、法官仍然持谨慎态度,不敢用、不愿用。通过调研访谈发现,目前的涉诉信访制度是影响小额程序适用的主要原因之一。由于适用小额程序审结的案件实行一审终审,而且又是独任审判,一旦当事人对判决结果不服而又不能通过上诉程序予以救济,很可能会产生涉诉信访,①或者根据法律规定向原审法院申请再审。如果出现上述情况,就意味着"案结事不了"。在近年来的司法实践中,避免涉诉信访问题的发生,力求"案结事了"一直是审判工作必须坚持的重要原则之一。况且,近年来,法院都以涉诉信访及再审率等作为绩效考核指标。鉴于当前信访形势的压力,基层法院的法官一般不愿采用一审终审,而更愿意给当事人一个上诉的机会,避免信访压力聚集在基层、聚焦在法官自身上。在这样的环境下,法院、法官对即便符合小额诉讼程序适用条件的案件,往往也会持谨慎的态度,对案件的审判质量和排除涉诉信访的发生有十分把握的,才适用小额诉讼程序;而对于把握程度不大或者无法把握的,则不宜适用。例如,根据司法实践,法院当前所处理的案件除了"一般简单案件"和"复杂案件"外,还存在"难办案件"这个类型。所谓"难办案件",指的是法院审理时不得不更多地考虑诸如政治的、社会的、经济的、道德的等多种因素,甚至是必须把这些法律外的因素置于首要考量地位的案件,至于标的额大小、案情和涉及的法律问题简单还是复杂,对于这种案件都不重要。"难办案件"还可进一步分为法院必须考虑社会影响或社会效果的"敏感案件",以及审理及结果遭受复杂的关系影响或法院明显感觉到压力的案件",包括预计当事人很可能缠讼上访或者执行困难的案件。② 对于标的额较小的案件来说,出现"难办案件"的几率可能不会很高,然而,从现阶段的司法环境看,法院、法官对于把握不大的案件,以力求"案结事了"为由而尽可能不适用小额诉讼程序的做法,恐怕也不能说不符合现实需要。即便是已适用小额程序的案件,一旦发现有类似的情形,法院就有将其转换为按照简易或普通程序去审理之必要。

小结:正如上述分析,法律规定的适用条件使得符合小额诉讼程序受理的案件范围变窄,数量骤减,再加上当前信访压力等因素对司法环境的影响,又进一步导致了小额诉讼案件的适用范围和案件数量的再次缩减。前述若干因素的叠加,导致司法实践中能够适用和敢于适用小额诉讼的案件数量与立法及司法高层设计、预期的(大约是基层法院受理民商事案件30%)的数量③、目标都已相去甚远。④

---

① 调研访谈中发现,普遍法官担心、不愿承担由于小额诉讼程序实行一审终审制,当事人对诉讼结果不满意而带来的信访数量增多的压力。

② 王亚新:《民事司法实务中适用小额程序的若干问题》,载《法律适用》2013年第5期。

③ 最高人民法院审委会专职委员杜万华2012年9月在宁夏调研时的讲话以及时任最高人民法院司法改革办公室俞灵雨2011年7月在中国民事诉讼法学研究会2011年年会上的大会发言。不过,按照民诉法专家的分析,2015年作为新民诉法司法解释实施的第1年,这个比率在10%以下也属正常。相反,假设在某个基层法院受理的民事案件超过30%,甚或40%以上都禁止上诉,一审终审的话,恐怕就不见得是正常的现象了。参见王亚新:《民事司法实务中适用小额程序的若干问题》,载《法律适用》2013年第5期。

④ 不过,根据权威的民诉法专家分析,2015年作为新民诉法司法解释实施的第1年,这个比率在10%以下也属正常。相反,假设在某个基层法院受理的民事案件超过30%,甚或40%以上都禁止上诉,一审终审的话,恐怕就不见得是正常的现象了。相关论述参见王亚新:《民事司法实务中适用小额程序的若干问题》,载《法律适用》2013年第5期。

(二)对适用原则的错误理解导致程序虚化

对解释第276条和第281条的理解及操作缺乏规范,导致不敢用或者过度谨慎适用。

调研中发现,一些基层法院民商事审判的法官普遍认为,2015年2月实施的《最高人民法院关于〈适用中华人民共和国民事诉讼法〉的解释》中关于小额诉讼程序的适用原则,仍然是赋予当事人选择权,而非法院对符合适用条件的案件"强制适用"。甚至有的领导、法官也认为,只有在当事人自愿选择适用小额程序的情况下,法院才能适用。出现上述理解偏颇或错误理解的主要原因是对新出台的司法解释不重视,不学习。

有的法官虽然重视学习司法解释的适用规定,但对司法解释第276条的告知义务、第281的异议权理解和处理缺乏规范,错误地认为,如果告知当事人适用小额诉讼程序审理案件,只要当事人提出异议,就应当转化程序。这种理解,导致了不敢大胆适用小额程序的倾向,使得小额程序失去适用价值而形同虚设。

(三)立、审机构的设立缺乏规范,阻碍小额程序的有效运行

不同业务部门的职能及其相互间的分工合作与小额程序有效运行密切相关。调研中发现,适用小额诉讼程序的立案受理的组织机构与案件审理的审判组织机构的设立和职能分工,尚未形成初步的统一规范。有的法院把适用小额诉讼程序的机构设立在民一庭内,在民一庭内分立、设立一个小额诉讼程序组;有的在立案庭内设立速裁组,有的单独设立小额诉讼庭;既未设立小额诉讼程序适用小组,也未设立小额诉讼程序庭的情况相当普遍。上述现象会导致立、审机构职责不清,权责不明,不利于工作开展。处在小额诉讼程序的适用初期,如果立审组织机构的权责不清,一方面容易出现推诿责任和争夺权力的现象,另一方面也意味着负责小额诉讼程序适用的筛选工作和实施审理工作混乱无序。稍微具体说来,究竟是由立案庭负责筛选、立案号,然后移送业务庭,还是由业务庭负责筛选确定之后,再把案号报立案庭?例如,由于立案与审理机构的职能不清,对于符合适用条件的案件却没有按照小额诉讼程序案件予以受理的现象,或者由于没有认真筛选,使得不符合适用条件的案件却又按照小额诉讼程序受理,导致在审理程序中不得不进行程序转化,这无形中增加了程序和工作量。相反,对于本来符合小额诉讼的案件,应当按照小额诉讼予以立案的案件,由于立案部门筛选问题,而按照简易程序或者普通程序立案。对这些案件,在审理程序中,审理案件的法官如果按照小额诉讼程序审理却又缺乏依据。又如,如果没有设立审理小额诉讼案件的专门组织机构,就意味着一个法官可能同时承担审理普通程序、简易程序和小额诉讼程序案件的三重任务,出现多头兼顾现象,难以实现小额诉讼程序的高效率。总体上,对于适用小额诉讼程序的立案和审理(立审分立)机构的设立缺乏科学规范,小额诉讼程序的运行缺乏保障力。

(四)审判管理等因素不完善,导致适用缺乏保障

调研中发现,目前对符合适用小额诉讼程序的案件在立案受理阶段、审理阶段均未设立区别于简易程序、普通程序的案号,在司法统计口径上也没有相关的统计

口径。上述情形,既不利于区分立案部门与审理部门的职责,也不利于工作协调和开展,导致审判管理的不规范。

(五)审判程序没有得到应有的"再简化",降低了审判效率

调研中发现,适用小额诉讼程序审理的案件,在立案受理、送达、传唤、答辩、庭审质证、裁判文书制作等审判程序方面的流程处理,与适用简易程序审理标的额较大的案件几乎没有任何区别,与简易程序相比,无法体现小额程序中应当具备的"再简化""更简便"等方便实用的特点。结果往往导致审理周期过长,审判效率低下。

三、对策与建议

针对上述问题,建议如下:

(一)完善小额诉讼案件的适用范围

从小额诉讼程序适用范围的法定条件看,民事诉讼法及司法解释对小额诉讼程序的适用条件设定了两个条件:既要符合适用简易程序的适用条件,同时又要符合"上年度就业人员年平均工资百分之三十以下"这一标的额的条件。如果仅仅从满足案件标的额这一适用条件看,调研中的基层法院2017年受理的民商事案件的标的额在"上年度就业人员年平均工资百分之三十以下"的案件应该有相当的数量,但是,除了符合标的额的要求之外,又同时符合简易程序适用条件,在这两个法定条件叠加之后的案件数量,实际上就比预想的数量范围少得多或窄得多。此外,该条第(三)项"当事人一方人数众多"不适用简易程序的规定也较为严重地制约小额诉讼程序的适用。因此,我国需要通过立法完善来扩大小额诉讼程序的适用范围。

(二)完善信访机制,让法官敢于一审终审裁决

随着当前涉诉信访高压态势和维稳形势的严峻要求,基层法官一般不敢一审终审、"惹访上身",因此,完善信访机制,减轻法官心理压力是关键。只有这样,一审终审的小额诉讼程序才能在基层有广泛的适用空间。

(三)改革考核制度,消除审判人员适用小额诉讼制度的后顾之忧

为了鼓励审判人员适用小额诉讼制度的积极性,如有必要的,对承办小额诉讼案件的审判人员进行单独考核,对适用小额诉讼程序产生的申诉、信访案件,实行无故意、重大差错因素豁免考核。

会议综述

法官员额制改革中的前沿问题*
——民事诉讼与司法改革高端论坛会议综述

■ 李　浩　余　歌**

摘　要　作为司法系统的一次深刻变革,员额制改革在中央的大力推动下,至今已通过3批试点在全国全面推开。2016年12月3日,民事诉讼与司法改革高端论坛在南京召开,理论界与实务界的专家学者围绕员额制改革展开深刻讨论。本次学术会议围绕员额制改革的理论问题、员额制改革的实践以及员额制改革中存在的问题进行了研讨,并着重围绕人案矛盾、法院系统的"去行政化"、院领导入额与办案、员额制改革的相关配套措施、员额制改革如何走出路径依赖等问题进行着重讨论,形成了丰富的理论成果。本次会议明确了员额制改革中存在的诸多问题,为问题的解决提出了"走出路径依赖"的原则,对部分重大问题提出了建设性的解决方案,为员额制改革的进一步深化提供了理论支持。

关键词　高端论坛　法官员额制改革　会议综述

法官员额制是指在法院现有编制内,根据审判工作量、法院辖区面积人口、经济发展等因素,确定法院的法官员额,把真正符合条件的审判人员确定为法官,形成由法官、法官助理组成的新的审判运行机制。[①] 作为本轮司法改革的重要环节,员额制改革从2014年第一批试点城市开始,现今已在全国全面推开。员额制改革

---

*　本文系中国法学会法治方阵研究课题"法官员额制改革研究"[(2015)ZDWT35]的阶段性成果。

**　李浩,南京师范大学教授、南京师范大学法治现代化研究院研究员;余歌,南京师范大学法学院硕士研究生。

①　宋冰:《程序、正义与现代化》,中国政法大学出版社1988年版,第257页。

作为近年来对法检系统影响最为深刻的一场改革,自然引起了学界与实务界的广泛关注。2016年12月3日,由中国民事诉讼法学研究会"民事诉讼与司法改革研究方阵"主办,南京师范大学法学院、南京师范大学现代司法研究中心承办,南京市中级人民法院、江苏校外研究基地司法现代化研究中心协办的"民事诉讼与司法改革高端论坛"在南京召开。本次学术会议围绕员额制改革的理论问题、员额制改革的实践以及员额制改革中存在的问题进行了研讨,并对员额制改革中的要点问题进行了着重讨论。

一、员额制改革的理论问题

员额制改革作为中央本轮司法改革着力推进的改革之一,从相关文件出台到如今在全国推开,时间并不长。面对当下迅速推进的改革,如何理解员额制改革的目标、如何把握员额制改革针对的问题、员额制改革与当下的司法改革有怎样的关系等一系列理论问题需要理清。本次会议中,与会代表围绕与员额制相关的理论问题进行讨论,着力解决了改革的一系列前提问题。

(一)员额制改革的目标、重点以及针对的问题

北京大学法学院傅郁林教授认为,当下的员额制改革与司法责任制涉及法院的整体责任和法官对国家承担的行为责任。苏州大学张永泉教授认为,理论界和实务界对员额制改革的目标看法是不一致的。实务界考虑的是改革必须在一定的时间之内落实,而理论界则更多地考虑中央为什么要推行员额制。西北政法大学董少谋教授认为,本轮司法改革不是上一轮司法改革的继续,而是要去地方化和去行政化。员额制改革是去行政化改革的一部分,核心在于提高司法公信力、增强司法权威。四川省社会科学院副研究员郑妮认为,员额制改革要形成"三化",即"法官的专业化""司法的去地方化""司法的去行政化",员额制改革的优化价值不仅仅在于提高待遇和职业荣誉感,最主要的是让法官更专注于审判事务,让司法通向更美好的未来。

华南师范大学谭世贵教授从理论角度分析了实践中需要什么样的员额制:一是需要一个能够适应多样化情况的、可动态调整的法官员额制,现在的政法编制是很久以前设定的,无法适应现状;二是需要构建能够适应法律职业需要的、来源多元、开放的员额制,实现各职业间的良性互动,仅从法官助理中选拔员额法官是比较封闭的;三是要建立一个硬性、公开透明、可被社会监督的法官员额制;四是需要充满人性关怀、可持续发展的法官员额制,保障法官的身心健康。否则,改革会造成严重的法官流失,法院招聘时报名法官职位的人数也会急剧减少,不利于法官员额制的推行。

苏州大学张永泉教授认为,员额制改革想解决的是以下几个问题:一是解决法院去行政化问题,让审理者裁判,但员额制是否能达到这一目标还有待商榷。二是保障法官精英化,因为司法权威不是来自于判决的正确性,而是来自于裁判者本身。目前员额法官的来源范围太小,应当将选择范围扩大到全社会。三是要解决法院内部的问题,比如,院长不办案的问题、辅助人员设置问题等。这些问题需要

在制度架构中具体完善,现在仅仅依靠中央文件是无法解决的。四是解决人案矛盾以及由此引发的一系列问题。目前,员额制反而有加剧人案矛盾的可能,因为案件数量在增加,而员额法官在减少。如此,很多法官受不了办案压力纷纷离开法院,造成了法官流失。五是员额制建立以后的退出机制以及调离机制构建问题,有待具体的制度设计。

(二)员额制与司法改革的关系

黑龙江大学孙记副教授结合社会大环境、传统文化和中西方司法改革进路对比对目前的员额制改革进行了"冷思考",认为员额制作为司法改革的第一步,反过来促使其他改革是一种悖论。西方自启蒙运动以来,司法改革和观念的传播、程序的演进还有法官的职业化是同步进行的,而我国则不是。这种情况下,我国进行司法改革,加强法官责任制,可能会出现很多问题。

北京大学傅郁林教授分析了员额制在整个司法改革中所处的位置。傅郁林教授回顾了我国从20世纪90年代到现在的三次司法改革,认为我国司法改革的目标本质上是一种权力的重新配置,其次才是效率。在中国,权力的重新配置和司法责任制其实是一个问题的两种说法,而立足点——"权力的重新配置"在我国又变成了"责任的重新配置"。这一次的改革要解决谁能够代表法院行使权力的问题。20年的积累之后,大家的共识是只有审判庭的法官才能代表法院实施权力。同时,结合目前的国情,院庭长基本不办案,权责不能一致。当权力被分解、责任出现问题的时候,法官出现问题也没有办法追究。因此,三中全会提出"让审理者裁判,让裁判者负责",四中全会又提出了司法责任制。

由于司法责任制给法官带来的压力,国内有相当一部分的法学家致力于消解司法责任制,也就是不能在法官权力没有得到保证的情况下,最后还要终身追责。可以推想,法官的离职也与员额法官心中的这份恐惧有关。目前员额法官还是要和审委会分享权力,这可以消解责任终身制给法官带来的概念上的恐惧。责任制是法院内部的文件要求,而外部党的文件要求领导干部不干预司法。也就是党管干部不干预司法,而法院管好法官好好判案。既然法官有这么大的责任、这么大的风险、这么大的权限,那什么样的人可以担任法官呢?怎么样才能吸引更好的人留在法官队伍?这些是在司法责任制的框架内再来讨论的员额制所要解决与回答的问题。

二、员额制改革的实践反思

员额制改革作为正在进行中的一项改革,其实践为今后的理论研究与司法改革提供了丰富的经验与素材。与会代表除汇报有关地区员额制改革的成果外,也陈述了各地法院在落实员额制改革的过程中遇到的困难与阻力,同时提出了目前员额制改革面临的一系列问题。

(一)各地员额制改革的实践

根据中央规定,各地员额比例可以在不超过中央政法专项编制39%的基础上结合各地实际进行规定。例如,徐州市中级人民法院院长马荣在汇报中提出:"江苏全省员额比例为36％,各个中院根据本院案件数量,兼顾地区人口等各个方面的因素核定分配。"徐州中院即使员额宽松,也要恪守好中选优、宁缺毋滥、兼顾老中青等原则进行员额分配。

江苏省法官、检察官遴选委员会主任邵建东就江苏省法官、检察官员额制改革遴选工作概况作了简要的汇报:一是考虑到法官与检察官员额制改革工作的差异较大,所以分设法官遴选委员会和检察官遴选委员会;二是遴选委员会包括常设性委员和非常设性委员,每次遴选委员会的组成都会从非常任性委员人才库中抽选8名委员。遴选工作中最重要的任务是建设具有广泛代表性、高度专业性和权威性的非常任性委员人才库。江苏省分别建立了人大代表库、政协委员库、审判业务专家库、检察业务专家库、法律专家库和律师代表库。人才库人员都在媒体做出公示,接受社会公众的监督。2015年11月,江苏省召开了法官、检察官遴选委员会第一次会议,确立了遴选工作所要遵循的一系列标准和原则。江苏省八个院在正式进入试点后,经过三个阶段的试点工作,全省入额法官、检察官数额达到新高。

南京中院胡道才院长汇报南京中院与基层法院目前已经基本完成首批法官入额遴选工作,为了解决改革中的诸多困难,南京中院采取了如下做法:一是用省院的标准,预先进行模拟测算,确保在一线办案的骨干法官入额;二是入额比例完全根据工作需要确定;三是以法官的办案水平为评价标准,兼顾入额意愿;四是注意尊重经验丰富的老法官,只要愿意回归审判一线审理案件,就同意其入额;五是对领导干部,符合条件的也可以入额,但要下达办案任务;六是遴选入额时既要考察过往的工作业绩,又要考虑其近两三年的工作状况,两方面并重;七是首批员额制改革到位之后,要完善法官业绩考评制度,使法官尊荣与危机感并重,激励与鞭策并重;八是培养强大的后备队伍,配给审判辅助人员,允许审判质量在短期内有所波动。

四川省法官、检察官遴选委员会委员胡建萍对四川省员额制的改革情况进行了总结:四川省已经分两批完成了全部法官、检察官的入额工作,并且法官、检察官单独序列实现了与行政挂钩的脱离。其对第一批入额的法官、检察官待遇已全部落实到位,第二批员额法官、检察官待遇也即将到位。成都中院杨咏梅副院长在表达自己观点的基础上补充了相关细节,认为员额制改革对整个四川省法院系统都是一次阵痛:第一,四川省法院中,院长、副院长实行考核,副院长级别以下全部实行考试入额,很多白发苍苍的法官都参加了考试,承受了改革之重;第二,改革客观上也导致了人才流失,工龄满30年的一线法官基本全部退休,首批未入额的年轻法官也纷纷出走;第三,由于助理制度跟不上,加重了法官的工作压力;第四,审判综合部门的力量大大削弱,这些部门承担了理论研究、审判指导等一系列重要工作,缺乏人才支撑,会使法院运作困难;第五,报考法院的法学院毕业生减少,2016年,四川某基层法院公开招聘7名法官助理,结果报名都没有报满。

四川大学左卫民教授对四川省高院、成都中院以及4个省内基层法院进行了调研,认为员额制改革固化了一线法官。在四川,一线法官中的90％都入额了,没有入额的只有10％;入额法官中,70％是一线法官,员额中剩下30％的法官就是非一线法官,比如院领导、专委和综合部门的极少数人。从办案人数上看,院庭长、其他部门的入额法官开始承担办案任务,总体上增加了 5%～10% 的判案资源。此外,入额后法官待遇明显提高,也对法官产生了正向激励作用。

宁波中院审判员陈佳强则从基层法官的立场,介绍了员额制改革后宁波中院的情况,他感觉到身边的法官对员额改革是不太满意的。陈法官关注到身边辞职的人数迅速增加,曾经宁波中院的中层干部是没有人辞职的,但 2015—2016 年许多中层干部都辞职了。这些法官并不是不能入额,其中有两人还是被浙江省高院确定为专家讲师团成员的法官。此外,由于法院的工作量太大,未入额法官还是在主审案件。浙江省试点了 11 家法院,没有一家法院真正实现未入额法官不允许办案。有的法院定了 5 年的过渡期,实际上就意味着 5 年后才能实现员额制,但可以想象,5 年后,员额法官也无法完成所有案件的审理。所以,员额制改革实质上只是把人员分流,因为未入额的法官其实还是在主审案件。

(二)对改革实践的评价与反思

四川省法官、检察官遴选委员会委员胡建萍结合四川省员额制改革的实际,认为目前对员额制改革的积极评价有如下几点:一是四川省的改革由于顶层强力推动,党委政法委主持实施,推进效率较高;二是员额制改革为下一步的改革奠定了初步基础,也推动了其他改革;三是入额的提名、评审工作体现了遵循司法规律的特点;对年轻法官更注重知识学历,对年长法官则偏重经验;四是遴选委员会在工作中,主要是规则的制定、初选筛选以及涉及个案的具有引导性的做法在实践中产生了许多经验,对司法改革起到了推动作用。

江苏省高院政治部法官管理处副处长曹也汝提出了改革过程中几个值得讨论的问题:一是法官员额制快与慢的问题。第一批的试点经验还未来得及总结,第二批的试点就已经开始了。个别地区的试点经验没来得及总结,全国性的试点就已经开始了。中央快速推进此次改革,显示了中央推进改革的决心,但是员额制改革需要配套手段和配套制度的完善,很难推进得那么快。二是多与少的问题。员额制在客观上是要减少法官数量的,现在增加法官助理之类的手段只是改革的权宜之计。如果员额制的目标是希望法官可以多拉快跑,那么,改革的目标就出现了偏差。三是法官员额改革高与低的问题,员额制改革要选出高素质的法官。原本从基层法官一步步成为领导的法官是高素质的,但是脱离审判工作一段时间之后会不会出现审判能力的退化成为了一个现实问题。另外,一个人已经成为劳心者之后很难重新成为劳力者,实践中领导干部愿意回到审判岗位的几乎没有。

泰州中院党组书记徐军认为,员额制改革存在诸多困难,矛盾与冲突明显:第一是"案多人少"的人案矛盾冲突;第二是法院内部人员的利益差别性与不患寡患不均的思维方式的冲突;第三是司法激励的迫切性与制度共举的可能性之间的冲突;第四是调动员额制法官的积极性的手段比较少;第五是法院整体形象的聚合性与法官个体素质的差异性的冲突;第六是员额法官的职业尊荣的需求与职业保障之间的冲突。

四川省法官、检察官遴选委员会委员胡建萍也提出了实践中存在的负面评价:

一是人大及其常委会在改革中的作用还没有明确,各地出台的员额制改革方案是否需要经过人大和常委会的审批还是个问题。二是非专业选拔标准的负面挤压让很多优秀的法官选择离开。三是入额遴选工作面临着各种矛盾和冲突,案件数量、理念以及领导风格的不同都有可能导致遴选标准的不同。四是案件多的地方,法官不愿意入额,案件少的地区,法官入额积极性非常高。五是法官精英化以后,司法辅助力量如何配备的问题没有被同步解决:一是辅助人员严重缺乏;二是辅助人员工作不稳定,容易流失;三是事务性人员暂时无法转变为辅助人员;四是资历老的工作人员不配合工作。

针对员额政策本身,学者们也提出了不少问题。四川大学左卫民教授、四川省社会科学院副研究员郑妮围绕员额制的入额理念、入额途径、入额遴选组织构成和员额配置等方面提出了改革与现实之间存在的悖论。针对入额政策本身,学者们普遍认为遴选入额要去行政羁绊,要拓宽法官的入额渠道,同时要细化法官遴选委员会的设置。上海市第一中级人民法院研究室主任刘言浩则认为,员额制改革在员额比例的测算、入额法官业绩考核如何监督、入额法官的退出机制等问题上都存在需要思考和解决的问题。

西南政法大学诉讼法学博士林洋针对39%的员额比例提出了自己的思考。他认为39%是很多年前的数据,能否适应当下实际是个问题,同时提出结合诉讼理论中案件的不同类型和审判方式来计算员额比例,因为即便是同一个案件,审判方式不同,法官花去的时间也是不同的。另外,39%的员额比例是否是定额的,以后是否有上升的空间、能否设定成浮动比例也值得考虑。针对员额法官的选拔,林洋博士也提出了自己的看法:国家从律师和学者中选拔法官的条件较为苛刻,比如,要求学者的职称和教学经验等,但在我国的审判模式之下,法学经验对正确审判案件具有多大的作用,法学经验究竟应该在选拔员额法官时占据多少的比例是一个需要思考的问题。同时,林洋博士呼吁,希望能够给予年轻法官更多的机会。

(三)员额制改革下一步面对的问题

除了员额制改革政策本身的问题以及改革过程中遇到的阻力外,在员额制框架基本建立的情况下,下一步需要解决哪些问题,参会的学者与实务界的法官都提出了各自的看法。

成都市中级人民法院副院长杨咏梅、四川大学左卫民教授均认为接下来要解决的各种问题包括:如何实现员额制下法官的进入、晋升、流动、退出的良性循环;如何建立起科学的法官助理制度;如何实现员额制下法官的培养、经验的传承;如何协调法院审判权和行政权之间的关系;如何解决法官绩效考核中的各种矛盾和冲突;如何解决领导办案面临的功能冲突;如何解决入额的非一线法官的功能冲突,例如,执行部门和综合部门的法官;如何推行相关的配套改革等问题。

关于如何解决未入额法官的出路问题,胡建萍法官提出了以下几种出路:一是调到行政岗位;二是退休退职;三是置于闲职不用;四是转为公职律师。关于如何实现员额制下法官的培养,杨咏梅法官的设想是通过构建团队模式来解决,建立资深法官带动普通法官的团队制度,让资深法官将智慧发挥到最大。法官之间要做到权限和职能的分工,以团队总承包的形式对分配到团队的案件负责。

徐州市中级人民法院院长马荣结合徐州市员额改革的实际,提出了改革中存在的五点问题:一是过渡期有多长的存续时间;二是没有入额的法官,能不能独立主审案件,如何确定法官绩效;三是审判辅助人员如何配置;四是员额制改革之后如何处理好放权和监督的问题;五是司法行政人员的比例和职业发展以及法院领导干部入额与办案的问题。

上海市一中院研究室主任刘言浩认为,员额制改革推行后会引发许多其他的问题:一是解决人案矛盾迫在眉睫:一旦人员固定化,人员增加、加大审判资源配置就不那么容易了。二是员额制导致法官门槛抬高之后带来的人才断层、法官来源问题:法官助理是将来法官的后备军,但从目前情况来看,法院招收的法官助理素质是大幅度下降的。三是审判组织的问题:比如审判团队,在中级以上法院提"审判团队"是值得商榷的,因为审判团队的工作方式是一种行政式、项目式的工作方式,有可能会出现新的行政化问题。四是法院内部机构职能重新调整:如果机构职能不调整,而只调整人员的话,可能会加剧法院工作的困难。五是审判权、审判管理权与审判监督权的关系:要防止助理审判员一步变为审判员,带来法官资历不足、裁判水平不足的问题。

江苏省法官、检察官遴选委员会主任邵建东就遴选委员会下一步的工作给出了建议和展望。邵建东主任认为,全面试点结束以后,遴选委员会要开始从原先从事其他法律职业的人员中,选出合格的审判、检察人员。对未来的遴选工作而言,如何进一步提升遴选工作的准确性和权威性是最大的问题。在未来的遴选工作中,我们要考虑让申请人接受遴选委员会的询问。对于已经在司法岗位任职的人员,遴选委员会也可以通过列席办案过程、旁听庭审、调阅案卷等方式考察被申请人。

就已经入额的法官、检察官而言,一是要保证入额后的法官、检察官真正成为合格的员额法官、检察官;二是要保持员额法官、检察官总体动态平衡,建立正常的进入退出机制;三是要妥善处理司法人员存量和增量的关系;四是要调动不同地方、不同层级司法机关的积极性。

三、员额制改革中的几个关键问题

在与会学者与各位实务界专家提出的问题中,专家学者着重讨论了员额制与人案矛盾、员额制与司法去行政化、员额制与院领导入额、员额制与相关配套措施、员额制改革如何走出路径依赖这五个问题。

(一)员额制与人案矛盾

在"诉讼爆炸"的背景下,我国案件数量呈逐年递增的趋势,员额制改革实施之前,"五加二""白加黑"在法官群体已成为普遍现象,而员额制改革在客观上减少了一线法官的数量,如何应对可能更加严峻的人案矛盾成为不可回避的问题。针对我国当下的人案矛盾,山东大学刘加良副教授、西北政法大学董少谋教授均认为:人案矛盾并非是全国的一个普遍现象——沿海和内地、城市和农村、不同层级的法院之间,人案矛盾并非完全一致。"案多人少"其实存在于特定的领域、特定的地区和特定的法院,只有在东部城区基层法院的民事审判领域中才会有这样的矛盾。

江苏高院的许前飞院长提到:"员额制并不能从根本上缓解人案矛盾,改革以后,办案一线的审判辅助人员增加,法官反而减少了。"厦门大学张榕教授认为:员额制不仅无法解决"案多人少"的问题,还有可能加剧人案矛盾。在实际运作中,法院不仅承担着案件办理工作,还需要承担很多案件办理外的工作。在过去,法院被迫承担了一些社会治理职能,然而,近年来,法院已经开始主动扩张职能,如法官下基层、驻村等。如果一直以来的法院治理模式不改变,而寄希望于用员额制来解决人案矛盾,最终将是缺乏实效的。安徽师范大学奚玮教授则提出,为解决人案矛盾,不仅要针对司法资源促增长,还要考虑现实情况对社会进行司法降需求。促增长就是增加编制,降需求就是通过一些措施来进行案件分流。如果不对"案多人少"的现状给予足够的重视,而总是进行精英法官选拔,依靠加班加点来维持法院的日常工作,是不可持续的。

关于如何在员额制的背景下解决人案矛盾,许前飞院长认为:单纯增加审判辅助人员,并不能从根本上解决"案多人少"的矛盾,因为很多工作只能由法官来做。解决人案矛盾还是得通过科学配置审判资源、实行审判团队制、优化审判资源配置;实行书记员管理体制改革,提升书记员专业化水平;运用司法大数据和人工智能手段,提升审判质效等一系列手段来解决。泰州中院党组书记徐军提出五条建议:第一,能力强的法官尽量到一线;第二,提升法官的能力;第三,补充法律共同体的其他人员进入法官队伍;第四,信息化;第五,有效分流案件让案件数量减下去;第六,应用非讼程序。

张榕教授则认为,要通过案件分流来解决人案矛盾:对于绝大多数的非疑难、非复杂案件,要想办法通过调解、和解化解掉。但在员额制落实到位、法官越来越少的情况下,案件分流该如何操作是个严峻的问题。法院曾经对结案率的追求以及过分强调审限的做法可能需要改变,因为调解、和解会耗费较多的时间,操作不好反而会降低法官的工作效率。同时,法院也可以考虑引入社会力量,比如,邀请公证人员来做送达、调解等工作,也可以减轻法院的工作负担。董少谋教授提出三点思路来解决"案多人少"的矛盾:一是把有些案件分流到周边案件不多的地方去;二是入额以省为单位考核,可以把外地案件不多的法官调到案件多的地方中去;三是在法院内部进行案件分流,把简单案件交与速裁团队,不能解决时再交给普通法官,剩下的非常复杂的案件交给入额法官。

同与会其他专家提出的解决方案不同,西南政法大学马登科副教授另辟蹊径,提出使用电子技术来解决人案矛盾,提升审判绩效。马登科教授提出了四项电子技术,分别是电子司法管理、开拓线上审判、电子立案登记系统、电子裁判辅助系统直接生成判决书。在大数据与人工智能的背景下,相信现代科技与司法审判的结合能够为解决人案矛盾提供新的思路。

(二)员额制与司法去行政化

法官员额制贯穿了本轮司法改革去行政化的目标要求,实质就是要让法官摆脱传统的科层化体系,真正让法官成为能独立办案并独立承担责任,有尊严、有地位、有权威的法律职业精英。但是,实践中进行的员额制改革能否达成去行政化的目标却引发了学者们的忧虑。

北京大学傅郁林教授追问"行政化"与"地方化"的来源:为什么有行政化和地方化?法院的院长为什么要保有一定的权力?如果法院的院长没有权力去过问案件,为什么案件出现问题的时候需要由法院院长负责呢?傅郁林教授认为,法院去行政化与去地方化的根本解决之道在于政治体制改革。在法律框架内,法官独立于行政在法院内部还是可以操作的。

黑龙江大学孙记副教授认为,员额制改革虽然强调去行政化,但行政化已经潜藏其中。因为法官入额毕竟会带来待遇和荣誉,推动改革的院长和领导作为切蛋糕者同时也分蛋糕,他们能否做到完全的公平是一个问题。如果领导和管理者因为有行政职务,可能并不办案,而将办案工作转移给其他法官,增加了其他法官的工作负担。

江苏省高邮市人民法院研究室主任夏敏就认为,目前员额制改革在大方向趋好的前提下也存在着行政化加剧的隐忧。员额制后,如果真能让审判权回到法官手上,并且法官能不受干扰、心无旁骛地办案,司法改革目标的达成当然乐观可期。但如果员额制后法官办案的体制环境仍然实际处于行政科层的结构中,法官仍然受到法律之外的一些显性和隐性的行政约束,那么,行政化问题就可能在某些方面反而加剧。安徽省枞阳县人民法院研究室主任杨良厚认为,如果司法机关依然行政化地主导办案业务工作,综合部门庞大,判案工作海量,分管业务的院领导的主要精力不在办案,员额制所需求的司法职业化就不能真正落实到位,为员额制改革成立的遴选委员会也不能有效地运行。因此,推行员额制改革,首先要改革司法机关内部的行政化的管理方式。

关于如何在员额制改革过程中防止"行政化加剧",真正做到"去行政化",学者们提出了不同的对策。夏敏主任提出了四项对策以实现"去行政化",一是强化法官的身份塑造,扭转利益分配逻辑;二是重构法官的职业地位,彻底摆脱行政依附;三是理顺政法与司法的关系,确立政法法治格局;四是完善司法责任追责机制,摒弃行政追责套路。杨良厚主任认为,在借鉴加拿大立法的基础上,我国法官系统要坚持非等级性原则,入额法官等级不能太高,否则法官会首先思考怎么才能当干部。我国可以学习加拿大法院的跨区跨际,实现外部去行政化;同时通过岗位职务的套改实现内部去行政化。入额法官的行政职务要尽量放弃,综合部门也要尽量合并。

(三)员额制与院领导入额

员额制改革中,院庭长能否入额、怎样入额、入额后如何办案等问题引发了学界与实务界的关注。本次会议中,针对这一问题,学者们也表达了各自不同的看法。西南政法大学诉讼法学博士林洋结合个人调研提到,基层法院中存在院庭长根据资历直接入额的现象,如果领导既是改革政策的制定者,又是改革利益的承担者,势必会出现角色冲突。

将院领导入额与司法责任制结合起来考虑,江苏省高邮市人民法院研究室主任夏敏认为入额领导在办案时一方面要考虑法律标准,但另一方面,由于政法责任的存在,领导办案承担着双重压力。政法责任的追究则不仅以法律为根据,还有政治考量的根据。2015年9月,最高人民法院先于员额制改革全面铺开提前了一年时间出台的《关于完善人民法院司法责任制的若干意见》中规定,"涉及群体性纠纷,可能影响社会稳定的""疑难、复杂且在社会上有重大影响的"案件,院长、副院长、庭长有权要求独任法官或者合议庭报告案件进展和评议结果,就是要求院、庭领导对这些案件承担起政法责任,进行所谓"正当的"干预。领导们入额办案,既体现了法律效果和社会效果更好融合的一面,也产生了可预估的给司法责任和政法责任带来的更加真切的撕裂感。

南京师范大学李浩教授认为院庭长入额与办案会成为一个问题,是出于两点担心:一方面担心院庭长优先入额却不办案,另一方面担心院庭长入额挤占员额指标。具体来说,这种担心至少有以下四点原因:一是在我国法院,院庭长占有很大的比例;二是院庭长大多只从事行政事务,基本不会再办案;三是案多人少的矛盾;四是如果院长入额以后不办案,那其他入额法官会承担更重的办案任务。

如果最高决策者提出要求,再出台相关政策,院庭长也是可以不入额的。但这样做是违反司法规律的:首先,不入额就不是法官,也不能继续担任领导职务;其次,随着其他事务从法院中剥离出去,在法院不办案,就会变得无所事事;最后,院庭长是改革的设计和领导者,假如多数院长都不能入额,改革也无法继续。

院庭长回到审判岗位,并不存在技术上、经验上的障碍,因此,问题的焦点在于他们入额之后能否真正承担起员额法官的职责、能否实质性地审理案件。目前最受诟病的现象就是院长、庭长作为审判长参与合议庭审理案件,但只在法庭上做一些程序性的工作,案件的实质性审理却交给合议庭中的其他法官甚至法官助理来完成。最后,李浩教授提出了这样一种观点:院庭长实质性办案需要渐进式推进,这种角色的转变需要时间和过程。去行政化与去地方化的配套改革能不能顺利推进,影响甚至决定着院庭长入额后能否实质性办案。

将来入额的法官将更关注法官等级的升迁,而不是注重行政级别的提拔。随着改革越来越深化,我国法院院长、庭长的数额会大范围减少。院庭长办案是一个阶段性问题,随着改革的推进,这个问题终将会得到比较理想的解决。

(四)员额制改革与相关的配套措施

北京大学傅郁林教授认为,案件分流系统、智能法院的建立和案件信息系统是一个完整的框架。一直以来,社会把法院整体应该承担的审判职能简单地切分为了对个人的评价。这个思路如果不改变,员额制之后虽然能够提升案件质量,而数量、效率的问题很快就会呈现出来。提升效率不能靠员额制,只能靠案件管理系统。在德国,基层法院的民事案件中,支付令、督促程序等案件占80%,这些案件是辅助人员即书记官来做,日本50%~60%的非讼案件和调停案件也不是法官来审判。通过案件的分流,这些案件不会再占用法官的精力。在剥掉这一部分案件之后,我们再来讨论复杂案件和需要核心审判员的案件中,法官和法官助理之间权限的划分。审判团队的意义其实是在这一类案件中再去讨论的。通过组织法的修改,通过案件的分层对法院人员进行分层,同时进行权限职能的划分是个很好的构想。在这个前提下,我们对某些需要裁判权的案件再进一步进行团队建设。

上海高院黄祥青副院长认为谋划员额制改革,要坚持系统的思路。员额法官、审判辅助人员、司法行政人员三个类别的划分是为了更好地分配工作以及提升法官的薪酬。建立员额制还可以结合法院的工作职责来划分:从司法的流程来考量,区分诉讼事务官、裁判官、执行事务官和司法服务人员。

没有进入审判员额的人员可以担任其他事务官。这样可以保证其职业前景,防止法院人员的不稳定性,使法院整体素质较高,不同人员之间配合的默契度也可以相应增强。讨论员额制改革应当将员额法官、法官助理与其他司法事务官、司法行政人员作为一个整体,才能在法院内部形成一个良好的工作体系。推进员额制的改革,要坚持内外兼修的方针方法:一是司法的公开性,让当事人对司法行为进行监督;二是让公众看到高素质的可以信赖的法官队伍,这也是支撑司法公信力的核心。

破解司法改革的难题,需要关注用人导向和激励机制问题。现实中,评价一名法官大多依据职务、岗位,这样只激励了少数法官却挫伤了绝大多数法官。未来的评价标准应该是法官能否具有法治思想,能否作出专业、经典、精彩的裁判。这样才有利于法官真正把主要的力量集中到实现司法的公正性上。

扬州中院蒋惠琴院长认为要推行员额制改革,司法体制改革的配套机制要跟上。比如,法官内部的科学整合、法官入额后的考核评定以及如何退额都是非常严峻的问题。司法部门要增强对辅助人员的管理,增加书记员来增大法官办案团队,同时可以从社会吸收更多的优秀人才作为法官储备。

泰州中院党组书记徐军提出了解决司法激励问题和法院管理问题的方案:第一是审判团队模式构建的科学化;第二是审判专业分工的精细化;第三是专业化法官考核督查的绩效化。在法院管理上,管理目标从重视眼前到重视长远,方式从重管控到重理顺,模式从多元化到扁平化,重点是事中管理和事后管理。职业化保障上,第一是要强化职业准入标准,第二是法官职业技能要法制化,第三是职业安全的落实化,第四是司法环境的亲民化。

(五)员额制改革如何走出路径依赖

以南京大学吴英姿教授为代表的学者针对当下的员额制改革,提出了员额制改革如何走出路径依赖的问题。吴英姿教授认为,所谓路径依赖就是制度变迁中的制度惯性,它使得制度发展无法突破原有的方向和进路,使改革一直沿着旧的道路往下走。改革的收益一开始是存在的,但之后很快就开始呈递减的趋势。如果任其发展,改革可能就会背离预期目标,甚至在总体上收益归零。在研讨员额制改革的过程中,我们要明确改革的目的是什么,紧紧围绕去行政化的改革目标来思考,反思手段是否是有效的,以及手段实施存在的问题及出路。

员额制改革中的"路径依赖"主要表现在以下几个方面:一是推行员额制的手段有局限,大多运用行政化手段。行政化管理体制下,院长、庭长既是管理者,又是裁判者。院长、庭长行政和司法的二元身份(政法干警和法官身份)会导致裁判受到非法律因素的影响,加剧法律的失效。院长、庭长等法院领导是领导司法改革的人,如果他们首先将最大的利益内定给自己,那么,司法改革的目的也将无从实现。二是司法体制改革的滞后,行政化的改革推进手段源自司法体制改革的落后。正是由于司法体制改革的滞后,员额制改革才陷入了路径依赖。三是法院内设机构改革的滞后,这也是导致员额制改革不得不采取行政手段推进的主要原因。中央政法委的推进让员额制改革的效率很高,但由于缺乏体制改革的同步推进,出现了改革的困境。由于上级法院的内设机构改革没有跟进,使得行政职能与审判职能的交错关系没能得到实质性的改变,侵扰审判的进行。四是司法责任制改革不彻底,依然带有很强的行政责任的性质。法官的管理模式也具有路径依赖,依然保留原有的治理模式;在对法官的评价上,很多法院依然将数量化的排名、排序作为评判标准来激励法官;员额候选人范围局限于现有的法官、检察官群体;审判团队建设沿用承办员制。

上述路径依赖现象,使改革中出现了一系列的问题:院庭长精力受牵制,挂名办案,非实质性办案;审判委员会的运作与设置目标不符,在实际运作中,功能也发生了异化;入额后的过渡期问题,过渡期成为各试点法院保留的对策,成为解决入额后出现的"案多人少"等问题暂时的挡箭牌;虽然员额制改革时间不长,但是能否达到法官精英化目的还是存在质疑的,并且还伴随着人才流失、人才断层的危机。

关于如何走出上述"路径依赖"有如下思路:一是未来研究的重点还是要落到"治本之策"上,重点在于如何撬动司法体制改革的城墙砖,可能的突破口是"诉访分离"。二是让司法权的运行进一步去行政化,可能的突破口首先就是管理观念的转变与管理手段的调整,摆脱以数字排名来考核激励法官的落后管理手段。在未来的改革中各院应当从激活法律和程序规则的约束力,辅以法官伦理的约束力来逐步实现法官管理理念的转变。三是要推进职业保障和司法改革的配套改革。四是未来的员额制的遴选方法、程序、标准、范围的完善要紧扣司法规律进行合理的设计。五是跳出院领导的本位主义。六是要对改革的渐进性有理性的认识,对改革的逐步深化要有耐心和信心,对保持改革的方向有足够的信念,同时警惕改革的路径依赖,防止改革落入改革目的的反面。

四、小　结

员额制改革对落实司法责任制、实现司法的现代化,并最终促进审判的公平正义具有重要意义。这场改革肩负着如此重要的任务,又牵涉到法官的切身利益,因此,从政策的制定、改革的推进,再到配套措施的跟进与完善,难免会产生较多需要讨论的问题。正如参加此次研讨会的清华大学法学院张卫平教授所说:"一方面,员额制改革带来了很多积极的变化,另一方面,就目前来看,员额制改革确实没有原先所说的有那么好的效果。"解决实践中的问题、对员额制做出改进,并推动员额制改革更好地推行正是此次会议的目的。

本次会议中,实务界的专家们对员额制的实施情况作了真实、详细的汇报,成为本次研讨会的重要基石。从研讨会的结果看,学界与理论界的各位专家理清了员额制改革的理论基础,提出并总结了员额制改革推进过程中遇到的阻力和困难,同时又对员额制改革落实后可能产生的问题、员额制本身存在的问题进行了说明与分析。可以看出,与会的各位专家学者对员额制改革引发的问题研究得较为彻底,对为何产生这些问题的原因也进行了较为深刻的剖析。

学者们对于解决员额制改革中遇到的问题,提出了"走出改革路径依赖"的原则与方法。由于员额制改革是一项具有划时代意义的、重大而艰巨的任务,改革从开始到现在也不过经历短短两三年的时间,在实践经验缺乏、改革时间较短的情况下,专家学者们也很难立即提出解决员额制改革问题的万全之策。但是,值得庆幸的是,至少解决问题的大方向在此次会议中已经得到了确定。同时,针对员额制改革中的一些突出问题,例如,"人案矛盾""去行政化""领导入额办案"等问题,学者们都提出了不少有建设性的建议。

员额制改革彰显了中央进行司法改革的决心,虽然改革的道路是曲折的,但相信前途是光明的!本次会议提出了员额制改革中存在的诸多问题,为问题的解决提出了"走出路径依赖"的原则,对一些重大问题提出了建设性的意见,相信能够为深化员额制改革提供强有力的理论支持!

紫荆沙龙

医疗侵权案件过错之证明

■ 纪格非*

摘 要 《侵权责任法》第58条涉及过错标准的客观化与过错医疗行为的证明两个方面的问题。前者属于实体法领域的问题,宜通过法律解释性规范的方式解决,后者则属于诉讼证明的问题,需要通过举证责任倒置、法律推定和证明妨害规范解决。《侵权责任法》混淆了两种不同性质的问题,并扩大化了"违法性"在医疗侵权案件过错证明过程中的作用,导致了实务中的混乱。其应将不同的问题分类解决,明确限定"违法性"在医疗过错证明过程中的作用,同时通过举证责任倒置、法律推定和证明妨害的规范降低医疗过错的证明难度,平衡医患关系。

关键词 医疗侵权 过错责任 法律推定 证明妨害

一、关于医疗侵权案件过错证明的立法

(一)关于医疗过错证明的争议

通常认为,《侵权责任法》第58条的立法目的是为了减轻医疗侵权案件中患者对被告方过错的证明难度,从而对医疗机构的"注意义务"作出的客观化规定。依据该规定,患者有损害,因下列情形之一的,推定医疗机构有过错:(一)违反法律、行政法规、规章以及其他有关诊疗规范的规定;(二)隐匿或者拒绝提供与纠纷有关的病历资料;(三)伪造、篡改或者销毁病历资料。对于上述规定的法律性质与法律效力,法学界形成了不同的观点。一种比较常见的观点认为,该条的规定是"直接的认定",而非法律推定,即本条三种情形将被直接、等价地评价为医疗机构存在过

---

* 纪格非,中国政法大学教授、博士研究生导师。

错,三种情形与过错要件对应的主要事实之间是必然联系,没有法律推定存在的空间。① 然而,此种"认定"在立法上属于何种技术,相应的主张者并没有做进一步说明。第二种观点则认为,该条在性质上是法律推定,即第58条规定的三种情形是基础事实,在基础事实得以证明的情况下,法院应当认定存在医疗过错。对于此项法律推定的效力,部分学者认为此条所规定的推定是不可反驳的法律推定。② 而多数学者则认为,该条所规定的推定是可以反驳的法律推定。③ 此外,还有一种较为少见的观点认为,该条对于过错的认定是一种法律拟制,其效力不可反驳。④

笔者认为,《侵权责任法》第58条的规定明显不同于拟制。法学上的拟制是指有意将明知为不同者,等同视之。梅因将法律拟制作为法律与社会协调的技术,以使得法律可以适用于已经改变或发展的社会环境。他指出,"法律拟制是指用以掩盖或目的在掩盖一条法律规定已经发生变化的事实的任何假定,其时法律的文字并没有被改变,但其运用则已发生了变化。"⑤比如,古罗马法为了保障丈夫对妻子财产的享有权的"妻子是丈夫的女儿"的拟制,现代社会有关于法人人格的拟制以及血亲关系的拟制,等等。拟制的根本特征是将原本不属于某一法律规范调整范围内的事务,纳入到其调整的范围,其作用在于发展法律。而《侵权责任法》第58条的规定显然不具备拟制的特征。其列举的三种情形并没有使法律内容和调整对象的范围发生变化。笔者认为,对于第58条的性质与效力的上述第一与第二种观点均具有一定的合理性,究竟哪种观点应得到支持取决于该观点在多大程度上反映了立法者的意图。

(二)从立法目的看第58条的性质与效力

来自立法机关的信息显示,上述意见中的第一种观点更符合立法者的原意:《侵权责任法》第58条所谓的"推定医疗机构有过错"不同于《侵权责任法》第6条第2款所谓的"推定过错",而是"直接认定"。全国人大法律委员会和全国人大常委会法制工作委员会认为:"按照民法原理及《侵权责任法》的立法思想,违反有关诊疗规范,或者隐匿有关病历材料甚至伪造、篡改、销毁有关病历材料,这类行为本身即是过错。"⑥按照立法者的思路,《侵权责任法》第57条规定,医务人员在诊疗活动中未尽到与当时的医疗水平相应的诊疗义务,造成患者损害的,医疗机构应当承担赔偿责任。在此基础上,为了给"与当时的医疗水平相应的诊疗义务"提供客观化的判断标准,作出了第58条的规定,并通过此规定确立了医疗侵权责任中"违法即过失"的基本原则。因此,第58条应被视为第57条规定的"当时的医疗水平相应的诊疗义务"的解释,是立法中的解释性规范,而不是法律推定,也不是针对

---

① 转引自梁慧星:《论〈侵权责任法〉中的医疗损害责任》,载《法商研究》2010年第6期。
② 杨立新:《侵权责任法》,北京大学出版社2014年版,第314页。张海燕:《论不可反驳的法律推定》,载《法学论坛》2013年第9期。
③ 奚晓明、王利明:《侵权责任法新制度理解与适用》,人民法院出版社2010年版,第315页。
④ 陈慧慧:《反思医疗侵权举证责任的再分配》,载《中国卫生法治》2012年第1期。
⑤ 梅因:《古代法》,商务出版社1996年版,第16页。
⑥ 梁慧星:《论〈侵权责任法〉中的医疗损害责任》,载《法商研究》2010年第6期。

主、客观证明责任的转移与分配问题作出的规定。这样,如果按照立法者的思路,第 58 条在性质上是法律解释性规范,对于依据该条认定的事实,不存在推翻或反证的问题,当事人只能争议第 58 条的适用条件是否已经得到满足。在此种意义上,将第 58 条的效力理解为不可反驳的法律推定似乎亦无障碍,因为多数英美法系国家的学者认为,不可反驳的法律推定就是实体性规范。但是,在英美法系国家,如立法者欲赋予某法律推定以不可反驳的效力,一般会在法律条文中给予明确指示,通常的表述方法为"conclusive evidence to""conclusive presume"。同时,不可反驳的法律推定适用的范围极其有限,代表性的立法条文包括"7 岁以下儿童推定为不能实施犯罪行为""犯罪嫌疑人采用欺骗方式使被害人表示同意进行性行为,终局性地推定被害人没有同意"①以及"在因诽谤而提起的民事诉讼中,原告被认定实施了诽谤行为的刑事判决是原告实施了该行为的决定性证据(conclusive evidence),具有可采性"。② 在这些国家,只有在立法中明确被赋予不可反驳的效力,才能被认定为不可反驳的法律推定。否则,法律推定应是可以反驳的。而从我国《民诉法解释》第 93 条的规定看,所有的法律推定都是可以反驳的,并不存在不可反驳的法律推定。因此,认为《侵权责任法》第 58 条的规定是不可反驳的法律推定的观点缺乏明确的立法依据。

从司法实践中的情况来看,多数法官亦将第 58 条的规定理解为对第 57 条规定的"诊疗义务"的解释。笔者使用北大法宝作为搜索引擎,以裁判期限为《侵权责任法》实施以后至 2017 年 9 月 1 日之前的中国大陆地区各级人民法院一审民事判决书为对象,以本条为关键词进行"全文""精确"检索,随机筛选其中的 125 个案例,去除无效案例 15 个,剩余有效案例 110 个。③ 对有效案例进行进一步分析后得出以下图表中的结果(见图 1、表 1):

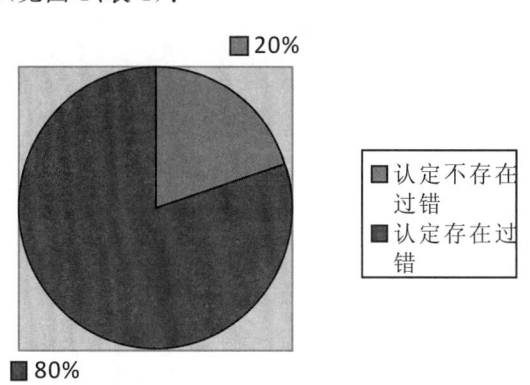

图 1 对原告过错认定率的统计

---

① Adrian Keane & Paul McKeown, *The Modern Law of Evidence*, Oxford University Press 2012, 653-654.
② Mcgourlay, *Evidence Statutes* 2013—2014, Routledge, 2014, p.6.
③ 最后访问时间为 2017 年 10 月 14 日。

表1 对原告援引条文及过错认定率的统计

原告援引条文	总数	认定过错		未认定过错	
		案件数	过错认定成功率	案件数	过错认定失败率
第58条第(一)项	63	54	85.7%	9	14.3%
第58条第(二)(三)项	49	36	73.5%	13	26.5%

通过分析可以发现,在原告援引《侵权责任法》第58条主张医疗行为存在过错的案件中,其主张在绝大多数情况下会得到法院的支持。虽然绝大多数案件中,被告会反驳或反证原告对过错事实的主张。但是只要原告证明被告存在58条规定的情况,法院基本不会采纳被告的反驳意见或相反的证据。统计数据显示,在原告证明存在第58条的三种情形之一的前提下,只有两个案件法院最终通过被告提出的反证认定不存在医疗过错。因此,立法者所欲实现的,是通过诊疗义务的客观化,降低医疗侵权案件"过错"的证明难度的立法意图,已经在实践中得以较好的贯彻。

综上,从立法目的上看,将第58条的规定理解为对"诊疗义务"的客观化解释,更符合立法者的意图,也符合实务部门对该规定的性质与效力的理解。

二、《侵权责任法》第58条对"违法即过失"原则的偏离

(一)"违法"在证明医疗过错中的作用

从比较法的角度看,医疗机构的违法或违规行为在证明医疗过错中的作用有两种立法思路:其一,将医疗机构的违法或违规行为等同于过错;其二,将医疗机构的违法或违规行为作为证据,允许司法机关据此推定医疗机构存在过错,同时也允许被告提出证据证明不存在过错。

第一种思路表现为以美国为代表的《侵权责任法》中的"法律上的当然过失"原则(negligence per se)。根据该原则,在法律明确规定了被告对原告应当承担的义务,被告违反该义务而给原告造成损害的,则属于无可争议的过失。该原则一般被视为实体法规则,在涉及该原则是否适用的问题时,应由法官而非陪审团做出认定。① 但是,在美国侵权责任法中,"法律上的当然过失"的适用范围是非常有限的。首先,"违法"的范围被限定在违反刑事法律或者违反安全保护法的范围内。在绝大多数案件中,违法的情况仅仅被视为缺乏适当注意义务的证据,法规的存在

---

① Black's Law Dictionary, Thomson Reuters 2014, 1197.

将会表明案情的重要程度,并引导法官将过失问题作为法律问题加以解决。① 其次,"法律上的当然过失"的适用,以证明被告的行为与原告的损害有因果关系为前提。在美国 1926 年的 Brown v.Shyne 一案中,原告因病痛或身体状况请被告进行脊椎按摩治疗,被告没有执业许可,但是却对外表露自己可以诊断和治疗,后原告瘫痪并诉至法院。审理案件的 Lehman 明确表示,按照《公共健康法》的规定,禁止无照行医的规定是为了保护公众不受因未经训练和教育的行医者可能导致的伤害,如果被告对该法的违反是构成原告伤害的近因,那么,原告可以获得赔偿,否则违反立法的证明就毫不相关。② 最后,"法律上的当然过失"并非是在美国各州获得普遍认可的原则。某些州在立法上更倾向于弱化违法性在过失判断过程中的强制性效力。比如,在 Brown 案后,纽约立法机构颁布了以下立法:过失的证明:未经许可的行医。在任何人身伤害或死亡的侵权赔偿案件中,对于任何在《教育法》第 131 条下未经许可的任何构成行医的行为,如果这个人或者这些行为是能够产生伤害或死亡的近因或者助成原因,那么,这个人未经授权行医的事实就应该被视为过失的初步证据。③《美国侵权行为法重述(二)》对行为违法在过失认定中的作用作出了折中性的规定,第 288B 条第 1 款规定:"立法机关的法律或行政机关的规范被法院采纳为合理人的行为标准时,如果没有可免责的理由,就视为有过失。"同时,该条第 2 款规定:"立法机关的法律或行政机关的规范没有被法院采纳为合理人的行为标准而被违反时,如果没有可免责的理由,则属于行为是否有过失争执的证据。"④而美国在《侵权行为法重述(三)》中,明确指示违法并不意味着当然的过失,法官需要对立法的目的加以识别。比如,对于大量可能造成损害的活动,政府规定,从事该活动需要经过许可。某医生在某州无行医许可,可能只是因为没有满足在该州的常住条件,在此情形下,医生提供服务,则其缺失许可与发生的损害无关,因此,综合法定目的原则与责任范围的一般原则,缺少许可并不等于行为人存在当然的过失,它也不是趋向认定过失存在的证据。⑤

  第二种思路是大陆法系主流国家的做法,即将被告行为违反法律作为推定被告有过错的证据,允许法官以此为依据认定过错,同时允许被告提出相反的证据证明没有过错。在德国,行为违法被直接认定为过失的范围限定于"以保护他人为目的的法律"范围内。这些法律所保护的内容主要包括基本的法律权利或法律价值,如结社自由、出版自由,以及法律上禁止从事的危险行为,如刑法上的禁止危险驾

---

① [美]小詹姆斯·A.亨德森等:《美国侵权法:实体与程序》,王竹、丁海俊等译,北京大学出版社 2014 年版,第 184 页。
② [美]小詹姆斯·A.亨德森等:《美国侵权法:实体与程序》,王竹、丁海俊等译,北京大学出版社 2014 年版,第 180 页。
③ [美]小詹姆斯·A.亨德森等:《美国侵权法:实体与程序》,王竹、丁海俊等译,北京大学出版社 2014 年版,第 182 页。
④ 程啸:《侵权责任法》,法律出版社 2016 年版,第 279 页。
⑤ [美]爱伦·M.芭波里克:《侵权法重述纲要》,许传玺等译,法律出版社 2013 年版,第 117 页。

驶、人身伤害等。在具体判断哪些法律属于保护性法律时,德国法上的标准与美国的标准相同:首先,要考察受害人是否属于某部法律旨在保护的群体中的一员;其次,受害人被害的利益或者所遭受的损害是否属于该部法律所要保护的内容或旨在避免的损害。① 同时,德国侵权法理论上的过失标准的客观化,并非要求专业人士在任何情况下都保持通常情形下的注意,而是会充分考虑该专业人士在具体情形下的行为。比如,在有人窒息的紧急情况下,作为路人的医生用随身携带的小刀实施气管切开术,此时并不会以正常的医疗行为要求医生。② 与德国的做法类似,在《瑞士侵权责任法》中,违反管制规范或违反公权力机关之许可和承认,也被认为是证明存在过错的初步证据,而非过错本身。③

综上不难看出,将违法行为等同于过错,虽具有使过错行为的认定具有高度客观化和可预见性的优点,但是却存在着标准僵化、难以满足个案公正的需求。而将"违法"作为判断过失的证据,则可以使司法人员有机会针对违法行为本身的性质与特征,结合案件中的实际情况,作出是否存在过错的灵活性判断。

(二) 第 58 条(一)对"与当时的医疗水平相应的诊疗义务"的偏离

我国《侵权责任法》没有将违法性作为侵权责任构成的独立要件,因此,在认定过错时考虑行为人行为的违法性具有一定的合理性。但是,《侵权责任法》第 58 条对"违法"范围的规定过于宽泛,实务中,司法机关更是倾向于做进一步扩大化的解释。按照学界的一般观点,第 58 条第(一)项中"法律、行政法规、规章以及其他有关诊疗规范的规定"不仅包括全国人大和人大常委会颁布的法律、国务院制定的行政法规、国务院各部委、委员会、中国人民银行、审计署等具有行政管理职能的直属机构制定的规范性文件,甚至包括各级卫生行政部门、各类医学行业协会组织制定的各种标准、规程、制度、指南、指引等文件,且上述文件不以成文为必要。④ 上述规范性文件中,相当部分的内容并非针对患者作出的保护性规定,而是基于行政管理或行业管理的需要,对医疗机构在行政法上的义务作出规定,比如,《医疗机构管理条例》《医疗事故处理条例》以及《护士条例》等规范性文件中的部分内容。同时,各种指引、规范、规程之间不一致甚至矛盾的情况也并不罕见。某些文件也并非具有强制性效力,仅是对医生的诊疗行为的指引或建议。如果任何违反这些规范的行为都被直接认定为过失,这无疑并不符合"过失义务客观化"的立法初衷。因为,所谓的"过失义务客观化"的对象是《侵权责任法》第 57 条规定的"与当时的医疗水平相应的诊疗义务",而非通常意义上的行政法上的义务。比如,按照诊疗规范的要求,医务人员应当详细记载诊疗过程中的重要信息。病例记载不详细或存在瑕疵应当视为医疗行为违反诊疗规范。但是,从病例在医疗行为中的作用看,其只是

---

① 程啸:《侵权责任法》,法律出版社 2016 年版,第 279~280 页。
② [德]埃尔温·多伊奇,汉斯—于尔根·阿伦斯:《德国侵权法——侵权行为、损害赔偿及痛苦抚慰金》,中国人民大学出版社 2016 年版,第 60 页。
③ [瑞]海因茨·雷伊:《瑞士侵权责任法》,中国政法大学出版社 2015 年版,第 236 页。
④ 陈志华:《医疗损害责任深度解释与实务指南》,法律出版社 2010 年版,第 64 页。

对医疗行为的记载,在纠纷发生后,可以作为证据证明医疗的过程。病例本身并不是医疗行为的核心部分,病例记载不规范、不详尽并不能说明医疗机构没有尽到"与当时的医疗水平相应的诊疗义务"。因病例存在瑕疵而直接认定医疗机构存在过错,并非各国的通常做法。比如,《德国民法典》630h条第3项规定:"治疗者未依第630f条第1款或第2款将医学上所必要的重要措施及其结果记录于病历中,或未依第630条第3款保管病例的,推定治疗者尚未采取这一措施。"①根据此规定,没有按照法律的要求详细记载所采取的治疗措施并不能被直接认定为过错,而只是可以据此推定没有采取过该措施。

另一方面,将"违反法律、行政法规、规章以及其他有关诊疗规范的规定"解释为违反"与当时的医疗水平相应的诊疗义务"并不符合法律解释的一般原则。"与当时的医疗水平相应的诊疗义务"是《侵权责任法》对医疗机构的注意义务的明确界定。第58条是在此基础上,对医疗机构的注意义务进行进一步的解释,这种解释应与第57条确定的诊疗义务保持一致,而不应明显违背立法的原意。对于如何理解《侵权责任法》中的"与当时的医疗水平相应的诊疗义务",立法机关认为,"当时的医疗水平"相对应的诊疗义务,就是医务人员的"注意义务",即"一般情况下医务人员可以尽到的、通过谨慎的作为或者不作为避免患者受到损害的义务",②这一义务应当是同一地区或相似地区并在相同条件下从业的医务人员通常所具有的学识和技术,或在相同病例中通常使用的注意和技术,以及有义务在实施技术或应用学识时使用合理智慧和最佳判断。③虽然学界有少数观点认为,该义务应当以全国通行的医疗水平为标准来判断,但是,持该观点的学者同时也承认在以"全国通行的医疗水平"为标准来判断过失时,还应当适当考虑当地医疗机构和医疗人员的资质因素。比如,二级甲等医院与三级甲等医院在医疗水平上存在客观的差异。④ 也就是说,"当时的医疗水平"是一个具体的、与个案相关的标准,而非一个抽象的,适用于所有同类案件中的标准。但是,法律、行政法规、规章以及其他有关诊疗规范的对医疗机构或医护人员行为的规定则是脱离个案的具体情况的,抽象性的规定。因此,依据《侵权责任法》第58条确定的标准极有可能与依据第57条确立的,在全国范围内通行的、平均的医疗水平存在差异。第58条第(1)项对第57条的解释并不准确,甚至存在明显的偏差。

(三) 第58条(二)(三)对"义务的客观化"的偏离

根据立法者的意图,隐匿或者拒绝提供与纠纷有关的病历资料;伪造、篡改或者销毁病历资料将在医疗侵权诉讼中直接被认定为"过错"。从立法的用语看,隐匿、拒绝提供、伪造、篡改以及销毁等用语具有明显的主观恶意。一般而言,上述行

---

① 陈卫佐:《德国民法典》,法律出版社2014年版,第248页。
② 全国人大常委会法制工作委员会民法室:《〈中华人民共和国侵权责任法〉条文说明、立法理由及相关规定》,北京大学出版社2010年版,第232页。
③ 沈德咏、杜万华主编:《最高人民法院医疗损害责任司法解释理解与适用》,人民法院出版社2018年版,第289页。
④ 王利明:《侵权责任法》,中国人民大学出版社2016年版,第331页。

为可能发生在诊疗过程中,也可能发生在纠纷发生之后。如果发生在诊疗过程中,患者应援引第58条第(1)项证明被告存在过失,此时,司法机关将首先确定病历的瑕疵是否构成违反法律、行政法规、规章以及其他有关诊疗规范的规定的行为,如果答案是肯定的,则直接认定为过失。但是,如果该行为发生在医疗侵权纠纷发生之后,则被告的故意行为与医疗过程中的过失并无任何立法解释学上的联系,当然,被告的故意行为很可能是欲掩盖其医疗行为中存在的过错,但是此时,故意行为与过错之间只具有或然性联系,而并非可以被理所应当地"解释"为过错。对于两个仅有或然性联系的事实,不允许司法机关作出不同的认定,也不允许被告反驳或推翻,其合理性是值得怀疑的。笔者前述统计的案件中,原告援引第58条第(2)(3)项主张被告存在过错的案件中,只要法院认定存在伪造、篡改或者销毁病历资料的行为,就会直接认定被告存在过错,无一案件采纳了被告提出的相反证据。

此外,如何协调第58条第(2)(3)项与《民事证据规定》关于证明妨害的规定的关系,在理论上也存在障碍。《民事证据规定》第75条规定,有证据证明一方当事人持有证据无正当理由拒不提供,如果对方当事人主张该证据的内容不利于证据持有人,可以推定该主张成立。《民事证据规定》的规定显然亦以行为人的故意为前提,与第58条第(2)(3)项适用的前提极为相似,不同之处在于,根据《民事证据规定》第75条,被告有妨害行为的,人民法院"可以"推定证据的内容不利于持有人,而根据第58条第(2)(3)项,人民法院则没有选择的余地,只能直接认定存在过错。同时,根据第58条第(2)(3)项认定被告存在过错,需以首先证明医疗行为与损害存在因果关系为前提,而《民事证据规定》第75条的适用则无此种限制。显然,第59条(2)(3)项在内容上与《民事证据规定》第75条存在矛盾。这一矛盾在《最高人民法院关于审理医疗损害责任纠纷案件适用法律若干问题的解释》(以下简称《医疗损害纠纷解释》)颁布后得以缓和。《医疗损害纠纷解释》第6条规定,患者依法向人民法院申请医疗机构提交由其保管的与纠纷有关的病历资料等,医疗机构未在人民法院指定期限内提交的,人民法院可以依照《侵权责任法》第58条第2项规定推定医疗机构有过错,但是因不可抗力等客观原因无法提交的除外。此规定使得第58条(2)(3)项的功能更加接近于证明妨害规则,而非对"当时的医疗水平"的客观化解释。在这一背景下,第58条(2)(3)项的功能已不再是"注意义务的客观化",而是促进双方协力提交证据。将本应通过证明妨害规范解决的问题与应当通过法律的解释性规范处理的问题规定在一个条文中,必然会导致理解与实践中的混乱。

(四)实务中的问题

立法在技术与内容上存在的上述问题,在司法实践中被进一步放大,体现为以下几个方面:

1.证明对象的改变

立法中的上述问题在司法实践中集中体现为医疗侵权案件对被告过错的证明对象发生了变化。原告往往将证明的重点置于对医疗过程中被告方在程序或操作方面的瑕疵,而对于此类事实是否存在,法院一般会委托鉴定机构出具鉴定意见,并依据鉴定意见直接对过失作出认定。在笔者检索的案件范围内,援引第58条第(1)项证明存在过错的案件占总案件数的57.3%,原告该项主张获得支持的案件比例高达85.7%。同时,立法者的目的是通过第58条的规定,使得司法机关对"当时的医疗水平"的判断得以客观化,而不是以第58条的标准取代"当时的医疗水平"的标准。但是在司法实践中,《侵权责任法》第57条所确立的标准基本被束之高阁。笔者在裁判文书网检索2017年全年涉及医疗侵权纠纷的判决共5071件,没有一件依据《侵权责任法》第57条的规定认定被告存在医疗过错。相反,《侵权责任法》第58条的规定,却成为引用的重点。

2.强化过失的证明,淡化了医疗侵权纠纷案件对于因果关系的证明

司法机关在适用第58条第(1)项认定被告的过错时,并不对被告违反的法律、行政法规、规章的性质和内容进行细致的识别,只要认定在诊疗过程中存在违法行为,就直接认定其存在过失。不仅如此,目前的实务操作还淡化了医疗侵权纠纷案件对因果关系的证明。按照第58条的规定:"患者有损害,因下列情形之一的,推定医疗机构有过错",也就是说,患者适用第58条证明医疗机构存在过错时,应当首先证明自己的损害是因医疗行为导致的。但是,实务中一些法院的操作并没有严格按照立法的规定,医疗行为存在过错成为原告最急于证明的问题,在过错得以证明后,某些司法机关可能会依据过错进一步推定存在因果关系。这种做法极大地扩大了第58条的辐射范围,强化了过错在医疗侵权案件中的作用,淡化了因果关系的证明,并使被告在医疗侵权案件的证明过程中明显处于被动。

3.对被告的反驳性证据进行严格的审查甚至不予审查

《侵权责任法》第57条与第58条为被告过错的认定标准提供了立法依据。虽然立法并没有同时规定在存在第58条列举的三种情形时,不允许被告反证不存在过错。事实上,在绝大多数案件中,被告都会进行不同形式的反驳或反证。但是,统计数据显示,被告的主张被法院采纳的可能性极低。在笔者检索的110个判决中,一旦证明被告存在第58条列举的情况,法院采纳被告提出的,不存在过错的证据的案件只有2件。

上述种种,导致了我国医疗侵权纠纷的证明极度向原告倾斜,原告在医疗侵权案件中的胜诉比例明显偏高。在2010—2015年,山东省淄博市两级法院共审理医疗损害责任纠纷案件246起,84.6%的案件是和本条第(一)项息息相关的诊疗技术上的争议。全部已结案件中,患方胜诉率竟高达92.68%。[①] 笔者统计了北京市某基层人民法院过去5年内以判决方式结案的医疗侵权案件,原告胜诉率为72%。即便在普遍认为难以证明的输血损害的医疗纠纷案件中,原告的胜诉率也有64.7%。[②] 与此相对照的是,日本最高裁判所公布的2016年审理医疗损害侵权案件的数字表明,患方的胜诉率只有17.6%,而其他类型的民商事案件原告的胜诉率

---

① 胡晓梅、史振华:《关于〈侵权责任法〉实施后医疗损害责任纠纷案件的调研报告》,载《山东审判》2016年第2期。

② 董春华:《输血致害责任规则实证研究》,载《法学论坛》2015年第9期。

则为 80%。① 在我国的台湾地区,医疗侵权案件原告胜诉率为 19%,即使根据修改后的台湾民事诉讼法的规定,法官可以裁量将举证责任交由被告方承担,原告方胜诉率也仅有 41%。而且,在台湾各地方法院审理的同类案件 173 件中,法院在判决书中明确说明转移举证责任的,只有 10 个案件。② 与此类似,来自法国的数字显示,在 1970—1990 年 20 年间,医疗损害侵权案件只有大约四分之一的原告获得了赔偿,虽然法国在此期间经历了医疗责任严格化的发展阶段。③ 我国医疗侵权案件原告方之所以能够维持如此高的胜诉率与立法及司法政策的双重倾斜有直接的关系。这使得医疗机构在医疗侵权案件审理的过程中处于被动,对患者利益的保护很可能将以牺牲医学事业的健康发展为代价,如何在医疗侵权诉讼中更合理地分配证明负担和诉讼风险,是我们必须思考的问题。

三、医疗过错证明的证据法路径

医疗过错的证明,涉及实体法与程序法双重领域。实体法上涉及过错标准的确立与解释,程序法上则涉及医疗行为存在过错的证明。《侵权责任法》第 58 条试图将两个领域的问题通过法律解释性规范在一个条文中作出规定。事实证明,这种思路的效果并不理想。但是如果转换视角,则会发现证据法领域为该问题的解决提供了更丰富的技术手段。

(一)医疗过错证明的特点

1.事实认定与法律评价相结合的过程。过错涉及主体在行为过程中的主观状态,具有抽象性、隐蔽性的特征。从诉讼证明的角度看,过错作为案件"主要事实"的构成要件,具有明显的法律评价性。一般而言,多数案件的证明经过是当事人提交证据证明医疗过程以及诊疗行为,再由司法机关依据法律确定的标准对诊疗行为是否构成过错给予法律的评价。医疗侵权案件事实认定的过程主要依赖于诊疗记录、纠纷发生后的鉴定意见,此过程以客观还原诊疗行为为主要目的,因此,证据是否充分、客观是能否还原事实原貌的关键。在此阶段,其应尽一切可能收集所有与案件相关的证据与信息,排除认识的障碍。在客观事实得以证明后,司法机关还需要根据《侵权责任法》所确立的标准对于已经发生并经过再现的诊疗行为是否构成过错作出判断,此过程是运用法律对事实进行评价的过程。如前所述,由于《侵权责任法》确立的诊疗标准并非抽象意义的或符合法律规范要求的诊疗义务,而是必须与每个案件的具体情况相联系的与"当时的诊疗水平相应的诊疗义务",法官在适用此标准的过程中必须充分考量案件中的具体情况,包括患者个体的情况,医疗机构与医务人员的客观能力与素质,医疗行为的可责难性等因素,作出是否存

---

① 网址:http://www.courts.go.jp/saikosai/vcms_lf/29052603tujokyoyouritu.pdf,最后访问时间:2018 年 3 月 8 日。
② 沈冠伶:《武器平等原则与医疗诉讼之适用》,载《月旦法学杂志》2005 年 12 月。
③ 朱柏松、詹森林等:《医疗过失举证责任之比较》,华中科技大学出版社 2010 年版,第 118 页。

在过错的判断。在作出判断的过程中,立法机关应给予司法机关一定的自由裁量的空间,不宜严格地作出一刀切的规定。此乃世界范围内多数国家的共同选择。以英国为例,虽然理论上承认认定过失的"合理人"标准是通过先例确立的法律标准,但是,在被告是否具有过失的判断上,普通法坚持个案考量的方法,故此,不但创建一般规则的思想被彻底抛弃,而且法院再三强调,在认定是否违反关注义务时不存在所谓的遵循先例的问题。① 反观我国法律在此问题上的立场,将某些事实的证明与过错的评价强制联系在一起,剥夺了法官根据实际情况认定过错的权利。评价标准的客观化超出一定的限度后,极易导致个案处理的不公正。

2. 导致是否存在"过错"真伪不明的原因比较单一。与普通的民事案件相比,医疗侵权案件更容易出现事实真伪不明的状态。导致医疗侵权纠纷事实真伪不明的原因主要来源于因果关系的不确定性,这种不确定可能归因于人类认识能力不足,欠缺必要的知识,无法获得对事实的认识;也可能由于对不同潜在的致害因素的作用无法加以识别;或者由于证据材料偏在于当事人一方,另一方难以获得并使用。② 但是,导致医疗侵权纠纷过错真伪不明的原因却比较单一,因为医疗过错的证明是认识过程与评价过程的结合。真伪不明主要出现在认识过程中,在此阶段,当事人的主要任务是还原医疗过程,只要有充分的、客观的诊疗记录,医疗过程就可以得到清晰的再现。因此,通过证明妨害的规定促使当事人提交证据成为各国通常的选择。

实践中,诊疗记录缺失既可能发生在诊疗过程中,也可能发生在纠纷发生之后。出现前一种情况,多数是由于医务人员没有严格遵守诊疗记录的形成与制作规范,工作存在瑕疵,此种瑕疵可能在后续的诉讼中导致相应的医疗行为难以证明,但是是否可以基于此直接认定医疗行为存在过错,还应慎重对待。因为记录医疗过程并非医疗行为的核心部分,医疗记录的缺失只是使得证明发生困难,并不等同于医疗机构的医疗行为没有达到法定的注意标准。在纠纷发生之后,医疗机构故意隐瞒、损毁、涂改医疗记录的行为,也可能会直接导致原告主张的事实难以证明,同时,被告的故意行为可以作为法院认定诊疗记录记载的内容对其不利的间接证据,但是直接将被告在纠纷发生后实施的伪造、篡改或者销毁病历资料等同于医疗过程中的"过失",并不允许被告提出相反的证据,则并非各国的通常做法。

《侵权责任法》第58条(2)(3)项的规定并没有细致地区分发生诊疗记录缺失的阶段以及诊疗记录缺失的不同原因可能给过失的证明造成的不同影响。在司法实践中,法官甚至对诊疗记录缺失或记载不清晰、不全面是否基于被告的故意都不进行识别,只要在诉讼过程中,被告无法出示完整的诊疗记录,就倾向于将被告的行为认定为伪造、篡改或者销毁病历资料,并根据第58条(2)(3)项作出被告存在医疗过错的认定。这种做法,违背了证明妨害规则立法的原意,显著提高了医疗机构在医疗侵权诉讼中的败诉风险。

---

① 胡雪梅:《英国侵权法》,中国政法大学出版社2008年版,第130页。
② Lara Khoury, *Uncertain Causation in Medical Liability*, Hart Publishing 2006, p.48.

3.运用间接证据成为常见的证明方式。由于证明的对象是行为者的主观状态,因此,医疗侵权案件在过错证明的环节中往往需要依靠间接证据。而间接证据的特点是,单一的证据不足以证明相应的待证事实,只有多个间接证据相结合,才能形成稳定的证据链条。有学者曾将使用间接证据的证明过程比喻为通过细线拧成的绳子:"一股细线不足以形成力量,但是多股细线形成的绳子却可以。间接证据往往由多个形成一个集合体。单一一个证据不足以支持结论,但是多个却可以。"①但是,在司法实践中,司法机关对于间接证据的使用重视程度不足。特别是在诊疗记录不充分或缺失的情况下,其倾向于依据《侵权责任法》第58条直接作出有医疗过错的认定,对于当事人,特别是被告方出示的其他类型的证明医疗行为或诊疗过程的证据一般不予考虑。诊疗记录虽然是记录医疗过程的直接证据,但是不应当成为唯一根据。此类证据在证据体系中仅是普通形式的书证,在证明效力上并没有法定的优势,因此,在诊疗记录缺失的情况下,我们应当鼓励司法人员通过其他间接证据认定事实。

(二)特定案件证明责任倒置或转换的必要

医疗侵权案件过错证明的前述特征使得通过制定解释性规范的方法,难以取得良好的效果。在追求过错义务认定标准客观化的过程中,以牺牲一方当事人的利益为代价换取针对所有医疗侵权案件过错证明难度的降低,并非明智之举。《侵权责任法》第58条在不改变证明责任分配的基本原则的前提下,针对医疗过失作出了宽松的解释与界定,显然难以兼顾个案处理的公正,直接导致实务中前述的问题。因此,笔者认为,更好的处理方法是针对特定的案件,实行过失证明责任的倒置,在特殊的案件中,由医疗机构对不存在医疗过错承担证明责任。我国《民事证据规定》第7条虽然以概括性规定的方式,赋予了法官在部分民事案件中分配证明责任的司法裁量权,但是该权力的行使是以"法律没有具体规定,依本规定及其他司法解释无法确定举证责任承担"为前提,在《民事证据规定》《民诉法司法解释》已经对侵权案件的举证责任分配作出明确规定的前提下,法官无权行使裁量权改变现行规则。

司法解释的制定者之所以没有赋予法官针对个案的裁量性的分配证明责任的权力,主要是基于对裁量权行使主体素质的不自信,担心裁量权的存在会导致法律适用的不统一。但是,从前述统计数据可以看出,在医疗侵权案件的审判实务中,对患者利益的保护的司法政策是客观存在的。虽然第58条的规定起到了降低过错的证明难度的作用,但是如果缺乏司法机关对该规定体现出的立法意图的绝对贯彻,我国医疗侵权案件中的原告亦很难达到如此之高的胜诉率。即便在2001年以后,我国通过《民事证据规定》第7条赋予了法官举证责任分配的自由裁量权,笔者通过裁判文书网在总数为27万的民事判决书中,仅检索到了808个援引了该条文的判决(其中,多数属于援引法条错误,实际并没有倒置证明责任),其中并无一例涉及医疗侵权案件。与此类似的是,我国台湾地区民事诉讼法在举证责任的分

---

① Collin Tapper, *Cross & Tapper on Evidence*, Butterworths 2004, p.31.

配方面虽然赋予了法官自由裁量权,于第277条规定:"当事人主张有利于己之事实者,就其事实有举证之责任,但是法律别有规定,或依其情形显失公平者,不在此限。"但是,根据台湾学者的统计,自2000年至2005年,台湾各级法院审理的173件以判决结案的医疗诉讼中,法官适用民诉法第277条的规定倒置关于过错的证明责任的有17件。在高等法院判决的65件医疗纠纷案件中,倒置过错的证明责任的有5件,至于最高法院,5年内均未出现倒置证明责任的判决。① 因此,对于举证责任分配的自由裁量权的恐慌似乎并没有事实依据,多数法官会以谨慎的态度使用之,毕竟不按照常规的方式分配举证责任意味着法官将承担着更多的说理和正当化的责任。只要加以引导或列明行使裁量权应考虑的因素,就可能将滥用的风险控制在较小的范围内。

从比较法的角度看,通过倒置证明责任而减轻患者证明负担是在医疗侵权诉讼中的常见做法。德国医疗诉讼实务的发展,即以公平分配举证责任,及适度减轻与转换病人之举证责任为特色。德国联邦宪法法院在其著名的1979年7月25日的裁定中强调:"依事实审法院衡量,在公平原则下,不能期待由病人就医师之错误负全部之举证责任时,则应考虑尽量减轻甚至转换病人之举证责任。"② 在此基础上,德国实务中发展出"风险控制理论",即当病人的损害并非来自于个人体质对医疗行为的反应,而是由于医生或医院所控制的风险时,则应由医生或医院承担举证责任。德国实务中就此形成的案例有三种类型:其一,医疗相关事项的组织与协调,比如,临时欠缺必要的药物,在患者体内遗漏手术器具;其二,医疗所需设备及器具之状态,比如,手术时使用的麻醉仪器不合于使用状态,消毒剂的纯度不够;其三,医疗人员的组织与调配,比如,医院用实习医生为病人看病或用过分疲劳的医生实施手术。

在英美法系国家通过"事实不证自明"原则,法官得以推定患者的损害是由医院的过错行为导致的。按照该原则,当某一侵害结果发生时,如果陪审团根据常识判断,该结果若非基于被告的过错,将不会发生,则陪审团可以基于此常识判定被告存在过错。③ 对于事实不证自明的适用效果存在较大的争议,部分学者认为,适用该原则将导致说服责任的倒置,如果原告方能够证明"没有过错,损害不会发生",则此时陪审团应该推定被告对损害的发生存在过错。被告欲摆脱承担赔偿责任的后果,必须提出确切的证据证明自己没有过错。④

与此类似,法国的法院在实务中发展出了"潜在的过错"或"内含的过错"等概念。在病患所受损害太过于不正常或太过于严重时,即使没有直接证据显示医疗

---

① 沈冠伶:《武器平等原则与医疗诉讼之适用》,载《月旦法学杂志》2005年第12期。
② 詹森林:《德国医疗过失举证责任之研究》,载朱柏松等:《医疗过失举证责任之比较》,华中科技大学出版社2010年版,第41页。
③ G.H.L.Fridman,The Myth of Res Ipsa Loquitur,10 U.Toronto L.J.233(1954).
④ Carpenter,The Doctrine of Res Ipsa Loquitur (1934) 1 *Chicago L. Rev.* 519.

过错的存在,即认定损害的发生本身,也已经足以说明必有某种医疗过错的存在。①

上述各国立法与实务中的做法,皆使法官得以在特定案件中,将本应由原告证明的医疗过错,转由被告承担。与我国目前的规定相比,根据个案调整、解决医疗纠纷证明的难题,更有利于实现个案公正,维护医患双方的平等对抗关系。

(三)法律推定效力多样性的充分利用

与普通的民事侵权案件不同,在医疗侵权案件的诉讼过程中,法官将面临更多的价值判断与利益衡量的难题。这些难题无法通过决断性的证明责任分配规则与医疗过失判断标准的客观化的方法解决。我们需要寻找更加具有针对性的技术手段,法律推定便是其中之一。

法律推定是辅助审判人员形成对事实的认识的一种法律技术。虽然学界常倾向于赋予法律推定以多重功能,比如,实施政策、解释法律、认定事实、提高证明的效力、记录高概率事件,等等。② 上述理解虽然有助于丰富人们对法律推定的认识,但是过于复杂的功能界定并不利于对法律推定的研究的深入,也不利于形成稳定的、逻辑严密的规则体系。笔者认为,在证据法学领域,法律推定的功能应始终与案件事实的证明联系在一起,其功能有两项:其一是克服事实真伪不明的困境,另一项是促进对难以证明的事实的证明。

依据规范说确立的证明责任分配的一般规则,当作为请求权基础的某一事实处于真伪不明的状态时,应由主张该事实的当事人承担败诉的风险。在此种情况下,立法者可以通过法律推定这一技术,克服真伪不明的困境,解除举证方败诉的风险。比如,《物权法》第103条规定,共有人对共有的不动产或者动产没有约定为按份共有或者共同共有,或者约定不明确的,除共有人具有家庭关系等外,视为按份共有。《继承法司法解释》第2条规定,相互有继承关系的几个人在同一事件中死亡,如不能确定死亡先后时间的,推定没有继承人的人先死亡。死亡人各自都有继承人的,如几个死亡人辈分不同,推定长辈先死亡;几个死亡人辈分相同,推定同时死亡,彼此不发生继承,由他们各自的继承人分别继承。其用于克服真伪不明的法律推定,使得立法者有机会基于政策的考虑,重新分配败诉的风险。在医疗侵权案件中,这种立法技术的价值应当受到重视。比如,可以规定,如果由于诊疗记录记载的内容不完整、不清晰而导致是否存在医疗过错真伪不明,法官穷尽其他证明方法,仍然无法摆脱真伪不明的心理状态时,可以推定医疗机构存在过错。

除了用于克服真伪不明的证明状态,对于诉讼中经常出现的某些难以证明的事实,我们也可以借助法律推定这种技术,使其易于证明。比如,民法中关于公民下落不明满四年,可以推定其死亡的规定。对于公民是否死亡的事实,诉讼上往往难以证明,或当事人只能出示间接证据予以证明,欲使审判人员形成对该事实的认

---

① 陈忠五:《法国法上医疗过错的举证责任》,载朱柏松等:《医疗过失举证责任之比较》,华中科技大学出版社2010年版,第111页。

② 王立争:《民法推定性规范研究》,法律出版社2013年版,第73页。

识将消耗较高的诉讼成本。借助于法律推定的方式,当事人仅凭借少数间接证据,即可使事实得以证明,极大地降低了证明的难度。在医疗侵权案件中,过错的证明常常涉及间接证据的使用,而间接证据的特点在于一个证据往往无法单独证明案件事实,只有多个证据结合在一起才能起到证明作用。利用法律推定,可以降低通过间接证据证明案件事实的难度。比如,可以规定,患者没有在医疗机构提供的风险告知书上签字的,可以推定医疗机构没有履行告知义务。

关于法律推定的效力的研究,目前在理论界存在较大争议,难以形成共识。大陆法系国家有客观证明责任转移说、主观证明责任转移说、证明标准降低说、证明评价说的分歧。英美法系倾向于对法律推定的效力作出多元、量化的规定,虽然《美国联邦证据规则》第301条规定,推定并不产生转移说服责任的作用,而且,除了法律有特别规定外,推定应当是可以反驳的。[1] 然而,该规定并没有为美国绝大多数州的立法采纳,多数州在推定的法律效力方面没有做出明确的规定,而是倾向于将问题交给审理案件的法官。[2] 学界的研究成果也显示了推定效力的多样性。艾伦教授认为,推定可能产生四种不同的法律效力:构建裁决规则,以避免在审判中产生事实僵局;分配说服责任;为陪审团作出关于事实之间关系的指示;分配举证责任。[3] 在英美法系国家,理论上的分歧使实务部门对推定法律效力的理解更加多元化,法官倾向于根据不同的案件的具体情况对陪审团做出不同的指示。对于推定效力的不同理解之所以长期争论不休,主要原因在于,无论如何理解推定的法律效力,似乎都与证据制度中的其他部分不存在矛盾。因此,推定的效力很难通过民事诉讼证据制度其他部分的逻辑推理得出结论。这样,对于法律推定效力的理解更多的是一个是否"合适"的问题,而非是否"正确"的问题。推定效力的多元化使得该项立法技术具有更强的灵活性和可适应性,更有助于使问题得到精细化的处理。

四、对《侵权责任法》第58条的重构

综上所述,笔者认为,为实现医疗侵权纠纷过错证明的客观化的目的,以及降低证明的难度,对于第58条的功能,我们应当通过法律解释、证明责任的倒置、法律推定与证明妨害规范四种立法技术实现。

(一)对"医疗行为违法"的效力的细分

1.对"违法即过失"作出明确、严格的解释。过失标准的客观化,需要建立在对"违法即过失"的更加谨慎与明确的界定的基础上。我们不应泛化"违法"在过错认定中的作用,《侵权责任法》第58条第(1)项的规定存在明显的不足。2018年最高

---

[1] 王进喜著:《美国〈联邦证据规则〉(2011年重塑版)条解》,中国法制出版社2012年版,第44页。

[2] Tom R. Mason, The Little Rule That Never was Mississippi Rule of Evidence 301 Presumption in Civil Actions and Proceedings, 70 Mississippi Law Review(2000), 745.

[3] [美]罗纳德·J.艾伦著:《艾伦教授论证据法(上)》,张保生、王进喜、汪诸豪等译,中国人民大学出版社2014年版,第211~220页。

院颁布的《医疗损害责任解释》第 16 条试图纠正《侵权责任法》第 58 条存在的问题。该条规定:"对医疗机构及其医务人员的过错,应当依据法律、行政法规、规章以及其他有关诊疗规范进行认定,可以综合考虑患者病情的紧急程度、患者个体差异、当地的医疗水平、医疗机构与医务人员资质等因素。"司法解释中的规定明显弱化了"违法性"在认定医疗过错中的作用,使二者不再具有强制性的直接的关系,但是目前的规定仍有改进的空间。

笔者认为,医疗行为"违法"在过错的认定方面应有两方面的作用:其一,将"违法"作为判断存在医疗过错的直接依据;其二,将"违法"作为证明存在过错的证据。将"违法"作为判断存在医疗过错的直接依据,必须建立在对诊疗法律规范细致分类的基础上。

首先,为限定"违法即过失"的适用范围,并明确违法性判断的依据。只有以成文法形式存在的诊疗规范,才能视为"法"。同时,"违法即过失"中的"法"主要应指具有强制性效力的技术规范以及直接针对患者权利保护的管理性规范,而非泛指所有法律、法规和规章。现代医学经过长期发展,不断探索总结,逐渐制定出一套详细、具体的行业规范,这些医疗行业规范可以分为以下五类:诊疗资格许可规则;医疗仪器、药品及医疗方法准入许可;诊断和治疗规则;信息披露规则;诊疗信息规范记录和妥善保管规则。在诊疗规范中,违反诊疗资格许可规则和医疗仪器、药品及医疗方法准入许可规则应视为针对患者权利保护的强制型管理规范,对于上述两类规范的违反,在能够证明患者的损害是由违法的医疗行为导致的前提下,可以直接认定为存在医疗过错。

其次,违法行为与患者的损害必须存在因果关系。如果不能证明医疗行为与患者的损害之间存在因果关系,即便存在违反强制型管理规范的情形,也不能将此情形等同于医疗过错。比如,在一起患者起诉某医院医疗损害责任案中,原告以被告医院没有心血管病介入诊疗资质为由,主张被告存在过错。法院查明确实存在没有获得此种资质的事实,并据此认定存在医疗过错,同时又以存在医疗过错为基础事实,进一步推定存在因果关系。对此,笔者认为,在多数情况下,申请获得某些行业性资质需要同时具备实质要件与形式要件。实质要件涉及医院的诊疗水平,形式要件则多服务于行政管理的需要。如果该案中,医疗机构仅因没有满足申请资质的形式要件而没有获得资质,此种形式要件的欠缺不一定会导致损害的发生。法官不对是否存在因果关系进行仔细的判断,仅以没有资质为由,推定医疗行为与损害之间存在因果关系是不合适的。

最后,还应当对被豁免的违法行为作出规定。在医疗侵权案件中,法律、法规、规章或地区性的诊疗规范、行业习惯之间可能存在不一致或矛盾之处,甚至行为人不遵守规范是为了减小可能给患者造成的损害,此时,如果被告的行为并没有违反法律的禁止性规定,没有造成损害的故意或重大过失,则应被免于承担赔偿责任,而并不应认定为存在过错。

除了诊疗资格许可规则和医疗仪器、药品及医疗方法准入许可规则以外,医疗行为违反诊断和治疗规则、信息披露规则、诊疗信息规范记录和妥善保管规则,虽然在性质上应定性为"违法",但是,上述规则设立的目的比较复杂,规则的强制性程度也不同,违反规则不宜一概被视为医疗行为存在过错,而仅应作为证明该医疗行为存在错过的证据,允许法官根据个案情况判断是否存在过错。立法更宜通过法律推定的方式在上述行为与过错之间建立联系。

2.借助法律推定使"违法"与"过错"建立联系

如前所述,绝大多数违法、违规的医疗行为,不应被直接等同于或"解释"为过错。但是,这并不妨碍将被告的违法、违规行为作为认定过错的证据使用。立法或司法解释可以规定,医疗机构有违反法律、行政法规、规章以及其他有关诊疗规范的行为,人民法院可以推定医疗行为存在过错。与《侵权责任法》第58条第(1)项的规定相比,将医疗机构的违法、违规行为作为推定存在过错的证据使用,并没有在行为"违法"与"过错"之间建立强制性的联系,给予了法官更多的选择空间。同时,法官在依据被告的违法、违规行为推定被告存在过错时,亦不需要首先证明被告的医疗行为与原告的损害之间存在因果关系。同时,按照我国《民诉法解释》第93条的规定,根据法律推定认定的事实,并非是终局性的,被告可以进行反驳。

具体而言,不同类型的违法、违规的医疗行为,在事实认定过程中的作用是不同的。在我国,没有遵守诊疗信息规范记录和妥善保管的规定并不独立构成患者要求侵权赔偿的理由,没有记载于诊疗记录中的医疗行为可以推定没有实施该诊疗行为。欠缺完整、清晰的医疗记录时,应允许司法机关结合案件中的其他证据证明是否存在医疗过错。因此,违反此类规定不能等同于存在医疗过错。

对于违反诊疗和治疗规范是否应当视为存在过错,应允许司法机关结合案件的具体情况予以确定。如前所述,诊疗和治疗规范是对诊疗行为的抽象性规定,在具体操作时,应结合患者的具体情况确定具体的医疗方案,同时还应当结合医院所在地区的医疗水平、医院的级别等现实因素判断医务人员在诊疗活动中是否尽到了与当时的医疗水平相应的诊疗义务。

3.特定情形中过失证明责任倒置

我国《民诉法司法解释》第91条确立的证明责任分配的规则,基本以法律规范说为蓝本。目前的规定虽有助于为当事人的证明活动提供明确的指导,但是却未考虑特定情形下,法官依据案件的具体情况分配证明责任的必要。因此,立法机关可以借鉴我国台湾地区的立法经验,在《民诉法司法解释》第91条中增加但书的规定,允许法官根据案件中双方当事人的具体情况,依据公平和诚信原则分配证明责任。

在医疗侵权案件中,基于双方当事人在专业知识和证据资源等方面存在着明显的差异,立法可以规定如果病人的损害并非出于个人体质的原因,而仅因属于被告可以控制范围内的风险所导致的,应当由被告就不存在医疗过错承担证明责任。此种被告可控的风险主要包括医疗事项的组织、协调,如必要药品与设施的准备;医疗人员的组织与管理,比如确保医生具有执业的资格和能力,等等。在德国,法院已经通过判例确定了在涉及上述情形时,由医疗机构对不存在过错承担证明责任。比如,原告因高钙血症去被告处治疗,并进行了必要的注射。约1小时后,被告出现败血性休克而进行急救。原告诉至法院,主张出现败血性休克是由于注射液受到了细菌感染。德国联邦最高法院认定,注射液并无原厂制造或存储上的瑕疵,原告于接受注射后受到损害,应由医院证明该注射液的瑕疵并非基于其所负责之组织或人员之过失。①

(二)对证明妨害规范的回归与完善

《侵权责任法》第58条第(2)(3)项需要在内容与效力上协调与《民事证据规定》第75条的关系。如前所述,在医疗侵权纠纷中,被告虽对因果关系与过错不承担证明责任,但是,被告掌握了诉讼证明所必需的绝大多数材料。为使原告的证明活动得以顺利展开,法院有必要促进被告出示其掌握的病例资料,以纠正证据偏在的问题。因此,第58条第(2)(3)项涉及的问题,更宜通过民事诉讼中关于证明妨害的规定予以解决,而不应将故意隐瞒、损毁、涂改医疗记录的行为通过法律解释的方法定性为"过错"。同时,以证明妨害为基础在妨害行为与过错之间建立联系,并不以首先证明医疗行为与损害结果之间存在因果关系为前提。这样,《侵权责任法》第58条第(2)(3)项在经过完善后,其适用难度将比原条文有所降低。

从证明妨害的角度对被告隐瞒、损毁、涂改医疗记录加以规范的主要目的在于促进其提交诉讼资料,因此应以被告存在保存证据的义务以及妨害证明的故意为前提。在证据的保存义务方面,最高院《医疗损害纠纷解释》第6条规定,《侵权责任法》第58条规定的病历资料包括医疗机构保管的门诊病历、住院志、体温单、医嘱单、检验报告、医学影像检查资料、特殊检查(治疗)同意书、手术同意书、手术及麻醉记录、病理资料、护理记录、医疗费用、出院记录以及国务院卫生行政主管部门规定的其他病历资料。由此规定可以看出,医疗机构的证据保存义务的范围相当广泛,而在实践中,上述某些医疗记录并非仅由医疗机构保存,患者也可能同时保存上述部分诊疗记录。但是,由于妥善保管诊疗记录是医疗机构的法定义务,因此,即使双方均持有的证据,如果患者申请医疗机构提供,医疗机构故意隐瞒、损毁的,亦可认定医疗机构存在妨害证明的行为。

认定存在证明妨害,还应以医疗机构存在妨害的故意或过失为前提。台湾学说上一般要求妨碍者对"妨碍行为"及"此妨碍行为将造成证明不能或困难之结果"二者均存在故意之情形,才能界定为"故意证明妨碍"。"过失证明妨碍"则分为三种情形:(1)对证据的毁灭有故意,但对该证据与将来诉讼上的意义(对方当事人对该证据的需要)仅有疏于认识的过失;(2)对该证据于将来诉讼上的意义有认识,但是基于过失而非故意将该证据毁灭;(3)对证据的毁灭及将来在诉讼上的意义均只有欠缺注意的过失。② 不同类型的妨害行为对于法官认定事实的作用会有所不同,对此,立法不应作出强制性规定,而是交由法官裁量。

在我国司法实践中,法官对于被告是否存在妨害的故意一般并不加以审查,只要被告客观上不能出示诊疗记录,或者诊疗记录存在瑕疵,一般就认为属于证明妨

---

① 詹森林:《德国医疗过失之举证责任》,载《台北大学法学论丛》第63期。
② 姜世明:《新民事证据法论》,新学林出版社2004年第2版,第292~294页。

害,并据此径行认定被告有医疗过错。最高院《医疗损害纠纷解释》第6条第2款基本认可了实践中的做法,规定"患者依法向人民法院申请医疗机构提交由其保管的与纠纷有关的病历资料等,医疗机构未在人民法院指定期限内提交的,人民法院可以依照《侵权责任法》第58条第2项规定推定医疗机构有过错,但是因不可抗力等客观原因无法提交的除外。"对此,笔者认为,医疗侵权案件中,被告的妨害行为是否存在故意,以及实施妨害行为是在纠纷发生后还是在医疗过程中,妨害行为对事实证明造成的影响程度等因素,对法院认定是否存在医疗过错都具有重要的意义。因此,法院应允许法官对其是否存在医疗过错进行裁量性认定,而非强制法官做出不利于被告的推定。关于证明妨碍的法律效果,允许法官做出多元化的认定似乎已成为各国的通常做法。美国法上对于证明妨碍该适用何种法律效果主要的考虑因素有"妨碍者的主观归责要件"和"对妨碍者之不公平程度"两大核心考虑要素。在选择制裁手段时,其会依据主观可归责性之高低来选定效果不同的制裁手段。"对妨碍者之不公平程度"主要处理的是"无此证明妨碍行为的证据状态"和"有此妨碍行为所体现的证据状态"之间的落差问题,这种落差就是对被妨碍者的举证活动造成的不公平程度,也就是认为证明妨碍设置的主要考量是回复无证明妨碍行为之前的证据状态。法院认定这种不公平的程度主要是根据"被毁弃的证据对诉讼的重要性和价值"以及"被妨碍者借由其他证据达成相同证明目标的可能性"。① 《德国民事诉讼法》第444条规定,一方当事人意图妨害对方当事人使用证书而毁损证书或致使证书无法使用时,对方当事人关于证书的性质和内容的主张,视为已得到证明。② 但是,德国法院在实务操作中倾向于将证明妨害的法律效果交由法官自由裁量。

综上,《侵权责任法》第58条涉及过错标准的客观化与过错医疗行为的证明两个方面的问题。前者属于实体法领域的问题,宜通过法律解释性规范的方式解决,后者则属于诉讼证明的问题,需要通过举证责任倒置、法律推定和证明妨害规范解决。《侵权责任法》将两种不同性质的问题在一个条文中一并作出规范,极易导致理解与适用的混乱。因此,立法应将不同的问题分类解决,以达到降低证明难度、平衡医患关系的双重目的。

---

① 黄国昌:《民事诉讼理论之新展开》,台湾元照出版有限公司2005年版,第250~251页。
② 丁启明译:《德国民事诉讼法》,厦门大学出版社2016年版,第105页。

瑕疵给付要件之证明责任分配
——以异类物交付瑕疵问题为核心

■ 袁中华[*]

摘　要　瑕疵给付的证明责任问题在司法实践中往往体现为给付同一性问题或异类物交付瑕疵问题。通过分析《合同法》第107条可以发现，主张损害赔偿请求权的当事人需要就瑕疵给付要件承担证明责任，由此自然也需要就异类物交付瑕疵问题承担证明责任。这一结论可以扩展适用于《合同法》中相关的其他请求权和形成权，以及《消费者权益保护法》领域的请求权，甚至是单方允诺请求权。这种规范分析的方法绝非是所谓的"谁主张，谁举证"的应用，毋宁是结合了法教义、法规范与法律解释方法的综合应用。而就这种规范分析方法所可能带来的局限性，应当应用文书提出命令或事案解明义务等制度对证明困难予以救济。

关键词　瑕疵给付　异类物交付瑕疵　损害赔偿请求权　证明责任

根据《合同法》第107条，当事人一方不履行合同义务或者履行合同义务不符合约定的，应当承担违约责任。而所谓履行合同义务不符合约定，在学理上称之为"不完全履行"，依据侵害债权人利益之不同，又可分为瑕疵给付与加害给付。前者是指债务人没有像所负担的那样提供到期给付，[①]具体到合同领域，即指虽然已为履行之目的而做出了给付，但是其给付与合同约定不符。[②]我国学者一般认为，瑕疵给付不包括加害给付，应限定在债务人的给付数量不足、品种不合、地点不妥、时间不宜或方法不当等情形，[③]最常见的就是在买卖合同中交付了有瑕疵的标的物。瑕疵给付案件在司法事务中非常常见，但就其证明责任问题并无明确的法律规定或者司法解释，而学术界对此问题也鲜有论及。这无疑助长了司法实务中的混乱与矛盾。

---

[*]　中南财经政法大学法学院副教授。本文在写作过程中得到了清华大学王洪亮教授、中南财经政法大学徐涤宇教授、张家勇教授、夏昊晗博士、中央财经大学的武腾博士的指点与帮助，在此一并致谢。

[①]　[德]罗歇尔德斯：《德国债法总论（第七版）》，沈小军、张金海译，中国人民大学出版社2014年版，第178页。

[②]　[德]施瓦布：《民法导论》，郑冲译，法律出版社2006年版，第670页。

[③]　谢鸿飞：《合同法学的新发展》，中国社会科学文献出版社2014年版，第450页；江平主编：《中华人民共和国合同法精解》，中国政法大学出版社1999年版，第90页。

笔者拟从实务案例出发对此问题进行分析。鉴于瑕疵给付要件本身并非仅仅在《合同法》第 107 条中予以规定,《合同法》第 67 条、第 111 条、第 148 条、第 153 等均和该要件相关,甚至连《消费者权益保护法》第 23 条、第 55 条也是如此。为避免问题的复杂化,笔者拟先讨论基于《合同法》第 107 条的损害赔偿请求权之下的瑕疵给付证明责任问题,而后再拓展性地讨论该要件在其他法规范中的证明责任。而鉴于司法实务中异类物交付瑕疵往往成为争议的焦点,因此,上述分析将主要围绕该问题展开。笔者期待通过这种分析,能形成对瑕疵给付要件的证明责任问题的一般规则。由于瑕疵给付的证明责任问题本身为基于违约的损害赔偿请求权案件之证明责任问题的一部分,对于二者的理解本身也构成了诠释学循环,因此,前者的解决也有助于后者的厘清。此外,鉴于单方允诺问题在我国司法实务中往往采用契约范式来处理,①因此,瑕疵给付之证明责任问题的解决,也有助于对单方允诺案件(典型如"水晶球"案)的证明责任难题的妥当解决。

一、问题的提出

(一)瑕疵给付之证明责任问题

在"长昊国际贸易有限公司与池州市欧雅诗买卖合同纠纷"案(以下简称"布料案")中,②2014 年 3 月,欧雅诗公司与长昊公司签订买卖合同,购买后者所生产的强缩绒及人字呢,共计货款 440533.60 元;产品质量标准,严格按照买卖双方确认的品质、规格和颜色生产大货,大货面料不允许超出确认样,所有大货需通过欧洲环保标准测试。2014 年 4 月至 7 月间,长昊公司向欧雅诗公司供应了面料。欧雅诗公司于 2014 年 5 月和 6 月支付货款约 18 万元。2014 年 8 月,买方向卖方出具函件,言明款号 761501234 的服饰因门襟里面和后约克的撞色人字呢面料含有偶氮并超出欧盟环保标准,而且面料已经做在成衣上无法拆下,经过多次水洗改善甚至重做一匹面料后都无法通过客人指定的上海 SGSP&C 偶氮测试,故因此被取消订单,造成了重大损失。其后,长昊公司起诉欧雅诗公司,要求其赔偿损失共计 975355 元。

一审法院认为,被告主张欧雅诗使用了其他公司的面料,但并未提交证据证明,对其辩称意见不予采信。本案中,虽仅检测了送检的样衣,但欧雅诗公司将采购的面料加工制作成成衣时,并未特意选定面料,亦无法核实裁定的面料是从长昊公司购买的面料中的哪一部分。故该检测报告对整批成衣均具有效力。综上所述,欧雅诗公司要求长昊国际赔偿损失的诉请,事实清楚,证据确凿,予以支持,并最终判决被告支付赔偿款 35 万元。

长昊公司其后提起了上诉,认为被上诉人主张上诉人提供的面料不合格造成其损失,被上诉人应首先就其成品上衣是由上诉人的面料制作而承担举证责任,一审法院将举证责任分配给上诉人,没有法律依据。二审法院认为,涉案检测报告明

---

① 徐涤宇、黄美玲:《单方允诺的效力根据》,载《中国社会科学》2013 年第 4 期。
② 池州市中级人民法院(2016)皖 17 民终 683 号判决书。案例来源,无讼。

确写明检测面料与欧雅诗公司从长昊公司处购买的面料颜色并不一致,在涉案成衣由多部分面料组成的情况下,欧雅诗公司未提供充分证据证明涉案检测面料与其从长昊公司处购买的面料具有同一性。故欧雅诗公司关于其成衣质量与长昊公司交付的面料存在因果关系的诉讼主张,无充分证据证明,不予认定。最终,二审法院裁定撤销一审判决。

在本案中,该案的争议焦点之一在于,送检成衣中的面料是否为长昊公司所供给欧雅诗公司的面料,或者说二者是否具有同一性。一审法院认为,既然被告方长昊国际否认其为本公司所提供,则应当对此举证;在被告未对此举证时裁判原告胜诉。而二审法院则认为,"欧雅诗公司未提供充分证据证明涉案检测面料与其从长昊公司处购买的面料具有同一性"。而就该同一性的证明责任,二级法院作出了完全不同的裁判。根据原告的诉请以及法院的裁判依据,并不难判断本案中恰当的请求权基础在于《合同法》第107条,即原告基于对方的瑕疵给付(所提供的布料不符合环保标准)而主张损害赔偿请求权。学界通说认为,所谓证明责任仅仅发生在主要事实层面,因此对该案中证明责任分配是否正确,需要回溯到本案所适用的实体法规范,通过恰当界定要件事实而确定分配规则。第107条的请求权的成立需要合同成立、违约行为、损害以及前两者之间的因果关系(参见本文第二节的分析)这几个要件,而本案中双方就合同的成立以及履行、原告方的损失等要件其实并无争议,核心争议点在于卖方是否存在违约行为(更准确的界定是瑕疵给付行为)。因此,本案中的证明责任问题,主要是关于瑕疵给付。

但吊诡的是,双方就涉案送检物存在环保超标的瑕疵并无多少争议,而是将争论主要放在了原告送检物与被告所给付之物是否具有同一性问题上。这种情况在实践中非常普遍。因为物的瑕疵往往是要么通过日常生活经验判断,要么借助于特殊经验法则进行判断,而后者往往就是通过鉴定判断。实际情况是,往往瑕疵容易判断,而不容易判断的是原告所持之物是否就是被告给付之物,或者说二者是否具有同一性。笔者将其概括为给付同一性问题,即实际给付与合同所约定的给付是否同一。由此,瑕疵给付是否存在的问题,就演变成了给付同一性问题。在有鉴定的场合,给付同一性问题又演变成了如本案中出现的"原告送检物与被告所给付之物是否具有同一性"问题,或者说前者需要借助于后者来进行判断。但二者在实质上并无多少差别,其争论的依然是给付同一性问题。在对其证明发生疑问而需要一方承担不利后果的场合,在实务中往往就被视为证明责任分配问题。由此,瑕疵给付的证明责任,就演变成了给付同一性的证明责任问题。

(二)异类物交付瑕疵之证明问题

但与该案中对物的质量瑕疵争议有所差别的是,司法事务中还存在另一种对物的瑕疵的争议,即双方对于债务人是否按照合同约定交付了与标的物不同种类的物。典型的就是所谓"假货"问题,例如,原告主张其购买五粮液而卖家发出的是假五粮液。此种情况可以定性为异类物交付瑕疵。

瑕疵给付，在理论上可以分为权利瑕疵、标的物瑕疵及违反附随义务等类型。① 此处仅讨论标的物瑕疵问题。依据《合同法》第158条，我国法上将标的物的瑕疵分为数量瑕疵与质量瑕疵两种类型。质量瑕疵是指标的物的品种、规格、型号等不符合合同规定，或者标的物隐有缺陷。② 而学理上对标的物瑕疵的界定则更宽泛一些，出卖人所交付标的物的实际标准低于合同规定的应有标准，便认为标的物存有瑕疵，具体包括质量瑕疵、数量瑕疵、附带事项瑕疵（包装、安装、说明书、货物附件瑕疵）及异类物交付瑕疵四大类。③ 原告主张被告所给付的货物并非合同所约定的标的物，当然绝非数量问题，如果将其解释为合同法上所谓的质量瑕疵似乎也并非完全不可行，但总归有些牵强。因此借鉴比较法上的经验（如德国民法典第434条第3款）以及相关的学理，将其界定为异类物交付瑕疵更为科学。④ 这种瑕疵在司法实践中的争议，也往往是"原告所持之物是否就是被告所给付之物"，但与前述"面料案"中有所差别的是，"面料案"中双方对于被告依约提供了给付并无争议，争议的是其质量是否存在瑕疵，而这种异类物交付瑕疵争议中，双方争议的是被告是否提供的是"他物"。因此，从性质上判断，二者尽管表现的形式几乎一致，但实质上还是有所差别的。

笔者通过对大量案例的分析，以买卖合同为例，这种司法实务中对异类物给付瑕疵的举证责任分配可以被区分为以下两种情形：

其一是买方承担举证责任。例如，在"陈加辉与吴新建买卖合同纠纷"案（以下简称"紫檀案"）中，卖方诉请法院要求买方支付价款，买方则抗辩卖方存在瑕疵给付，所供之木材经鉴定为"阔变豆"而非约定之紫檀。双方对于送检的木材为假没有争议，但对这些不符合约定的木材与出卖人向买受人履行的木材是否为同一批木材有争议。买受人认为应当由出卖人证明自己履行的木材确为紫檀，而出卖人则认为应当由买受人证明送检的假货确为卖方所供。最终法院认为，买方的抗辩仅举证存在合同关系和发货行为尚不足够，还应对"送检之假货与卖方履行具有同一性"承担举证责任，从而判决买受人败诉，即认为瑕疵给付作为合同履行抗辩权的要件事实，其举证责任在行使抗辩权的买方。⑤

在"谈兆国与魏浩瑛买卖合同纠纷"案（以下简称"寿山田黄石案"）中，魏浩瑛向谈兆国以80000元的价格购买寿山田黄石一块，并支付了45000元押金。其后魏浩瑛打电话给谈兆国，称该石料不是寿山田黄石，而是绿泥石。谈兆国称该石料并非当初交付的石料，魏浩瑛存在偷梁换柱的行为，拒绝返还押金，并起诉要求魏

---

① 韩世远：《合同法总论（第二版）》，法律出版社2008年版，第376页以下。
② 崔建远：《合同法》，北京大学出版社2012年版，第312页。
③ 秦静云、宋汝庆：《论买卖物之瑕疵的认定》，载《河南财经政法大学学报》2017年第3期。
④ 关于异类物交付定性的不同立法例详细可参见克里斯蒂·冯·巴尔、埃里克·克莱夫主编：《欧洲私法的原则、定义与示范规则：欧洲示范民法典草案》（全译本）（第四卷），于庆生、温大军、胡琳、王文胜译，法律出版社2014年版，第64~65页。
⑤ 福建省高级人民法院民事判决书(2014)闽民终字第1286号。

浩瑛给付余款,魏浩瑛则反诉要求退还押金 45000 元及赔偿损失 2000 元。在一审法院判决被告魏浩瑛败诉并支付 35000 元余款的情况下,二审法院改判魏浩瑛胜诉,谈兆国返还押金 45000 元。其理由在于"在王兆国没有证据证明魏浩瑛持有的'寿山田黄石'并非由其出售的情况下,本院综合本案事实,全面、客观地审核证据,并结合日常生活经验,应当认定魏浩瑛持有的'寿山田黄石'为谈兆国所售。"①

"杨月与昝晴网络购物合同纠纷案"(以下简称"代购案")中,杨月主张其从昝晴处以 15300 元购得一款 LV 女包和一双 PRADA 女鞋,后经实体店鉴定均为假货,因此要求退还货款 15300 元并三倍赔偿货款共 45900 元。法院认为,"杨月首先应举证证明其与昝晴之间存在买卖合同关系,其起诉的物品与昝晴为其代购的物品具有同一性。现杨月无法提供其与昝晴之间就其所诉物品具有买卖合同,亦无法提供其起诉物品系从昝晴处购买的其他有效证据,昝晴虽认可曾代杨月购买物品,但杨月未能举证证明其起诉的物品与从昝晴处所购物品具有同一性,亦不能提供收货证明,昝晴亦不认可杨月起诉物品系从其处购买,对双方的买卖合同关系亦不认可,故本院对杨月主张的其与昝晴之间就涉案的特定物品的买卖合同关系不予认可。"②法院最终判决原告败诉。

在"水晶球案"中,1999 年 1 月 23 日,上海居民顾月妹到上海工艺美术商厦,看中了"天然黄水晶球",最终以 2944 元买了下来。售货小姐告诉顾月妹,球的重量是 290 克,并表示:"你去鉴定吧,有什么问题找我们。"随后其将发票、信誉卡交给了顾月妹,信誉卡上写着"假一赔百"。3 个小时后,顾月妹拿着检验报告(该报告显示是方解石球,即玻璃)找到售货小姐,小姐表示可以退货,但顾月妹要求按信誉卡上"假一赔百"的承诺给予赔偿 29.44 万元。交涉未果,顾月妹将上海工艺美术商厦告到法院,后来又将商品制造商上海宝和公司追加为第二被告。法庭上双方的辩论十分激烈,争执的焦点是:顾月妹拿去鉴定的球是否就是"宝和公司"生产并在"工艺美术商厦"出售的产品?③ 上海一审法院认为,根据"谁主张,谁举证"的原则,顾某必须拿出令人信服的证据,故判顾某败诉。二审法院仍持此观点,维持原判。

其二是卖方承担举证责任。如在"段宇文与北京京润伟业商贸有限公司买卖合同纠纷"案(以下简称"蜜蜡")中,消费者起诉卖方销售假货,请求"假一赔十",双方对送检的"蜜蜡"为假亦无争议,但卖方坚持自己所售为真蜜蜡,该鉴定之假货并非自己所售。两审法院均认为,当现有证据可以看出买方确曾向卖方购买了串珠,但在没有证据证明买方购买产品后进行了调换的情况下,应由卖方承担举证不能的不利后果。二审法院更是明确指出,"京润伟业公司不能举证证明其售出商品的具体标识情况,亦不能举证证明涉案念珠已经被段宇文调换,故京润伟业公司应承

---

① 江苏省高级人民法院民事判决书(2016)苏民再 88 号。
② 北京市海淀区人民法院(2016)京 0108 民初 38703 号民事判决书
③ 丛玉红:《法官运用自由裁量权分配举证责任之我见——水晶球案例分析》,载《北京市政法管理干部学院学报》2002 年第 4 期。

担举证不能的责任。对于京润伟业公司提出的售出商品与送检商品不同一的抗辩主张,本院不予采信"①,即认为给付同一性的举证责任在卖方。

在"王樯与黎全平、浙江淘宝网络有限公司买卖合同纠纷"案(以下简称"假酒案")中,王樯三次从黎全平经营的淘宝店铺购得 10 瓶鸭溪窖酒和 58 瓶 85 红标五粮液,共计支付 5090.04 元。其后,王樯以所购白酒均为假酒为由向法院起诉,请求黎全平退回购酒款并给予所购商品价款十倍的赔偿总计 50900.4 元。黎全平则主张王樯原审庭审提供的酒品与王樯在黎全平处购买的酒品不同。二审法院认为,"对该主张黎全平有责任提供证据予以证明,因其并未提供证据证明该主张,故对于王樯主张的其原审庭审提供的酒品系黎全平所售的事实,本院予以确认。"原审认定有误,本院予以纠正。②

在上述案件中,法院对证明责任分配的处理原则往往是"谁主张,谁举证"。但实际情况往往是原被告存在着相互对立的主张,原告主张具有同一性,而被告常常主张对方"调包"(不具有同一性)。因此,法院要求原告或者被告证明似乎都有道理。对此,我们需要回归到案件所适用的法规范本身,借助于规范说的原理予以解决。鉴于无论是给付同一性还是异类物交付瑕疵问题,本身都从属于瑕疵给付要件问题,而就该要件最为典型的情形是基于违约的损害赔偿案件。因此,笔者拟先就第 107 条违约的损害赔偿请求权的证明责任展开分析,而后检视其结论是否可以拓展适用于其他情形(如作为抗辩、作为履行请求权等)。

二、对《合同法》第 107 条的分析

(一)总体的请求原因

在"面料案"中,原告主张对方赔偿自己的损失,也就是主张合同法上的损害赔偿请求权。前述分析已指出,其适用的请求权基础应该为《合同法》第 107 条。欲分析其证明责任,则首先应当分析其构成要件与法律后果。

依照学界的主流观点,我国《合同法》采取的是救济进路而非原因进路,即在体系上按照不同的救济对规则进行安排。③ 救济进路之下,一般会设置一个一般的违约形态,比如,《共同参考框架草案》中的"不履行"或者德国法上的"义务违反(Pflichtverletzung)"。我国法上则是第 107 条的"不履行合同义务或者履行合同义务不符合约定",或者简称其为"违约"。④ 由此第 107 条也一般被视为违约责任的一般条款,其在合同法中的地位类似于《德国民法典》第 280 条第 1 款在债法中

---

① 北京市第三中级人民法院民事判决书(2014)三中民终字第 04962 号。
② 吉林市中级人民法院民事判决书(2016)吉 02 民终 1809 号。
③ 谢鸿飞:《合同法学的新发展》,中国社会科学文献出版社 2014 年版,第 442 页。但也有学者认为,我国《合同法》采取的是混合体系,即兼采原因进路与救济进路。参见韩世远:《合同法总论(第三版)》,法律出版社 2011 年版,第 368 页。
④ 也即违反合同义务,参见韩世远:《合同法总论(第二版)》,法律出版社 2008 年版,第 320 页。

的地位。① 但与德国法的不同之处在于,我国《合同法》在立法时并未贯彻"请求权/抗辩"思路,而是采用了义务/责任的思路,② 这就使得法条中的构成要件与法律后果往往并未被足够清晰地安排,甚至在不少地方存在矛盾和混乱。这种混乱在第107条所规定的法律后果中较为明显,"承担继续履行、采取补救措施或者赔偿损失等违约责任"固然可以解释出基于违约的损害赔偿请求权,但"继续履行、采取补救措施"却并非这种请求权所能涵盖的,更准确地说,它其实是合同履行请求权的题中之意,而且这种请求权尽管往往是在违约的情形下被主张,但其成立并不需要以违约为前提。③ 因此,对第107条所规范的损害赔偿请求权的分析,首先应当暂时将履行请求权问题从该规范中分离出来。

在暂时分离出履行请求权问题之后,第107条的法律后果就只剩下"承担赔偿损失的违约责任"。而从违约方的视角来看,其是承担赔偿损失的责任,但从非违约方(一般是债权人)的视角则是要求对方赔偿损失的权利。④ 与第107条大致相同的《民法通则》第111条,采取的就是"有权要求赔偿损失"的表达,两种表达并无实质性差别。因此,将第107条的法律后果解释为损害赔偿请求权并无任何障碍。但就其构成要件问题,学界似乎缺乏深入的讨论。从规范的文字表达来看,"当事人一方不履行合同义务或者履行合同义务不符合约定"(违约行为)就是构成要件,但违约绝非是损害赔偿请求权的唯一要件。对该要件做当然解释,可以得出"合同的有效存在"这一要件,因为若无这一要件则无所谓违约。正如韩世远所言,"违约责任的语义背景就是有效的合同关系的存在"。⑤ 此外,从"赔偿损失"的表达中也可以解释出"损害"这一要件,因为若无损害事实之发生,则当然不发生所谓损害赔偿请求权。而承认损害要件,也就必须承认违约行为与损害之间的因果关系。⑥ 由此,我们就该请求权,其构成要件至少应当包括"合同的有效存在、违约行为、损害以及因果关系"。上述四个要件应当不至于引发太多质疑。在比较法上,与第107条功能基本等价的《德国民法典》第280条第1款的基于义务违反的损害赔偿请求权,其构成要件在学理上一般认为包括债务关系的存在、义务违反、可归责以及损害,⑦ 这个例子也可以用来佐证笔者的判断。

---

① 王洪亮倾向于将其解释为替代给付的损害赔偿,但其理由并不够充分。从历史解释的角度看,第107实际上是延续了1985年《涉外经济合同法》第18条、1986年《民法总则》第11条、1987年《技术合同法》第17条。参见朱广新:《合同法总则》(第2版),第8章。
② 王洪亮:《债法总论》,北京大学出版社2016年版,第206页。
③ 王洪亮:《债法总论》,北京大学出版社2016年版,第207页。
④ 朱广新:《合同法总则》(第2版),第8章。
⑤ 韩世远:《合同法总论(第二版)》,法律出版社2008年版,第524页。
⑥ 崔建远就认为,赔偿损失的要件为:违约行为,守约方有损失,以及二者之间的因果关系。崔建远:《合同法》,北京大学出版社2012年版,第311页。
⑦ [德]罗歇尔德斯:《德国债法总论(第七版)》,沈小军、张金海译,中国人民大学出版社2014年版,第199~203页。当然,有所差别的是第280条本身为债总规范,但其实际应用的绝大部分情形主要也在合同法上。此外,就因果关系,德国法并未将其视为必备要件,笔者推断其应该是放在损害里一并考虑。

但有所差别的是,德国法上将"可归责"(即债务人的过错)视为请求权的构成要件,而中国法上则存在不小的争论。就《合同法》第107条是否采纳了过错责任原则,这是一个解释论问题,而非立法论问题。有学者从文本出发,认为第107条并未在规范表达上出现过错要件,也不以无过错作为免责事由,因此在归责原则上采取的是严格责任(无过错责任)。① 而相反的观点认为,《合同法》采纳了过错责任原则或过错推定原则,②或是否认严格责任原则的存在而主张通过解释方法,依据合同义务的性质确定损害赔偿责任的归责原则。③ 但学界中主流观点还是认为,我国《合同法》对违约责任总体上采纳了严格责任原则,同时,在若干具体情形中规定了过错责任,即是一个以严格责任为主、以过错责任为辅的二元体系。④ 实际上,无论是运用文义解释、体系解释、历史解释还是目的解释,都无法否认第107条采纳的就是严格责任原则。⑤ 因此,第107条所规范的基于违约的损害赔偿请求权,其构成要件不能包含过错要件,这也意味着不能以无过错作为抗辩。⑥

(二)抗辩

基于现行法的规定,能作为第107条的抗辩事由的仅仅有《合同法》第117条第2款的不可抗力,即不能预见、不能避免并不能克服的客观情况。正如有学者所指出,其实合同法上的过错责任与严格责任在实践效果中的差别并不如想象中那么大。⑦ 采过错原则的国家(如德国)对过错几乎都是推定的(即存在义务违反即推定过错的成立),从而要求债务人通过对义务违反不存在过错的证明而免责,而严格责任的国家(如法国、中国)则允许债务人通过对不可抗力的证明而免责。但与法国民法典以及《联合国国际货物销售公约》《国际商事合同通则》等国际立法文件有所差别的是,我国法的不可抗力标准似乎过于严苛,对此我们可以考虑从解释论方面对其进行目的论扩张。⑧

此外,依国际立法通例,因债权人原因导致合同无法履行往往可以免除债务人

---

① 梁慧星:《从过错责任到严格责任》,载梁慧星主编:《民商法论丛》(第8卷),法律出版社1998年版,第88页以下。
② 李永军:《合同法》,法律出版社2005年第2版,第654页以下;刘凯湘:《合同法》,中国法制出版社2006年版,第232页以下。
③ 朱广新:《违约责任的归责原则探究》,载《政法论坛》2008年第7期。
④ 王利明:《合同法研究》(第2卷),中国人民大学出版社2003年版,第428页;韩世远:《合同法总论》,法律出版社2011年版,第589页以下;崔建远:《合同法》,北京大学出版社2012年版,第310页。
⑤ 戴孟勇:《违约各责任归责原则的解释轮》,载《中德私法研究》第8卷,北京大学出版社2012年版,第31页以下。
⑥ 所谓过错原则,在合同法中,其实是被推定的。参见崔建远:《合同法》,北京大学出版社2012年版,第318页。
⑦ 柯伟才:《债务不履行制度研究——历史和比较的视角》,中国法制出版社2017年版,第164页。
⑧ 易军:《慎思我国合同法上违约损害赔偿责任的归责原则》,载《中德私法研究》第8卷,北京大学出版社2012年版,第22、26页。

之责任。我国《合同法》尽管在分则中将债权人的原因作为免除债务人责任的正当理由,但总则中却并未作如此规定。就这种抗辩事由,易军建议可以通过适用《合同法》第 6 条之诚信原则条款来处理,①而戴孟勇则认为可以通过对《合同法》第 121 条的解释来得出,②柯伟才则认为解释已无必要,"每一个理性的人都不会觉得在这种情况下债务人还要承担违约责任"。③ 尽管理由不同,但就债权人原因为违约责任之免责事由(抗辩),学理上并无多少分歧。

另外,我国《合同法解释二》已经承认了情势变更原则,即允许当事人基于订立合同时的不属于商业风险的重大变化,请求法院解除合同或者变更合同。这种特别情势,并不能直接消灭基于违约的损害赔偿请求权,因此不像不可抗力这种权利可消灭抗辩。但基于上述特别情势所产生的法律后果(变更或者解除合同)却可以对抗请求权,因此,依其法律后果可以算作权利消灭规范,但最终罗森贝克还是将其划入阻却规范,其地位类似于抗辩权规范。④

(三)分析结论及其修正

基于上述分析,我们可以就第 107 条之证明责任进行初步分析。依照规范说的一般原理,即主张规范的法效果的当事人应当对其前提性要件承担证明责任。⑤就第 107 条之适用,主张请求权的一方(一般为原告)需要证明支撑该请求权的构成要件(即请求原因),具体包括:合同关系之有效存在、违约行为、损害、违约行为与损害之间的因果关系。而否定该请求权的一方(一般为被告)需要去证明抗辩之存在,具体包括:不可抗力、债权人原因以及特别情势的存在。⑥

但就上述结论中的请求原因部分,需要予以修正的是"合同关系之有效存在"这一要件。所谓"有效存在"其实包括两个要件,即合同的成立以及合同的有效,但要求主张请求权一方对此进行证明并不合理。正如罗森贝克所指出,"当事人尤其不需要证明,存在其他的前提条件,即法律行为由于缺乏它就无效的前提条件。相反,主张法律行为无效的对方得对法律行为无效的要件特征承担证明责任。《民法典》以下列方式对该证明责任规范作出了规定,即法律从来没有将法律行为的效力,而总是将法律行为的无效作为规范的对象。"⑦因此,我国也早有学者提出质

---

① 易军:《慎思我国合同法上违约损害赔偿责任的归责原则》,载《中德私法研究》第 8 卷,北京大学出版社 2012 年版,第 27 页。

② 戴孟勇:《违约各责任归责原则的解释轮》,载《中德私法研究》第 8 卷,北京大学出版社 2012 年版,第 43 页。

③ 柯伟才:《债务不履行制度研究——历史和比较的视角》,中国法制出版社 2017 年版,第 167 页。

④ [德]莱奥·罗森贝克:《证明责任论——以德国民法典和民事诉讼法典为基础撰写》,庄敬华译,中国法制出版社 2002 年版,第 106 页。

⑤ [德]莱奥·罗森贝克:《证明责任论——以德国民法典和民事诉讼法典为基础撰写》,庄敬华译,中国法制出版社 2002 年版,第 104 页。

⑥ 较为复杂的是,特别情势并不能直接消灭请求权,其法律效果类似于抗辩权。

⑦ [德]莱奥·罗森贝克:《证明责任论——以德国民法典和民事诉讼法典为基础撰写》,庄敬华译,中国法制出版社 2002 年版,第 268 页。

疑,认为根据《证据规定》第 2 条由原告来证明双方具有行为能力的做法明显不合理,更恰当的做法是由被告证明一方或者双方不具有行为能力。① 因此,在将"合同的有效存在"限缩在"合同成立"之后,最后由主张请求权一方需要证明的事实包括:合同的成立、违约行为、损害以及因果关系。

而上述论证也意味着,就基于违约的损害赔偿请求权而言,相对方可以就合同效力问题进行抗辩,具体包括合同的无效,以及合同的可撤销。此外,合同法上的多种抗辩权(如时效抗辩权)也可以经由守约方进行主张而得以免责。

(四)瑕疵给付要件之证明责任

在确定第 107 条的证明责任分配方案后,我们才得以分析瑕疵给付要件的证明责任问题。尽管我国《合同法》采救济进路,但通说认为,对违约行为进行类型化区分是非常有必要的。尽管不同的学者存在多种区分方式,但在违约行为的类型中迟延履行和不完全履行(瑕疵给付)几乎是最没有争议的两种。② 尤其是就瑕疵给付,其本身就已规定在第 107 条的"履行合同义务不符合约定"中。因此,就迟延履行和瑕疵给付的证明责任,原则上应当从属于基于违约的损害赔偿请求权的证明责任分配。由此,无论是基于瑕疵给付还是基于迟延履行,主张损害赔偿请求权的一方都必须承担瑕疵给付或迟延履行要件的证明责任。③

但在买卖合同案件中,上述结论的可靠性似乎并不那么确定。其主要原因在于我国合同法分则中存在所谓瑕疵担保责任条款,如第 153 条、155 条。因此,在买卖合同场合,如果认为所谓的瑕疵担保责任与违约责任是统一的,那么,第 107 条与第 111 条依然可以适用,④但同时需要考虑第 153、第 155 条中的一些特殊要件或者法律后果。而如果认为两种责任不统一,则第 107 条与第 111 条就被排除适用。这就是合同法上两种责任的一元论与二元论之争议。⑤ 因此在证明责任问题时,如果持一元论,则其证明责任问题无需另起炉灶;如果持二元论,则需要另行就第 153、155 条等条文展开分析。

笔者赞同一元论,正如韩世远所言,我国法上的"违约责任"是一个统一的概念,我们应当统一地进行解释而不宜再人为地分裂这一概念,即区分一般意义的违

---

① 李浩:《民事行为能力的证明责任对一个法律漏洞的分析》,载《中外法学》2008 年第 4 期;胡东海:《论合同生效要件之证明责任分配》,载《法律科学》2011 年第 4 期。

② 韩世远:《合同法总论(第二版)》,法律出版社 2008 年版,第 320 页以下。

③ 较为特殊的是,就迟延履行,学理上认为包括"有效债务,能够履行,债务已届清偿期,债务人未在合理期限内履行"(崔建远:《合同法》,北京大学出版社 2012 年版,第 312 页)。但就是否已履行,原则上应当由债务人承担其证明责任。

④ 第 107 条与第 111 条的关系。第 111 条的质量不符约定当然属于第 107 条的违约,因此第 111 条的特殊之处不在于构成要件而在于法律后果,即新增了一些其他类型的请求权(尽管有一些属于废话,如修理、更换、重做)。退货是解除权,减价是请求权。

⑤ 谢鸿飞:《合同法学的新发展》,中国社会科学文献出版社 2014 年版,第 454 页。

约责任与特别的违约责任（瑕疵担保责任）；否则，实属叠床架屋，将简单的问题复杂化。① 而二元论的重要论据之一，瑕疵担保责任的成立要求买受人必须在质量异议期间主张买卖物存在瑕疵，而违约责任并无此类要件。② 对此笔者认为，所谓瑕疵通知义务既然其性质为义务，也就意味着规定该义务的规范（第158条）为有利于债务人而非债权人之规范，以证明责任的视角进行观察，其性质当为抗辩规范。因此，这种义务存在并非意味着在买卖合同的违约责任中需要增加新的构成要素（尽到通知义务），而是意味着卖方可以通过对该要件之不成立（未尽到通知义务）进行证明而免责。③ 概言之，就买卖合同的场合，其证明责任分配问题依然遵从前述的分析结论，但稍有差别的是卖方多了一种抗辩，即依据第158条可以就"尽到通知义务"进行证明而免责。

上述分析已清晰地证明，在主张损害赔偿请求权的案件中，原告应当证明瑕疵给付要件之存在。在物的质量瑕疵争议场合，是原告需要证明"对方给付的标的物存在瑕疵"。简单地将上述事实进行分解，我们可以得到"对方给付的标的物"和"瑕疵"这两个组成部分。因此，原告不仅需要证明瑕疵的存在，而且需要证明自己所持有的作为证据使用的物属于"对方给付的标的物"。由此，在"面料"案中，所谓给付同一性问题，其实是对原告所持物是否是"对方给付的标的物"的争议。其证明责任自然归属于原告方，因此，二审法院对此问题的裁判是妥当的。

而在异类物交付瑕疵的场合，既然异类物交付瑕疵本为瑕疵给付之下位概念，因此，主张此类瑕疵的请求权人，自然应当承担相应的证明责任。

三、结论之扩展

（一）合同法领域内的扩展

基于瑕疵给付，《合同法》第107条还规定了继续履行、采取补救措施的法律责任。对此有学者指出，这两种法律效果其实并非需要以义务违反为构成要件，其本质属于原给付义务的范畴。④ 易言之，继续履行和采取补救措施其实是要求履行合同，而合同履行请求权在理论上属于原请求权，基于合同成立这一个要件即可成立。⑤ 但《合同法》这种规定也并非完全没有道理，因为倘若债务人并无违反合同

---

① 韩世远：《出卖人的物的瑕疵担保责任与我国合同法》，载《中国法学》2007年第3期第183页。对此朱晓喆也认为，独立或者相对独立的瑕疵担保责任并无实际意义，参见朱晓喆：《瑕疵担保、加害给付与请求权竞合——债总则给付障碍中的固有利益损害赔偿》，载《中外法学》2015年第5期。

② 崔建远：《物的瑕疵担保责任的定位与定性》，载《中国法学》2006年第6期。

③ 可能引发的质疑在于，它是一种消极事实。但消极事实论本身在证明责任理论中就属于一种被抛弃的理论（参见张卫平：《民事诉讼：关键词展开》，中国人民大学出版社2005年版，第203页）。其次，未尽到通知义务，在实践中的情况最为常见的有通知但通知时间较晚（不符合商业习惯）。

④ 王洪亮：《债法总论》，北京大学出版社2016年版，第204页。

⑤ ［德］莱奥·罗森贝克：《证明责任论》，庄敬华译，中国法制出版社2002版，第268页。

义务之行为,一般情况下,债权人也无需到法院主张履行请求权。[①] 所以,尽管从证明责任分配上讲,原告主张履行请求权仅需证明合同的成立,但被告完全可以提出合同已履行的抗辩,此时原告再主张合同尽管已履行但履行并不符合约定。原告的这种主张,在诉讼法学理上称之为再抗辩。因此原告依然需要就该抗辩承担证明责任,也即原告还是需要证明瑕疵履行之存在。因此,要求买方承担对方的给付存在瑕疵(具体而言是异类物给付瑕疵)并无不妥。

同理,在基于瑕疵给付的其他请求权或者解除权案件中,依然是主张该权利的当事人去证明瑕疵给付要件的存在。根据《合同法》第 111 条的规定:"质量不符合约定的……可以合理选择要求对方承担修理、更换、重作、退货、减少价款或者报酬等违约责任"。在该条中,要求对方"修理、更换、重作"应当被视为合同履行请求权的法律效果,而退货则可以视为合同解除权;减价则可以视为一种请求权。[②] 尽管在一个法条中出现了多种法律效果,该条的构成要件仅有一个,即"质量不符合约定",因此如需主张上述解除权、履行或减价请求权,均需证明对方所给付的标的物存在质量瑕疵。[③] 此外,在买卖合同中,《合同法》第 148 条规定了基于标的物质量瑕疵致使不能实现合同目的的,买受人享有解除权。由此买方主张解除权,也需要证明该权利之前提性构成要件即瑕疵给付(质量瑕疵)的存在。在"寿山田黄石案"中,被告提出反诉要求返还押金,应当将其请求解释为主张合同解除权并基于合同的解除而请求返还。[④] 二审法院在裁判理由中适用的是《合同法》第 148、153 条,可见其将异类物交付瑕疵视为了质量瑕疵。如果依照这种逻辑,被告在反诉中主张"对方给付的并非寿山田黄石而是绿泥石",该事实的性质为第 148 条的质量瑕疵要件,因此也应当是由买方而非卖方来承担证明责任。

此外,瑕疵给付也可以作为抗辩权之前提性要件存在,这种情形下主张该抗辩权之当事人应当就该要件承担证明责任。《合同法》第 66 条规定了同时履行抗辩权,"一方在对方履行债务不符合约定时,有权拒绝其相应的履行要求。"依据该条,则瑕疵给付为同时履行抗辩权的前提性构成要件,因此自然应当由主张该权利之人证明。在紫檀案中,被告主张所收货物并非是合同所约定的紫檀而是阔变豆,该事实为主要事实,其性质为给付瑕疵中的异类物交付瑕疵,因此理当由被告就该事实承担证明责任。本案中法院的裁判也遵循了上述原理。

(二)合同法领域外的扩展

瑕疵给付问题并非仅仅在《合同法》中存在,在买方为消费者而卖方为经营者

---

① 这里可能涉及诉的利益问题。
② 德国法减价权被视为形成权,其构成要件规定得非常严格,基本相当于解除合同的要件。而我国法对减价的要件则规定得非常宽松,仅仅需要"质量不符合约定"这一要件为已足。因此,最高法在《买卖合同司法解释》中的态度更倾向于将减价权视为请求权。
③ 借鉴前述分析,实际上原告还需要去证明合同的成立。
④ 在解释论上,退货通常应解释为合同解除权与价款返还请求权的一并行使。参见武腾:《消费者权益保护法上物的瑕疵与退货及出路——基于与合同法相衔接的视角》,载《财经法学》2017 年第 3 期。

的情形下,买卖合同的法律关系也同样受《消费者权益保护法》规制。《消费者权益保护法》第 23 条规定:"经营者提供的机动车、计算机、电视机、电冰箱、空调器、洗衣机等耐用商品或者装饰装修等服务,消费者自接受商品或者服务之日起 6 个月内发现瑕疵,发生争议的,由经营者承担有关瑕疵的举证责任。"该条一般被视为证明责任倒置条款,由此构成的问题是:是否应当完全由经营者证明瑕疵给付要件?必须明确的是,所谓瑕疵给付仅仅是一种简化的说法,完整的表达应该是"对方给付存在瑕疵"。即使要求经营者证明物的瑕疵不存在,也不能免除其他瑕疵(如权利瑕疵)以及该物属于"对方给付"(标的物)的证明责任。正如有学者所言:"该规定只是免除消费者就商品或服务存在质量瑕疵承担举证责任,而非免除消费者的全部举证责任,消费者对于其向经营者购买了纠纷所涉的耐用商品或者服务这一基本法律事实仍然承担举证责任。① 因此,如双方就"消费者所持之物到底是否属于经营者所提供之物"也即本文所谓的"异类物交付瑕疵"发生争议,并不发生所谓的证明责任倒置。易言之,"异类物交付瑕疵"本身并不在消法第 23 条中的"瑕疵"的涵摄范围之内。此外,就该条的适用,往往出现的情况是双方就瑕疵是否存在并无争议,但就瑕疵存在的时间点到底是在交付之前还是在交付之后存在争议。对此,我们可以将瑕疵存在的时间点争议解释为第 23 条中的"有关瑕疵"争议。由此,经营者应当就"瑕疵存在于交付之后"承担证明责任。对此可资借鉴的是《德国民法典》第 476 条的规定:"物之瑕疵是在风险转移之后 6 个月内出现的,推定标的物在风险转移之时,即已存在瑕疵"②。

此外,异类物交付瑕疵往往可能引发消法第 55 条的 3 倍惩罚性赔偿。典型的情形就是原告主张对方销售假货而对方主张原告所持物并非自己所售(如"代购案"),此时原告主张的实际上是异类物交付瑕疵。基于售假这一生活事实,原告往往可以主张经营者存在第 55 条的"欺诈"行为,并进而要求适用消法第 55 条的惩罚性赔偿请求权。这种情形下,异类物交付瑕疵构成了第 55 条"欺诈"的一部分。由此原告主张消法第 55 条的 3 倍惩罚性赔偿请求权,自然应当证明欺诈的存在,自然也应当证明异类物交付瑕疵的存在。因此,在"代购案"中,当然也应当是由原告去证明 LV 女包和 PRADA 女鞋由对方所售,该案中法院就是如此分配证明责任的。

此外,单方允诺案件中也可能出现瑕疵给付(包括异类物交付瑕疵)争议,在此仅探讨经营者承诺"假一罚十"的情形,如前述"水晶球案"。所谓"假一罚十"并非合同条款,而是表意人向相对人作出的为自己设定某种义务,使相对人取得某种权利的意思表示,因此,其性质当为单方允诺。③ 在学理上一般认为,在单方允诺所

---

① 杭宇:《消费者权益保护法若干条款的理解——兼评网络购物中的消费者权益保护》,载《人民司法》2014 年第 15 期。
② 杜景林、卢谌:《德国民法典全条文注释》(上下),中国政法大学出版社 2015 年版,第 349 页。
③ 在"水晶球案"中,被告是在合同成立并已经实际履行后,将发票和信誉卡(卡上写着"假一罚十")交付给对方,也可以说明所谓的假一罚十的性质并非合同的条款。

设立之条件(由相对人)达成时债权产生,由此相对人可以主张给付请求权。尽管我国缺乏单方允诺的明确规范,但依照上述学理我们也可以简单地分析其证明责任。相对人主张基于单方允诺的给付请求权,则需要证明该请求权的前提条件也即单方允诺之成立,自然也就需要证明条件的达成。由此,在"假一罚十"的案件中,双方就卖方是否售假(或者买方是否调包)发生争议,原告作为权利人当然需要去证明请求权的前提性要件即"假"(对方所交付货物为假水晶球)的存在。因此,在水晶球案中,法院要求原告证明对方所售为假水晶球(玻璃球)并无不妥。

但鉴于我国立法与司法并未承认单方允诺可以单独构成债的效力,而是将其置于契约范式之下予以解决,①因此,对单方允诺案件的证明责任分析还需要回到《合同法》的语境中予以解决。"假一罚十"由此可以被视为一个合同条款,更准确地说是双方之间所签订的买卖合同中的违约金条款:当卖方违约(交付假货)时,买方得以要求十倍价金的赔偿。② 依据上述对第107条的分析结论,债权人主张损害赔偿时需对瑕疵给付要件承担证明责任,因此主张对方存在异类物给付瑕疵(即售假),自然应当对此要件事实承担证明责任。如此则依契约范式,在水晶球案中依然是原告需要证明对方所售为假水晶球(玻璃球)。

四、回应与补充

(一)可能的质疑及回应

通过上述对相关规范的分析,笔者最后得出的结论并不复杂,即主张权利(请求权或抗辩权)的一方就瑕疵给付(包括异类物给付瑕疵)要件承担证明责任。这一结论可能引发质疑:这不正是"谁主张,谁举证"的分配方式吗?或者说,上述分配方式较之我们传统认识的"谁主张,谁举证"到底有何高明之处?

传统的"谁主张,谁举证"并非是恰当地证明责任分配方式,对此学界已基本形成了共识,其理由在于该原则很难恰当地分配证明责任。③ 在诉讼中双方当事人会提出各种事实主张,双方的主张往往可能是相互对立的。例如,原告主张对方有过错,被告认为自己并未有过错,如果按照"谁主张,谁举证",则双方均存在证明责任。本文所讨论的异类物给付瑕疵问题也是如此,例如,"水晶球案"中原告主张对方交付的是玻璃球,被告主张自己交付的是水晶球,如果按照"谁主张,谁举证"根本无法解决问题。所以,传统的"谁主张,谁举证"的失败之处在于,并未将主张进行恰当的限定。而本文将分析对象限定在了要件事实层面,从而得以对诉讼中出现的事实予以恰当的定性,并进而清晰地确定证明责任分配。

---

① 徐涤宇、黄美玲:《单方允诺的效力根据》,载《中国社会科学》2013年第4期。
② 但这种处理又会带来另一个问题,即十倍的赔偿往往远远超过债权人的实际损失,由此是否应当适用违约金酌减的规定。司法实务中往往一方面将"假一罚十"视为违约金条款,但又往往不支持违约金酌减。当然,适用契约范式还会带来其他问题,例如:合同如果无效或者被撤销,买方是否还依然可以请求十倍赔偿?
③ 张卫平:《民事诉讼法》,法律出版社2004年版,第206页。

但罗森贝克曾指出,所谓主张,应该是对法律要件事实的主张。① 例如,主张"调包"这类其实并不能称之为主张,而是应当被识别为诉讼法上的否认。如果采用罗森贝克这种定义,那么,"谁主张,谁举证"依然是有生命力的。② 如果采用这种定义,本文的分析其实也可以说就是罗森贝克式的"谁主张,谁举证"的典型应用。

另外一种可能的质疑是,本文仅仅是纯粹的规范分析,而并未考虑到实质正义。因为质疑者往往会认为,这种处理模式在很多场合对买方并不够公平,尤其是在当下这种工业化社会,大部分交易中的卖方往往是实力强大的生产者或者经营者。而作为买方,往往会被认为是处于弱势需要给予特殊保护的一方。但笔者认为,我国在与证明责任相关的立法和司法中,往往欠缺的是规范分析,而最不缺乏的就是对实质正义的考量,其最终结果就演变成了"谁弱谁有理""谁强谁证明"。例如,就医疗侵权、环境污染侵权案件,《关于民事诉讼证据的若干规定》第4条将过错和因果关系的证明责任全部倒置给被告方,就是考虑到了被告方的优势地位;第5条对劳动争议案件也有类似处理。但这种处理模式带来了不少弊端,因此就医疗侵权案件,2008年《侵权责任法》第54条及2017年《最高人民法院关于审理医疗损害责任纠纷案件适用法律若干问题的解释》第4条又将这种证明责任"倒置"给翻转过来了。③ 就环境侵权案件,2015年《最高人民法院关于审理环境侵权责任纠纷案件适用法律若干问题的解释》也部分地改变了以往全部倒置的做法。④ 就劳动争议案件,这种所谓的倒置也是问题颇多,难以成立。⑤

而对相关实体法规范的分析,在许多情形下也付之阙如。例如,《证据规定》第2条与第5条,就根本未考虑在何种请求权之下分配何种要件的证明责任,而是笼统地就合同和劳动争议案件确定分配规则,⑥甚至2015年的《新民事诉讼法解释》第91条也存在类似问题。⑦ 这种漠视实体法规范的分配方式,在很多情况之下都无法清晰地确定证明责任分配,而且,容易引发实务中的矛盾与混乱。

(二)补充:避免证明责任裁判的方式

坚守规范分析的立场,并非意味着对可能出现的证明困难熟视无睹,也绝非意味着放弃对证明负担公平的追求。尽管在合同案件中,双方当事人之间的强弱绝非是经济意义上的强弱就可以概括的,而且即使在总体上承认卖方在举证能力上

---

① [德]莱奥·罗森贝克:《证明责任论——以德国民法典和民事诉讼法典为基础撰写》,庄敬华译,中国法制出版社2002年版,第79页。
② 胡东海:《"谁主张谁举证"规则的历史变迁与现代运用》,载《法学研究》2017年第3期。
③ 当然,司法解释的这种转向也是有些暧昧不清的。
④ 王倩:《环境侵权因果关系举证责任分配规则阐释》,载《法学》2017年第4期。
⑤ 袁中华:《证明责任分配的一般原则及其适用——〈民事诉讼法〉司法解释第91条之述评》,载《法律适用》2018年第8期。
⑥ 袁中华:《劳动争议证明责任倒置说之批判》,载《环球法律评论》2017年第3期。
⑦ 袁中华:《证明责任分配的一般原则及其适用——〈民事诉讼法〉司法解释第91条之述评》,载《法律适用》2018年第8期。

占优,也绝非意味着在个案中就一定拥有这种优势。例如,要求卖方就不存在异类物交付瑕疵(通俗的说法就是对方调包)承担举证责任往往也面临着非常大的困难。但不可否认的是,原告(这里特指主张请求权的当事人)往往在证明时的确可能面临证据偏在问题而遭遇证明困难。对此笔者认为,正确的解决途径不是调整证明责任的分配方式(如所谓"倒置"),而恰恰应当是在证明责任分配之外寻求制度上的救济。就本文所讨论的异类物交付的证明问题,其在司法实务中之所以成为难题,根源或许并不在于举证责任负担,而在于许多案件中事实尚未达到足够的解明度,即要件事实尚未充分被双方的攻击防御活动所解明。① 如此情形之下法院就不得不采取证明责任的裁判。而如何提高解明度,笔者认为可以至少从以下几个方面努力:

其一,借助于法官的调查取证及文书提出命令制度。根据《民事诉讼法》第64条以及《新民诉法解释》第94条的规定,原告可以依法申请法院调取存在于被告处的证据。例如,双方之间就被告交付的是否为真货发生争议,法院完全可以依原告申请调取被告的进货单据、发票等物品,甚至可以依申请对被告处的其他同批次货物进行调取。假如同批次货物均为假货,那自然可以依据"如果同批次均为假货,那么,本案所涉货物也应当为假货"这样的经验法则对案件的主要事实进行推断。同理,借助于《新民诉法解释》第112、113条,原告也完全可以申请文书提出命令,要求对方当事人提交进货单据、发票等书证。但构成问题的是,在原告方怠于提出调查取证或者文书提出申请之时,法官是否有释明义务敦促其提出申请,这里有待进一步研究。

其二,可以考虑在立法论上课以当事人以事案解明义务。日本法上有学者主张,在下述四个要件具备的场合可以要求当事人承担事案解明义务且可以在不履行义务时将负有证明责任当事人的主张拟制为真:"负有证明责任的当事人能明确表明自己对权利主张具有合理基础的线索;该当事人客观上出于无法解明事实的状况;对于要求对方当事人解明事实不存在责难可能;不负有证明责任的对方当事人具有能易于解明事实的可期待性。"②

概言之,主要事实的真伪不明仅仅发生在辩论终结之时,也即只要当事人还有可能提出新的事实主张和证据主张,法官都不应该放弃寻求案件真相的努力,由此才能尽力避免证明责任的裁判。

---

① 所谓解明度,是指证据的提出和当事者双方的辩论已达到这样的阶段:现有的条件下再提出证据或进行辩论已不可能使要证事实本身现在达到的清晰、明白程度或状态再有所变动了。换言之,证据的提出和当事者双方的辩论已达到了尽头(当然这只是相对意义上的尽头,即一定的时间和资源限制以及利益衡量意义上的尽头),作出最后事实认定的时机已经成熟。这种时候要证事实被解明的状态或程度就是解明度。参见罗国良:《我国刑事诉讼中的证明标准是定罪标准》,载《法律适用》2010年第9期。

② [日]高桥宏志:《民事诉讼法制度与理论的深层分析》,林剑锋译,法律出版社2003年版,第468页。

结　论

证明责任对诉讼的影响,可以概括为两种机制:其一为最终裁判机制,即当真伪不明而法院不得不裁判时,由承担证明责任的一方承担最终的败诉后果;其二为压迫机制,即通过潜在的败诉风险迫使承担证明责任的当事人尽力举证,以揭示案件的真相,从而有助于法官正确裁判。但证明责任绝非厘清案件事实的唯一机制,期待依靠正确的证明责任分配就能在每一个案件中还原事实真相而实现正义裁判无疑是不现实的。所以,尽管本文就瑕疵给付要件的证明责任进行了分析,并在各个请求权或抗辩权之下确定了分配原则,从而为相关的司法操作提供了可行的操作工具,但这种努力的意义也是有限的。在"水晶球"或类似案件中,对于强行将证明责任分配给其中一方并令其败诉,我们依然不无疑虑。或许其更重要的意义是,展现在证明责任领域采用规范分析方法的可行性。无论是在立法、司法还是法学研究中,法规范(尤其是实体法规范)、法教义(如规范说)以及法律解释方法这三者的结合,无疑都是必不可少的,而且不仅仅限于证明责任领域。

第九届紫荆民事诉讼青年沙龙实录

李思琦[*]　马新冉[**]

第一单元　会议致辞与主题报告

蔡虹：

各位来宾早上好,中国民事诉讼法学研究会2018年第九届紫荆民事诉讼青年沙龙研讨会现在开始。在正式开会之前,我把参加这次会议的来宾介绍一下。首先是三位特邀嘉宾：中国民事诉讼法学研究会会长、清华大学教授张卫平,中国民事诉讼法学研究会常务副会长、南京师范大学教授李浩,中南财经政法大学教授、博士生导师、法学院院长徐涤宇；然后是两位这次会议的报告人；第一位是中国政法大学教授纪格非,第二位是中南财经政法大学法学院副教授袁中华；下面我依次介绍这次会议的来宾：烟台大学讲师毕潇潇,清华大学副教授陈杭平,北京化工大学讲师冯珂,西南政法大学讲师谷佳杰,河南大学教授郝振江,南昌大学教授胡学军,武昌理工学院副教授黄新华,吉林大学教授霍海红,湖北民族学院副教授李文革,中央财经大学副教授林剑锋,北京航空航天大学副教授刘颖,中央财经大学讲师刘军博,武汉大学教授刘学在,对外经济贸易大学助理教授卢佩,五邑大学副教授牟爱华,南京师范大学副教授潘溪,宁波大学教授蒲一苇,南京审计大学副教授任凡,清华大学副教授任重,江西科技师范大学副教授汪静,湖北经济学院副教授王倩,华北电力大学教授王学棉,国际关系学院副教授许可,武汉大学教授占善刚,吉林大学助理研究员张兴美,上海交通大学副教授赵秀举,我们学校的同事邓晓静、胡东海、罗鑫、毛玲、严本道,以及博士生代表陈晓彤、吴楠、夏先华、郑若颖,等等,还有部分硕士研究生。我在此一并对大家的光临表示热烈的欢迎。下面由中南财经政法大学法学院院长徐涤宇教授致辞。

徐涤宇：

尊敬的张卫平教授、李浩教授、蔡虹教授,亲爱的各位青年才俊,大家上午好。首先我代表中南财经政法大学法学院对张卫平老师、李浩老师、蔡虹老师三位会长、副会长把这个颇有品牌价值的紫荆民诉法青年论坛放在中南来举行表示衷心的感谢,对各位莅临中南财经政法大学法学院来召开这样一个高品质论坛的青年才俊表示热烈的欢迎。可能大家也知道,我本来是个民法学者,但同时呢,我也是

---

[*] 李思琦,中南财经政法大学2016级诉讼法法学硕士研究生。
[**] 马新冉,中南财经政法大学2017级诉讼法法学硕士研究生。

一个民诉的业余爱好者,因为本人也从事过一些实体法和程序法的研究,比如说也做过一些从民事实体法角度对民事证明责任的研究和工作,还有对《合同法》第102条、第103条是不是适用、如何适用仲裁条款也写过文章。当然,毕竟是业余爱好者,在这里我要介绍一下我的一个学生胡东海,他的硕士论文、博士论文都是我的命题作文,就是《研究民事证明责任——从实体法的角度》,现在也是后生崭露头角。说这些的意思就是,我正是因为有这样一个业余爱好或者说我是一个游击队员,所以对民诉的研究状况多少有点了解,尤其是对青年学者的成长非常关注,这也是基于我法学院院长的身份。我们完全有理由相信,本次紫荆论坛是一个高品质的论坛,所以,我对这次会议的学术含金量是抱有很高的期待的。但是这不是我要说的重点,因为我知道,紫荆论坛应该汇聚了民诉学界几乎全部的青年才俊,基本上聚集在这一论坛的旗下,是一个很有品牌和号召力的论坛。所以,我也想通过这次机会做一下宣传,中南财经政法大学法学院求贤若渴,我们会聚全校之力引进人才,希望大家好好考虑一下到中南财经政法大学来工作。这也算是对公众的一种广告,也期待大家通过这种方式更能深入地了解中南财经政法大学法学院,主动跟我们对接,同时我们也会发挥我们的主动性,希望大家体谅我们求才若渴的苦心吧。好,谢谢大家!

蔡虹:
感谢徐院长非常热情和诚恳的致辞以及他的广告,我也要感谢徐院长对我们学科一如既往的关心,徐院长为我们学科建设做了很多工作,付出了很多心血,非常感谢。下面,我们有请中国民事诉讼法学研究会会长张卫平教授致辞。

张卫平:
我是数次来中南财经政法大学讲学、开会,和徐院长也有很亲密的接触,我非常了解徐院长和中南财经政法大学求贤若渴的迫切心情,徐院长是一个非常有激情和执行力的院长。所以,我再补充一个广告,如果在徐院长的领导下工作,将是非常幸福的一件事。我们知道这些年中南财经政法大学发展非常快,在双一流建设中有一个说法,在所有的和法学相关的学校中,中南政法占了一大批人,有个说法,财经加政法效果最好的是中南,但的的确确中南的发展是有目共睹的。中南财经政法大学的发展有它的道理和实力,所以我们第九届紫荆沙龙能够在这里召开,我觉得这是一件幸事。中南财经政法大学的民诉也是我们一个重要的研究基地,以蔡虹教授为首的一众学者,对我国的民事诉讼法学研究做出了贡献,所以我们在此也要感谢中南财经政法大学给我们提供了这样一个机会。刚刚徐院长说,我们紫荆沙龙是一个品牌,我也同意这个观点。因为到了第九届,应该说一路走来,现在确实是为学届所认可的,尤其是我们这个方式,研讨的方式火爆,可以说是真正的点对点、贴身肉搏。徐院长有时间可以观看一下肉搏战,真的是非常火爆。因为全是青年才俊,这一次呢,除了经常参加沙龙的一些常客之外,还有一些新面孔、新鲜的血液,我们也希望更多的青年学者能够参加沙龙。这次李浩老师也出山了,这是很不容易的一件事。紫荆沙龙还会继续延续,这次能得到中南财经政法大学的支持我们也很感谢。最后祝愿我们这次的紫荆沙龙能够碰撞出新的火花,能够圆满,再次谢谢各位。

蔡虹:

感谢卫平教授的致辞。下面报告开始,首先由袁中华老师来发表自己学术研究的一些观点。好,有请袁老师。

袁中华:

首先感谢民事诉讼法研究会,感谢张老师、李老师将第九届紫荆民事诉讼青年沙龙放在中南举行,感谢今天所有与会代表以及参与旁听的学生。尤其是这些代表不远千里,从北京、东北来到我们中南,这是一种什么精神呢?这肯定是一种共产主义精神。我简单交代一下我的论文的写作过程,或者说我为什么写这样一篇论文。之前我一直对《合同法》有些兴趣,但一直不敢去研究,因为我认为民法中最经典、最复杂、最古老的一定是《合同法》,换句话说,如果《合同法》弄懂了,那么,整个民法也就不是太大的问题。尽管前几天我申请了一个国家社科课题,是关于合同法上的证明责任,但申请课题和写东西是两回事,申请了这个课题之后实际上关注的也很不够,主要还是因为胆怯。所以,我特别感谢紫荆沙龙,如果没有这个沙龙,这篇论文可能要花半年或者一年甚至无限期地延迟下去。在沙龙这样强有力的压迫机制下,我大概花了一个月去构思,用了半个多月写出了这篇论文。当然对论文质量自己并不是太满意,大家也多包涵,因为时间确实非常有限,至少在表达上这篇论文还有很大的提高空间,这一点希望大家对我也有一些信心。所以也非常感谢大家在这篇论文的表达不是那么满意的情况下,评议人还耐着性子把我的论文读完,提出了非常深刻、尖锐的意见,我觉得特别不容易。

对于《合同法》,为什么说我一直对它有些敬畏呢?有一个非常复杂的问题,许多合同法学者可能没有涉及过,就是《合同法》第107条怎样去理解。我有幸看到了一些学者对它进行分析,像清华的王洪亮老师,他就采用德国法的思维去解释107条,这样一个解释路径尽管很深刻,但是可能并不符合立法的原意。当然还有韩世远老师,等等,他们都对第107条有一些涉及。但是迄今为止并没有一个特别完整的分析或者评述。上次跟德国回来的民法学者交流的时候,我就问他们:"《法学家》每一期都有一个关于民法法条评注的栏目,你们怎么没有人写107条的评注呢?"他们说:"你行你上啊。"我说:"你们自己都不行,我肯定更写不了。"为什么《法学家》出了这么多期的评注,还没有关于107条的?就是因为这个条文涉及的问题点太多。但是研究往往是由求知欲推动的,对107条的疑惑也激发我去关注和思考这个问题。所以,这篇文章也是我个人对107条非常浅薄的一个思考。激发我写这篇论文的还有一个问题,就是民诉法学界称之为"水晶球案"的疑难案件,我们有时候把它称为"水晶球之谜"。在这样一个看起来极其简单的案件中,我们会发现,你被迫去做一个艰难的抉择,答案无外乎就有两种:原告证明或者被告证明。但是我想问题并不是那么容易解决的,第一个,原告或被告要证明的是什么,这里要证明的主题和案例中要表达的主题并不一定完全一致,因为案例中间可能仅仅是一个日常化的表达,但是我们需要确定的是需要证明什么样的要件;再一个就是,即使能够确定证明责任的分配,但是要论证它的合理性往往是一件特别艰难的事情。怀着这两个问题,我先让我爱人王倩看了107条,她是研究民法的,她说很简单啊,肯定是主张瑕疵给付的一方去证明瑕疵的存在啊。我也非常赞同,所以我是在她给出这个答案的基础上作出的论证。

当然,我们得出一个结论很容易,去论证一个结论却很难。主张瑕疵给付的当事人应当就这一要件承担证明责任,要论证这一简单的结论却并不容易。我尝试去进行论证。首先,要将瑕疵给付以及本文所包含的异类物给付放在请求权的背景下去思考问题,我选择了合同法上最平凡最常见的基于107条损害赔偿请求权发生的这种案件之下去思考瑕疵给付的问题,所以在本文的开头我找了一些案件,尤其是第一个案件,先删掉了,后来又加上了,我也很纠结,这个论文删掉的可能就有几千字。这个案件中希望展现的是裁判者对我称之为给付同一性问题的处理方式,这里的"给付同一性"要感谢徐涤宇院长。在原告所持的物是不是被告给付的物这样的给付瑕疵案件中,我一直找不到合适的词,后来徐涤宇院长说还是应该叫"给付的同一性"。在前面的长昊国际布料案中,我把问题点归纳为:双方争议的仍然是瑕疵给付的证明责任问题,更准确地说是关于瑕疵的证明责任问题,最终的归结点变成给付的同一性问题。与给付的同一性问题相类似的,我后面又找了几个案例,是具有中国特色的假货问题。假货是一个日常的说法,它与质量瑕疵争议这种案件是有所区别的。前面长昊国际案中双方争议的是质量是否有瑕疵,后面几个案件中双方争议的是给付的物是否是合同约定的物,这种在合同法上称之为他物给付或异类物给付,比如,我买了一个手机,你给的却是砖头,或者我买的是一瓶五粮液,你给的却是一瓶假五粮液。这个问题在比较法上有多种处理,在德国法上是把它放入瑕疵给付中去处理,我这里也是将它放入瑕疵给付问题中。但是它和前面长昊国际案表现出来的还是有所差别的,一个争议的是给付的物质量是否有瑕疵,后面案件争议的是给付的物是不是合同所约定的物,所以前面是一个质量瑕疵问题,后面是异类物给付瑕疵或者他物给付瑕疵问题,尽管他们争论表现的形式是被告当时交付的是不是合同所约定的物。

水晶球案也是放在这样一个框架下进行思考,但是传统的学术研究往往是将水晶球案件直接作为一个合同案件分析,但这样是有问题的。因为像假一罚十这种条款或者表达,准确地说是一个单方允诺问题,所以我把水晶球案放在比较靠后的环节去思考。我希望将瑕疵给付问题放在107条之下去思考,当然放在其他条款之下思考也并不会产生根本上的差异,但是基于107条是一个最典型的表达,所以我是在基于107条违约的损害赔偿请求权案件的背景之下去思考瑕疵给付的证明责任问题。对107条进行分析,请求原因或者请求权的构成要件应该包含合同的成立、违约的行为、损害、因果关系。违约的行为又可以拆分出迟延履行、瑕疵给付等,不管拆出多少类型,瑕疵给付肯定是最经典的类型。原告要按照107条主张损害赔偿请求权,他需要证明违约的存在,这种违约我们可以把它类型化,包括瑕疵给付,包括迟延。尽管我的论述有点绕,但实际上并不复杂,就是根据107条,原告应该证明瑕疵给付的存在,而物的质量瑕疵、异类物给付瑕疵都属于瑕疵,所以,前面几个案件放在合同法领域内思考应该是原告证明物的质量瑕疵、异类物给付瑕疵。在长昊国际案中，物的瑕疵就变成了鉴定问题，最后双方争议的问题是原告送去鉴定的物是不是被告当时交付的物，所以，最后就变成了交付的同一性问题。但是不管怎样原告去证明并没有理论上的障碍，原告肯定是要承担证明责任的。

我们在将最典型的情况分析了之后，再将结论往外推。首先第一步，与损害赔偿请求权并列或者说比它更为基础的请求权是履行请求权，实际上107条因为存在"继续履行"这几个字也可以通过解释拆出履行请求权。在履行请求权案件中，原告主张对方的履行存在瑕疵，也应当就此承担证明责任，但是之所以承担，是因为这是在再抗辩的要素之下承担证明责任或者说原告主张瑕疵应该视为是再抗辩。其次，在《合同法》中还基于其他的请求权（比如要求减价的权利），其他的形成权（比如要求合同的解除的权利）。在其他的请求权或形成权之下，也应当是主张权利者去承担关于瑕疵给付的证明责任，同时也自然包含本文所关涉的异类物给付瑕疵的证明责任。然后，我们再将这个结论往合同法领域外推，有评议人问我单方允诺还有《消法》是不是有的部分也属于《合同法》（狭义的），当然也是。一个是推到《消法》，6个月之内发现瑕疵而举证责任倒置的问题，还有一个是三倍的惩罚赔偿请求权的问题，即使在这两个请求权之下，我们的结论依然不变。在最后的最后，我才涉及水晶球案件，涉及单方允诺的问题。我对水晶球案件采用两种解释径路，一个是把它视为单方允诺案件，一个是把它视为合同案件。按照徐院长曾经发表的论文，这是两种不同的模式。如果把它视为一个单方允诺，那么，所谓的假一罚十，"假"就是一个条件的成就。原告主张单方允诺的债权请求权，他自然应该证明这个条件的成立，证明对方确实给了我假货，所以，水晶球案件并不难理解。再一个，我们把它放在合同范式下思考，那它就是普通违约的案件，那自然可以请求对方给付违约金。这里有一些不是太协调的地方，把十倍的赔偿视为双方约定的违约金，可能产生的问题就是，合同法上还有违约金酌减，能不能适用？既然把它放在违约的体系下思考，那自然是原告证明对方违约，具体怎样违约，还是回到了瑕疵给付，这里指的是异类物的交付瑕疵，我要的是真货，你给的是假货，自然是你应该去证明。这就是我的分析结论。

但这样的结论引发的质疑可能有两个。第一个，它和传统的分配方式到底有没有差别。差别主要在于怎样去认识主张的性质，罗森贝克《证明责任论》里面提了一句，他认为主张是对法律要件事实的主张，如果这样去理解问题的话，我这其实也是"谁主张，谁举证"。但我和传统的"谁主张，谁举证"最核心的差别在于从日常思维切换到规范思维，把主张的事实从日常化的生活思维切换到规范思维，从原告说这是假的、被告说这是真的切换到这是瑕疵给付、这是瑕疵、这是异类物给付瑕疵。另外一个可能的批评就是这样的结论好像也没有解决问题，让原告去证明还是存在这样的困难。对于这个问题我的思考是，证明责任仅仅是一个分配机制，不能解决所有问题，像证明的困难我们要采用其他的方式去进行缓解。我一直有一个想法，我们尽量不要去改变证明责任的分配，尽量按照规范分配就好，除非这个分配结果极其不合理，然后再思考通过比如说间接事实、表见证明，甚至通过诉讼法上的文书提出命令，事案解明义务这些方式，让证明责任尽量不要在最终裁判中出现。所以证明责任有两种机制：一个是最终裁判机制，一个是压迫机制。其实对于整个诉讼法而言，这样一个压迫机制就迫使当事人去举证，我觉得它可能更为重要。这就是我的分析方式和结论，多谢大家。

蔡虹：
袁老师的报告做完了，那下一个单元，由霍老师来主持。

第二单元 评议

霍海红：
这个环节有三位老师进行评议，分别是王学棉老师、谷佳杰老师和冯珂老师，那下面有请王学棉老师。

王学棉：
很高兴参加这个会议，中华的文章我也认真读了，受益匪浅，尤其是扎实的实体法基础让我很佩服。这个文章刚才中华也介绍了，是从实体出发的，通过总结实务部门对这种问题的不同做法，提出了问题，然后加以分析，并提出了自己的应对之策，对可能会有的质疑也事先做出了回应，这个文章非常有学术价值。但是读完文章以后，我对里面的一个问题可能有不同的观点，在这里提出来跟中华一起探讨。可能这里面存在我们双方对术语的理解不同的地方，因为证明责任这里涉及的概念太多了，每个人的理解可能都有一些不同。中华认为案例里面之所以会出现分歧，是因为实务部门采纳的是"谁主张，谁举证"的证明法则。到底怎么理解"谁主张，谁举证"？我理解的中华所认为的举证应该是结果意义上的，而不是行为意义上的。基于这样的理解，他前面提到的那些案例并没有遵循规范说的分配法则，而是遵循的"谁主张，谁举证"的分配法则，我持保留意见。

证明责任的分配有两个方面，一个是结果意义上的，也就是客观的，还有一个是主观的责任分配。如果按照这样去理解的话，再去分析中华所引用的这么多的案例，我们会发现，实际上实务部门遵循的就是规范说，而不是"谁主张，谁举证"。尤其是第一个案例，作者花了很大的篇幅来谈第一个案例。长昊国际贸易公司和池州欧雅诗这个案子中，欧雅诗要求赔偿，那它就要对这些要件，就是中华所说的，合同的成立、违约行为、损害以及因果关系承担举证责任。这里面最关键的就是违约行为，应拆分为两个：第一个就是给我的标的物是不是你给的，第二个就是你给的标的物有没有瑕疵。我们可以看到原告很清楚，如果我要说不清楚或者最后陷入真伪不明，不利的后果是我的，所以原告就先举证。这里举证的办法不外乎两种。第一个，直接把布拿来让法官看，向法官说明布存在瑕疵。这时候法官有可能相信这个布就是被告交付的布，但是看不出瑕疵啊，因为是否存在瑕疵不是靠肉眼或生活经验可以判断的。很显然，原告采用这种证明径路，就得败诉。所以在本案中，原告采取了另一种办法，我把你交付给我的布再送去鉴定，把鉴定意见提交给法院。这时候他也是按照规范说的，不利的后果是我的，所以我就先举证。不过这种方法和第一种方法不太一样，第一种是我拿货来直接证明你的交付有瑕疵，第二种多了一个鉴定意见的中间环节，这就使被告攻击原告又多了一个对象，被告可以攻击鉴定意见有问题，比如说你送检的布可能不是我交付你的布，这个时候鉴定意见本身也成了一个证明对象。除了要件事实是证明对象外，鉴定意见本身也成了证明对象，但是这个证明对象不存在证明责任的分配问题，因为它不是终极的要件事实。如果被告只是反驳原告鉴定意见的材料不同一，那没有影响。我们看到，证明责任的分配一直就在原告这儿，从没有到被告那儿去。如果到被告那儿去的话，那也只是行为意义上的举证责任。鉴定意见的"三性"都已经满足了，就产生了举证的必要，到了被告那里，被告提出证据说，你的鉴定就是不同一，但是本案中并没有出现，被告就有一句话，那证明责任就一直在原告身上。我们也确实看到，一审法院和二审法院有分歧，我个人认为，分歧不在证明责任的分配上，而在于这个鉴定意见满不满足"三性"、有没有证明力。一审法院认为鉴定意见满足了"三性"，有证明力，所以就证明了要件事实，就是给付的物是有瑕疵的。二审法院认为没有满足"三性"、没有证明力。所以很清楚的，法院的分歧在于证据有没有证明力，而不在证明责任的分配。关于其他的案例，有的案例跟中华的观点是一致的，就是买方承担，但是还有几个说是由卖方承担的，按照前面那个分析套路，这个责任就是卖方的，所以就得卖方先举证。分析了这几个案例之后，我觉得跟你主张的规范说是一致的，并没有不一致的地方。我们会发现，做鉴定的往往难以证明同一性，而不做鉴定直接拿过来的，法官反而认为是同一物。鉴定意见法定的要求太多，直接拿物来，法定的要求比较少，法官自由裁量权比较大，但拿鉴定意见来就会有各种条条框框约束法官。所以出现做鉴定不利，不做鉴定反而更容易证明同一性，可能原因就在这个地方。谢谢大家！

霍海红：

下面有请谷佳杰老师。

谷佳杰：

非常高兴再次参加紫荆沙龙，各位老师好！因为只有10分钟的时间，我就谈几点感想。仔细读了袁老师的文章后，感想很多，最大的感想就是论文中的实体法分析非常精彩。我个人收获极大，因为这是一篇实践性的法解释学的论文。从方法论的角度来讲，2014年张卫平老师的《对民事诉讼法学贫困化的思索》，2012年李浩老师的《走向与实体法紧密联系的民事诉讼法学研究》，都给我们指明了与实体法结合的研究方向。结合论文本身，我有几点疑惑跟袁老师商榷一下。袁老师的论文内容大部分我们都赞同，所以我的第一个问题可能有点直接。你的所有分析都是为了规范说，就是把它应用到具体的领域中得出一个结论，这样的论证我们都是赞同的，包括袁老师的论文在第1页也提到，学术界对此问题鲜有论及，是否意味着这个问题在学术界并没有那么大的争议，只是因为部分司法实践中操作方面的问题导致的一些不同的做法，或者说我们要做的就是加强和落实规范说。第二个疑问就是在第10页，通过一系列精彩的分析得出的结论，"主张请求权的一方需要证明的事实包括合同的成立、违约行为、损害以及因果关系"，其中最关键的问题是存在给付瑕疵的要件，这个要件是文章的核心，对应到构成要件上就是存在违约的行为，"违约的行为"，袁老师又把它解读为"对方给付的标的物存在瑕疵"这样一个具体化过程,我的问题是:这样的解读是否有其他的解释空间?我疑惑的原因在于这个构成要件本身对应的大要件事实(我暂且用这个词,就是对方给付了标的物,同时这个物存在瑕疵),但在13页关于消费者与经营者的证明责任分配中,袁老师又提到,消费者承担对方给付标的物的证明责任,经营者承担不存在瑕疵的证明责任,这样的分配是否是把违约行为这一构成要件又进一步细分了?那违约行为这个构成要件对应的事实到底谁来承担证明责任,或者说这个地方的构成要件、要件事实是否发生了变化?这是我读完后产生的一点困惑,也是平时在研究证明责任的时候,从抽象的构成要件到具体的要件事实,或者说同日本法上的主要事实、直接事实一样,这个过程中间的论证是否有进一步加强的必要?最后一个,也是我在与其他老师交流的时候都有的一个感受,袁老师提到的"本文是一个法规范、法教育与法律解释方法三者结合的问题",这种思路我很赞同,但是我的另一个困惑就是,通过这三种结合,我们更想知道的是如何来证明这种证明难的问题,也就是袁老师最后的回应与补充中引发出来的问题,我们更想看到的是如何来救济一方证明难的问题,或者用袁老师的话来说,尽量不要用证明责任的裁判机制,而去实现它的压迫机制。这个问题可能我们更感兴趣或者说更应当关注。我的发言到此结束,谢谢。

霍海红:
谷佳杰老师节约了4分钟,下面有请冯珂老师。

冯珂:
谢谢主持人,谢谢各位老师。首先感谢袁老师为这次沙龙提供了一篇非常精彩的论文。这个论文探讨的主要问题是以异类物给付作为瑕疵给付的一个观察点或者突破的角度来讨论瑕疵给付证明责任的问题。这篇文章整体上体现了规范的法解释学的方法,也展现了理论和实务、实体法和程序法相结合的研究径路。本着沙龙一贯"拍砖"的传统,论文的优点就不再赘述了。就文章存在的一些问题,我想从两个方面来讲。从文章结构上看,第一大部分是对异类物给付的界定,以及异类物给付在司法实践中证明观点的总结。第二部分是对作为异类物给付请求权基础的《合同法》107条在构成要件上的分析。这两个部分和起来占到文章一半还多的篇幅。文章的第三和第四部分是袁老师对异类物给付应当由原告承担证明责任在《合同法》之外的拓张性的探讨以及可能的问题回应,这又占了文章接近一半的篇幅。但是对于文章真正要讨论的异类物给付瑕疵的论证,只是在第二部分最后一小部分有一页多的篇幅,所以给我的直观感觉就是文章形成了两头粗、中间细的哑铃状态。当然,我理解作者的想法是要讨论客观证明责任的问题,在证明责任的规范说之下就必须要讨论请求权和抗辩权这种要件体系下的划分,所以作者花了很大的力气来讨论实体法的问题。但是就最终的状态来说可能存在结构失衡的问题。从具体的论证上,首先对于袁老师提出的观点——异类物给付包括瑕疵给付的证明责任应当由原告来承担,也就是由提出请求权的一方承担,这个结论我表示赞同,但在论证的过程中可能某些地方存在思维跳跃的问题。首先,作为讨论对象的异类物给付问题,文章中作为讨论基础提出的几个案例和实体法上所界定的异类物给付可能是存在一定区别的。我们实体法上讨论的异类物给付,刚才袁老师也说了,是被告给付的标的物是不是符合合同约定,比如,买了手机给了砖头,买了真酒给了假酒,考虑的是给付标的物在实体法上、在合同约定上的评价的问题。而实际上,作为文章着重讨论的原告作为证据提交诉讼的标的物和被告给付的标的物这个同一性的问题,和前面所说的被告给付标的物和合同约定的同一性,这两个同一性是有区分的。被告给付标的物和合同约定的同一性,这个同一是要件事实的层面上、是从实体法规范上来评价的;而原告作为证据提交诉讼的标的物和被告给付的标的物是否同一,这个同一是从证据层面上、证据法角度来评价的,这其实是两种同一性的问题。作者在文章中可能也认识到这两者的差别了,但是他认为后者可以涵盖前者,我觉得这个观点是有待商榷的。基于我对两种同一性的区分,在客观证明责任的分析问题上可能也就不一样了。首先如果是从结论上来说,异类物给付、瑕疵给付客观证明责任由原告承担,基本是没有争议的,但是对于作者真正要讨论的争议的标的物和被告给付的标的物,也就是调包的问题,作为证据法上的交锋是证据抗辩的问题,给付标的物和合同约定不一样,这是实体抗辩的问题,所以作者把一个证据抗辩的问题放在实体法上客观证明的框架下来讨论,就存在一些不太适当的地方。作为证据抗辩,双方当事人仅仅在证据层面上也就是王学棉老师刚刚讲到的这其实是一个证据上的问题,放在实体法客观证明责任、请求权的框架下讨论可能存在当事人不适格的状况。其实对于诉讼争议的标的物与给付的标的物是否同一,也不是说与证明责任没关系,我认为它不是客观证明责任的关系,而是主观证明责任的关系。也就是说,如果原告提交诉讼的一个证据,法官对该证据已经形成了一个初步的心证,被告向法官主张说原告把证据调包了,如果被告的这种主张对法官的心证带来了影响,这时候会产生主观证明责任的必要性。所以,像调包这种情况更多的应该在主观证明责任的范围来讨论,这也就回应到作者提出的"谁举证,谁举证"的讨论应该更多的在主观证明责任的范围内。这是我对这篇文章的一些观点吧,也谢谢袁老师,谢谢大家!

霍海红:
三位评议人的评议已经结束,那现在先休息一下。

袁中华:
感谢刚才几位评议人,在文章写得这么仓促的情况下,几位评议人还是耐着性子把我的文章读完了,也提了很中肯的意见和建议,非常感谢。

首先对于王学棉老师的评议,我先进行一个简单的回应吧。第一个是关于概念运用的问题,主观证明责任和客观证明责任,这是一种传统的区分,我也很明白,但是为了避免概念的混乱,对于那种比如说本证方已经对事实进行了证明并且达到了法官心证的情况,反证方是不是有必要提出一个证据来进行反证或进行证明,这种概念我也倾向于采用日本法上"证明的必要"或者德国法上的"具体证明责任",主要是为了避免主客观证明责任打架的情况。因为按照德、日的主流学说,所谓的主观证明责任是客观证明责任的一个投影。在真伪不明的时候要承担败诉的后果,在诉讼中你当然需要就该事实进行证明,所以这就是所谓的主客观的统一性。对于王学棉老师提出的在相关案件中,法官实际上运用的是不是都是"规范说",我也一直在思考这个问题,通过和法官的交流,我也发现真正懂"规范说"的法官,几乎没有。或者说他的分配方式可能是符合"规范说"的,但是并不一定意味着他主动应用了规范说。王老师指出,案件中争执的到底是什么问题,这里有几个层面的问题,我从上往下说,最上面的是构成要件,与构成要件相符的生活事实是主要事实的层面,下面是证据的层面,证据支撑主要事实,然后,对证据的真实性的争议又是一个层面,大概有这样四个层面。这四个层面有时候你不能说某个问题仅仅属于一个层面,因为它是一个相互支撑的关系。

对于谷佳杰老师的评议,他提出质疑说本文的问题意识是不是缺乏,如果大家都没有讨论这个问题,那么它还构不构成一个问题?这个也是我在写作中经常思考的问题,所以我在后面必须要加一个回应可能的质疑也是基于这样的考虑。在总结的时候,我觉得对同一个问题有两种思维模式:一种是日常化、常识化的,另一种是专业化、规范化的。常识模式和规范模式在思考问题的时候很多情况下结论并没有差别,比如说,有人杀了人,老百姓说杀人偿命,刑法上说应当判处无期徒刑、死刑,这并没有本质的差别。也就是说,在大部分问题上并没有很大的分歧,但是如果把这个问题推演到比较细致的地方,那还是有很多日常模式是不能解决的。所以我这篇文章要说是提出了一些耳目一新的结论,这个可能未必有。因为证明责任分给原告或被告就行了,不可能有新的分法,但是我想尽量把一个东西做得精细、细致,这也是法解释学的一个倾向。至于学理上对这个问题没有争议是不是意味着它就没有问题,我并不这样认为。因为比如说在德国法上,可以看到德国的教科书,罗歇尔德斯的《德国债法总论》,对各种请求权的要件都是逐一地进行解释,包括德国的评注书都是如此,所以他们是把事情做得很精细。我们国家经常是将它们裹在一起的。日本法在要件事实论上做得比德国法有过之而无不及,对于一个请求权,把它要件列出来,把它的抗辩列出来,都是很精细的。如果没有这么精细,在处理日常性的案件上可能并不会遭遇多大的困难,但是有一些比较极端、典型的案件,比如说水晶球案件,那就可能面临一个比较大的问题,大家都在争论到底是原告去证明对方给的是假球,还是被告去证明对方给的是真球,这时候我们就会发现,如果解释学不做到这样精细的地步,那是没有办法回应这种偏极端的案件或疑难案件的。

然后,对于冯珂老师的回应。这里还是有一个概念的用法,冯珂讲的主观证明责任就是我理解的具体证明责任,没有本质的差别。至于你说的这几个层面的问题,它有时候是相通的,就是从规范要件到主要事实到证据再到证据的真实性,是可以延伸上去的,属于一个层面的问题,同时也可能是另一个层面的问题,仅仅只是表达上的差别。你不能说双方在案件中争议的是证据问题就不是事实问题,实际上证据问题还是回应的主要事实问题,那主要事实问题在证明责任的领域关涉的就是要件事实的问题,所以,这个是可以相互关联起来的。我就说这么多吧,最后还是非常感谢几位评议人。有的评议人写得非常短,比如赵秀举老师,但是非常有干货。谢谢大家!

霍海红：

下面进入自由讨论阶段。

赵秀举：

中华批评我写得太短。（笑）自从张老师当年做完那个讲座之后，水晶球这个案件困扰我的时间最长，到今天都没有完全想明白。其实历史上还有一个特别有名的案件，叫耶稣的裹尸布案件，这是历史上争议非常大的一个证据法问题。都灵教堂里放了一块布，号称是耶稣死的时候用的那块亚麻布，所以，去的信徒特别多。后来人们说这个布是真的还是假的，我们总得证明一下吧。人们用同位素碳十四测出来与耶稣的死亡时间不吻合，当时美国、英国、瑞士三个实验室同时宣布结果，说这个裹尸布大概是在13到14世纪出现的，不可能是耶稣死亡时用的。教堂的人说："你们是胡说，你们怎么知道送去验证的布是从教堂拿走的呢？"由此就引发了这样一个问题，看似是极端情形，其实不是的，是我们在每个案件中都会遇到的情形，就是证据的相关性的问题，你主张的 A，提供了非 A，然后 A 和非 A 不等同的时候就没有关联性了。这个问题必须得澄清，我们民诉里面不注重这个问题，刑事诉讼里面必须要解决这个问题，就是你提交法庭的证据必须是你现场获取的证据，否则没有关联性，就不能用了，就是 A 到非 A 这个关系必须等同，不等同就不能用了。其实在这里是一模一样的，只是在日常情况中原告方不需要直接证明，他只需要通过间接证明，将发票、物品、型号交给法院，法院就形成了这样的心证。当时我在人大听了张老师的讲座，这个水晶球案件的麻烦是什么呢？就是水晶球没有办法特定化，发票和水晶球的特征联系不起来，由此导致原告方证明的困难。后来我问过很多法官："这时候你怎么判？"有一个法官是这么说的，他说这种情况应该让被告败诉，他的过错在于没有将标的物特定化，因为通常情况下原告方举证所拿的书面证据的信息与标的物的特定化信息一致时，法官就认为举证已经完成了，但是本案里，收据信息的特定化跟水晶球的特定化联系不起来，由此导致原告方发生举证困难，而这个过错在于被告方，原告方没有过错，他没有办法完成这件事情。但是只有一个法官是这么说的，认为是被告方为交易留下来一个非常明显的隐患。我们最终追问的是，原告面临的举证困境，有没有必要为他负责？在大的语境下，要件是违约责任，违约责任一定要证明违约，提供法院的标的物是不是给付那个标的物，原告方一定要证明，否则整个社会就乱了，但是通常情况下，这个环节法官认为是当然证明，因为只要你提供了发票和物品，就认为你已经完成了，对法官已经形成了心证，你提交的东西就是你买的东西。但是本案出现问题了，我记得张老师说这个案件之所以放大了，是因为标的额是"假一赔百"，一下子使这个数额放大了，使问题极端化了。我还问过工商的："你们打假怎么打假？"他们说直接拿着DV进商场取证，取证环节完全封闭，跟公安取证是一模一样的。但是我们民诉里面做不到，尤其是我们作为消费者的时候根本做不到，你要这样的话，平常出去就得背着小书包、挎着小DV，动态地摄下来，把单据放小书包，每天晚上分门别类，有一天真正发生诉讼了，好，我有证据。但是你的文章里没回答这个问题。张老师讲课的时候说英美法系有好处，交叉询问嘛，通过交叉询问询问买球的人或卖球的人，至少能让法官在当庭一定情况下去发现真实。在大陆法系问原告、被告、证人的话，在没有交叉询问强大的背景下，基本问和不问没有多大差别，由此导致这个证明困境在目前本案情况下没有办法解决。像中华提出的，一种就是加重当事人的事案解明义务，但是要真的把它变成主观证明责任或具体证明责任的时候，就是加重原告方或被告方的义务，但是原告方是加重不了的，他已经穷尽了他的所有举证可能，只能加重被告方，但是你会发现被告方也举证不了，他是事后客观举不了，因为事先就有过错，如果事先没过错的话，他是可以举的。但是被告真的事先就有过错吗？他就卖个水晶球，就因为标的物本身特定化信息不够，就真的有过错吗？进一步演变，证据法是在民法、刑法所有部门法之外独立的一个法律，就像德国法说的，在分配具体的举证责任的时候，尤其是证明妨碍的时候，就把证据法作为一个独立的非程序法的部门法，真的能那么强大吗？真的能那样吗？这个问题我想了很久，但真的没有答案。

占善刚：

两位报告人的选题都非常好，刚才三位评议人的评议和秀举的发言都非常精彩。这个选题是非常好的，结合实体法来研究证明责任的分配，我们向来比较缺乏这个东西。我们民事诉讼法学界有很多不懂民法，民法学界除了我们徐涤宇老师之外呢，很多不搞民诉。民法的有些东西绕开民诉是无法深入的，民诉的东西绕开民法也是无法具体展开的，尤其是横跨这两个学科的具体证明责任分配，所以上午和下午这两位报告人的选题都是非常好的，这是第一个层次。第二个层次，具体到中华这个选题，合同案件中的瑕疵给付证明责任分配问题。刚听到各位的发言，这里有两个可能混淆的层次：一个是要件事实的证明责任分配，另外一个是举证责任怎么展开。秀举所说的是证明责任怎么展开，中华论文的意思是证明责任是怎么分配的。那么，我就有一个疑惑，假如主张请求权存在的一方当事人要对请求权要件事实负证明责任，要符合我们传统的法律要件分类说，如果也适用合同法瑕疵给付领域，那么这个文章写作就一点意义都没有了，因为你这个结论可以适用于所有的普适性问题。所以，中华，我觉得你德国民法可能没有认真看，德国民法363条有一个明确的规定，瑕疵给付是不是合同不履行是有争议的，但通常认为，合同不履行的另一种形态叫不完全给付，不完全给付除了瑕疵给付还有加害给付，你谈的主要是瑕疵给付，涉及质量合不合格、东西一不一样、品质行不行、交付的方式对不对，这就属于瑕疵给付的范畴。我注意到德国的民法包括民诉学界，结合民法典363条谈论一个根本的问题，是债务人承担履行完毕的责任，还是由债权人证明债务人履行有瑕疵的责任，就是瑕疵给付是由债务人证明他已经依照债的本质进行给付了还是由债权人来证明他没有给付，这实际上有个时间的界限，要看债权人有没有受领。债权人如果受领，那责任就在债权人一方，东西接到了，然后东西不合格，你要付证明责任。当然，秀举也说了，证明责任具体展开的时候举证是非常困难的，这是另外一个层次，我们要分开。如果债务人提出给付，债权人拒绝受理，那么这个责任就由债务人承担，因为清偿是债的消灭的典型方式，债务人有义务提供符合合同约定的品质的东西，我认为你的东西质量不合格，我拒绝受领，你就有义务证明这个东西是符合品质的。中华的文章如果要有价值的话,你把这块儿弄进去,否则这个文章就没有一点价值。我就客观这么评价,谢谢。

霍海红:

谢谢占老师!好,接下来是振江老师。

郝振江:

各位老师,大家好。赵老师刚才说话比较含蓄,跟以往风格有很大的区别。实际上,刚才谷佳杰教授也提出了一个问题,我也一直在考虑一个问题,中华的文章选题,我们赞同,但是在选题中间,你这个问题是什么?我刚才一直在思考,找不出来你这个问题到底是什么。前面的学者也谈到了这个问题,你可能在谈"谁主张,谁举证"、规范说在瑕疵给付中间的运用的问题。但是在运用的时候,规范说或者说"谁主张,谁举证"这种规则在瑕疵给付中间会产生问题。如果说这种规则在运用的时候不会产生问题,那你讨论的必要性在哪儿?我觉得这个肯定是需要考虑的,然后,在这中间呢,有一个模糊的地方,我觉得是不是要说清一下?在文章中间可能也谈到规范说和"谁主张,谁举证"之间民事诉讼法的规定,以及现在理论所认为的规范说和传统的观点之间,它们到底是一种什么样的关系?民事诉讼法是否有规定确认?我们原来理论上曾经认为"谁主张,谁举证"和规范说没有什么关系,但是大家现在的观点有些转变了,认为"谁主张,谁举证"和规范说之间有一定的联系,或者说实际上就是对规范说的一种确认。那么,在你这个论文中间,我觉得是不是把这个问题给回避掉了?前面谈"谁主张,谁举证",后面谈规范说在瑕疵给付中间的运用问题,这是第二点。第三点,上一次在吉林大学开会的时候,也谈到了这个问题,包括中华教授你这一年的研究实际上也是在解决这个问题,就是实体法和程序法怎么结合的问题。因为这两年我们的民诉法学者都在关注这个问题,我们应该更多地关注实体法的思考,然后在程序法研究的过程中,更多地去关注实体法的思维方式。这里面我觉得可能要考虑的是,我们程序法在关注实体法的时候,到底要关注到什么程度,关注哪些问题,哪些问题是应该我们考虑的。因为专家和学者是有分工的,有些问题可能是不需要我们考虑的,它是需要实务家来考虑的,而有些问题是学者要考虑的,有些问题是实体法学者需要考虑的,有些问题是程序法学者需要考虑的。当然,这个界限可能无法进行清晰的划分,但是可以明确的是,如何通过解释的方法,通过明确法律化的方法,把程序的规则确定下来,我觉得这是我们程序法学者要面对的问题。而在这个文章中间反过头来说,我们在解释学上哪些可以形成一些程序法的规则,这个问题我觉得可能也没有回应。这是第三点。实际上还有解释学的一个问题,第四点我想说一下,就是在解释学中,中华教授谈到一个问题说,法解释学方法、法教育学的方法,以及法规范学方法三者的综合,那么我的问题是,这三者之间有什么区别吗?法教义学、法规范说和我们传统的经常用的法解释学的方法,三者之间有截然的区别吗?如果说没有截然区别,那你在一篇文章中运用三种方法要达到什么目的?而我们知道法教义学的概念实际上是这两年从德国翻译来的,传统使用的是日本翻译过来的法解释学的概念,还有一个法规范说的概念。如果说这只是用语的不同,而方法本身没有区别,那你把这三种方法混在一起的逻辑路径是什么？用什么样的条理抽取中间的公约数呢？我觉得这个可能需要考虑。好，这是我的发言，谢谢。

袁中华：

我先做一下回应。其实赵秀举老师那个问题，占老师已经帮我回应了。实际上我在写论文的时候，我就有这样一个直观的感受，就是我这个论文背后的问题意识有两个。第一个是关于107条的宏观的证明责任到底应该是怎样的？我觉得这个是需要的，是我们中国民法学界也没有完成的。那么，类似的比如说日本的要件事实论已经做了这样的事情，所以像107条构成要件有哪几个，抗辩有哪几个，这是一个法解释学的精细化作业，这个是首先必须要完成的。第二个问题意识是我们像水晶球这样的案件，大家争论的是证明责任分配，请注意是证明责任分配，所以我这个文章刚开始是想以水晶球案件直接切进来，但是这里有个大问题就是水晶球案件按照徐涤宇老师的理解，可能是一个单方允诺案件，它是一个单方允诺之债，它不是一个合同之债。如果是这样的话，问题反倒变得更复杂了，因为其实单方允诺仅仅是民法中的一个比较小的片段，那么它的典型意义就不是那么明显了，所以我最终还是把水晶球案件放到整个里面去解决，而没有直接把它作为问题提出来。那么张老师刚才提到的问题，不是讲水晶球案件的证明责任分配，而是讲如何完美地去解决一个案件，也就是占老师所说的证明责任的展开，或者说证明过程的展开。我觉得这确实是两个层面的问题，所以我在最后论文的补充阶段，也是想对这个问题进行一个简单的回应，就是说证明责任就是这样分配，但是即使这样分配或者换一种另外的方式分配，你还有不满，你并没有一个完美的解决办法，原因是什么？背后的原因是这个案子其实还是在并没有达到证明标准的情况之下仓促进行的裁判，也就是说，你用的还是证明责任裁判。所以我觉得就是应当对它进行替换，或者说尽量应该弘扬证明责任的压迫机制，而不是裁判机制。

占老师刚才说的第二个层面的问题，就是说这个展开的问题或者证明过程展开的问题，也就是赵秀举老师所说的，我们如何完美地去解决一个案件，这里面涉及的问题点太多了，我这篇论文可能也没办法涵盖，我能想到的，比如说用文书提出命令，你说被告卖的是假货，你可以把被告的这一批货都拿来调查一下，你可以调查被告的进货单，你可以调查被告的进货渠道，原告如果你这时候举证困难，你可以请求法院的协助，你可以申请法官的调查取证，你可以通过文书提出命令，让他提交进货单据之类的东西，通过这样让这个案件尽量不要使用证明责任裁判，让这个案件尽量在能够达到证明度的情况之下去进行裁判。这是我的一个简单的回应。

对于郝老师说的"谁主张，谁举证"和规范说之间的关系问题，这个好像我们讨论得已经比较多了，我记得霍海红老师写过很多论文，胡东海也有，然后我自己前两年在《法律适用》上有一篇对新民诉法解释第91条有一个解释论的分析，我也想说明它和这个规范说，还有以前的"谁主张，谁举证"之间到底是一个什么样的关联？原则上我们现行的新民诉法解释第91条还是延续了规范说的相关理论，但是做得并不细致，也并不完美。我可能以后还要做一个研究，我认为他背后可能是有一个思维方式的转化问题,它还是采用了以往的法律关系思维。然后在这个解释学上,法规范方法、法教义学方法、法解释学方法,这有没有差别?严格来说,真正构成方法的就是法教义学和法解释学,这两者还是有差别的。我们在讲某个理论的时候,比如说我们说诉讼标的有新说有旧说,那所谓的新说就是说它是一种法教义,而法教义学方法侧重的是教义,侧重的是被大家所共同认同的,甚至能够在司法实践中被运用的这样一些法教义。我甚至可以说我们传统的比如早些年的立法论的研究,换句话说,它也是法教义学方法的应用,但是你可以看到它的法解释的东西其实非常少。而法解释学是以现行法的有效性为基础进行解释工作,从而能够去解决司法实务问题的方法。两者之间是可以结合的,但是还是有侧重的。这是我的一个简单的认识,不管是哪一个方法,它的背后还是以法规范作为思考的基点,所以这三者之间有没有本质的鸿沟呢?没有,它是可以联系起来的。所以我的学术研究也好,还是本文的研究也好,法规范、法教义和法解释方法,它们应当是有机融合在一起的。这是我的一个简单的回应,多谢三位老师指点。还有占老师提到了一个问题,德国民典 363 条涉及的受领的问题,也就是涉及风险转移的问题。我看到王洪亮老师在他的《债法总论》里面也提到了这个问题,他认为证明责任,前面是由债务人承担,后面是债权人承担,就是交付之后。我本文所举的案例全部是在交付之后,我也并不是太理解这样一个规则的核心价值在哪里,我确实没看太懂,这个我还有待进一步研究。

徐涤宇:

因为中华好几次谈到我的一些文章中的观点,我觉得你可能把两个问题搞错了。一个是债权请求权本身瑕疵给付的证明责任的问题,你又把单方允诺跟契约扯进来,那是个债因问题。也就是说,你产生债的发生根据有很多种,它可以产生于单方允诺,也可以产生于契约,而我的那篇文章关注的是,如果作为一种单方允诺,在什么时候成立债的问题,从你这个证明责任分配的角度来说的话,跟你是没关系的。比方说,合同成立的时候或者是因单方允诺产生债的时候,我们讨论的证明责任问题是合同成立的证明责任的分配,以及单方允诺本身成立的证明责任的问题。不管是单方允诺产生的债,还是合同产生的债,最后只要产生了债,它就是一个债权请求权本身的给付的问题。它这里面就没有区别了,就是给付同一性的问题,这就是关于瑕疵给付的证明责任问题。它不会因为债的发生根据不一样,所以导致最后的瑕疵给付的证明责任好像有所区分,我不是这样理解的。

袁中华:

是没有区分的。(笑)

徐涤宇:

但是你刚才老是把我的单方允诺的东西拿出来说,好像契约成立的债和单方允诺成立的债有蛮大的区分一样,会影响到证明责任分配。

袁中华:

啊?不会。

徐涤宇:

不会是吧!(笑)

但是你刚才老是把我的内容拿出来说,我就担心你是不是理解有问题,这个是一个前置性问题,或者说在你这个文章里面是不需要讨论的,我是这样认为的。

李浩:

话筒在旁边,我也顺便谈一些我的想法。我觉得善刚教授刚才提的问题非常非常关键,这些案例里其实有一个很重要的问题,到底出现争议的是什么时间?是正在进行交付的时候,还是已经交付已经完成?是受领的一方已经把东西拿回家了,然后过了几天又说这个标的物有瑕疵,还是正在交付的过程中?这两个我觉得区别很大。如果是正在交付的过程中,那显然应该按照合同法60条,你作为债务人应当是有全面履行合同义务的法律上的责任。那么就买卖合同而言,作为出卖人,当然应当按照合同约定来交付符合合同约定质量的标的物。其实这既是法律的规定,又是我们的常识。我们试想一下,假如我们去买五粮液,我是消费者,他是商家,他把酒交给我的时候,我提出来说你这个酒不是真的,是假酒,谁来证明交付的这个酒是真酒?难道因为是我说他是瑕疵给付的就是我来证明吗?但是,假如我把这个酒拿回家,过了一周以后,我又去找这个商家,恐怕情形就会有所不同。是不是这样,就要请中华还要考虑一下这两种情形。

袁中华:

李浩老师说的涉及两个问题,第一个就是说这个抗辩,比如说我们在合同法上,对于履行请求权也好,对于损害赔偿请求权也好,一个特别重要的抗辩就是已经履行的抗辩,是吧?那么已经履行的这一段怎么样理解?比如说我是需要证明我已经履行了,还是说我需要证明我已经按照合同的约定全面履行了。我认为这里还是只需要证明你已经履行,而不需要去证明按照合同的约定全面履行。如果你需要证明到按照合同约定已经全面履行,那就实际上相当于是被告或者卖方来证明自己所卖的东西没有一点点的瑕疵,或者说不是由原告来证明瑕疵的存在,而是应该由被告来证明不存在瑕疵。在德国法上,我看到的,一般来说还是应该由原告来证明瑕疵的存在。另外一个就是时间点的问题,刚才你举了一个例子,我去上商场买一个东西,那他已经交付给我了是吧?

李浩:

还没拿钱,酒还在柜台。

袁中华:

酒还在柜台,那交付还没有完成。按照德国法的话,还有王洪亮老师在《债法总论》里面提了一句,交付完成之前,肯定是卖方对瑕疵承担证明责任,交付完成之后是由买方来承担瑕疵存在的证明责任。我刚刚又想到占老师还有赵老师提到的一个情况,司法实务中你不可能要求普通的消费者都去全程扛着DV吧?但是有两个例子,第一个比如在闲鱼上,这是一个老百姓买卖二手物品的平台,这个交易量非常大,纠纷量也非常大,在交易过程中,很多人真的就是扛着DV去拍的。我自己卖过,我也拍过,因为我也怕到时候别人说你发给顺丰的不是个相机是砖头。如果说他把顺丰的快递员买通了,他说拆开之后就是砖头,怎么办?所以我也是从顺丰的人进场到他出门全程拍下来。还有一个就是打假的,他们往往采用公证收获的形式,就是说我从你这里买,然后货发到的时候是公证来帮助开箱验货,然后再拿去鉴定……

赵秀举:

你又转走了,这个已经解决的问题不需要你探讨,核心我们看到的是没有证据的这种情况。看一下论文 21 页到 26 页,用了 5 页半的时间引出这个论文的话题,你用的全是案例。这个应不应该批评?

袁中华:

这个稍微有点多。

赵秀举:

不是多,是完全违背学术规范,因为你是事实陈述,知道吧?案例里面大家去看,这是一个新的问题,我们去看德国学者写论文,看美国学者写论文,你有没有看哪个是直接把大段大段的案件事实堆在里面去的。

袁中华:

他们会引。

赵秀举:

引的话只是一个法律观点,简单的一句话,没有人这样写,所以你把基本的学术规范都给扔掉了,严不严重?核心的问题是什么呢?你刚才自己也说是极端案件,因为有那么多的案件都是一模一样的起因,跟水晶球一模一样,它没有发生问题,是因为它已经完成了证明,最后法官能形成心证,要么认为是真,要么是假,已经没有问题了。而我们在探讨证据法的时候,恰恰回答的是这个法律上没有体现出来问题,这是个实践问题,不是个理论性问题,这是来自于司法实践给我们展示出来的一个问题,然后我们要做出一个回应。那你的回应呢?刚才振江说了你是解释说啊、教义说啊,等等,你要能在法律上有一个自洽的体系来解释这个问题,要不让我们坐在这干吗?不就这样一个问题吗?占老师批评你的核心问题就是你前面说那个是通用的东西,我这里也是说你是通用的,你第二部分是完全跑偏了,你选题完全违背了基本规范。第二部分你回答了一下实体法的问题,需要你去回答吗?你就回答一句话,这种情形属不属于瑕疵给付就好了,你说是就是,不是就不是,就这么简单。然后你不需要探讨那么多东西,当然你可能说这个法官太差了,没办法,那我给他普及一下,那跟本案可能没有关系。最后你要回答你的问题。你没回答?

袁中华:

不,前面的这个分析我还是赞同的,这个说我没有回答问题,我之前就说赵秀举老师那个评议虽然非常短小,但是展现出了他一贯的风格。

任凡:

我之前说过我要以人民的名义保护中华,他们都是要对他"拍砖",所以我觉得是不是我可以适度地缓和一下。总体来说,读文章的时候还是挺痛苦的,读完的第一反应就是觉得怎么好像直接从标题可以得到结论,所以这个问题其实是佳杰一开始提出来的,所以我就不多重复了,应该说还是有价值的。我主要想说两个问题,其实不是拍砖,就是向袁老师请教。你别紧张,真的不是拍砖哈。就说瑕疵给付,因为我突然想到一个问题,玩古玩的有一个行规叫打眼,比如说买珠宝、翡翠,我现在是不买这些东西了,因为我的功力不高,我只在初级入门的水平,但是我知道这个行当里面这个行规是根深蒂固的,就是打眼。如果你自己不识货,就是你打眼了,那你就应该承担这个瑕疵给付的后果。这个问题,你怎么考虑?因为从法律的这个角度说,它是在你的这个体制之下的。但是你好像没有涉及,就是我想听听你对这个问题的认识,所以我真的不是拍砖,我是请教,这是一个问题。第二个问题,其实绝对是在保护你啊,你论文后面特别提到了可能的质疑与回应,我深深觉得关于没有涉及的实质正义的问题,你没必要提。我是这样觉得的,你可能觉得自己好像总是从这个规范分析的角度,而是没有过多地涉及背后的价值问题,还有我们国家的这个立法,包括实务,更多的都是从实体公正、实体正义的角度出发,其实我觉得这个问题在纪老师那个环节讲会更多一点,这儿就先提出来吧。我是觉得我们对证明责任的立法以及实务,可能对真正的实质正义做得并不够。就是看上去我们是在保护一个弱势群体,但是在特定的这个具体的问题上,其实看上去很弱,并不是真正的弱势一方。就这么来说,其实很多时候我们在医患纠纷中更多地会倾向于保护看上去很弱势的患者一方,觉得医院一方是比较强势的,因为他们保管着很多的医疗资料,其实可能并不是这样的,如果深入接触医院一方,我们会发觉本身医疗行为就是不确定性很强的,而且这个病情发展又是有很多不可预测的东西在里面的。很多时候我们的这个规则制定其实没有很细致地考量真正的实质正义问题,所以我觉得你的这个分析没有问题。我是在保护你,同样也是讲述我自己的一点点看法,可能算是一种比较小众的看法吧。

袁中华:

我先回应下赵老师。赵老师的这个从学术规范的角度的批评肯定是有他的道理的,所以我当时看了赵老师的评议之后觉得很震撼,我就说那千万不要安排他书面评价好了,不要安排到前面那个发言,就后面自由发言,但实际上效果还是一样的。(笑)第一个就是案例是不是太多?可能是多了一些,但它肯定也不是没有价值的。至于说德国法这样的,因为它有完善的判例制度,我在下面写一个序号,我就知道是哪个案件。那我们肯定不能这样啊。我们如果这样的话,那除非是我们国家的判例制度已经建立起来了。然后我想通过一些案例,可能还是会有点多,来分析各种情形。再一个就是对107条的分析,你觉得我可能是在干实体法的活,是吧?我确实承认我就是在干实体法的活,为什么?因为他们没有干这个活,如果我不干,那就没人干了。我处在一种被迫的情况之下,我多么希望有一个人写一本书,像日本的学者把请求权一个一个列出来,要件事实一个一个列出来,抗辩一个一个出来,OK,那其实我们也不用搞证明责任分析了,因为他已经干完了,所以在他们没有做这些事情的时候,我只好勉为其难地做一下。当然了,你说我可能写得有点多,我后来也想过这个问题,我可能要把这个拿出来,就是用两段能说明的问题,结果我用了一整个部分来说,这个确实是有一些违反学术规范。但是如果说你认为民法上对这个问题已经没有任何争议了,这个就没有什么价值了,这些案件都可以被良好地解决了,这个我倒是不赞同。在我写这篇论文之前,你们在座的各位可能也并没有认识到像水晶球这种案件属于他物给付、属于异类物给付瑕疵,目前也并没有一个完善的、确定的、能够被大家所共同认可的证明责任分配方案,对吧？正是因为有争议我才写,如果大家都没有争议,那我肯定也没必要做研究,这就是我对赵老师的一个简单回应。

陈杭平：

那我简单说两句。看中华的文章,刚才听了几位老师的提议,我觉得我们写论文恐怕就是希望达到一个目的,就是我们想表达的刚好是读者的期待,能够相互之间有一个主观上的沟通,最后达成一种交流或者沟通上的契合,这是最为完美的状态。但是在中华的这篇文章中,我觉得他自己写作的初衷,跟我们这些读者对其预期之间有一个比较明显的落差。中华其实是想围绕《合同法》第107条,做这样一个抽象的思考;把事实进行要件化以后,然后围绕着这个要件事实来展开证明责任的分配。从这个意义上来说,确实这篇论文还是有它的贡献的,在实际法对客观证明责任分配的细化这一点上还是有一点贡献。但是仅就这个层面来说,我觉得仍然是不够的,尽管像你提到了107条的瑕疵履行可以进一步区分为异类物的履行和瑕疵履行,这两者可能在要件事实以及客观证明责任的分配上,都还要进一步来探讨他们的意图。所以像这些方面都没有做一个框架来按照你预设的论文写作的初衷来加以展开,我觉得这是比较遗憾的。其实我们作为诉讼法的读者,大家对你报的更大的期待,就是你能不能给我们像类似水晶球案的这样一个比较复杂的案件,提供一个大致上能够自圆其说,而且法官在裁判过程中能够统一裁判,防止同案不同判的一种证明的比较相对规范的方法。但就这点来说,我完全同意刚才赵老师和占老师,包括李老师的观点,就是你讲的很多是围绕着107条的客观证明责任分配,但水晶球案里真正的难点,大家真的有争议的地方,不是在客观证明责任分配,这个是共识。刚才秀举老师也反复地提醒,在这点上你恐怕还没有跳出这个思维。真正有争议的就是包括围绕主要事实的主观证明责任分配、证据的取得,等等,还可能涉及间接事实和直接事实,像这些问题。我们更希望围绕这样一种比较疑难复杂的问题,就像张老师十几年以前的讲课,我们都认为这个是我们研究民事证据里面绕不过去的一个非常经典的案例,而且直到现在为止,可能大家都还有些争议有些困惑。我们是希望你能够在这个层面上给我们提供一些解决的思维或方案,或者说能够展现出你这篇论文的创新点,但这点确实没有达到我们的预期。所以这篇学术论文的价值,刚才张老师也提到了,就是你不能在后者上有所突破的话,恐怕就值得质疑。

徐涤宇：

实体法学者,我又要请求发言。诉讼法的很多学者发表观点之后,我又改变了我刚才的一个认识。开始我在致辞的时候说了自己的想法,然后李浩老师很语重心长地跟我说了一句话,说证明责任分配问题就是一个实体法问题。现在我发现确实这个鸿沟还是存在的。首先,我们要假定一个问题,我们要有一个基本的前提:大家要达成共识。证明责任如果真的就是一个实体法问题的话,恰恰在这方面我觉得中华是有贡献的。刚才大家提的一些问题里面,有些问题我发现在实体法上确实没有界定,包括赵秀举老师提了,说你就告诉他是瑕疵给付不就行了? 我发现不论证不行,为什么呢? 刚才任凡老师提出了一个问题,说打眼。其实是我们实体法学者在这方面没有完成我们的使命,所以在实体法没讨论清楚的情况下,导致了你们在证明责任分配上可能也产生了一些混淆。打眼这个问题,其实我还是坚持我刚才的一个观点,有些东西它是一个瑕疵给付的问题,有些东西就是一个意思表示瑕疵在合同成立阶段的一个证明责任。打眼,就是说你觉得这个东西是不是这个东西,在意思表示瑕疵阶段的时候就有这个问题。如果说我们实体法学者没有把真正的什么是瑕疵给付这个问题解释清楚,他应区别于在合同成立阶段时的意思表示瑕疵的理论,我觉得这个讨论的前提已经被抽掉。所以我觉得中华在这方面有贡献,真的有贡献,他起码必须要回答一个实体法上的问题,这是瑕疵给付问题还是什么问题? 所以呢,我觉得这让我们搞实体法的人确实有点惭愧,也来支援一下我们。我们可能有一些案例,现在中国的法官还没到这种层次,有的时候你看到最后的结果好像是差不多,但说理不够,理论和实际的判决水平是不一致的,有时候说是瞎猫碰上死耗子,就这样的,它是碰巧的。在刚才有几位诉讼法的学者提出这个观点之后,我反而反省,我觉得必须要把这个问题搞清楚,什么是瑕疵给付? 将瑕疵给付这个实体法搞清楚了,才能够说证明责任分配有了基础,这是我的基本观点。我没有回答刚才任凡老师说的那一点,那个打眼的问题,我认为不是瑕疵给付的问题,他可能在开始交易的时候、讨价还价的时候就不识货。这是一个债的成立的问题,不是瑕疵给付。我就说这么多,因为我毕竟是实体法学者。

王倩:

因为这篇论文的写作我可以说是全程围观,我从侧面再加深一下徐老师的说法。为什么这个问题是一个问题? 一开始的时候,在搜集类似水晶球这一类案件的时候,我发现法官在判决里面经常使用的一种表达方式是"应当由原告承担举证责任",总而言之,整个判决读下来给你的感觉是,为什么判原告胜诉或者败诉? 是因为举证责任是由他来承担的,而他没有达到举证责任承担的地步,所以我判你胜诉或者败诉了。表面上读起来好像这个判决的关键就在于客观证明责任的分配上,但是,是不是真的就是一个客观证明责任分配的问题呢? 带着这样的疑问,我才开始去思考这个问题,再加上我们民法学界其实还是比较少从证明责任分配的视角去分析构成要件和法律后果这样的梳理,包括请求原因、抗辩和再抗辩,就把证明责任的视角加到实体法的分析中去。日本的要件事实论所做的这些东西,其实我们民法学界还是比较少去做这件事情的,所以袁中华一开始在分析这篇论文的时候,他肯定首先是按照规范说去分析客观证明责任的分配,这一块就花费了他大量的精力,因为这一块民法很少有人去做。就一个简单的《合同法》的 107 条,它的构成要件和法律后果其实都是混在一起的,因为我们民法上的思维是义务到责任的思维,而不是构成要件和法律后果的思维,这是民法学者一种非常严重的负面的做法。把这块梳理清就浪费了他大量的精力,虽然这一块精力不见得是完全无意义的,但是对这篇论文来讲,我认为写到第 34 页的时候,把前面这一块论述完了,你会发现一个问题,就是水晶球案恰恰说明的是客观证明责任功能的有限性问题。就像李浩老师昨天的讲座说的那样,客观证明责任的分配,它是最后不得已才能够搬出来用的一个东西,你要穷尽前面所有的诉讼过程的证明方法。那么,最后的这个回应与补充,我恰恰认为是这一篇课文应该扩展起来大写特写的地方,然后袁中华写到这个地方的时候,我说这个功能的有限性很有意思啊,我说你可以从法社会学的角度去解释一下,为什么对法官来说变成了一个两难的境地?这可能是跟中国的特殊国情有关,我们的诚信状况就是不好,导致假货案特别多,人家国外可能没那么多这种破事,是不是?再比如说,法官审理的过程当中,他的释明到底应该达到什么样的程度?法官的调查取证责任或者义务,他应该尽到一种什么样的程度,好像诉讼法学界也没有很统一的标准。法官可能就觉得这就是你当事人的事,那我就按照你当事人举出来的这些东西去看,我需不需要告诉你,你其实还可以提供什么来证明一下。这个给付的同一性,法官到底应该承担到什么程度,可能法官也没有很合适的标准去判断。如果要从这些方面去分析的话,再从诉讼法的角度来提一些解决方案,可能是这篇论文的重点。所以我也觉得从这个角度来讲的话,各位老师说的特别对,这篇论文如果说要是有什么价值的话,直接针对这个水晶球案的解决的话,恰恰应该是最后这一部分。谢谢。

袁中华:

感谢刚才两位民法学者对我的支援。(笑)可能主要是因为这样一个关系的存在,所以他们一定要支援我一下啊。但是,这就像证人的党派性和证言的真实性,有时候不应该是关联在一起的。比如说这个证人是你的亲戚,他说的话不一定不对,你对它的真实性只能通过交叉询问来解决,而不是说因为他是你的亲戚,他就说的不对。我一直认为这是两件事情,所以他们讲得很客观啊,我觉得。对于杭平老师,陈杭平老师说水晶球案大家已经有公认,那就应该原告去证明。这个不一定,我看到了很多分析,很少有人说这个事情就应该原告去证明对方给的是假球。所以,为什么大家讲证明责任的时候,会把这个案子拿出来,跟学生开启一下思维呢?因为它确实很绕,就是你让原告证明,还是让被告证明看起来好像差不多,那这个时候到底谁该倒霉一点呢?这个并不简单。所以陈杭平说这个事情就应该是原告证明,然后剩下的问题只是说原告证明了之后的困难,怎么去支援它?绝对不是这样的,首先在确定到底应当是谁承担证明责任的问题上,就并不简单。那么论文里我给出的结论很简单,但是你看论证实际上是并不复杂。我们把争论的问题点回溯到实体法上,把它确定为他物给付或异类物给付,这个他物给付、异类物给付又属于瑕疵给付中的一种,瑕疵给付又应当是由主张请求权的一方来证明,我们通过这样一个链条,最终才能够去确定还是在本案中有主张请求权的那个原告来证明。所以我有这样的论证,我认为我已经解决了水晶球案。当然,你说你可能会认为这个解决并不完美,因为就像我在论文最后说的,很多时候法官他可能仅仅是在对案件的事实并没有做出一个完美的甚至说接近于证明标准/证明度的情况之下,就仓促裁判的,那这个时候怎样去解决这种不可避免的证明责任裁量,或者说怎样去支援处于证明困境的当事人?尤其是像这种案件,往往是原告一方。这里有很多种,我在文章中间提了两个,实际上在高桥宏志那本书里面,他讲了六七个,是吧?它有一章叫作避免证明责任裁判的方法、事实推定,还有表见证明,还有证明标准降低,等等。我觉得这个东西在诉讼法上其实已经有不少了,当然,你说是不是具体结合水晶球这样一个案件?你们提了一两句话,我能想到的可能就是被告你把你的进货渠道告诉法官,你把你的进货单据给法官,你可以把同样一批次的其他水晶球拿去鉴定,你通过这样一些方式,我们才能够避免证明裁判。这样才能够尽量使这种艰难的裁判不再接纳或者说尽量避免这样艰难的裁判。好,这是我对陈杭平老师的一个回应。

胡东海:

非常高兴能够参加这次会议。第一次在形式上参加民事诉讼法的会议,但是其实在实质上我早已经加入了民事诉讼法学界,不管是我自己在学习的过程当中大量地阅读在座的各位老师的文章,还是自己写的文章也被归入到民事诉讼法的研究领域里面。今天这个关于中华的一篇文章,让我第一次感受到学术会议也可以这样猛烈地拍砖,很震撼。本来我应该作为亲友团,其实我跟中华因为研究证明责任的原因交流了很多,我应该作为亲友团为他说两句。那我想客观地表达一下我自己的观点,通过刚才各位老师的评议意见,我觉得都说到了一个问题,就是中华这篇论文可能涉及两个层面的问题。一个是客观证明责任分配的问题,这个涉及对民法规范的理解问题,民法规范之间关系理解的问题。刚才像冯柯老师、占善刚老师都提到了这样的问题。第二个涉及具体证明责任当中的证明问题,刚才赵秀举老师说了很多,我个人,因为我其实主要还是研究民法的,那我想就第一个问题客观证明责任的分配谈一点自己的意见。刚才很多老师都批评中华在这个问题上面做得不好,不好的原因是得出的结论太简单,为什么简单?因为得出的结论跟规范说是一致的。你就是在简单地适用规范说。那我个人想,其实中华在这篇文章里面,不仅仅分析了《合同法》第107条,也分析了《合同法》第158条,第158条是关于买受人在接受标的物的时候他的检验义务。关于这个检验义务是否有一个检验期间,这个检验期间是否有约定,如果一方当事人主张有约定,另外一方当事人没有约定,而大家都承认没有约定,那么在检验期间发现标的物存在瑕疵是否通知,这个由谁来证明?我要说的意思是,在客观证明责任的层面,其实关于瑕疵给付的问题还是相当复杂的。当然,这个问题我们把它严谨地说,如果像中华这篇文章的标题所反映的瑕疵给付要件的证明责任分配,那这个没有任何问题,就是买受人支付。但是如果我们去考虑利于出卖人的规范,不利于买受人的规范,那有很多。比如说我刚才举的检验期间的检验义务,甚至还涉及租赁合同当中租赁物的瑕疵担保责任,它是不一样的,它是买卖合同当中瑕疵担保责任不一样。所以,我想在这个层面上客观证明责任应当也有研究的余地,可能中华在这个仓促的时间内还没有处理得非常好。我还想再说一下证明责任研究和民法学研究的关系问题。还是接着中华刚才的话题来说,其实中华2014年在《法学研究》上发表的这篇论文,我觉得很好地对客观证明责任从实体法的角度解释说明了《侵权责任法》第78条和第79条之间的关系,并且这种解读是对民法学的非常大的发展。因为民法学是从静态的层面来看待《侵权责任法》第78条和第79条之间的关系,而中华从客观证明责任分配的角度,这种动态的角度,得出了第78条和第79条之间另外一种关系模式,我觉得这是一种非常好的研究方式。在这样的意义上,客观证明责任的研究极大地丰富了民法学,或者说在某一个方面补充了民法学的研究,好,那我就想简单地说这些,谢谢大家。

霍海红:

我看这个上面还给主持人留了一个特权,那我也借此说说我自己学习完以后的一点体会。我觉得今天这个专题特别好,在张老师、李老师他们引领证明责任研究已经很多年以后,我们开始从一些具体的规则,尤其是从实体法规则的角度去进一步研究,我觉得这是一个特别好的开端。就中华这个论文而言,我觉得还是很有意义的。因为其实有一些问题在我们民诉界可能是一个很常规的问题,但实际上就某一个民法的规则来说,它未必常规。比如说共同危险行为,这个许可老师、任重老师和我,我们今年都写过文章,你会发现在有一些问题上,我们觉得不叫个问题,但实际上在解释运用民法规则的时候确实是问题。比如说,我们证明没有因果关系,为什么就不能推翻这个推定呢?民法学者很多都认为是这个就不能推翻,那基于什么理由呢?这可能需要一个解释,所以在这个意义上我觉得还是很有意义的。但是我也想说,我自己对这篇论文的一些建议,有一些建议就是职业病啊,可能跟做编辑有关系。一个是我觉得中华还是没有处理好一个问题,就是你这个论文怎么样进来。其实很多老师质疑的一个原因,我觉得是你没有建构起来这样一个问题,这个问题到底是理论上出现了困惑,还是实践中出现了对107条反对的声音,还是导致了比较严重的不好的后果,还是立法上出现了争议,我觉得要把它界定出来。中华引了很多案例,我个人从做编辑的角度来看,觉得还是该把它在整合清理一下,就是说你这个案例要说明一个问题,就把它单拿出来。中华这个论文里面有一些标题的设置,他可能因为时间相对仓促,其实还需要更精致一些,就是把一些核心的观点要放在标题上,而不是看了标题以后,我们看不出什么东西,反而掩盖了你的闪光点。再有呢,就是我也很同意中华的一个观点,就是证明责任在很多方面其实是确实有限的,包括张老师、李老师他们也说过,这个我们都是承认的。他认为压迫机制很重要,但我恰恰觉得这个本来应该是有更好去发挥的空间的,他没有把它单拿出来发挥。你说压迫机制很重要,那是不是说107条在实务界操作的时候被认为导致了一些不公平的结果,但你认为从这个压迫机制的角度说其实很公平。我觉得可以把这些内容更好地发挥一下。我感觉中华好像是在后面点出了他核心的立场,其实可以把它贯穿到对107条的论证里面,这是我自己的一点粗浅的看法。那第二单元我们就到此结束,进入吃饭时间。

2018年3月31日下午

第三单元 主题报告与评议

占善刚:

程序与上午的是相同的,首先请纪格非教授报告她的文章,大家欢迎。

纪格非：

谢谢大家，特别感谢沙龙给我一个这样报告的机会，这篇文章确实是在有一定压力的情况下，特别是时间压力，写出来的，所以，大家能够看完这篇文章，并且还能如此认真地写评议，我对大家表示感谢。

先说一下这篇文章为什么写这个题目，主要是有一段时间看一些实体法学者写的书，觉得自己应该补补实体法的课的时候，我发现其中有一些数据，是关于广州市辖区范围内医院的医疗纠纷的统计。从《侵权责任法》颁布以后，广州市的医疗纠纷医院的败诉率在逐年上升，从《侵权责任法》颁布前的40%左右，到《侵权责任法》颁布后的第五年上升到60%多，这个数据统计到2015年，这个趋势如果继续的话，可能到2017、2018年时会达到70%~80%。我当时很奇怪，因为在《侵权责任法》中，实际上它已经改变了证据规定中证明责任在医疗纠纷中的分配原则，因果关系和过错已经不再由医疗机构来证明，而是由患者证明。在这个背景下，其实对患者是不利的，为什么有了《侵权责任法》后，患者的胜诉率反而大幅度提高了呢？后来我又想，广州的情况也许是个例，于是我又去问了海淀区人民法院，他们的情况也与广州类似，在过去的五年中，医疗纠纷里原告的胜诉率也在逐年攀升，到现在为止已经达到70%左右，前五年平均在60%，也就是说跟广州的数据差不多。后来我又查找了山东菏泽的数据，原告的胜诉率达到90%以上。我就在想，为什么在中国最难打的一种官司，在我们这里好像变得非常容易，我也去问了一些律师，他们说现在的医疗纠纷太好打了，接了这种案件后，先把病例拿到，查找病例中是否有问题，如果病例中有问题，这个案件基本上就已经胜了一半。我认为这里面可能存在《侵权责任法》一些规定的问题，于是我就关注到第58条，当然这个问题也存在着一些司法政策上的因素，因为法院认为医院资金相对充足，患者确实受到了损失，无论是否是医院导致的，医院进行一些赔偿也不在意。而医院认为，只要患者不去医疗行政部门检举，即使需要一些赔偿也认了。因为医疗行政部门对病例的管理越来越严格，每个医院每一年在病例上总共有12分，如果有一名患者举报其病例有问题就会扣2分，相当于一年中最多只能有6次这样的机会，扣分之后会涉及医院此后评级降等的问题，所以医院不能承受患者这样的检举行为。

除了司法政策的因素以外，我认为《侵权责任法》第58条对目前医疗纠纷胜诉率的影响是不能忽视的。关于《侵权责任法》第58条性质的解释，目前理论界和实务界都存在很大的争议，尤其是在民诉法学界和民法学界也存在很大的争议，有两种主要的观点：

第一种观点认为第58条属于一种解释性的规范，它实际上是对第57条规定的责任的具体化，第57条是对第54条的一个具体化。这种观点来自于人大法工委的立法者，他们反复强调具有下列三种情形，是"直接认定"为过错，而不是"推定"。这种思路在学界也产生了很大的影响，包括梁慧星、杨立新教授，还有清华大学的程啸老师都是这种思路的支持者。为什么这种观点会坚持是"直接认定"？我去研究了实体法关于违法性这个问题在侵权责任证明过程中的作用，我发现，实体法关于这个问题的讨论一直是在这样一个背景下：到底要不要把行为违法作为侵权行为的一个构成要件？这个问题争议了很久，因为德国还有欧洲一些国家在侵权行为构成时采用了五要件说，违法性是一个独立的要件，而我们的侵权责任法在颁布前的讨论过程中，对于采取五要件说还是四要件说经过了一个反复的争议，最后采纳了四要件说，没有将违法性作为一个独立的要件。但学者们仍然认为，虽然违法性没有作为一个独立的要件，但在认定过错的过程中，它应当发挥一定的作用。这就是立法者为什么想通过第58条的规范把违法性的标准植入到第57条所确定的诊疗规范的含义中，我认为这是一个学理上的背景。

　　第二种观点认为，第58条所列举的这三种情况与过错之间是一个推定的过程，对于此项法律推定的效力，部分学者认为此条所规定的推定是不可反驳的。这时与第一种观点的区别就很小了，不可反驳的推定实际上就是实体规范，这是大部分英美法系国家学者所统一的观点。而多数学者则认为，该条所规定的推定是可以反驳的法律推定。如果是可反驳的推定，那第58条的解释会出现一定的问题，因为作为一个法律推定，第58条是明确要以因果关系的证明为前提的，"因下列情形之一的，患者有损害，推定医疗机构有过错"，也就是说，首先需要证明有因果关系，然后才能够推定有过错，完成证明的最后一个要件构成。如果是这样，这个推定就是一个比较奇怪的推定，它的前提条件是先证明因果关系，然后再根据下列三种情况作为基础事实推定结论事实。同时，这个推定还有一个比较奇怪的地方，它不是一般的法律推定所写的"可以推定……"，而是没有"可以"二字，实际上是将这三种情况与评价性规范（有过错）直接联系在一起，这种推定在实体法中不是很常见。

　　抛开理论上的争议，我在实务上也进行了研究：通过调取110个医疗纠纷的判决观察法官的做法。如果它是推定的话，法官在运用推定时应当允许被告进行辩论，被告方对基础事实和结论事实都可以进行反驳。但我们在法官的判决中是看不到的。一般而言，从被告的辩称中可知被告是有反对意见的，例如，被告会主张原告的身体有特殊状况、病人到医院后是什么状况以至于不能按照原来的规范来进行治疗等，这种反驳意见或反证为什么没有采纳，在法官的结论和论证中是看不到的，法官认为只要是具有这三种情况就直接达到了过错，而不是一个推定的过程，没有反驳的空间。所以，法官在运用时大部分是按照"认定"进行的，也就是人大法工委传出来的信号，等同于认定，法律上的违法就是过错。这样的思路存在着什么样的问题呢？首先，违法就是过错（违法及过失）这个概念来源于美国，包括我看了清华大学程啸老师《侵权责任法》的书籍，很详细地论述了违法即过失在美国、德国的应用情况。在美国，违法及过失的适用范围是很窄的，其强调一定要有因果关系，另外，这个"法律"应该是如刑事法律、强制性的保护性的法律等，也就是说把这里"法律"的范围界定得很窄，而我国学者对法的范围的理解非常宽泛，民法学界的理解不仅包括成文的，还包括不成文的惯例、行业性的规范等。法的范围如此宽泛，这些法律的调整对象或者其规范的目的都是为了保护患者吗？其实有时它只是一种行政法上的规定，是医院的一种行政法上的义务，这种义务并不以保护患者为直接目的。在这种背景下，把所有的违法都定义为医院有过失，我认为是对"违法即过失"原则的误解。

另外,第58条说得很清楚,要先证明有因果关系,然后证明有过错,才能完成最后这一步——有过错这样的一个推定,但在实务中,法官并不是这样操作的,他是先证明过错,再根据过错推定有因果关系。第58条的连锁反应导致因果关系的证明变得不重要了,所以,司法实践中最重要的、援引最多的就是第58条,第57条本来是法律明确规定的"当时的医疗水平相应的诊疗义务",而在司法实践中已经没有法官援引了,而是直接适用第58条。这种诊疗水平和第57条说的三种情况到底能不能等同其实并不难判断,因为对于"当时的诊疗水平"是一个时间和地域概念,民法学界对此是没有争议的,"当时的诊疗水平"既不是当时全国最高的医疗水平,也不是最低的,而是医院所在地的当时可能达到的医疗水平,这个必须根据个案的情况作出判断,而没有办法根据法律的方式直接作出判断。而且"违法即过失"的这个法律里面,行业规范、各种部门之间的规范之间有很多矛盾冲突的地方,同时,很多规范并不是强制执行性的,而是指引性的或指导性的,医生没有按照这个规范去操作可能有很多原因,这些原因都不能在第58条的考量范围内,所以这是一个很大的问题。在2017年年底,最高院通过的一个司法解释已经在缓和第58条带来的问题,这个司法解释中规定:"对医疗机构及其医务人员的过错,应当依据法律、行政法规、规章以及其他有关的诊疗规范进行认定,可以综合考虑患者病情的紧急程度、患者个体差异、当地的医疗水平、医疗机构与医务人员资质等因素。"这就已经不是第58条违法即过失的思路了。对于第58条所带来的问题以及在实践中产生的导向,最高院的司法解释正在纠正。

对于第58条第2款第3款规定的"在证据方面的妨害行为",司法解释方面认为这个方面是比较明显的,这是个证明妨害的问题,应当通过证据规则,通过举证行为的规范来解决。证明妨害中法律推定的后果应该是"可以"推定为过错,而不是"应当"认为有过错,同时,这个一定是可以反驳的,证明妨害也不需要患者以先证明因果关系为前提。而现在的第58条的规则中,我们使用证明妨害的规则要首先证明因果关系,这个要求我觉得是不对的。

总体而言,我感觉第58条实际上是把两个不同的问题归在一个条文里,用一种很简单的方法来规定,看似很整齐很有利于患者,但实际上会造成一种失衡。所以我认为第58条应该是两个问题,应该通过两种手段来解决。我们可以肯定违法性在过错认定方面的作用,但这种肯定应当是有一定限度的,立法者应当知道要在哪里止步。违法即过错的原则我只在美国法的规定里看到过,而且是在少数州的立法里看到的,其他国家的法律包括德国,在把违法作为侵权行为一个明确构成要件的前提下,这个"法"是指管理型的规范、保护型的规范,而不是泛指所有的法律、行政法规。在这个问题上,我们是需要纠正的,我们可以把第57条进一步地具体化,把义务进一步地客观化,但是通过把"违法即过错"的方法客观化时,一定要将违法的范围做一个明确的修正,这是第一点。

第二点,我认为在司法实践中,过错的证明这个难题主要应该通过法官来解决,而不是通过立法者来解决。立法者的手有时候伸得太长,比如,婚姻法司法解释第24条中关于夫妻共同财产的认定问题,民间借贷的司法解释里面的很多问题都反映了立法者极其期待通过一种法律规范的方法使某些问题的解决能够整齐划一,但这种做法最后却无法实现其目的,这种例子很多。我们可以对我们的法官没有那么高的期待,但这个问题是否能通过立法的方式解决呢?这是值得怀疑的。

我提出的想法是,"违法即过错"是实体法问题,可以由实体法进行规范,但需要作出一个十分明确的限定,对于第58条中所含有的与证明妨害有关的问题,则应当由程序法来解决。关于证明妨害,在其他国家的基本发展思路中,我们可以看到,它并不强制说存在证明妨害的行为就一定导致某某事实被认定,它是"可以"被认定,而且是可以被推翻的。对于一般的违法行为到底构不构成过错,应该由法官针对个案的情况进行判断。对于举证责任导致在某些案件中,比如确实是由医院掌握了某项证据,由其证明更加方便时,这种情况下是可以允许举证责任倒置的。这就是我论文的主要观点,谢谢大家。

潘溪:

感谢会议举办方。纪老师的这篇文章,我之前仔细地阅读过,也写了书面的评议,今天要说一点不一样的。不一样的有两点原因,第一是之前看的有些地方理解得不够透彻,刚刚纪老师的报告有一部分已经帮我解答了。我原先书面的评议中可能要做些修改,将原来的四个问题整合成三个问题,需要向纪老师求教一下。当然纪老师这篇文章结合了对相关案例的检索梳理,包括对事务的分析,内容新颖、资料翔实,深感佩服。

第一个是观点上的,关于"违法即过失",我这里提出的疑问是所谓"违法"的"法"有没有必要单独为医疗事故责任认定确定一个明确的标准,即什么是法、什么不是法,对这个操作的必要性我提出质疑。在民法领域侵权行为的各类型中,并不只有医疗侵权案件涉及"违法行为"的认定,比如,在交通事故侵权责任的认定中,一般认为应对"行为的违法性"作广义的理解,即只要机动车交通事故致害人实施了侵犯他人人身、财产权益的行为,就认为该行为具有违法性,就要承担民事侵权责任。那跟这里的医疗侵权又有多大的差异呢?

与此相关的问题是,文章中提到的"诊疗资格许可规则"和"医疗仪器、药品及医疗方法准入许可规则"两类规范的违反,可以直接认定为存在医疗过错,而对"诊断和治疗规则;信息披露规则;诊疗信息规范记录和妥善保管规则"的违反不一定认定过错的态度也不利于实际操作。但我刚才改变了之前的观点,我认为确实有些技术标准不应作为过错认定,因为有些技术标准不是前置性的,不影响医疗的过程。但这个规范可能不能用文中所说的按照这样两个类别来进行划分,这个划分也不一定是完全穷尽的、有一定准确标准的。比如说,我查到关于《产前诊断技术管理办法》既包含了有关医疗许可规则的"第二章管理与审批",又有关于诊疗的具体流程的规定——"孕妇有下列情形之一的,经治医师应当建议其进行产前诊断:羊水过多或者过少的;胎儿发育异常或者胎儿有可疑畸形的;早期时接触过可能导致胎儿先天缺陷的物质的;有遗传病家族史或者曾经分娩过先天性严重缺陷婴儿的;年龄超过35周岁"等条款。

第二个质疑是关于文章的价值判断,或者说可能我的价值观有点落后,我认为老百姓打赢官司是一件好事。与医疗发达的国家相比,我们的医院以前不重视病案材料、记录过程,导致医疗事故没有记录可查,没办法追究责任,现在我们通过第58条的规定,通过地方法院的倾向认定医院有过错的做法,这可能是一件好事,通过这种倒逼机制使得医院逐渐规范流程,医生也会规范自己的医疗行为,这个胜诉率的数据也许以后会下降,到那个时候,第58条的作用才真正发挥出来。

医生改病例的事情有两种原因:一种是实体上的(把右腿切成左腿),一种是程序上的(一开始没记录,后面补签了)。无论是哪一类的,只要存在过错,认定其有过错应该是没有问题的。对于文章中所担心的"用随身携带的小刀救人致侵权"的问题,这完全可以通过紧急避险等方式评价和解决。

最后一个问题是,纪老师说:"应该用适应当地医疗水平的过错判断,这个判断应该交由法官来完成。"这两点我不是特别认同。这样会形成对医疗机构的双重价值判断,反而使一些医疗水平低的机构责任心更差。此外,法官只能解决法律事务,立法的归立法,审判的归审判,行业的归行业,专业的归专业。如果涉及该鉴定的,还是应当委托鉴定机构鉴定。

任凡:

在价值观方面,我更认同纪老师的价值倾向,不认为高比例医院输官司是件好事。因为有亲身经历,我在情感立场上不会有偏向于患者的观感。对于纪老师的这篇论文,我主要是有一些困惑,希望得到求证。

格非教授的观点是从立法原意及实务中的运用来看第58条第1款是对第57条进行解释的"立法中的解释性规范"。但是从第57条与第58条的内容以及上下文的关系观察,这似乎并不能表明58条是对57条进行解释的"立法中的解释性规范",是为"与当时的医疗水平相应的诊疗义务"提供客观化的判断标准。若依常情对诊疗义务进行解释,结论基本是一般情况下医务人员可以尽到的,通过谨慎的作为或者不作为避免患者受到损害的义务,这与合法合规不能完全等同,医务人员完全遵守了法规,也有可能做出事后证明是错误的判断或行为,亦即:用"合法合规"来解释何谓"与当时的医疗水平相应的诊疗义务"似乎有违常理。

格非教授在后文也提及将"违反法律、行政法规、规章以及其他有关诊疗规范的规定"解释为违反"与当时的医疗水平相应的诊疗义务"并不符合法律解释的一般原则。所以,这个条款本想设置这样的功能,但最后走偏了,您是不是这样一个意思?因为我在阅读中有困惑,所以想向您求证一下。如果是这样的话,文章本身没有问题,否则我觉得立论本身是值得商榷的。

第二个是纪老师在说到"依据该规定,依下列情形之一的推定有过错"(第1页),这个规定是不是不能体现因果关系的推定?包括在拆分与重组的部分(第17页),您提出了违法与因果关系,将两者交织在一起是否存在循环论证的嫌疑?我认为还是应该分开来,因果关系不应该叠加在这里来讨论。另外一个是17~18页,关于推定与证明责任倒置,这两个方面在概念上是不是有些重叠,分开来论述是不是更准确?

文章更多地提出了问题,但对实务中具体应该怎么做的建议比较少,这是我的一点看法和认识。

毕潇潇:

非常荣幸能够第二次参加紫荆沙龙,我一直觉得紫荆沙龙有种很温馨的气场,前辈带着后学同堂论战,一团和气下面其实暗流涌动,唇枪舌剑背后其实是惺惺相惜,这是一个青年学者非常幸福的成长环境,很荣幸有机会来参与,分享自己学习的心得。纪老师这篇文章对我而言是用来学习的,刚刚听纪老师的口头报告,有些理解与我最初看文章时不同,从学习的角度而言,尚且有很多内容还没有消化,就更没有资格指手画脚了,所以我只能是指鹿为马、指一打十,请各位老师指正指教。

首先,关于前提性理解不一样。我是民商法专业的,很多理解与诉讼法的角度不太一样,比如说《侵权责任法》,我当初学的时候认为是很明确的,医疗赔偿责任就分三种,有医疗技术过失责任(57、58条)、医疗伦理损害赔偿责任(55条)、医疗产品损害责任,分别规定的归责原则是过错、过错推定、无过错。所以对于第57条和第58条的理解,我是在医疗技术过失责任的框架下,基于过错责任去理解的,从这个角度,第58条是为第57条的注意义务提供了几条客观化的标准,就是在符合这样的一些情形时,可以推定为医疗机构有过错,不应将其视为第57条直接的解释,更多的应当是综合这两条的规定,以第57条作为认定医疗机构责任的主要条款,把第58条视为受害患者证明有困难时的救济依据。

第二点是关于第58条第1款的理解,因为责任的认定不仅需要证明过错,还需要有侵权行为、损害后果、因果关系,所以在理解第58条第1款推定过失时,除了要看注意义务的问题,还要看损害的问题,要考虑到因果关系证明的问题。事实上,因果关系的证明很有力地把医疗过失的推定限定在一个比较合理的范围之内,从这个角度而言,我们或许不必担心第58条第1款过于宽泛和抽象,反而更有利于患者在宽泛的环境中找出与损害有因果关系的诊疗行为的违法性在哪里。涉及因果关系的证明,它是要前置的,所以证明完因果关系后再去考虑过错,就会把条款变成与本案相关的一个具体条款,并没有很多抽象和泛泛的问题。纪老师在文章的后面部分提到了这一点,就是实践中强化过失的证明,淡化医疗侵权纠纷案件对于因果关系的证明,这会导致对第58条的误用、滥用。反过来讲,文章是不是应该在第一、二部分强调对因果关系证明的问题,因为这可以实现对于第58条第1款推定过错的合理限缩,而且可以为后文的结论做一个比较好的铺垫。这一部分的论证逻辑我觉得梳理起来有一些困难,好像是在交织使用证伪与证成两种逻辑,到底是否赞成这种立法意图呢?如果是错误地理解第58条第1款,将会导致与立法意图不相符,那接下来的逻辑应当是我们怎样纠正对第58条第1款的错误理解,而不是去批判这一条;如果认为立法意图本身是错误的,则应侧重于错误的原因和纠正的方式。在表述上,如果梳理得更清晰一些会更好。

第三点是关于对第58条第2、3款的理解,纪老师的批评是很有道理的,就条文规定本身确实存在问题。医疗损害赔偿责任的认定,原则上应该由患者证明其损害与医疗行为之间具有因果关系。但是,这在司法实践中往往是困难的,因为患者需要拿到医院保存的相关资料才能对因果关系进行证明,但是如果医院隐匿或拒绝提供,或者修改,患者常常会无法证明。因此,尽管第58条第2、3款看上去是对推定过错的证明,实际上其中也夹杂了对因果关系的推定。推定了过错,也就是推定了因果关系成立,这其实是对医疗过失责任采用了"因果关系的完全推定"。所以,从这个角度说,第58条第2、3款所出现的问题,与司法解释中因果关系的完全推定也有密切的关系,推定了过错的同时也就推定了因果关系,从而使得推定过错产生的问题更为显著。限制因果关系的完全推定而改为有条件的因果关系推定,对于解决司法实践中对第58条的滥用有十分重要的意义。

综上,评论意见认为,由于文章论证的逻辑前提——第58条的法律性质和效力本身争议性很强,如果对立法者的意图无法准确把握,后文精辟深刻分析的分量会有减损。另外,第58条中所隐含的因果关系证明和推定的问题,着实打破了表面上对于"过错"理解的格局,似乎无法回避对这个问题的深入探讨。这是我的学习体会,请各位老师批评指正,谢谢。

纪格非:

非常感谢三位老师的评议,首先我要检讨一下,这篇文章写时比较仓促,用了大概12天时间,我自己后来再看时也认为思路有些乱,感谢几位老师帮我梳理思路。在罗恬漩老师的书面评议中也帮我梳理了思路,我觉得这样会更清楚。

(1)回应潘溪

第一个问题问得很好,就是说违法的问题需要在医疗过错认定方面单独讨论吗?违法是否是所有侵权责任的构成要件?他举了交通事故的例子,《侵权责任法》第48条规定得很明确,交通事故发生后是依据道路交通法来确定损害赔偿,这实际上已经把交通事故的损害赔偿责任的认定完全委托给交通法,所以该法当然可以作为认定是否有过错的判断依据。医疗纠纷不同的是,《侵权责任法》第57条已经明确规定了医疗纠纷侵权责任的过错认定标准——当时的医疗水平,而不是任何行政法里说的标准、医疗事故鉴定中的标准。但现在的第58条又改回了与法律一样的标准,最高院的司法解释在往回改,这种趋势与第57条的立法意图一致,与第58条不一致。

顺便回答一下毕老师说的问题,关于第58条到底是什么规范,是客观化的标准还是法律解释,我觉得没有实质区别,第58条给第57条提供了一个标准,实际上就是在解释第57条,我认为这两者在适用时效力上是没有区别的。既然是一个法律解释或者说提供了一个标准,那么一旦标准达到了,就应当作出这样的认定,而且这个认定是不能反驳的,这不是一个证明的问题,而是一个实体法上的问题。这一点,我与毕老师是没有争议的。

另外就是因果关系在医疗纠纷中的作用,医疗纠纷与一般案件的不同之处在于,大部分诊疗行为即使没有过错也会导致一定的创伤,过错的认定很重要,因果关系是有了,但是因为我的过错造成的吗?所以限定了因果关系并不一定能限定违法性所造成的范围过大的负面问题。

此外,诊疗资格里的许可性规范,这个地方我确实没有考虑清楚,潘老师说的是对的,我确实没有论证清楚,我在写作过程中曾经尝试梳理医疗规范,包括法律、行政法规、行业的东西,但太多了,无法梳理完毕,无法想象医生在这种规范的要求下是如何工作的。潘老师说的倒逼机制的另一种效果,可能是医生为了免除责任而不采取其他行为,这是我们不想看到的。

第四个问题的回应,潘老师问:"当时的医疗水平由谁来判断?"法官不懂技术,他也无法判断,但现实中这个问题并不是由法官判断的,而是由鉴定机构来完成,是由专业人士来判断的,我只是说是让立法者将这个东西规定得特别清楚,实践中直接照此操作,还是说司法实践中由法官或鉴定人根据具体案件判断?

(2) 回应任凡

我也赞同第57条与第58条在功能上和内容上是不能完全等同的,在文章中关于推定的作用,我的观点是:推定并不导致证明责任倒置,所以把证明责任倒置单独拿出来,没有与推定放在一起。

这篇文章确实缺少具体化的建议,这个我是承认的。

(3) 回应毕潇潇

关于因果关系的问题,毕老师、郭翔老师都在书面评议中提到了"违法即过失"的因果关系的认定,为什么要先认定因果关系再认定过错?美国为什么这样规定?由于我看的都是翻译版的美国侵权责任法的书籍,并没有特别去追溯其为什么强调这个先后问题,这可能就像毕老师说的,是不是想限定过错被认定的可能?因为在英美法系国家有陪审制,一旦因果关系被认定,陪审团可能很容易去推定有过错。

占善刚:

我理解的医疗行为有两种可能:一种是基于契约(委托契约),另外一种是造成损害,构成了侵权,这是两种不同的法律路径。刚刚纪教授是从侵权的角度论述的。我认为,从《侵权责任法》第57、58条的关系和立法上的技术问题入手,这个选题是很好的。民诉学者研究民法与民法学者研究民法,在思路上可能存在差异,我是研究民诉的,但是一直很关注民法,民法书籍的阅读量可能并不低于民诉,我认为民诉法学者研究民法规范是很好的。

纪教授的观点我基本赞同,《侵权责任法》的三个推定(姑且称其为推定)前提事实是不同的,如果从推定的角度来讲,不可能得出同样的推定的法律效果。第二个是立法技术的实现问题,我们不能追究立法者当时的立法是基于什么样的背景,我们一个很大的缺点同时也是优点是:我们从来看不到立法理由,因此我们只能推测。在我看到的民法书籍中,侵权的构成有三个层次:(1)构成要件(包括侵权行为、权利的损害、因果关系);(2)违法性;(3)过错。这三个方面其实是独立的证明主题。德国民法关于侵权的成立情形与我们不同,他们不限于权利的侵害,法益的侵害也是构成侵权的对象。台湾的民法修改之前,第184条第2款规定:违反保护他人法律致人损害的应负损害赔偿责任,但是加害人证明自己无过失的除外。我不知道我们的《侵权责任法》是不是跟随台湾地区"债法"修改以前的条文来的,后来他们也认识到这个不太妥当,于是又改过来了。刚刚纪教授说了:违法性即推定过错,这个是不成立的,只有在他们的法律体系里"违反保护他人的法律",这里的法律是个狭义的法律,不包括行政法规、管理型规范,也即限定在强制性法律的范围内,这是一种非常严格的解释。一般的违法行为中,违法性不是单独需要证明的,主流观点是结果损害说,结果发生了,权利造成侵害了,本身就推定是有违法性的,加害人想要免责就必须证明具有违法阻却事由,如正当防卫、紧急避险、经被害人同意等。我们的《侵权责任法》中的推定可能是误会了德国法、台湾地区"债法"的规定,这个其实是不对的。刚刚纪教授说的一点我非常认同:医疗规范的"规范"是很多层面的,有管理型的规范,也有保护他人的法律规范,这是两个不同层次,我们直接照搬过来的行为显然是错误的。这是第一点认识。

第二点认识是,侵权责任法领域里,"过错"是一个不清楚的概念,所以在证明时是非常困难的,在任何一个领域,哪怕是非侵权法领域,过错是通过相关的间接事实来论证的,通过经验法则来推论过错的存在,以至于德国、日本的学者主张:过错其实不应该作为法律验证事实来对待,而应该作为法律评价事实来对待,过错的证明具有特殊性,无法直接证明,只能通过推论。我推测立法者的目的是减轻患者对于过错的证明责任。因为在我的了解范围内,没有一个国家敢在医疗领域里直接搞举证责任倒置,由医生证明其无过错,这会阻碍医疗进步。立法原因在于减轻患者的举证责任,来达到平衡。我个人认为"符合当地当时的医疗水平"这个规定是比较合适的,这恰恰可以反映医院有没有尽到管理义务,这个是可以成立的。

格非讲授的分层次论述我是很赞同的,第二、三项显然不是一个可以直接推定过错的问题,就算我们认为是证明妨害,也应该有一个证明主题,这个主题是什么,然后通过相关的行为(损害证据、不提供证据),才能决定受害人主张的事实存不存在。况且,证明妨害行为并不是必然在最后一步发生推定,这是非常慎重的。在德国、日本的学说中,举证责任的转换作为证明妨害的最后一步通常是法官自由评价的,所以,我们的立法是值得检讨的,民诉学者的检讨比民法学者的检讨更深刻,谢谢大家。

任凡:

我认为占老师讲得非常好,纪老师把这么多不同层次的东西装在一条中不合理性地提出来,想讨论的东西我基本上是很赞成的,包括为什么医疗官司下来,那么大比例的输官司,南京都招不到儿科医生了,这都是值得我们反思的问题。如果稍微再作梳理,我觉得会更好。

牟爱华:

非常荣幸能参加这次会议,纪老师的题目是对第58条精细化的分析,做了大量工作,我表示很惊叹。但关于纪老师对58条的理解,我认为是否应加"推定"二字,即将题目《医疗侵权案件过错之证明——以〈侵权责任法〉第58条为对象的研究》改为《医疗侵权案件推定过错之证明——以〈侵权责任法〉第58条为对象的研究》。我个人的观点是第58条是对侵权法上的归责原则作的一个制度上的体现,不是视为对第57条的解释,而是独立的条款,是推定过错的一个规定。按照规范构成要件的要求,第58条的精细化规定是否需要?第一项对于违反法律法规、行业性规定的直接规定,这个条文我理解成一种规则性评价规则,对此需要援引法律法规、行业规定来判断是否存在过错。对于第二、三款的规定,我认为可以作为相对可以识别的规则性要素。对于推定过错的证明责任分配问题的证明,第58条没有用瑕疵的概念来列举推定过错的情形。第58条用了混合式的列举。最难的是第一项中法官在具体案件中证明责任的分配。

纪老师所说的"病例瑕疵"到底是属于第58条的第一项还是第三项?存在一与三项混合的情况,也可存在两者都不属于,但只是医疗行为瑕疵的情况。《刑事诉讼法》里有一个关于非法证据的瑕疵应当排除的规定,这个瑕疵需要医疗人员进行解释、补正,在这之后我们就不认为其是一种过错。证明瑕疵问题,第58条没有用"瑕疵"的概念来列举推定过错的情形,而是用了"违反法律法规或行业规定"这样的规定,瑕疵在这里没有被直接识别、认定的标准,但这不能改变第二项第三种情形总则体系解释下第6条第2款和第58条二三项结合起来解释过错推定问题。第58条二三项是推定过错的一种客观化的认定标准,而不是对过错客观化的偏离问题,这是我个人的观点。

许可:

纪老师这篇文章中的很多基本观点我是赞成的,尤其是从要件事实理论的角度来讲,法官有可能会在围绕要件事实展开判断时忽略他们之间的逻辑关系,尤其是在过错责任的案件中。从审理判断的逻辑观上来讲,我们应当在行为、损害结果、因果关系都能够得到认定后再讨论是否存在过错的问题。假如实践中忽略了这样的逻辑顺序,甚至把过错作为因果关系的替代,这种做法显然是不妥当的。格非教授在文章中对这个提出了批评意见,我也非常赞同。另外,要不要对第58条第1款作一个限缩性的解释?我认为也是应当的。

下面要说的是几个我的个人观点:刚刚占善刚老师也提到了第58条的性质问题,我是十分赞同的。从要件实事理论的角度来讲,过错属于评价性要件,评价性要件在证明过程中因为其不是事实,不能够直接被证明,也就是说不可以直接作为证明对象,必须要经过转化,作为转化的话,作为它的评价根据事实,在这里作为过错的要件事实也就是主要事实,所以在过错责任案件中,当事人对过错的证明实际上是对可被评价为过错的案件具体事实的证明,我们称之为"评价根据事实"进行主张和证明,法院也依然是对"评价根据事实"进行审理和判断。在判断事实可以被得到认定的情况下,再经由法律评价的转换,这里需要运用经验法则来判断当时行为人在行为时的主观心理状态。假如我们现在依然把过错定义为主观状态,应当是这样一种逻辑。从这个角度讲,我个人认为第58条是属于一个法定的评价规则,或法定的评价规范,它只是把在医疗损害赔偿诉讼中常见的医疗机构行为存在过失的情形(比如违反法律的规定进行诊疗等)通过法律的形式规定下来,规定下来的好处在于,法官不再需要通过经验法则来构建评价根据事实与过错之间的评价桥梁。另外,作为被告来讲,不得推翻这样一个法定的结构,所谓"不得推翻"也就是从被告的防御角度来讲,要么对评价根据事实不存在提出反证,要么提出新的事实,这个新的事实,我查了《最高人民法院关于审理医疗损害责任纠纷案件适用法律若干问题的解释》第16条的规定:"对医疗机构及其医务人员的过错,应当依据法律、行政法规、规章以及其他有关诊疗规范进行认定,可以综合考虑患者病情的紧急程度、患者个体差异、当地的医疗水平、医疗机构与医务人员资质等因素。"这个"可以考虑"要从要件实事理论的角度上讲,可以作为过错的评价妨碍事实,比如原告在主张和证明了医院违反急诊的诊疗规范对病人实施了急诊手术且对病人造成了损害,病人要求损害赔偿,根据58条第1项规定,是可以评价为存在过错的,但如果被告提出患者当时病情的紧急程度来不及按照急诊的规范来做的事实作为其抗辩事实,这样的事实当然是由被告来主张和证明的,这样一个评价的过程我认为既符合58条的立法目的,也符合证据证明的基本逻辑。所以第58条的法律效果,我基本认同为:立法机关的立法目的就是直接关于事实认定的规范,只不过立法机关同样是把过程作为事实,而没有把过程作为评价,如果把第58条作为评价,第58条就是法定的评价规则,而不是法律的事实推定,如果是法律事实推定的话,我也同意格非的观点,即并不改变证明责任的分配结果。

第二个观点是对隐匿、篡改这样一些行为,格非教授建议作为证明妨害,这一点在最高院2017年的司法解释中也有体现。但我个人认为作为证明妨害与其依然存在于第58条里,两者并不矛盾。因为诊疗机构篡改病例等类似行为不一定都发生在诉讼过程中,如果是发生在诉讼过程中,它既契合了第58条的规定,也属于证明妨害行为,进行相应的事实认定以及通过证明妨害的规定来推定患者主张的事实为真,这里达到一定效果是没有问题的。但证明妨害这样的规范并不能完全覆盖,如果在诉讼外,在发生纠纷以前,这样的行为实际上还是需要通过第58条加以认定的,而不能通过证明妨害处理。

纪格非:

对于牟爱华的问题:他提到了可不可以把57条理解为过错推定,虽然《侵权责任法》在前面规定了某些侵权案件是过错推定,但显然医疗纠纷没有这样理解过。另外,过错推定和推定过错,您在使用时认为是一样的吗?因为过错推定是一个实体法的规则,而推定过错只是诉讼法在证明过程中我们使用的一种方法,我不是特别理解您的意思。

回应许可:许可老师对第58条有一种比较新的解释,其实我同意。第58条本质上剥夺了法官对过错评价的机会,这种剥夺必须要有非常充分的理由。第57条已经把过错的标准明确规定了,第58条的三种情形与第57条的标准明显不和,第57条说的是"当时的诊疗水平",第58条二三项与当时的诊疗水平无关,只是"可能"有过错,但这个"可能"在第58条的表述中意味着法官没有选择的余地,而是直接推定为过错,在司法实践中基本上也是不能推翻的。如果把58条理解为对法官证明评价的剥夺,我认为第58条的范围有些太广了,效力过强,这三种情况与过错之间的联系并没有这么紧密。这是我对这个问题的看法。

陈晓彤:

各位老师下午好,非常荣幸能够来参加紫荆论坛,纪老师的这篇文章让我十分佩服,它是将实体法与程序法的问题有机结合起来,与上午袁老师的论文有着异曲同工之妙。

考虑到医疗侵权案件中过错的证明这个问题,这确实是一个比较困难的问题,所以在《侵权责任法》生效前,最高人民法院的证据规定对医疗侵权中的过错和因果关系进行了证明责任倒置的规定,后来《侵权责任法》第58条相当于把这部分改回来了,并没有规定证明责任倒置,现在由于证据规定和《侵权责任法》都是有效的,虽然在法律的效力层次上,我们会认为《侵权责任法》的效力层级高于最高人民法院司法解释,但在实践中有的法院会根据具体的案情进行分别适用,这样做法的混乱是不是也造成了纪老师在文章中所提到的问题——在医疗侵权案件中,患者胜诉的比例有上升的趋势。

纪老师这篇文章中将实体法与诉讼法问题结合起来的思路我是这样理解的:她首先通过对第58条进行法律规范的解释,然后想要给第58条划定一条界线,在这个界限以内,由实体法的立法者来规定如何处理医疗侵权案件中过错的证明,在立法者不能够合理解决的范围,应该由诉讼法中的证明责任倒置、法律推定和证明妨害等制度来解决。我看了德国联邦最高法院在解决证明妨害和证明困难的案件时,确实有一个连贯的不同的措施,从减轻证明责任到证明责任的倒置,有一个程度上的差别,最高程度减轻证明责任的方法是证明责任的倒置,我的一个疑惑是:在这里的证明责任倒置是不是上午袁老师论文中所提到的客观证明责任的倒置?我看了一些德国学者的观点,他们大多认为这个不是客观证明责任的倒置。纪老师这篇文章在讲到诉讼证明这个问题时,是否可以对这个问题进行探讨?除了关心实体法的问题,我们更加关心的是诉讼证明问题中基本概念之间的关系。我个人在法律推定、间接证据和证明责任倒置这三者之间的关系,在概念的理解方面是比较清楚的,但在考虑具体的案件时并不能清楚地分开,特别是法律推定和间接证据之间,法律规定了一个前提事实,然后推定一个事实,如果没有法律作这样一个规定,我们在做事实推定时,其实是在用一个间接证据的思想方法来进行证明。

还有一个疑问是刚刚其他老师也提到的因果关系的要件和过错的要件之间的关系问题,我对这个问题还没有想得很清楚,但我有一个想法:我认为在具体的侵权案件中,过错的证明与因果关系的证明有时是交织在一起的,有的证据不太能分得清楚其想证明的待证事实究竟对应的是过错还是因果关系,当然,如果我们把思路理清,还是可以分开的,但在一定阶段可能是混淆的,这是我的一个想法,跟各位老师汇报一下,谢谢大家。

霍海红:

其实我的发言算不上一个评论,我是想提一个建议。我看了论文后,我认为,论文能不能增加一部分:立法者为什么要这样做?是搞错了还是有意为之?也许立法者确实没有从诉讼法的角度进行考量,但也有可能是有意为之,一是民事证据规定改掉了证明责任倒置后还不想走得太远,所以制定了一个类似于缓冲的东西;另外,立法者可能想减少法官的裁量余地,同时法官也许更喜欢这种确定的规定,这样在操作上方便,也减少了法官自由裁量所带来的风险,更能体现保护患者的政策。我同意纪老师的观点,两者确实不应该放在一起,但我们反思第58条,仅仅指出其不恰当之处还不够,还应当指出不把两者放在一起的理由在中国的环境合不合适?或者说这样做解决了确定性的问题的同时是不是又造成了新的问题?加上这部分的论述,文章的说服力会更强,谢谢。

任重:

感想李浩老师,也感谢纪格非老师精彩的报告。我自己重新看了一遍论文,有非常多的收获,在这里提几点自己的感想,对一些不明确的地方也想提出一些自己的疑问。

我听了纪老师的报告后,大概可以理解其思考的起点和论文的逻辑,在司法实践中医疗纠纷的胜诉率高于国外的平均水平,因此考虑对《侵权责任法》第58条做一定的改造,这样在效果上可以降低胜诉率。但这样的一个起点在逻辑上是不周延的,而且是经不起推敲的,就像潘溪老师说的,如果我们从患者的角度来看,高的胜诉率难道不是一件好事吗?为什么要改变目前的状况呢?当然,从医疗的角度来说,很多情况下法院无端地判决支持患者的诉讼请求,在一定程度上也是不公正的。所以,我们为什么要降低胜诉率?胜诉率要降低到多少才是比较合适的水准?这样一个思考的起点可能在法学的论文中存在较大的可质疑的空间。今天上午其实赵秀举老师也说到了德国的研究方法,我自己在德国的时间不长,但大概能了解到德国民事诉讼法的研究方法是寻找法条之间的矛盾和冲突,然后在最大文意范围之内以不出人意料的方式来解决整个立法中法律条文的体系化和协调性。我以这样的标准来衡量纪格非老师的论文,很有可能会感觉找不到法条的立足点。

纪格非老师在论文的第一部分非常明确地谈到第58条的定性问题,而且该问题对整个问题的解决有很重要的意义,但纪格非老师把第58条的定性认为是有三种:一种是直接认定说,一种是可推翻和不可推翻的法律上的推定,还有一种是法律拟制。之后,文章通过国外的理论基本上否定了法律拟制的存在,但对于直接认定说和可推翻、不可推翻的法律推定说没有做出非常明确的选取,这导致了虽然没有做明确的选取,但后文实际上是沿着法律上的事实推定,甚至是比法律上的事实推定的效力更弱的出发点来进行。我也赞成霍海红老师的观点,为什么不能从立法的角度继续保持目前的做法呢?继续保持会出现什么问题吗?纪老师认为第58条第1款第1项所说的这些法律和法规的范围太广,解决的方法很多,比如进行限缩解释法律法规的范围,通过限缩解释就可以解决胜诉率过高的问题。除此以外,在中国的法律中,不可推翻的法律推定是不存在的,以及如果把它理解成事实上的法律推定的话,那么对于过错、法律事实推定的推定基础事实、推定链条以及被推定的事实的结构在58条第1款第1项中是不是能够存在?这些都会存在比较多的结构上的问题。

之后,纪格非老师来到第58条,认为第58条与第57条之间存在着立法目的上的不一致。单看《侵权责任法》在医疗纠纷部分的规定,第54条明确规定了侵权行为构成要件,第58条到底是对第54条还是第57条的解释?第57条和第58条究竟是不是针对同样的情形?所说的是不能低于平均医疗水平,有没有可能针对的是关于患者拿着柳叶刀杂志要求二甲医院到达类似医疗水平时医院所作的抗辩？

在第三个问题上，纪格非老师提出可以参照证据规则第7条作裁定的证明责任分配，我个人提出的问题是：证据规则第7条在2015年民诉法解释出台后是不是还有效？因为民诉法解释第552条提到凡是与本法不符的会自动失效，这时候我们看到证据规则第7条和现在的民诉法解释90条、91条到底是相违背还是相协调的？这也是纪格非老师需要说明的一个问题。

第四个问题是概念上的问题：具体情形下的证明责任倒置和证明妨害是否有区别？纪格非老师在论文中是分成两个部分来解决的，理论上存在不同的说法，我希望能够得到纪格非老师进一步的回应。我的问题就是这样，谢谢大家。

纪格非：

霍老师和任老师说的立法理由的问题确实是应该进一步探究的，我目前看到的材料中，对于第57条的规定，从民法学者的角度看，是把第58条理解为对第57条的诊疗水平的客观化，我没有看到有其他的解释（例如，减低证明难度）。

任重老师提到的降低胜诉率的问题，我没有在文章中讲过要降低胜诉率，我只是说我国的胜诉率比别国的高，高的原因是什么？我们在医疗纠纷的证明责任分配问题上或实体法规则的设置上明显不利于被告一方，没有给被告留下辩论的机会，这是第58条最大的问题。如果如许可老师说的，这是一个评价性的规范，那么，双方应当存在辩论的空间，第58条的存在意味着辩论失去了意义，以至于第57条现在已经被架空了，在司法实践中没有人使用。我主要是针对这个问题进行论述，即要给被告辩论的机会。即使作为被告的医院财大气粗，但医生需要这个辩论机会，如果法院败诉，医生是有责任的，这对医生这个职业会产生影响。所以我考虑的并不是胜诉率的问题，而是在诉讼中、在证明的过程中双方当事人力量的平衡、攻防的平等的问题。

关于任重说的第54条、第57条和第58条的关系问题，从民法学者的角度来看，一般的逻辑是：第57条是对第54条在诊疗义务中过错的客观化，第58条为第57条的判断提供了进一步的客观标准。任重所提到的"柳叶刀"的情形在民法学界我并没有发现类似观点，主流观点是57条是普遍适用于医疗侵权案件中的过错认定的标准，而不是指一种特定的情形。

赵秀举：

格非的论文单从技术角度说更难一些，中华的文章更多的是为实践设置路径的问题。格非的文章中谈到由于第58条的过分适用（由于很多实体法学者把其解释为不可推翻的）使得医院处境艰难。第57条有两个要件：一个是违反诊疗义务，另一个是造成患者损害，即过错和因果关系两个要件，第58条看似只回答了过错，但是其前提，刚刚格非也提到了，就是"患者有损害，因下列情形之一，推定医疗机构有过错"，所以我认为格非在文章中还可以朝这个角度：第58条在认定过错和认定因果关系里到底扮演了一个什么样的角色？我想这也是她写这篇文章的核心目的。在德国法中，过错（即违法性）主要在违法阻却这部分发生作用，真正作为要件本身的意义并不是特别突出，也就是说，特殊情况下可以通过违反阻却而免责，不是作为一个正面的独立的要件。过错必然与注意义务联系在一起，注意义务必须有来源，来源于一个一般注意义务或者说一个规范性的注意义务，第 58 条显然是一个规范性的注意义务，由此得出过错，这从逻辑上来说是没有问题的。我认为格非可以就违反性、过错对第 58 条中具体的逻辑关系再作梳理。

接下来更麻烦的是第 58 条中因果关系的证明，第 58 条在过错方面是法律的推定，而在因果关系方面可能构成证明妨害，也就是说法院直接适用第 58 条判决原告胜诉可能是两方面都用到：即原告方只要证明第 58 条存在，不需要证明过错，也不需要证明因果关系。而如果要证明因果关系，则一定是使用证明妨害的原理，因为法律并没有允许在这种情况下推定因果关系。我认为出发点是以第 58 条为前提，发生了具体的违反诊疗规范的情形，对于证明因果关系和证明过错发挥什么样的证明作用，这样写会在体系上更明了。

胡东海：

从民法和侵权责任法的角度看，大家的问题都涉及 57、58 条的关系是文章的前提，如果关系论证错了，会导致文章是没有标靶的。文章中提出的"解释关系"在民法学界是没看到过的观点，《侵权责任法》比较主流的观点是第 54 条是关于医疗损害责任的一般性规定，第 55 条、第 57 条、第 58 条是三种关于过错的证明方式的规定，第 60 条是免责的规定。

从实质内容来看，第 57、58 条之间就是解释性规定吗？第 58 条第一项的违反诊疗规范是否可以推出第 57 条"没有尽到当时的医疗水平的诊疗义务"的结果呢？诊疗义务在学说上应当包含两种义务：一种是法律明确规定的义务，还应该有一个兜底的规范，即善良管理的义务或合理注意的义务。所以我们看到第 57、58 条应该是相互独立的关系，以至于文章的前述部分论证的问题不明确，好像问题不存在。第三点，2017 年司法解释中第 16 条中在认定过错的时候，不应当仅仅关注诊疗规范的相关规定，还应该考虑是否尽到了诊疗义务。条文对于纪文具有重要意义，围绕这个条文展开第 57、58 条的探讨并以此为出发点，很明显，在条文中第 58 条第一项和第 57 条诊疗义务之间关系的问题，从这个角度切入，我们可以得出前提性的结论，在此结论基础上我们再展开文章的讨论，包括后面一些的规范性讨论之外的政策性评价，比如：我们目前是更偏向保护医疗机构还是患者？这样一个司法解释条文背后的目的是什么？即使是政策性的讨论，也是有实在的司法解释依据的，这样就更具有说服力。

纪格非：

第 57、58 条的关系确实是文章的重要出发点，我把它认定为解释性规范主要是从民法学界梁慧星、程啸、杨立新的著作中推出，他们强调第 58 条是直接认定而不是推定的，特别是程啸老师，专门强调这个"认定"要理解为"视为"而不是"推定"，如果是"视为"或者认定，我认为应该是一种实体性规范。因此，这应该是由诉讼法结论的问题。从法院裁判的逻辑上看，只要存在第 58 条的三种情况，就直接认定，中间没有反证的机会，直接就判了。如果把它认作"推定"，它与结论之间非常强烈的联系也是没有什么道理的。王利明认为是法律推定，但这个法律推定是一定要做的,没有选择,甚至是不能反驳的。第58条规定的显然不是第57条的诊疗义务,司法解释在纠正这个偏离,趋势是好的。有些民法学者认为,基于诊疗水平的客观化考虑,提供一个更具体的标准,这种思路是可以理解的,但在操作中第58条不是很好的方法。

袁中华:

在《侵权责任法》刚出来时,主流观点是"认定",不允许推翻。所以如果这样思考,主流观点肯定不是事实推定,或法律上的事实推定。但是不是可以视为拟制性规范呢?A明明不是B,但是A作为B来适用,下面的三种情形确实不是过错,但是直接视为过错,作为过错来处理。所以,我认为把它作为拟制性规范而不是解释性规范更为适合,实际上,这四种情况并不是过错具体的表现形式,而是根据经验法则来认定或推定存在过错,所以我认为把它作为拟制性规范更恰当一些。

刘君博:

因果关系的问题,第58条关于因果关系,纪文的观点:我们很大程度上忽略了因果关系的证明,直接适用推定替代因果关系的证明。我的问题:对第58条的理解,到底是说我们替代了因果关系,还是说实务中同时存在着三种具体事实的情况下我们就同时推定了因果关系和过错的存在。从纪老师提出的方案来看,其也是把因果关系作为前提,先去证明有因果关系才能去适用第58条。这个结论性意见最后是否能够证成,还是基于对第58条的理解。第58条第1项的规定还比较好说,可以同时推定因果关系和过错,但对后两项因果关系的推定可能很大程度上存在疑问。而且,在涉及的医疗事故纠纷中,很大程度上是通过鉴定程序来启动的,使用中的争议也集中在《侵权责任法》通过后,跟原来的规定实际上对于因果关系的争议责任分配没有明确的说法。这个问题和文章稍远,但回避不了的是,对医疗损害赔偿中的因果关系还是会涉及多因一果的情况,这种情况和第58条是否有关系,能不能构成说第58条成为一个前提,还是说第58条就是关于过错的一个评价性的规范?这个问题想请纪老师回应。

李浩:

我再补充一个问题,因果关系的证明责任人在《侵权责任法》中到底是不是这样的?请大家看下第54条,谈到因果关系了吗?如果是这样的话,其实可能不是关于过错的问题,而是司法审查中关于因果关系的证明没有得到应有的重视,认为只要有过错,就让医院承担责任,没有把因果关系单独提出来。

纪格非:

2017年的司法解释明确规定了要证明。

袁中华:

跟民法学者交流,说到损害法的问题,徐院长有个很经典的论断,我们现在的损害法要破产了。因为有损害就有救济,很多情况根本不考虑因果关系的问题。所以纪老师举的例子,既可能是过错造成的,也可能是因果关系造成的。我看过一些判决,湘雅医院实习生手术的例子,有时候因果关系和过错相混同,有时候因果关系应该是先考虑的要素,可能构成本文的最大问题。如果司法实务中把因果关系的问题解决清楚了,是否对于过错问题就不那么重要了?

纪格非:

因果关系在医疗纠纷中,有特殊之处,大部分医疗行为都会给人造成一定的损害,这样的因果关系如何证明呢?

占善刚:

没有哪个国家的实体法直接规定因果关系的存在,都是依赖学说来解决的。因果关系的证明和过错的证明是两个不同的要件事实证明,不能从因果关系的存在推断有过错的存在,两个独立的要件,不能相互推定。

赵秀举:

没有案例分析,只有数据没有案例,所以没办法真正探讨第58条是怎么用的。问题出来了,但是说服力不强。

纪格非:

是的,我特别想引用一个案例:一个人去看病,要做手术支架,这个医院需要专门的批准手续,医院没有但是给做了,技术性治疗后转院了,之后又回到原先的医院。后病人死亡,家属告了原先医院不存在资质,具有过错,这是判决中比较常见的思路。

李浩:

文章中关于因果关系和过错关系在证明责任的问题上欧洲国家的做法可以关注一下,由于因果关系证明困难,假如医院方有严重的过错,导致了因果关系违反了法条,推定医院方有过错。其次,在分析第57条和第58条系的时候,第58条有三种情形,第一种情形和第57条关联度应该更为密切,后两者不如前者密切,可以考虑分开来论述。第三,《侵权责任法》实施之后关于患者的胜诉率提高了而不是降低了,最好有比对性的分析,比如说在原来的最高法两重倒置的证明归责下,医院的败诉率是多少,实施后又是多少,这样更具有说服力。

第四单元 自由讨论

蒲一苇:

很多问题大家都是有共性的。

一是,文章切入的视角,关于数据的说明,尽管可能作为一种引入,文章只是探讨这些数据后面的原因,但是原因会导致规则的调整,容易让人感觉到有立场预设的问题,让人觉得胜诉率是否太高了,这可作为规则切入的一种依据。包括刚才李浩老师讲到的,我们都知道《侵权责任法》改变了关于医疗过错证明的规则,如果胜诉率节节攀高,不跟前面的证据规定作出一个对比的话,很难说明规则改变了,是不是比证据规定的证明责任所导致的更高。

第二个想法,实体法的学者探讨的比较多的问题就是第57条和第58条逻辑联系的问题,可能更多的是第58条与第54条相结合的关系,有关过错归责原则。提出这种观点需要大量的论证,是否存在这样的逻辑关系?第58条的规定大家都会觉得有点奇怪,要考证立法意图和立法背景。医疗过错的证明责任分配有个过程,过程的考虑对这条的讨论有一定的作用。我个人觉得从最初的医疗过失鉴定到双轨制再到证据规定的责任倒置,最后《侵权责任法》回到了过错责任原则,加上了一些情形下的过错推定形成了这样的机制,这个发展对第 58 条可能存在一定的影响。第 58 条存在着立法技术上的问题,它所列举的三种情形都是不同的,这样一来条文更像是司法解释的范式,而不是实体法所采用的规范。《侵权责任法》是在对证据规定进行责任倒置后,在实践中产生了对医方极为不利的这种情况,而改变了他的证明责任分配规则,第 58 条更像是在两者之间进行衡平与折中的模式,所以个人感觉它还是处在很需要一个司法解释的状态,形式都各自不同,有些属于实体性,有些属于程序性,所以考虑这方面的背景会对来源产生一定的作用。

卢佩：

谈及纪老师的论文,尽管论文的讨论仅限于医疗侵权诉讼中的过错证明,但关于法律的精细化解读与推演对其他的立法技术的路径推演也具有非常重要的意义。

我有两点想法:第一,对第 54、57、58 条的理解。第 54 条是原则,第 57 条是对第 54 条的定义化解读,第 58 条是在特殊情形下降低第 54 条的认定标准,第 57、58 条彼此独立,第 58 条是对第 54 条过错要件的低配版设定。第 58 条必然会带来一种偏离,如果要论证改善和评价,首先要论证三条之间的关系。第二,是个人的困惑。数据化的引用以及案例的引用如何平衡,纪文通过数据分析"法院不采纳被告的意见",并未分析具体的原因,在案例评析时可能会面临价值取向的问题,直接影响到论证结论的作出。做案例分析时会担忧曲解法官的意思,而做出了自我的价值预设。所以这就产生了如下疑问,在对司法实务现状进行描述时应采取怎样的方法才能做到客观?

占善刚：

案例分析本身就带有主观偏见,为什么选 A 而不选 B? 具体是什么标准呢? 法官判错案最大的原因就是证明责任分配不合理,在实践中不理解抗辩的意义。

张卫平：

如何才能和实践结合起来呢? 法官不能搞清楚概念,有可能是根据感觉,这个感觉是不是正确的呢? 这个问题相对比较难回答,本身其实也是依据主观评价。

占善刚：

具有主观性,法官分不清楚什么是抗辩,没有接触良好的民诉的教育。

张卫平：

法官认为是学术界不统一。你认为学界关于证明责任分配的认识已经一致了吗?

占善刚：

学界的认识是一致的,包括对我们民诉法第 64 条第 1 款的认识。主要问题是什么是主张,不能把被告原告在法庭上的一切陈述都说成是主张,这一定是不对的。主张和陈述、证人证言的陈述是不同的含义。在这个问题上,我认为学界的认识是相对一致的,并且是正确的。

张卫平：
为什么没有打通实践呢？

占善刚：
法官的裁判环境是相对恶劣的，在大环境下被同化了。

张卫平：
环境差的原因是什么呢？

占善刚：
法官的入门方面，例如，德日司法考试严格。我国的司法考试质量有待提高。

纪格非：
第57、58条的关系我找到了根据，最高法的司法解释第16条将两者明确关联在一起。司法解释的思路是明确的，第57、58条是关联在一起的。

张卫平：
制定三个条款时，有没有从诉讼和解决纠纷的角度考虑？判断的依据是什么？

纪格非：
没有考虑。在讨论三条时，我是从过错义务的客观化来考虑的。从主观过错到客观过错，第54条是笼统概念，第57条是过错的客观化，第58条认为直接认定为过错是不可反驳的，而不是推定。我觉得它们不是并列的关系。

袁中华：
当时侵权法制定的时候，对证据和证明有很多的考虑，特别是在医疗的问题上。考虑到会导致过度医疗、保守医疗，他们认为《证据规定》要为司法实践负责，想要扭转，第54条和第57条是按照一般的规则，从这一点来看并不是完全没有考虑。但是立法者又担心会导致患方意愿比较差，所以加了第58条，让患者的举证不那么困难。这是当时的一个情况，我的理解，纪老师的论文想说明的是，第58条的加入会弄巧成拙。

博士生代表夏先华：
想请教各位老师，对于博士生而言在证明责任和证据法领域这块有哪些问题适合博士生研究？

张卫平：
实体法的条文中对证明责任的细化解读是一个很好的切入点。

占善刚：
证明责任分配这块太难了，这条路很艰辛。你把张老师在你这个年龄的文章拜读一遍，跟着张老师的路径来探索。

博士生代表贺增磊：
第八次全国法院民事审判纪要，对2011年的规定作出修改，患者一方2011年要求提供初步证据，2018年要求提供损害事实，回避了因果关系。是不是因果关系在审判实务中难以界定，需要第58条明确的规定法官才能作出裁判？

纪格非：
在实践中，因果关系的证明不如我们想象中容易，刚才占老师说了，两个条文完全独立,从一个要件推定另一个要件存在一定的困难。

占善刚:

感谢大家,做一个总结发言,我感觉压力很大。这个会是我收获最大的一个会,不仅因为今天来的有老一辈的民诉法学家,有我这样的兢兢业业从事教学科研的一员,还有更多朝气蓬勃的青年才俊。我看到了民诉法学界的希望,在各位青年才俊的身上。从我了解的范围来看,民诉法学界相对传统主要学科来说,弱势一点,虽已大大缩小了差距。我希望有一天,法学界的学术研究第一位就是我们民诉学界。民法学界真正懂民诉的人太少了,所以会闹出一些笑话。《侵权责任法》不仅包括实体问题,还包括很多程序问题,而立法者却忽略了很多程序问题。各位老师的发言很有启发性。我不仅感到希望,也体会到了压力。年轻人的思维方法和我这样中老人的思维方式不一样,在你们的身上我看到了民诉学界的将来。民诉学界的人懂民法,这对民法学界是一个巨大的挑战。

今天的讨论主题明确,今天有交锋,有争议点。我参加会议少的原因是我的发言他们没办法给出针对性的回答,讨论仅针对自己的观点,只是自说自话。虽然武大法学同清华都是 A 级,但是我有深深的危机感,这是题外话。今天的会方向明确,避免了各说各话的尴尬局面,紫荆民诉青年沙龙这个品牌应该进一步扩大,可以邀请很多台湾地区的学者甚至德国、日本的年轻学者参与进来,不要仅限于大陆的。还有个不情之请,希望以后的青年国际沙龙能够通知我来参加。一句话:今天不虚此行,收获颇多,感谢各位民诉法学者。

许可:

第九届紫荆民诉青年沙龙所有议程圆满结束,感谢中南财经政法大学,感谢所有参与的老师、同学,期待下次沙龙再会。

附：书面评议

实践背离了理论吗？

王学棉

中华博士的《瑕疵给付要件之证明责任分配》一文从实例出发，认为实务部门在瑕疵给付的证明责任分配上做法不一，根源在于法院采纳的是"谁主张，谁举证"的做法，没有从规范说的角度厘清证明责任的分配，于是希望通过分析《合同法》第107条的构成要件来解决此问题，并认为构成要件包括4个：合同的成立、违约行为、损害和因果关系。以此为基础，其认为在瑕疵给付的损害赔偿请求权的案件中，原告应当就瑕疵给付要件——"对方给付的标的物"和"瑕疵"——之存在承担证明责任。笔者认同论文对瑕疵给付证明责任分配的观点，但对论文认为所引案例存在不同做法的原因在于没有采纳规范说，而是采纳"谁主张，谁举证"的分配法则的观点持保留意见。如果仔细分析论文所引案例，可以发现这些案例遵循的就是规范说，而非所谓的"谁主张，谁举证"。

证明责任的分配作用有二：一是当要件事实出现真伪不明时作为判决一方当事人败诉的依据；二是对于某一要件事实，决定谁应当先提供证据加以证明。不过，第一种作用在实践中不常见，常见的是第二种作用。一旦先负有提供证据的一方当事人提供了证据且达到了证明标准，法官就会相信其主张的要件事实，对方当事人为了推翻法官心证，就必须提供证据进行反驳。不过，此种对方当事人的举证行为属于行为意义上的，而非结果意义上的。

我们先看看瑕疵给付中的"长昊国际贸易有限责任公司与池州市欧雅诗买卖合同纠纷案"。根据规范说，欧雅诗公司应当对瑕疵给付负有证明责任，因此，它必须先提供证据加以证明。其在证明方法上无外乎有两种：一种方法是将长昊公司给付的布料作为物证直接提交法庭，以证明布料存在瑕疵。证明路径为：布料——瑕疵给付。但由于布料是否存在瑕疵，法官凭日常生活经验无法作出判断，此种证明方法无法达到证明标准，法官无法形成布料存在瑕疵的心证。作为被告，无需提供任何证据，只需否认布料没有瑕疵，法院就会判原告欧雅诗公司败诉。

为避免出现这种情形，另一种方法就是对布料进行鉴定，一旦获得了布料存在瑕疵的鉴定意见，前述问题就可以迎刃而解了。证明路径为：布料——鉴定意见——瑕疵给付。《最高人民法院关于民事诉讼证据的若干规定》第25条第2款规定，对需要鉴定的事项负有举证责任的当事人，在人民法院指定的期限内无正当理由不提出鉴定申请或者不预交鉴定费用或者拒不提供相关材料，致使对案件争议的事实无法通过鉴定结论予以认定的，应当对该事实承担举证不能的法律后果。基于此，原告提供了布料进行鉴定，并随后向法院提供了鉴定意见这一证据。被告此时仅仅单纯否认布料没有瑕疵，显然不足以动摇法官的心证，必须对鉴定意见进行攻击才能达到目的。常见的攻击点有鉴定主体的资质、鉴定程序、鉴定的检材等。本案中，被告就是攻击原告送检的布料不是被告提供的布料，一旦成功，鉴定意见与本案便没有了关联性，不能作为证据使用，但此时的直接证明对象是鉴定意见这一证据，而不是瑕疵给付。被告的攻击不外乎为：一是提供新的证据来反驳鉴定意见，一是对鉴定意见本身存在的缺陷进行攻击。但由于鉴定意见不是要件事实，不存在证明责任的分配问题，只存在行为意义上的举证责任。无论鉴定意见能否被推翻，证明责任都在原告方。无论被告采取哪种方式，都没有违法规范说对此类案件证明责任的分配。

实际上，一、二审法院都认为瑕疵给付的事实应当由原告承担证明责任，鉴定意见也确是由原告提供，只是两审法院对鉴定意见的证据资格和证明力经过一番分析后，得出了不同的结论。一审法院认为鉴定意见满足三性的要求，具有证明力，能证明待证事实："虽仅检测了送检的样衣，但欧雅诗公司将采购的面料加工制作成成衣时，并未特意选定面料，亦无法核实裁定的面料是从长昊公司购买的面料中的哪一部分。故该检测报告对整批成衣均具有效力。"二审法院则否认了鉴定意见的关联性，认为其不能证明待证事实："双方当事人在本案中未申请鉴定，涉案检测标的物为成衣相关面料，检测标的物的确认与质证直接关系到检测结论数据的真实性，但本案的相关检测标的物未经双方确认或质证，故检测结论不应作为定案依据予以采信。与此同时，涉案检测报告明确写明检测面料为灰色，而欧雅诗公司从长昊公司处购买的面料颜色为湛青色，在涉案成衣由多部分面料组成的情况下，欧雅诗公司未提供充分证据证明涉案检测面料与其从长昊公司处购买的面料具有同一性。故欧雅诗公司关于其成衣质量与长昊公司交付的面料存在因果关系的诉讼主张，无充分证据证明，不予认定。"由此可见，一、二审法院有分歧的是鉴定意见的关联性和证明力，而非证明责任分配。

让人容易误认为一、二审法院对证明责任分配持不同观点的原因在于：二审法院则不要求被告举证，直接判原告败诉，证明责任由原告承担。一审法院认为鉴定意见有效，接下来就应当由被告举证。由于被告没有反证，所以被告败诉。证明责任看似是由被告一方承担。一审法院判决被告败诉，仅是其对鉴定意见的证据资格和效力判断出现了错误，在证明责任的分配上并没有犯错，仍由原告承担。被告承担的仅是行为意义上的举证责任，但其又没有履行该责任，一审法院则认为原告提供的鉴定意见已经达到了证明标准，于是判被告败诉。二审法院则认为鉴定意见本身存在问题，不能作为证据使用，所以被告无需履行行为意义上的举证责任。无论是否让被告履行行为意义上的举证责任，均没有改变规范说让原告承担证明责任之分配。

关于异类物给付瑕疵的几个案例，实际上与论文作者的观点也完全一致。先看论文认为由卖方承担举证责任的案例，"蜜蜡"案中的原告率先提供了鉴定意见，显然其认为自己需对瑕疵给付承担证明责任，于是先提供证据。对于该鉴定意见，由于不存在直观缺陷，法官便认为检材初步满足了同一性的要求，鉴定意见满足了三性，进而可以证明被告存在瑕疵给付。被告为了推翻法官对鉴定意见的认可，主张原告进行了调包，即鉴定意见没有满足同一性要求。尽管这属于对同一性的否认,被告也必须履行行为意义上的举证责任——提供反证才能推翻,但被告没有提供证据加以证明。既然鉴定意见没有被推翻,当然就可以采纳,鉴定意见的证明对象——瑕疵给付也就得以证明。显而易见,瑕疵给付的证明责任仍在买方,而非被告方。假酒案也是如此。

由买方承担证明责任的案例更与论文的观点一致。需要注意的是,这四个案例中,其中的三个原告都申请了鉴定,但没有赢。唯一一个没有申请鉴定的就是"谈兆国与魏浩英买卖合同纠纷一案"里的反诉原告魏浩英,他却胜诉了。申请鉴定看似是个坑,谁来谁死。那原因何在呢?这是因为鉴定意见作为一种证据,其形成过程比较复杂,有一系列法定要求,如检材问题、鉴定主体资格问题、鉴定程序问题、鉴定方法问题、鉴定事项等。对于检材问题,2015年修订的《司法鉴定程序通则》第12条第1款规定,委托人委托鉴定的,应当向司法鉴定机构提供真实、完整、充分的鉴定材料,并对鉴定材料的真实性、合法性负责。司法鉴定机构应当核对并记录鉴定材料的名称、种类、数量、性状、保存状况、收到的时间等。第三章司法鉴定活动的实施,对鉴定主体和鉴定方法、鉴定程序等作了明确规定。任何一个环节出问题,都有可能导致鉴定意见不具有证据资格。其中,检材同一是基本要求,否则会导致鉴定意见不具有关联性。鉴定意见本身必须确保能初步证明检材的同一性,如果关联性的问题都没有解决,对方自然也就无需履行行为意义上的举证责任。那原告不申请鉴定,直接以被告给付的标的物来证明瑕疵给付,法官为什么通常却认为满足了同一性呢?笔者个人认为,这是因为法律对物证不像鉴定意见那样,有太多的法定规范,此时法官有较大的自由心证空间,根据生活常识和经验法则,此时原告提供的标的物是被告给付的可能性极大。况且,原告往往还会提供一些其他的佐证,如产品订货单、物流单等,只是此时原告面临的最大困难是如何证明存在瑕疵。因此,无论原告采哪种证明方式,要么面临同一性证明困难,要么面临瑕疵证明困难,但因证明责任都在原告一边,故原告难做!

对袁中华老师《瑕疵给付要件之证明责任分配》的评议

谷佳杰*

袁老师的大作"瑕疵给付要件之证明责任分配——以异类物交付瑕疵问题为核心"是一篇价值极高、写作精彩的法解释学论文。论文以瑕疵给付要件证明责任分配为核心,遵循着"问题提出——实践考察——论证分析——启发反思"的行文逻辑,通过对合同法上瑕疵给付问题的详细梳理与分析,描绘了瑕疵给付要件证明责任分配的规范蓝图。尽管作者将题目限定于"异类物交付瑕疵问题",但论文涉及了证明责任规范说的中国问题与发展,其中对比借鉴了德国法的实体规则与程序规范。因此,该文在一定程度上起到了"他山之石,可以攻玉"之效果。这一方面在一定程度上表明了证明责任疑难问题的共通性,另一方面也启示中国当下问题的解决必然是一个历时性问题的共时性解决思路的过程。

一、感想与启发

结合具体的实体法问题而探讨程序法问题,是当下民事诉讼法学研究的一种进路。诉讼法学是研究"诉讼"的法学,而不仅仅是研究"诉讼法"的学科。诉讼是实体法与诉讼法综合作用的场,从学说发展的历史进程来看,民事诉讼法学中的民事诉讼目的论、诉讼标的论和既判力本质论都经历了依附于实体法、独立于实体法与结合于实体法的嬗变过程。这一"肯定——否定——否定之否定"的发展历程揭示了民事诉讼法学的研究发展之路,即紧密联系实体法。因此,袁老师对证明责任分配问题的研究,一直以来紧密联系实体法以消除程序理论与实体规范的分离、祛除诉讼理论单一的"空洞"之感,侧重从立法上进行具体解释适用的分析,殊值赞许与学习。尤其论文在第二部分与第三部分的实体法解释、分析与论证,逻辑严谨地层层推进、步步为营,写作极其精彩,充分展示了袁老师深厚的实体法功底。

二、疑惑与问题

尽管袁老师论文的分析进路与论证过程符合实体与程序并重的理念,但是论文结论似乎就是证明责任规范说的具体适用。从选题价值来看,这在理论上似乎并无太大争议,P1提到"而学术界对此问题也鲜有论及",是否意味着学术理论上并无太大争议?这似乎对论文选题的价值有所损伤。此外,P1提到"但就其证明责任问题并无明确的法律规定或者司法解释",似乎恰恰说明该问题就是属于我国

---

* 谷佳杰,西南政法大学法学院讲师。

民诉法司法解释基本确立的证明责任分配规范说的射程。尽管从论文中列举的案例来看,司法实践中对于该问题适用证明责任分配规范说尚有不同做法,但这只能说明进一步落实与加强证明责任分配规范说的必要性。

论文题目副标题限定了"异类物"的视角,将论文核心聚焦于异类物,但是从论文的论证内容来看,质量瑕疵与异类物瑕疵作为并列的论证对象,似乎存在题目与内容并非"同一性"的"瑕疵"问题。同时,尽管二者的区别成为了作者论证的重点之一,但从后文实体法规则的分析来看,两者的区分对于程序法进路的论证似乎并无太大影响,这似乎又构成了实体法与程序法并非"同一性"的疑问。

论文 P10 的精彩分析得出的结论是"由主张请求权一方需要证明的事实包括:合同的成立、违约行为、损害以及因果关系",其中与本文相关联的似乎就是违约行为,亦即主张请求权一方应当对违约行为承担证明责任,而袁老师则将"违约行为"解读为"对方给付的标的物存在瑕疵",进而分析出"对方给付标的物"的结论。学生大体赞同这种精彩的分析,但是疑惑的是"违约行为"能否解读出"对方给付的标的物存在瑕疵"?此处的要件事实是什么?"违约行为"的构成要件对应的要件事实/主要事实是否存在其他解释的空间,从而影响到证明责任的分配?这里进一步提出疑惑:"对方给付的标的物存在瑕疵"是否存在两个事实?这两者都属于要件事实吗?P13 的关于消费者与经营者证明责任分配的分析中提到了这一问题,那么,在消费者承担"对方给付标的物"的证明而经营者承担"不存在瑕疵"的证明之时,"违约行为"要件事实的证明责任到底属于谁?抑或此处的构成要件与要件事实均发生了变化?

三、展望与担忧

袁老师在第四部分的"回应与补充"及结论部分的大多数观点,学生均十分赞同。证明责任的裁判机制应当进一步予以限制与尽可能地避免,而其压迫机制应当得以进一步发挥,应将利于法官行使裁判权的视角转向充分保障当事人证明权的思路。然而,借助于法官调查取证是否在走回头路?而在立法论上课以当事人事案解明义务又是否走得太快?一方面,法官调查取证权的存在是法官裁量权过大的表现之一,中国未来的民事司法改革应是进一步限制法官的裁量权;另一方面,德日事案解明义务的论争尚未终结,将尚不牢靠的"他山之石"直接予以借鉴,是否能起到"可以攻玉"的效果?在这个问题上,我们似乎"宁可慢些,但要好些"更为适宜。

当然,加强当事人证明权的保障是一个宏大而复杂的问题,非袁老师的论文可以容纳而详细论述的,但恰恰该问题似乎才是本文法规范、法教义与法律解释方法三者结合后不得不面对的问题。

紫荆沙龙文章评议

■ 冯 珂*

提交本期沙龙的两篇论文,分别探讨了医疗侵权纠纷的过错要件之证明问题以及瑕疵给付的证明责任分配问题。两篇论文都充分展现了作者于诉讼法与实体法相结合的路径上展开研究的思路,带给读者很大的启发。笔者谨此就论文中某些不甚明了之处提出一些浅薄意见,并向作者及各位同仁求教。

一、《医疗侵权案件过错之证明》的评议

纪格非老师的《医疗侵权案件过错之证明——以〈侵权责任法〉第58条为对象的研究》一文,在将《侵权责任法》第58条视为对第57条"医务人员未尽到与当时医疗水平相应诊疗义务(以下简称相当诊疗义务)"的客观化解释性规范的基础上[①],进一步指出现行《侵权责任法》第58条混同了过错标准客观化、过错要件证明两种不同性质的问题。对此,作者按照实体法归属实体法、程序法归属程序法的思路,认为应对《侵权责任法》第58条进行拆分和重整。在其拆分、重整的具体方法上,论文第四部分提出援用法律解释、证明责任倒置、法律推定以及证明妨害规范四种立法技术的观点。应当说,根据不同对象采不同解释重构方法的思路是值得赞赏的,但是在作为结论的前述四种立法论观点与该条文立法目的及其相互间的协调关系方面,仍有值得进一步考虑之处。

1. 关于医疗行为"违法性"之限缩解释

对于《侵权责任法》第58条第(1)项把诊疗行为的"违法性"作为认定医疗机构"过错"的客观化标准,作者认为不应泛化"违法性"在过错认定中的作用,应限制"违法即过错"的适用。具体而言,就医疗行为"违法"与"过错"之间存在的直接认定与允许反驳之推定两种立法方式,作者更倾向于兼容并蓄。一方面,对于可直接认定过错的违法医疗行为,论文将作为其适用基础的"法"之范围限缩于诊疗资格许可规则、医疗仪器药品及医疗方法准入许可(以下简称"狭义诊疗规范"),同时也强调即便对于此种违法医疗行为,也要注意因果关系是否成立等其他因素;另一方面,对于前述狭义诊疗规范之外的违法医疗行为,文章则认为可通过扩大法律推定(过错)、个案中证明责任倒置的方法来处理。

---

* 冯珂,北京化工大学文法学院。

① 如文章所言,在《侵权责任法》第58条和第57条的关系上存在多种观点。为形成讨论基础,后述评议以第58条作为解释规范的假定前提而展开。

整体而言,无论限缩解释诊疗规范范围,还是扩大法律推定、证明责任倒置的适用,作者的基本思路在于弱化医疗违法行为的客观归责、提升被告辩论保障以及司法权的裁量空间。而前述构思的立法论基础在于,论文认为《侵权责任法》第58条第(1)项规定的内容偏离了第57条"相当诊疗义务"的本来含义,并且在《医疗损害责任解释》中也出现了削弱客观归责的新动态。

然而,在现行第58条第(1)项与第57条的相互关系上,如果像文章所言前者是因过于加重"过失义务客观化"而与后者本意存在偏差,那么,文章就此提出的前述两种限缩解释方法就可能因过于弱化"过失义务客观化"而偏离其立法初衷,甚至会消解第58条存在的实际意义。其一,将狭义诊疗规范局限在资格性准入条件的层面,但因此类原因而发生的医疗纠纷可能并非医疗纠纷的主要类型,其在过错客观化方面发挥的作用实际有限。其二,相对狭义诊疗规范仅限缩规范适用范围的方法,对于即便存在"违法"医疗行为也允许司法机关结合个案裁量判定是否存在过错(如论文第18页)的这种"扩张"设想,在突破过错标准客观化的方向上是否走得过远?应当说,司法机关保护患者利益的所谓的司法政策(论文第13页)难免不会随着司法解释的变化而动摇,而且《医疗损害责任解释》第16条本身也需回答下位规范与上位法的冲突问题。其三,如果认为机械适用第58条第(1)项可能会偏离"相当诊疗义务"的所谓"个案具体标准",那么解决问题的办法,除了授予司法机关更大的裁量权这种诉讼角度,是否还可考虑从调整诊疗规范自身内容的这种实体法角度入手?

2.关于过错证明的不同路径

对于前述"狭义法"范围之外的违法医疗行为,文章还提出运用法律推定、客观证明责任倒置、妨害证明规范等方法削减证明难度,也试图据此在患者保护和医疗机构责任之间寻求适度的平衡。然而,于此的几种诉讼上的解决手段还存在进一步细化的空间。一方面,立法技术上,不同证明路径的选择还需衔接与协调。例如,法律推定虽通过转化证明对象而降低证明难度,但未改变基础事实(推定前提事实)的客观证明责任承担,而证明责任倒置则是对客观证明责任承担主体的直接改变。因此,对于狭义医疗法范围之外的某种违法医疗行为是否存在过错,究竟是通过推定方法降低证明难度还是通过证明责任倒置方法来直接转变证明责任承担主体,论文似乎并未提出两种方法在其适用边界上的明确区分。此外,如《侵权责任法》第58条第(2)(3)项之规定,虽然可从证明妨害的角度做出解释,但在其效果上,由于存在多种观点,于此或与证明责任转移/倒置存在交叉可能。另一方面,不同证明路径本身的进一步澄清。例如,法律推定之方法,究竟是推定"过错"成立(论文第18页第1段),还是推定"未实施医疗行为"(论文第18页第2段)?论文中提到了不同的推定对象。对于客观证明责任倒置,论文提出委托法官裁量分配的方法仍存有正当性基础的争议。

二、《瑕疵给付要件之证明责任分配》的评议

袁中华老师的《瑕疵给付要件之证明责任分配——以异类物交付瑕疵问题为

核心》一文，在请求权的基础体系下，以"请求权—抗辩"为分析框架探讨了合同纠纷中瑕疵给付要件的客观证明责任分配及其在合同法领域外的拓展适用问题。应当说，论文运用规范的分析方法，很好地展现了实体法问题之诉讼法展开的思路，但就论文在论证对象分解与论证过程中的某些问题，还值得进一步探讨。

1.关于证明对象之分析

论文以"瑕疵给付要件"为论证对象，具体以"异类物交付"为论证切入点。于此，在涉及异类物瑕疵给付的诉讼中，可能涉及三个要素的两种同一性关系：卖方（通常为被告）给付标的物与合同约定内容的同一性问题，以及买方（通常为原告）持有物/诉讼标的物与被告给付物之间的同一关系。应当说，在一般的给付瑕疵纠纷中，可能只涉及第一个层面的同一关系；然而，如果纠纷中原被告对诉讼标的物与给付标的物是否同一存有争议（即原告是否"调包"存有争议），就会产生前述两种同一性争议。

对于这两种同一性的关系，虽然论文也认识到其差异，并指出前者即为瑕疵给付问题，而后者则涉及给付同一问题。然而，在两种同一性的相互关系上，论文似乎认为，当诉讼围绕诉讼标的物和给付标的物是否"调包"发生争议时，"瑕疵给付是否存在的问题，演变为给付同一性问题"（见论文第3页）；申言之，瑕疵给付问题通过给付同一问题展现，而给付同一则成为是否构成瑕疵给付的表现。

对于这种认识，笔者认为，两者并不能用"＝"或"→"符号来揭示其相互关系，因为两者属于不同层面的问题。一方面，从本质上看，给付标的物与合同约定是否同一或相符，即是否存在瑕疵问题，这是一种法律评价；而原告持有物/诉讼标的物与给付标的物是否具有同一性，这是一个事实争议问题。另一方面，从形式上看，如果原告认为其持有物与合同约定不一致，那么，他也只能从异类物给付瑕疵角度寻求救济；但站在被告立场，其并非争议"他物与合同约定是否一致"，而是争议"此物与他物"是否一致，因此，诉与辩的主题也不完全对应。

2.关于证明责任之分析

如果以前述证明对象的第一种认识为基础，即瑕疵给付与给付同一具有延续关系，也就会得出"瑕疵给付的证明责任，就演变成给付同一性的证明责任问题"（论文第3页）这种认识，进而将"瑕疵给付要件"分解为"原告持有物和给付标的物具有同一性"以及"给付标的物具有瑕疵"两个要素，并需要原告按规范说之证明责任分配原则分别对其承担客观证明责任（论文第11页）。

然而，如果从前述证明对象的第二种认识出发，即瑕疵给付与给付同一性属于不同层面的问题，那么就"原告持有物与给付标的物是否同一"之证明责任承担问题，虽然在结论上会与前述观点存在一定的重叠，但其解释路径与幅度却与前者有较大的差别。由于诉争标的物与给付标的物是否同一的争议仅存在于事实层面，其实质相当于被告对原告所主张的一个要件事实（"被告交付之标的物"）作出了直接否定，而对此事实的客观证明责任其实一直都不生变化地由原告承担，只是因被告之否定而引起了主观证明责任的变动。

其一，该事实之客观证明责任由原告承担，是基于原告主张的被告"不完全履行",在实体上与"履行不能""拒绝履行"都有区别,其以"被告已履行债务,只是履行债务不合约定"为内涵。因此,在权利发生层面上,原告就需对被告"已经履行债务"的要件事实承担客观证明责任。由此,"原告持有标的物与被告给付标的物是否同一",作为被告已履行债务之具体情况,关于该事实的客观证明责任就需由原告承担。

其二,虽然原告对此事实承担客观证明责任,但原告通过向法庭提交其持有的诉争标的物已进行了初步证明。实际上,原告提交的诉争标的物作为直接证据,存在着双重证明效果:一方面,是对"被告已经履行债务"包括"诉争标的物与给付标的物同一性"的初步证明,另一方面,也是对"被告给付标的物存在瑕疵"的初步证明。由此,当被告提出否认"给付同一性"的事实主张时,尽管这种诉讼上的否认不改变"已经履行债务"的客观证明责任的承担,即被告无须对该事实承担客观证明责任,但它会在主观证明责任层面带来影响。对于提出这种否认性事实主张的被告,其如果不进一步在行为意义上提出具体证据,那么,这种否认性的事实主张就不应被法院采信而动摇其心证状态。

综上,对于"给付同一性"相关的事实主张,尽管被告不承担客观证明责任,但在主观证明责任上却并非没有影响。至少在主观证明责任层面。"谁主张,谁举证"还是有其适用价值的。

评议瑕疵给付要件之证明责任分配

■ 赵秀举

论文的主题选择具有很强的实践价值,自张卫平老师于20年前在"交叉询问制:魅力与异境的尴尬"中提出水晶球案件的证据法困惑后,民事诉讼法学界对此始终未能给出逻辑清晰的解决方案,袁中华在今天再次抛出这一问题,显示出了极大的勇气。但丁说:"在全部的美德之中,最强大、最慷慨、最自豪的,是真正的勇敢。"

论文存在的问题主要如下:

第一,问题的提出过于冗长,占用了4页半的篇幅,其中大部分内容是对案情的叙述,或者说是对法院裁判文书的转述。

第二,论文第二部分着重对《合同法》第107条进行了分析,以归纳其中的事实要件:合同成立、违约行为、损害和因果关系。这部分占据了5页的篇幅,但是论文的主题是与瑕疵给付有关的证明责任问题,与其他事实要件无关,因此归纳第107条的要件总体意义有限。

第三,论文的主题表面上看是瑕疵给付,真正争议的并非是瑕疵给付,而是鉴定之标的物是否为卖方给付的标的物,这从整体上看,依然属于瑕疵履行的大要件范围。因此论文的第四部分为核心,但展开论述不充分。

关于《瑕疵给付要件之证明责任分配》的评议意见

■ 潘 溪

袁老师的这篇论文构思精巧,脉络分明,语言组织十分流畅,具有可读性和思想性,且能够准确运用民法知识和方法,实现与民法学者的有效交流。文章中的主要观点阐释清晰明了,论证和案例也围绕观点展开,很能说明问题。本人对文章的主要观点赞同,且对该文的文笔文风表示钦佩,仅有一些小想法,提出来供探讨。

1.文章在谈论瑕疵给付现象时谈到,瑕疵给付是否存在的问题演变成了给付同一性问题。其认为在有鉴定的场合,给付同一性问题又演变成了如本案中出现的"原告送检物与被告所给付之物是否具有同一性"问题,或者说前者需要借助于后者来进行判断。这一问题在"水晶球"案中是一个突出的问题,但是在司法实践中却并不是一个普遍的问题。当前民事纠纷中关于产品质量瑕疵的鉴定,一般都由法院按照法定程序送检,即使是当事人送检,一般也会做好送检材料来源的证明工作。另一方面,对于特定物的检验,一般对其复制或者调包除了冒道德风险,在科学检验中对物的特定性、稳定性检验水平也较"水晶球"案发生时有了较大提高。对于同类物的检验,一般有一套科学流程保证随机抽检的方法并进行记录。所以本文将瑕疵给付很大程度上推演为送检同一性的认定可能有失偏颇,而据此展开的大篇幅讨论的价值也可能要打折扣。

2.关于文章中涉及的另一个问题,即单方面允诺的法律后果,文章认为"假一罚十"可以被视为一个合同条款。这一方面的论述与文章和本次论坛主题"证明责任分配"并非一个话题。不管是"假一罚十"还是"假一罚百""假一刹手"都是一个纯粹的合同法问题,关于这一问题,也应当视合同订立的条件、合同履行的可能性和双方权利义务的相当性,考虑有没有"重大误解、显失公平"的情形,还要考虑现有民事法律和《消费者权益保护法》中关于赔偿额度的条款,毕竟在有些制假售假的规定中已经有了惩罚性赔偿的上限,而立法者在法条制定时也予以考虑了相关的可能性。此外,这一点还应考虑"假一罚十"的意思表达属于要约还是要约邀请,如某些广告行为是否是合同订立的要件行为等。综上,建议作者将本部分内容另行成文,下回再行讨论。

3.在艺术品交易和古董古玩市场、珠宝交易行业都存在一些潜规则,这也与本文所讨论的"瑕疵给付"有关。古玩交易当面鉴定、当面交易,真假凭眼力。古董的真与假、年代和品位等极其复杂,理解和认识、观点和结论都各有不同。买卖实际上是双方知识领域方面的较量,只能各自总结经验教训。所以古玩行一般人不敢涉足,难就难在真假上,对外行人来说,他们无法理解古玩业的内涵。艺术平交易规则中,艺术品持有人在艺术品发行上市过程中须完整披露其艺术品的来源和瑕疵等相关信息,确保提交的文件和信息真实、完整、有效。未说明艺术品的瑕疵给投资人造成损失的,艺术品持有人应承担赔偿责任。文中所涉及的"寿山田黄石""紫檀""水晶球"等也属于上述类别,我们应当考虑行业运行的通行规则,比如完善证书证明的方式就能够解决不少证明责任上的争议。

最后,另外一种可能的质疑是,文章的"可能的质疑及回应"部分在一般论文写作中不常见,这是一种典型的为了论坛所做的防卫准备。但是,这也为更加有效地探讨、避免不必要的误读提供了指引。这里提到的一些疑问可能不是针对文章和观点本身的,但与袁老师探讨的问题密切相关,肯盼回应解惑。

对《瑕疵给付要件之证明责任分配》一文的评议意见

■ 任 重*

相比诉讼标的、既判力在我国所受到的质疑,①证明责任理论在我国的发展是相当顺畅的,司法实践对其的反馈也是相当积极和正面的。对此,《瑕疵给付要件之证明责任分配》一文无疑是典型的例证。作者从证明责任论出发,围绕《合同法》第107条详细讨论了瑕疵给付要件之证明责任分配,特别是广泛参考我国相关司法裁判观点,以规范研究的视角对司法实务的做法进行了实质性的甄别,随后将研究的结论推广到《合同法》的相关请求权和形成权,以及《消费者权益保护法》领域的请求权,还结合水晶球案讨论了单方允诺问题。虽然证明责任问题究竟是诉讼问题还是实体问题,在罗森贝克看来也出现过观点的反复,且在我国语境下特别强调其民法问题属性的利弊,为何还需要更深入的讨论?②但毫无疑问的是,证明责任的具体适用需要广泛结合民法知识,③这就对研究者提出了实体和程序上的双重要求,因此,报告论文不仅是一篇民事诉讼法学方面的文献,也是民法学方向的研究成果,例如,在民法方面对严格责任的态度,对两种责任一元论和二元论的选取。

在经过问题的分析、扩展之后,作者还对我国证明体系进行了反思与建议,不仅如此,还进行了民事诉讼研究方法层面的讨论。前者如"司法实务中之所以成为难题,根源或许并不在于举证责任负担,而在于许多案件中事实尚未达到足够的解明度,即要件事实尚未充分被双方的攻击防御活动所解明"(论文第16页);后者如我国证明责任相关的立法和司法中,往往欠缺的是规范分析,而最不缺乏的就是对实质正义的考量,其最终结果就演变成了"谁弱谁有理""谁强谁证明"(第15页)。在论文的最后,作者认为,"或许其更重要的意义,是展现在证明责任领域采用规范分析方法的可行性。无论是立法、司法还是法学研究中,法规范(尤其是实体法规

---

* 任 重,清华大学法学院副教授。

① 例如,吴英姿教授以诉讼标的为例,认为看上去精细深邃的理论,因其过于繁复且难以自圆其说而蜕变为纯粹的书斋学问,不仅不为司法实践所青睐,也未能影响相关立法,成了没有用武之地的"屠龙术。"参见吴英姿:《诉讼标的理论"内卷化"批判》,载《中国法学》2011年第2期。

② 任重:《罗森贝克证明责任论的再认识——兼论〈民诉法解释〉第90条、第91条和第108条》,载《法律适用》2017年第15期。

③ 但应当注意的是,证明责任分配不能直接套用民法理论。参见任重:《论中国"现代"证明责任问题——兼评德国理论新进展》,载《当代法学》2017年第5期。

范)、法教义(如规范说)以及法律解释方法这三者的结合,无疑都是必不可少的,而且不仅仅限于证明责任领域。"

综上,无论是从研究方法层面,还是在证明责任分配的具体观点上,我都与论文作者保持基本一致。所谓评议,只是对作者观点的总结和重述,以及对不甚理解的地方的追问。

1.论文的基础理论贡献问题。由于证明责任论的研究已经相对深入,因此,论文基本是沿着理论共识在瑕疵给付问题上的具体化应用。作者或许也意识到这个问题,这才在论文第四部分"回应与补充"中自问:较之我国传统认识的"谁主张,谁举证",本文到底有何高明之处?其实,我国证明责任论的发展经历了从主观意义到客观意义的重点转移。那么,本文与罗森贝克的规范说相比,有何高明之处呢?这或许是较"谁主张,谁举证"更可能会遇到的挑战。尽管如此,即便在基础理论上没有突破,但在具体问题上能够贯彻并解决可能出现的质疑,已经是相当困难的工作了。

2.作者认为,"异类物交付瑕疵"本身并不在《消费者权益保护法》第23条中的"瑕疵"的涵摄范围之内(论文第13页)。《消费者权益保护法》第23条第3款规定:"经营者提供的机动车、计算机、电视机、电冰箱、空调器、洗衣机等耐用商品或者装饰装修等服务,消费者自接受商品或者服务之日起六个月内发现瑕疵,发生争议的,由经营者承担有关瑕疵的举证责任。"仅从文义解释来看,异类物交付瑕疵本身可以包含在第23条第3款的涵摄范围内。仅从作者提供的论据来看,论文似乎存在逻辑上较大的跳跃,有必要进一步论证"异类物交付瑕疵"本身并不在《消费者权益保护法》第23条中的"瑕疵"的涵摄范围之内这一结论。存在类似逻辑跳跃问题的还有论文第15页之论述。"对相关实体法规范的分析,在许多情形下也付之阙如。例如《证据规定》第2条与第5条,就根本未考虑在何种请求权下分配何种要件的证明责任,而是笼统地就合同和劳动争议案件确定分配规则,甚至2015年的《民诉法解释》第91条也存在类似问题。"虽然《民诉法解释》第90条和第91条并非完美无瑕,①但已经是理论在立法中得以落实见的典范。对证明责任相关条文的质疑,作者或许应当负有更多的说服责任。

3.水晶球案件究竟涉及客观证明责任、主观证明责任还是动态的具体举证责任?根据《消费者权益保护法》第55条,消费者需要对存在欺诈的事实承担证明责任(客观证明责任),有责任提供证据证明商家用玻璃球假冒水晶球(罗森贝克的主观证明责任)。水晶球案件的难点在于,除了发票和珠宝鉴定,已经无法再苛求消费者提供其他的证据来证明商家提供的就是玻璃球。其实这个问题的解答已经来到了动态的具体举证责任。对水晶球案件的回答不能只局限于某个事实或证据,而是必须综合考虑言辞辩论和证据调查的全部内容,使法官形成对商家交付的是玻璃球这一待证事实的临时心证。如果法官已经对此形成临时心证,那么提供证

---

① 李浩:《规范说视野下法律要件分类研究》,载《法律适用》2017年第15期;李浩:《证明责任的概念——实务与理论的背离》,载《当代法学》2017年第5期。

据打破法官确信的压力就转移到了商家一方。三者的关系可见图1。①

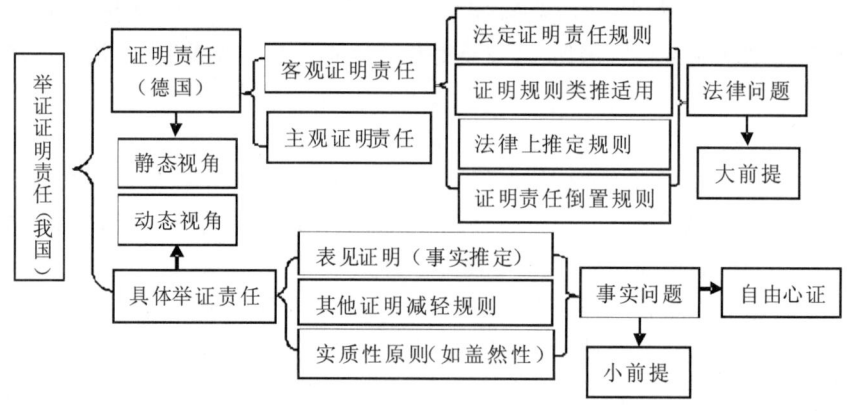

图 1

4.作者认为证明的问题是非证明责任框架下可以彻底解决的。这个观点具有相当重要的价值。作者给出的方案是应用新技术,例如,借助于法官调查取证及文书提出命令制度和在立法论上课以当事人以事案解明义务。不过需要补充的是,除了新技术的引入,还需要真正落实已有制度。我国法官在认定事实时以自由心证为原则,以法定证据为例外。我国证明难的出现,不得不说存在法官基于各种原因不愿意充分运用自由心证的制约。因此,相比新技术,老的技艺,例如事实推定以及经验法则的应用或许占有更为重要的比重。在论文的最后,作者还提出文书提出申请与释明的关系,不过,仅以释明义务的界限观之,法官释明的作用可能会相当有限。② 对于证据的释明也被包含在《德国民诉法》第139条第1款第2句的含义之内。不过,基于与事实主张同样的考虑,法院的阐明也限于当事人有最低限度的意愿的证据,完全超出当事人意愿的证据提出阐明是不合法的。然而,虽然其依据都是当事人提出原则的限定,但是对证据提出的阐明是否也可能比照事实主张阐明而区分为证据申请不明确的阐明和证据申请不充分的阐明,并且将是否充分的标准确定为其应证明的事实是否能够被实体法上个别请求权基础之规定或反对规范所包含。特别是考虑到提出原则的第三项要义已经被实质性突破,除了证人证据之外,根据《德国民诉法》第141条、第142条、第144条和第273条,立法上都存在法院依职权调查证据的可能性。以上两条理由是否能够论证对当事人为提出之证据申请同样可以进行阐明呢?根据德国通说,《德国民诉法》第139条第1款第2句所包含之证据阐明之针对当事人申请事项不明确、不特定和不完全。例如,当事人在申请中未明确表明证人的姓名,未明确将文书或勘验物个别化,或在

---

① 任重:《论中国"现代"证明责任问题——兼评德国理论新进展》,载《当代法学》2017年第5期。
② 任重:《法院阐明义务之强化对辩论主义之影响及其界限之探讨》,载姜世明主编:《修正辩论主义与协同主义之时代论争》,台湾新学林出版公司2017年版,第209~284页。

证据申请中未明确或足够明确表明该证据应证明的事实,即个别性明确提出证据之阐明义务。其适用前提有二：一是对应事实有证明的必要性,只有双方当事人对案件事实存在争议,法院才谈得上证据方面的阐明义务；二是为了证明该事实已经提出了证据申请,只是证据申请存在不明确、不特定和不完全之情形。除此之外,法院并不负有所谓个别性补充提出证据之阐明义务,即对于当事人没有提出之证据申请,法院不得提出个别和具体的证据申请。① 不过,在存在证明必要的前提下,如若当事人未对待证事实提出证据或提出足够的证据加以证明,将根据客观举证责任,由负有该项责任的当事人承担诉讼上的不利。为了避免此种不利益,法院负有一般性补充提出证据之阐明义务,即提示当事人于此种情形不提出证据申请可能导致的败诉后果,或者在当事人未提出足够证据的时候告知当事人目前的心证状态,促使当事人自己思考应当补充何种个别和具体的证据申请,以达到甚至超过证明标准之要求。具体而言,当法官对待证事实无法形成确信,应向负有举证责任的当事人告知此事实观点(证据评价)与补充提出本证之必要(一般性补充提出证据之阐明义务)；倘若法院就待证事实已经形成确信,其应向未负举证责任之当事人阐明此项事实观点并告知其有补充提出反证之必要；倘若反证成功动摇了法院之确信,法院应向负有举证责任之当事人告知此项事实观点,及其有再提出本证之必要。除了未提出证据或证据不足以证明待证事实,一般性补充提出证据之阐明的典型适用情形还包括当事人忽略或误认举证责任分配与转换,如法律上的事实推定(gesetzliche Tatsachenvermutung),此时根据《德国民诉法》第 139 条第 2 款应当予以阐明。不过,严格来说,举证责任分配和转换均系法观点的阐明,而非事实观点和证据申请阐明。此外,证据申请阐明还适用于表见证明之适用。法院应向当事人指出表见证明的事实观点,并同时告知他造当事人有提出反对间接事实与反对证据的必要性。此外,根据《德国民诉法》第 139 条第 2 款,如果上诉法院对案件事实陈述、证据的评价与前审不同,或者法院意图修正之前阐明的对相关证据的评价,应当对一审胜诉的当事人和之前证据评价有利的当事人加以提示。② 如果当事人并未提出证据申请,那么,即便法院通过调查证据得知个别新证据,也不得对其进行提示,因为这已经超出了法官与当事人之间的界限,发生法官与当事人地位的混同。③ 虽然辩论原则的第三要义已经被很大程度上突破,但第三要义依旧存在,证据申请的提出依旧是当事人的事情,而非法官的职责。而法官依职权调查证据的规定也并非是必须如此(Mussvorschrift),而是可以如此(Kannvorschrift)。

以上是不成熟的总结和提问,烦请报告人与参会人批评指正。

---

① Vgl. Musielak/Voit/Stadler, § 139, Rn. 14.
② Vgl. Musielak/Voit/Stadler, § 139, Rn. 14.
③ 刘明生：《民事诉讼第一审程序充实与集中原则》,载《民事诉讼之程序法理与确定判决之效力及救济》,新学林出版股份有限公司 2016 年版,第 130 页。

关于纪格非教授《医疗侵权案件过错之证明》的评议

■ 潘 溪

纪教授此文从《侵权责任法》第58条切入,关注当下医疗纠纷案件的法律实践,结合对相关案例的检索梳理,较为细致地分析了关于过错医疗行为的证明问题,提出分类解决医疗侵权案件的证明的观点,并从证据法原理的运用角度进行深入论证,整篇文章可谓内容新颖、资料翔实、以小见大。笔者在深感佩服的同时,尚觉几点不明,提出商榷。

1.文章认为应限定"违法即过失"的适用范围,并明确违法性判断的依据。只有以成文法形式存在的诊疗规范,才能视为"法"。但是在侵权行为的各类型中,并不只有医疗侵权案件涉及"违法行为"的认定。比如在交通事故侵权责任的认定中,一般认为应对"行为的违法性"作广义的理解,即只要机动车交通事故致害人实施了侵犯他人人身、财产权益的行为就认为该行为有违法性,就要承担民事侵权责任。所以说,对于援引法条规范存在相对稳定的立法体例,不管是民法还是刑法都有关于"违法"的界定,文章在医疗行为中要单独对"违法"作一个特殊的解释,其必要性和可操作性都值得探讨。到目前为止,立法上都没有明令颁布的、可供临床医疗从业人员遵守的、医疗诉讼机构及其从业人员适用的医疗规范,将诊疗规范交由法官判断也是强人所难。

2.文章主张对在诊疗规范中"诊疗资格许可规则"和"医疗仪器、药品及医疗方法准入许可规则"两类规范的违反,可以直接认定为存在医疗过错,而对"诊断和治疗规则;信息披露规则;诊疗信息规范记录和妥善保管规则"的违反不一定认定过错的态度也不利于实际操作。就这样区分医疗规范是否合理不谈,在相关的标准中有时会在同一个医疗规范文本中同时存在两种以上类型的医疗规则,如卫生部《产前诊断技术管理办法》(2002)既包含了"第二章 管理与审批",又有"孕妇有下列情形之一的,经治医师应当建议其进行产前诊断:羊水过多或者过少的;胎儿发育异常或者胎儿有可疑畸形的;早期时接触过可能导致胎儿先天缺陷的物质的;有遗传病家族史或者曾经分娩过先天性严重缺陷婴儿的;年龄超过35周岁"的条款。

3.目前对医疗机构的监管不是太严,太苛刻,对现有医疗卫生制度的执行不全面、不彻底。医疗卫生行业内部公认,目前的医疗事故50%是完全可以避免的。从医疗质量管理而言,可避免的医疗事故基本上都是未能遵守相关医疗卫生管理制度及诊疗技术规范等造成的。换言之,医疗卫生行业从业人员在遵守相关法律法规和诊疗技术规范方面,是亟待加强的。对于文章中所担心的"用随身携带的小刀救人致侵权"的问题,完全可以通过紧急避险等方式评价和解决。

4.文章认为,对于违反诊疗和治疗规范是否应当视为存在过错,应允许司法机关结合案件的具体情况予以确定。如前所述,诊疗和治疗规范是对诊疗行为的抽象性规定,在具体操作时,医务人员应结合患者的具体情况确定具体的医疗方案,同时法院还应当结合医院所在地区的医疗水平、医院的级别等现实因素判断医务人员在诊疗活动中是否尽到了与当时的医疗水平相应的诊疗义务。这必然导致在评价医疗机构过错时使用"双重标准",使得技术水平相对较差的医疗机构对医疗规程的执行也打折扣,显然更加不利于减少医疗事故的发生。此外,将这一划分评价的权利交由司法机关也不尽合理,司法机关本身对医疗水平的判断可能是片面的、无序的,可能会导致同案不同判的情况,在结合所在地的医疗水平方面也可能会形成新的医疗机构地方保护主义。

总的来说,对于医疗机构的责任认定还应当以有利于医疗卫生事业的规范化为导向,遵循统一、可操作性的证明规则,对过错的判断也应当专业的归专业、法律的归法律。以上种种,多有不当,请纪教授莫怪。

评纪格非教授及袁中华博士的两篇论文

■ 任 凡

一、格非教授的论文以法解释的方法细致深入地探讨了诊疗过错的证明问题。笔者对其中绝大部分论点都非常赞同,比如第58条(二)(三)没有细致区分发生诊疗记录缺失的阶段以及诊疗记录缺失的不同原因可能给过失的证明造成的不同影响。在司法实践中,法官甚至对诊疗记录缺失是否基于被告的故意都不进行识别,违背了证明妨害规则立法的原意,显著提高了医疗机构在医疗侵权诉讼中的败诉风险,等等。有一点困惑,是关于第58条的性质问题。格非教授的观点是从立法原意及实务中的运用来看第58条第1款是对第57条进行解释的"立法中的解释性规范"。但是从第57条与第58条的内容以及上下文关系观察,这似乎并不能表明58条是对57条进行解释的"立法中的解释性规范",而是为"与当时的医疗水平相应的诊疗义务"提供客观化的判断标准。若依常情对诊疗义务进行解释,结论基本是一般情况下医务人员可以尽到的,通过谨慎的作为或者不作为避免患者受到损害的义务,这与合法合规不能完全等同,医务人员完全遵守了法规,也有可能做出事后证明是错误的判断或行为,亦即:用"合法合规"来解释何谓"与当时的医疗水平相应的诊疗义务"似乎有违常理。格非教授在后文也提及将"违反法律、行政法规、规章以及其他有关诊疗规范的规定"解释为违反"与当时的医疗水平相应的诊疗义务"并不符合法律解释的一般原则。所以,到底58条的性质能否定为解释性规范呢?若仅以立法目的出发定性为解释性规范,复又以常理批驳其不符合法解释的原则,是否妥适?

二、对袁博士的论文,笔者很赞同其研究方法、分析进路与相应观点。法教义学、法解释方法以现行有效的实在法为研究对象,以实在的具有效力的法律规范为思维起点,从而把握住了法律独特的规范性特征;另一方面,具体个案的司法裁判不能背负太多的政治和社会判断,否则非但不能保证案件能够得到迅速、及时的解决,反而会引起一些新的争议,加大了判断的成本,而且损害了法律的确定性和可预期性。因而,无论是法律研究还是实务工作,都应重视此方法的运用。另外,将证明责任之败诉风险苛以当事人是诉讼裁判之需要,然而,并不是有了法律真实就万事大吉,在努力接近客观真实的基础上解决当事人纠纷是民事诉讼的主要目的,以证明责任来裁判是不得已而为之。本文特别提出了应通过各种制度手段提高解明度,从而避免通过证明责任来裁判,这是特别值得立法及实务工作者重视的。拟与袁博士讨论的是:是否有必要提出"可能的质疑与回应"没有考虑到实质正义?在我看来,作为立足法教义学,并贯彻法律解释方法始终的论文,或许并不需要顾虑这些质疑。首先，探讨证明责任规则制定背后的价值理念是另一个层面的话题，并不在本文题旨统摄之下，它属于立法论的问题，而不是解释论的问题；其次，文中言及"我国证明责任相关的立法和司法中，往往欠缺的是规范分析，而最不缺乏的就是对实质正义的考量，其最终结果就演变成了'谁弱谁有理''谁强谁证明'"，就此，我认为"谁弱谁有理""谁强谁证明"并非体现了实质正义，即，我国证明责任相关的立法和司法，不仅仅欠缺规范分析，也欠缺对实质正义在真正意义上的思考，而仅仅希望成就"看上去很美"的实质正义。正如格非教授论及的"《侵权责任法》第58条没有细致区分发生诊疗记录缺失阶段以及诊疗记录缺失的不同原因可能给过失的证明造成的不同影响。而在司法实践中，法官甚至对诊疗记录缺失是否基于被告的故意都不进行识别，只要在诉讼过程中，被告无法出示完整的诊疗记录，就倾向于将被告的行为认定为伪造、篡改或者销毁病历资料，并根据第58条（二）（三）项作出被告存在医疗过错的认定"。很明显，立法和实务都未加区分地倾向于"弱者"，让医疗机构背负了过重的证明责任，睽违实质正义。故，我认为法律规范的分析并无碍于对证明责任背后实质正义实现的关怀，我国关于证明责任的立法宗旨、实务中的倾向性做法也并未真正体现实质正义。

评《医疗侵权案件过错之证明》

■ 毕潇潇*

一、关于《侵权责任法》第57条与第58条的关系

文章详细分析了关于第58条法律性质和法律效力的几种观点,通过分析认为,更符合立法者原意的理解应当是将第58条视为第57条规定的"当时的医疗水平相应的诊疗义务"的解释,是立法中的解释性规范,而不是法律推定,也不是针对主、客观证明责任的转移与分配问题作出的规定。评论意见对这一结论持保留态度,理由是:

(一)如果第58条是对第57条的解释,立法在技术上应当将第58条表述为:"符合以下情形之一的,患者有损害,应当认定为医疗结构存在过错"。立法者没有使用"认定",而明确使用了"推定",也没有采用"列举加兜底"的立法例说明应当认定为"未尽到与当时医疗水平相应的医疗义务"的具体情形,因而不宜将立法意图替换理解为直接认定。①

(二)对于医疗过失的认定有两种不同的方法:受害患者能够证明的情况下,才可以"直接认定"医疗机构存在医疗过失;而在受害患者不能证明的情况下,有两种推定过失的情形,一种是符合表现证据规则的举证责任缓和的推定,一种是法定的医疗过失推定。② 而第58条是法定的医疗过失推定,这三种情形分别为三种不同的"推定过错的事由",即推定为"未尽到与当时医疗水平相应的医疗义务",而不是对"未尽到与当时医疗水平相应的医疗义务"内涵的解释和替代。除了法定的推定外,还有法官根据"经验法则"对表现证据采取的举证责任缓和的情形;除了推定外,还有根据有受害患者的证明而直接认定过错的情形。

(三)医疗过失责任属于专家责任,而专家责任之所以采取客观认定标准,其原因在于信赖原则,即医疗结构及医师所提供的医疗行为使得病人认为其有能力提供妥当的服务,如此,则不再考虑专家的具体主观情形。而且医疗合同并不以治愈结果

---

* 毕潇潇,烟台大学法学院。
① 王胜明主编、全国人大法工委编:《中华人民共和国侵权责任法释义》,法律出版社2013年第2版,第322页。"但医务人员有过错与违反法律、行政法规、规章以及诊疗规范毕竟不是等同的概念。"
② 杨立新:《〈中华人民共和国侵权责任法释义〉精解》,知识产权出版社2010年版,第245页。

为目的,对于医疗方法的判断也只能依据客观标准。① 然而,医疗过失毕竟是主观要件,而不是客观要件,即便依靠客观标准,也只是推定为有过错,如果医疗机构及医生可以证明其已经尽到合理医生的高度注意义务,便可以推翻医疗过失的推定。

所以关于第 57 条和第 58 条的关系,评论意见更倾向认为第 58 条是为第 57 条的注意义务提供了几条客观化的判断标准,即在符合这些情形时,可以推定为医疗机构有过错;同时允许医疗机构证明其已尽到符合当时医疗水平的注意义务而没有违反第 57 条的规定,从而推翻医疗过失的推定。这里不宜将第 58 条认定为对第 57 条的解释,应当综合两条规定,以第 57 条作为认定医疗技术过失责任的主要条款,而将第 58 条视为受害患者证明困难时获得有效救济的依据。

二、关于《侵权责任法》第 58 条第(1)款的理解

文章对第 58 条第(1)款的三个角度的分析鞭辟入里,但似乎在交织使用"证伪"和"证成"两种逻辑,建议梳理为一种逻辑。比如,如果错误理解第 58 条第(1)款,将会导致与第 57 条的立法意图不相符,那接下来的逻辑应当是如何纠正对于第 58 条第(1)款的错误理解,而不是继续批判第 58 条。如果认为立法意图有错误,则应当着墨于错误的原因以及纠正的方式。

由于责任的认定不仅需要证明过错,还需要证明侵权行为、损害后果以及两者之间的因果关系,所以,第 57 条中对于医疗过失的理解,要结合后半句"造成患者损害的",也就是要证明未尽到义务的诊疗行为与损害之间的因果关系。因果关系的证明,会极为有力地将对医疗过失的证明限定在合理的范围内。从这个角度而言,我们或许就不需要担心第 58 条第(1)款中的宽泛规定,反而其越是宽泛,越有利于受害患者找出与所受损害之间有因果关系的诊疗行为是违法的,从而推定医疗机构过错的成立。再者,从这个角度理解,也可以避免文章指出的"标准僵化、难以满足个案公正的需求"的问题。第 58 条第(1)款中法律、行政法规、规章以及其他有关诊疗规范的对医疗机构或医护人员行为的规定,便可以理解为与受害患者所遭受的损害有因果关系的诊疗行为相关的具体的规定,而不是泛泛的抽象的规定。正如文章提到的,司法实践中"强化过失的证明,淡化了医疗侵权纠纷案件对于因果关系的证明"会导致对第 58 条的滥用和误解。建议文章可以在一、二部分引入对因果关系证明的讨论,强调因果关系证明对于限制第 58 条滥用的重要作用,为后文做铺垫,同时在论述逻辑上作出调整。

三、关于《侵权责任法》第 58 条第(2)(3)款的理解

文章关于对第 58 条第(2)(3)款的批评是很有道理的,条文规定本身确实存在问题。医疗损害赔偿责任的认定,原则上应该由患者证明其损害与医疗行为之间具有因果关系。但是,这在司法实践中往往是困难的,因为患者需要拿到医院保存的相关资料才能对因果关系进行证明,但是如果医院隐匿或拒绝提供,或者修改,

---

① 杨立新:《论医疗过失的证明及举证责任》,载《法学杂志》2009 年第 6 期。

患者常常会无法证明。因此，尽管第58条第(2)(3)款看上去是对推定过错的证明，实际上其中也夹杂了对因果关系的推定，推定了过错，也就是推定了因果关系成立。换言之，如果受害患者可以证明第58条第(2)(3)款的情形，不仅可以推定医疗机构有过错，也因为其无法获得准确证明因果关系的病例材料等，而无需再证明，推定医疗机构的诊疗行为与损害结果之间存在因果关系。结合《医疗赔偿纠纷司法解释》第8条第(2)款的规定，医院对医疗行为与损害后果之间不存在因果关系负有举证责任，肯定在医疗过失责任认定中采用完全的因果关系的举证责任的倒置，其实是对医疗过失责任采用了"因果关系的完全推定"。所以，从这个角度而言，第58条第(2)(3)款所出现的问题，与司法解释中因果关系的完全推定也有密切的关系，推定了过错的同时也就推定了因果关系，从而使得推定过错产生的问题更为显著。限制因果关系的完全推定而改为有条件的因果关系推定，[①]对于解决司法实践中对于第58条的滥用有十分重要的意义。

综上，评论意见认为，由于文章论证的逻辑前提——第58条的法律性质和效力本身争议性很强，如果对立法者的意图无法准确把握，后文精辟深刻分析的分量会有减损。另外，第58条中所隐含的因果关系证明和推定的问题，着实打破了表面上对"过错"理解的格局，似乎无法回避对这个问题的深入探讨。

我国《侵权责任法》对医疗过失责任采纳了"过错责任"原则，而不是"过错推定责任"，即便第58条使用了"推定医疗机构有过错"的表述，实际是为注意义务提供了客观化的判断标准，并不是归则原则意义上的"过错推定"责任。但是我国的《民事诉讼证据规则》[②]，对医疗损害责任采用的是完全的过错推定原则，而非一般的过错责任。[③] 实体法规则与诉讼规则的冲突，是导致司法实践中对第58条误用和滥用的根本原因。当然诉讼规则中，并没有排斥实体法的规定，例如，《最高人民法院关于民事诉讼证据的若干规定》（法释[2001]33号）第4条第2款规定"有关法律对侵权诉讼的举证责任有特殊规定的，从其规定"。所以，我国或许可以通过明确实体法的特殊规则，来缓和司法实践中两者之间的冲突，将医疗过失责任的实体法和程序法两个维度统一为"过错责任""举证责任的缓和""因果关系的有条件推定"，而不是"过错推定责任""举证责任的倒置""因果关系的完全推定"。

最后，期待文章的理论贡献有助于扭转司法实践中对第58条滥用的局面，在有效救助受害患者的同时，维护医院的合法权益和医生的执业尊严，更好地平衡医患关系。向作者致敬！

---

① 杨立新：《医疗损害责任的因果关系证明及举证责任》，载《法学》2009年第1期。
② 《最高人民法院关于民事诉讼证据的若干规定》（法释[2001]33号）第4条第1款的规定："因医疗行为引起的侵权诉讼，由医疗机构就医疗行为与损害结果之间不存在因果关系及不存在医疗过错承担举证责任。"
③ 王利明：《侵权责任法疑难问题研究》，中国法制出版社2012年版，第468页。

对纪格非老师《医疗侵权案件过错之证明》的评议

■ 谷佳杰*

纪格非老师的大作"医疗侵权案件过错之证明——以《侵权责任法》第58条为对象的研究"探讨了实践发展极其复杂的医疗侵权纠纷问题,重点对医疗侵权案件过错问题展开了深入研究,同时涉及相关联的实体法解释问题与诉讼法证明问题。应当承认的是,该问题并非新问题,但是老问题却一直悬而未决,且由于涉及实体法与程序法的冲突与衡平、关联理论的逻辑自洽与实践的圆满应对,争议一直延续至今。

纪老师的论文,无论是逻辑论证还是行文风格,无论是文献考察还是实证分析,无论是实体规则的解释还是程序法理的解读,都让学生获益匪浅。为节省阅读时间与印刷空间,赞美与钦佩潜藏心底,学生特提出以下几点感受与疑问,仅供参考。

一、实体法解释的疑惑

纪老师在论文P1即提到了《侵权责任法》第58条是对"医疗机构的'注意义务'作出的客观化规定",P2更是将其解读为《侵权责任法》第57条"未尽到与当时的医疗水平相应的诊疗义务"提供了客观化的判断标准,此后的论文中也反复提到了该论点。但在学生看来,《侵权责任法》第54条确立了医疗侵权行为的一般构成要件,第55条到第58条都属于对其"过错"要件的客观化解释,因此,第58条也应当界定为第54条"过错"要件的客观化判断标准之一。

P2提到:"如果按照立法者的思路,第58条在性质上是法律解释性规范,对于依据该条认定的事实,不存在推翻或反证的问题,当事人只能争议第58条的适用条件是否已经得到满足。"学生的解读是,纪老师是反对该立法观点思路的,但是在P4又提到了司法实践案例中"只有两个案件法院最终通过被告提出的反证认定不存在医疗过错",这样的论述容易让人产生疑惑,到底是立法思路存在问题,还是司法实践没有践行立法思路?两个案件中的反证到底是什么情况?

P9提到了实务中问题的证明对象的改变,纪老师的意思是对于过错的证明转换成了其他证明对象。但是学生有些许疑问:随着现代型诉讼的产生与发展(典型为医疗侵权诉讼),"过错"这类主观概念属于法律上的概念,具有不特定性与抽象性,不能作为事实予以处理。由于事实只能是具体的,因此,我们只能将这些法律

---

* 谷佳杰,西南政法大学法学院讲师。

评价的基础事实作为主要事实,赋予本来的要件事实抽象性并作为法律要件处理。纪老师在论文 P11 也提到了过错证明是事实认定与法律评价相结合的过程,而这种事实认定也无法是过错事实的证明,只能是过错体现的客观化生活事实的证明。故而,这种"证明对象"的转换是无法避免的。

P10 中"三、医疗过错证明的证据法路径"提到了医疗过错证明的实体与程序双重领域,而论文的后面部分重点从程序法完善路径进行了解读与分析,并提出了建议,但是对实体法领域的过错标准的确立与解释着墨较少,这是否意味着现行法律规则业已完善?对题目确定的《侵权责任法》法条规则的解读与完善而言,仅仅从程序法予以完善似乎显得不够圆满。

最后是在 P16 对"违法即过失"的界定上,是只探讨"过失"问题吗?但是该部分的下文中又把概念扩展到了"过错",严格意义上讲,"过错"包含了"故意"与"过失",是否有进一步予以说明的必要?这值得探讨。

二、程序法途径的困惑

纪老师论文总体的思路分为两个层次:一是实体法上限定解释,但对于实体法如何进一步对法律规范进行解释并未着墨更多;二是程序法上扩大适用,强调了灵活性与裁量性以应对个案情境。这具体又分为:证明责任倒置、法律推定规范与证明妨碍完善。

就证明责任倒置而言,纪老师建议:"针对特定的案件,实行过失证明责任的倒置,在特殊的案件中,由医疗机构对不存在医疗过错承担证明责任。"(P13)但一方面,此处对特定案件的范围与特殊案件的界定并未交代,另一方面,在 P18 中建议赋予法官证明责任分配的裁量权限予以应对。学生在此并不赞同,从法律规范解释上看,《民诉法司法解释》对于证明责任的规范替代了《证据规定》在该问题的规范作用,而《民诉法司法解释》实质上是废除了法官在证明责任分配上的裁量权,这是符合未来中国司法改革的趋势的;从诉讼法理上看,医疗纠纷中过错证明难问题实质上是当事人提供证据责任层面的问题,对该问题的解决是进一步实现当事人证明权的保障,轻易倒置证明责任极易带来法官自由裁量权的扩张,进而极易上位,以致取代一般分配原则。

论文 P9 和 P17 中,纪老师都提到了因果关系的证明问题,强调违法性的前提因果关系要件的重要性。同时,论文中暗含了因果关系要件的证明责任分配给原告患者一方的观点。从法律解释来看,《证据规定》第 4 条确定了我国证明责任分配的特殊规则,其中"因医疗行为引起的侵权诉讼,由医疗机构就医疗行为与损害结果之间不存在因果关系及不存在医疗过错承担举证责任。"该规则将医疗侵权责任中的过错要件与因果关系要件都分配给了医疗机构,而后出于减轻医疗机构负担、促进医疗事业发展的考虑,《侵权责任法》第 54 条又将过错要件分配给了原告患者一方,但对于因果关系要件的分配并未明确规定。因此,纪老师将因果关系证明责任分配给患者一方的依据何在?在学生看来,纪老师将过错要件在特殊情形下都重新分配给医疗机构,却又将医疗机构应当承担不存在因果关系的证明责任分配给了患者,这似乎有点前后矛盾。实践中对于医疗侵权案件的因果关系的证明大多依靠的是鉴定,因此对于因果关系证明责任的分配似乎一般很难发挥最终裁判机制的作用。

三、政策学方面的疑问

医疗纠纷极其复杂,医患关系极其敏感,而医疗诉讼的制度与规则必然涉及价值衡量与技术设计。价值衡量的宏观性无法替代具体制度规则的设计,而制度规则的设计又必然要体现价值衡量的侧重。

纪老师在 P10 从比较法上对医疗案件患者胜诉率进行考察与对比,得出我国对医疗纠纷中患者一方保护过重的结论。一方面,学生十分不解这种胜诉率的比较是否能得出相应的结论,尤其是在各个国家和地区医疗发展与生活水平完全不同的情形下;另一方面,以牺牲医学事业的健康发展为代价而过多保护患者利益确实带来了过度医疗与保守医疗的弊端,不利于医学事业的健康发展。公众的道德直觉并不总是能够被法律的理性所驯服。这其实涉及制度设计的利益衡量问题。医疗纠纷案件中,证明困难集中在过错与因果关系上,从《证据规定》的过错与因果关系不存在的证明责任皆归医疗机构,到《侵权责任法》的过错存在归患者、因果关系不存在归医疗机构的衡平,学生认为已经是很大的进步。对于过错推定的完善与规范,可以实现具体规则的进一步完善,但如若再次调整证明责任的分配,可能是从相对平衡的中点再次跌入极端,形成周而复始的"西西弗斯神话"。立法的意识形态要求法律必须合乎公平,但公平的含义在很大程度上是由主流的公众意见来界定的。

其次,理论是灰色的,而生活之树常青。纷繁复杂的社会生活,需要明确稳定的法律规则予以规范。实体法规则的一体化与抽象化是诉讼法难以匹敌的,纪老师论文的宏观性结论即是实现了程序法证明规则的灵活性与个案情境化,包括证明责任分配的裁量、法律推定效果的多元与证明妨碍效果的多元。毋庸置疑,裁量与多元就意味着法官裁量权的扩大。这种程序法改善进路的理念是否符合未来司法改革的趋势,值得进一步探讨。一方面,理论的单纯化一直是理论体系应有的追求,体系的应有之意即在于自洽的统一构造及适度的封闭性;另一方面,多元化与裁量权意味着结果的不确定性与权力肆意空间的扩大,如何走出中国"一统就死,一放就乱,一乱就统"的无限循环,值得我们每个人思考。

过错与因果关系的证明应当完全分离
——对纪格非教授论文的评议

■ 郭 翔

一、对论文的疑问

纪格非教授的论文《医疗侵权案件过错之证明》（以下简称"纪文"），通过分析《侵权责任法》第 58 条，提出该条包括了过错标准的客观化与过错医疗行为的证明两个方面的内容。论文的结论性观点是：对于过错标准的客观化，最好通过法律解释性规范的方式解决；对于过错医疗行为的证明，需要通过举证责任倒置、法律推定和证明妨害规范解决。（纪文，P20）至于这一结论，我深以为然。

就过错标准的客观化方面，即将"违法"作为判断存在医疗过错的直接依据方面，针对《侵权责任法》第 58 条第（一）款存在违法范围的规定过于宽泛的问题（纪文，P6），论文提出了一种更为合理的解释方法，在对诊疗法律规范细致分类的基础上：明确违法性判断的依据；违法行为与患者的损害必须存在因果关系；对被豁免的违法行为作出规定。从这三个方面努力，其的确能够让《侵权责任法》第 58 条第（一）款更具可操作性。但是论文对于"违法即过失"的判断，需要以违法行为与患者的损害必须存在因果关系为前提，却没有进行足够的论证。

二、对疑问的分析

论文提出对于"违法即过失"的判断，必须以违法行为与患者的损害存在因果关系为前提，从论文的表述来看，主要理由有两个：其一，《侵权责任法》第 58 条的规定。按照第 58 条的规定："患者有损害，因下列情形之一的，推定医疗机构有过错……"也就是说，患者适用第 58 条证明医疗机构存在过错时，应当首先证明自己的损害是因医疗行为导致的。（纪文，P9）其二，美国侵权法中的实践。"法律上的当然过失"的适用，以证明被告的行为与原告的损害有因果关系为前提。（纪文，P5）但论文对美国侵权法中为何会有这种做法，却没有进一步说明或者分析，而是以美国 1926 年的 Brown v.Shyne 一案的处理作为理由。

对于"违法即过失"的判断，必须以违法行为与患者的损害存在因果关系为前提，可能产生的问题是会导致过失与因果关系这两个要件的关系模糊不清，甚至存在逻辑上的矛盾。立法规定"违法即过失"的判断情形，是为了让过失的认定更为容易，即只要出现了法律所规定的具体的违法情形，就直接认定存在法律所规定的加害方的过失。但是一旦将过失的认定与因果关系的判断捆绑在一起，一旦涉及医疗方违法的争议时,就会发生转换证明命题的问题。将违法即过失这一个命题转换成了违法行为与患者的损害是否存在因果关系这一问题。那么,作为侵权案件中的主要事实或者要件事实中的两个要件(加害方过失与因果关系)关系就说不清楚了。

按照目前的规定,加害方过错的证明责任在受害方。即便法律规定"违法即过失",受害方仍然需要去证明过失的存在,只是这个时候是通过证明法律所规定的具体违法情形来完成对加害方过失证明的。但是,一旦法律要求对"违法即过失"的判断必须以违法行为与患者的损害存在因果关系为前提,受害方仅仅证明加害方存在法律规定的违法情形,也无法让法院作出加害方存在过失的认定。受害方还必须同时让法院认定存在因果关系。然而,按照目前的规定,是否存在因果关系的争议,通常是由加害方医疗机构负证明责任。纪格非教授的论文已经提到医疗侵权案件更容易出现事实真伪不明的状态。导致医疗侵权纠纷事实真伪不明的原因主要来源于因果关系的不确定性,这种不确定可能归因于人类认识能力不足,欠缺必要的知识,无法获得对事实的认识;也可能由于对不同潜在的致害因素的作用无法加以识别;或者由于证据材料偏在于当事人一方,另一方难以获得并使用。因此,在案件中,法院认定存在因果关系,可能是按照证明责任法则作出的判断。或者说由于医院未能证明没有存在因果,法院就能作出医疗机构败诉的判决。这样一来,就存在逻辑上的矛盾:当因果关系真伪不明的时候,对于有因果关系这个要件的认定来说,按照证明责任法则,由于举证证明责任在医院,医院将承担不利后果;但对于医院过错这个要件来说,由于未能证明存在因果关系,则由病人来承担不利后果。或者说,医院真存在法定的违法行为或者存在最严格意义上的违法行为时,一旦因果关系无法证明,病人仍然将败诉,因为病人未能证明医疗机构存在过失。

三、结　论

笔者认为,加害方的过错与因果关系应该是两个不同的构成要件,通过法律直接规定违法的情形等于加害方的过失,确实很难兼顾个案中的特殊性。我非常赞同纪格非教授的观点,最好通过证明的方法来解决,而不是通过法律直接规定的方法来解决。但为了便于在司法实践中认定加害方过失,鉴于目前的司法现状,我们又不得不进行直接规定,这样看来,还是应当严格限制直接认定"违法等于过失"的情形。由于在立法和司法解释中都没有因果关系真伪不明等于因果关系存在这样的规定,我们不宜将违法行为与患者的损害存在因果关系作为判断"违法即过失"的前提。

完善瑕疵给付要件证明责任分配的两条路径
——对袁中华教授论文的评议

■ 郭 翔

一、对论文的存疑

袁中华教授论文《瑕疵给付要件之证明责任分配——以异类物交付瑕疵问题为核心》（以下简称"袁文"），依据《合同法》等法律以及民法理论对瑕疵给付案件中请求权的规定，以罗森贝克的证明责任分配理论为主要的理论支撑，针对异类物交付瑕疵问题证明责任的分配，进行了详细的论述。本文的基本结论是主张权利（请求权或抗辩权）的一方就瑕疵给付（包括异类物给付瑕疵）要件承担证明责任（袁文，P14）。

对于论文的论证进度和论证方法，我非常赞同。只是关于论文中间作者已经意识到的一个问题的处理，我有一些粗浅的不同意见。作者非常清楚自己的论文是纯粹的规范分析，因此可能会面对一种质疑，立足现行法律和民法理论对异类物交付瑕疵要件证明责任的分配会轻视对弱势一方的特殊保护（袁文，P15）。对于这一问题的解决，作者的基本意见是并不进行证明责任的倒置，而是通过其他的方法来解决弱势一方举证困难的问题，比如，借助法官调查取证及文书提出命令；又比如，在立法上规定当事人的事案解明义务（袁文，P16）。但在我看来，这种建议还是显得过于笼统。

二、存疑的原因

立足于包括《合同法》在内的现行法律规定分析瑕疵给付要件的证明责任分配，主要目的是厘清在现行法律规定下应当如何分配证明责任，才符合法律规定的原意。这个过程是解释现行法律的过程，也是探讨如何正确适用现行法律的过程。袁中华教授的论文在这个方面做得非常成功，堪称典范。但这一分析的结论是否正确，完全取决于立法的规定是否合理，或者说立法的规定是否照顾到了生活中的现实情况。事实上，很多探讨证明责任分配的论文，采用的研究进度与袁中华教授的进度并不一致。这些论文大多是探讨立法应当如何规定特定案件中证明责任的分配，这类论文的出发点是现行法律规定不完善：或者是立法的规定没有覆盖特定的生活现实，即出现了立法的漏洞；或者是立法的抽象性规定在特定案件的处理上会出现不公平的结果，即出现立法的错误。

按照袁教授论文的结论，主张权利（请求权或抗辩权）的一方就瑕疵给付（包括异类物给付瑕疵)要件承担证明责任。但在我看来,这一结论在网购案件中会出现与生活现实脱节的情况。网购案件交付标的物的一般流程是第一步,卖方将标的物交付给快递公司,快递公司与卖方共同确认交付标的物的外观等特征信息,为防止快递公司调包,贵重物品要做一个确认。由于这一过程的记录,在以后发生纠纷时,往往能够确认交付标的物的同一性。因此,在这个过程中,卖方和快递公司已经共同完成了对标的物统一性的确定。第二步,快递公司要求买方收货,收货人可能是买方本人,也有可能不是买方本人。第三步,收货人签收后,快递公司交付包裹。第四步,收货人开包检查标的物。当然,在实际生活中,如果是贵重物品,可能会出现收货人要求先开包检查才实际签收的情况。除非是到付的情况,这个要求往往会被快递公司拒绝,拒绝的理由一般都是快递公司不想承担快递包装外观破损的责任(因为包装的外观破损是可以给差评的)。从这个一般交易流程来看,对于标的物的审核,最容易的实际上是出售人交付标的物的时候,而不是收货人签收标的物的时候。尽管在生活中如果买受人收到标的物后,提出存在异类物交付的情况,基于口碑、信用等一系列的考虑,大多数情况下商家都会主动更换。但一旦出现贵重物品,商家拒绝更换的情况,收货人买方极难证明异类物给付瑕疵。相反,卖方与快递公司更容易证明。按照袁教授论文的建议,当然也可以通过文书提出命令的方式,要求卖方提供证据。但这样的处理,也很难让快递公司协助提供证据。毕竟现在的文书提出命令,很难针对案外人提出。

三、完善的建议

因此,从立法的角度来考虑瑕疵给付要件的证明责任分配,我们有必要针对特殊案件,考虑是否进行倒置的问题。考虑到标的物的交付分为双方直接交付和借助第三方交付两种情况,袁中华教授的论文的结论,如果适用于双方直接交付的情形,没有问题;但是对于借助第三方交付的情况,是否也能普遍适用,论文中没有进行详细的分析。考虑到如同快递公司这样的第三方,对于标的物的同一性的证明至关重要,并且与卖方联系更为紧密,我认为,在证明责任的分配上,应当进行专门的分析,否则无法解决我的上述困惑。

医疗侵权案件过错之证明
——以《侵权责任法》第58条为对象的研究一文评议

■ 罗恬漩

文章主要是对《侵权责任法》第58条有关医疗侵权责任中"过错推定"相关问题的研究。文章指出,该条在立法上存在混淆实体法与程序法两个性质不同的问题,引起了实务的混乱,最后针对不同问题提出了分别、分类解决的方案。纵观全文,有以下几个问题值得商榷。

(一)关于《侵权责任法》第57条与第58条的关系。《侵权责任法》第57条规定,医务人员在诊疗活动中未尽到与当时的医疗水平相应的诊疗义务,造成患者损害的,医疗机构应当承担赔偿责任。第58条则是为了减轻医疗侵权案件中患者对于被告方过错的证明难度,从而对医疗机构的"注意义务"作出的客观化规定。在该文中,作者通过对相关立法背景与立法目的的分析指出,第58条应被视为第57条规定的"当时的医疗水平相应的诊疗义务"的解释,是为了给"诊疗义务"提供客观化的判断标准。这一点也构成了该文之后分析的重要的立论基础。

然笔者对此则有不同看法。一般而言,医疗损害责任可分为医疗技术损害责任、医疗伦理损害责任、医疗产品损害责任。《侵权责任法》第57条规定通常被认为是医疗技术损害责任,而第58条规定的则是医疗伦理损害责任。换言之,这两个条文规定的内容分别是两个不同类型的损害责任,在《侵权责任法》的法条体系中属于并列关系。因此,该文将第58条规定视为第57条规定的"诊疗义务"的解释、客观化标准似乎存在逻辑上的问题。

事实上,第58条规定"过错推定"与第55条关于医务人员的说明义务和取得患者书面同意的规定、第57条关于一般注意义务判断标准的规定、第60条关于医疗机构法定免责事由的规定一道,构成了《侵权责任法》第七章医疗损害责任中"过错"的客观化标准。

因此,若按笔者的分析,第58条规定是对医疗侵权案件中"过错"认定的客观化解释,而非是对第57条的"诊疗义务"提供客观化标准的话,那么文章第二部分第(二)节指出的"第58条第(一)款对'与当时的医疗水平相应的诊疗义务'的偏离"以及文章中诸多以"诊疗义务"为分析对象的内容似乎就没有立论基础了。

(二)如何看待司法实践淡化医疗侵权案件中因果关系的证明这一现象。作者在文章第二部分指出,因为立法在技术与内容上的问题,在司法实践中被进一步放大,导致出现了强化过失的证明,淡化了医疗侵权纠纷案件对于因果关系的证明。笔者认为,此处有两点存疑:一是司法实践中法官淡化医疗侵权纠纷案件对于因果关系的证明是否确实是以及在多大程度上是由于立法技术与内容上存在的问题所导致的？这似乎在文章中没有做出充分的论证，需要作者进一步阐释。二是司法实践淡化医疗侵权案件中因果关系的证明的现象到底能不能作为一个（急需解决的）问题？笔者的观点是，由于信息的严重不对称以及患者对医学知识和法律知识的欠缺，患者证明医疗机构或医务人员有过错和损害与诊疗行为有因果关系是比较困难的，因此，一般情况下宜适当降低患者的证明责任，即只要患者提供的证据证明存在因果关系的相当盖然性即可。所以，笔者以为，司法实践淡化医疗侵权案件中因果关系的证明这一现象有其相当的合理性，至少不是一个（急需解决的）问题。

评　议

■ 陈晓彤

一、纪老师:《医疗侵权案件过错之证明》

纪老师的论文以实体法与程序法相结合的视角,对我国《侵权责任法》第58条存在的问题进行了深入的剖析,主张其混淆了两个分别属于实体法领域和诉讼证明领域的问题,并提出了相应的解决方案:在实体法层面,根据立法目的应将第58条理解为是"违法即过失"的过失标准客观化规定,但应当明确违法性判断的依据,并以存在因果关系为前提,还要规定豁免性的违法行为;在诉讼证明层面,根据实体法对违法性的限制性解释,绝大多数违法医疗行为不应直接解释为过错,此时有必要将违法违规医疗行为作为认定过错的证据,法院应结合具体案情采纳证明责任倒置、利用证明妨碍规范减轻医疗纠纷中证明的困难。

纪老师的这篇论文资料翔实,包括丰富的比较法资料和实证资料。更值得注意的是,其将实体法与诉讼法问题相结合的思路。这种将实体法探讨与诉讼法问题的研究衔接起来的思路具有十分重要的理论意义,并且由于司法实践中实体法问题与证明的问题本来就始终交织在一起,这一研究思路得出的结论更容易符合实践的需要,澄清实践中的混乱做法。

如要对纪老师的论文提出一点意见的话,那就是在行文上,可能有必要在开头部分明确地提出本文要解决的问题。本文第一部分讨论的第58条的性质与效力,似乎需要与第二部分结合起来才能明了第58条究竟存在哪些方面的问题,第三部分主要讨论医疗过错证明的证据法路径,这似乎暗含着与前两部分主要讨论的实体问题进行对照的意味,但是第二部分介绍的实务问题中亦有证明方面的问题。第四部分是对结论的详细阐述。这样的行文方式在总体上符合"提出问题——解决问题"的思路,不过却可能掩盖了本文的亮点——将实体问题与诉讼问题相衔接的思路。假如要突出这一思路,或许可以考虑在第一部分提出问题(包括实体和程序),第二部分主要讨论实体问题和解决方案,第三部分主要讨论诉讼证明问题和解决方案,并在论述中突出其衔接关系,第四部分进行总结。

此外,关于法律推定、间接证据和证明责任倒置三者之间的关系亦存在不少争议,纪老师的论文对它们均有所提及,或许可以考虑深入探讨一下三者之间的关系,它们在解决医疗纠纷过错证明的难题时分别或者协力发挥着什么样的作用。文章主要是对医疗纠纷中过错证明的研究,不过亦提及其与因果关系要件的关联,在实际的诉讼证明过程中,侵权损害赔偿请求权的数个要件的证明可能是交织在一起的,例如,某个证据所对应的待证事实究竟是哪一个或哪几个要件不一定很容易得到确定,纪老师如有余力且在不会过分偏离论文主题的前提下,不妨在诉讼证明的部分亦对此予以适当考虑。

二、袁老师:《瑕疵给付要件之证明责任分配》

袁老师的论文针对司法实践中广泛存在的瑕疵给付(特别是给付同一性存疑和异类物给付的情形)的证明责任分配问题,结合法教义(规范说)、法规范和法律解释方法,将瑕疵行为这一违约要件的证明责任分配给买方,但对于证明责任分配不能解决的证明困难问题,主张可以借助法官调查取证和文书提出命令制度、课以当事人事案解明义务等方式扩大解明度,以避免证明责任裁判。

袁老师的论文论证层次清晰、观点鲜明,在问题的提出部分,就注意到司法实践中存在的不一致性做法,并且在论证自己的观点时注意循序渐进,还对论文的解决方案与"谁主张,谁举证"的说法之间的区别与关系予以说明,最后适当地限定了本文所解决问题的范围,在结语中对未能解决的问题提出自己的建议,因此是对其所研究的问题作出的较为全面的论述。

对于袁老师的论文,我仅有两点建议。第一点是其实由于自己对实体法中的某些知识掌握得不是很好,所以觉得或许袁老师能够通过稍微更详细一点的介绍或者脚注的方式,对第二部分提到的我国《合同法》采取的救济进路和未采取的原因进路讲解得更清晰一点,以便读者能够对这个问题稍微加深理解并思考其对后文中要件事实的分类所可能产生的影响(不知这两种不同进路是否会影响要件事实的分类,故提出这个疑问)。第二点建议与袁老师在问题提出部分进行的案例整理,和在最后一部分作出的补充有关。在司法实践中,不同法院对于争议焦点类似的不同案件作出了不同的判决结果,或许是由于对证明责任作出不同的分配(因此有的法院裁判不太妥当),但也有可能是由于具体案件中事实的解明度不同,导致法院对相同的问题作出了不同的判断。因此,我们或许可以考虑将相关案例进一步类型化,深入考虑瑕疵给付的证明问题,特别是不限于要件事实、主要事实的层面,而是细化到间接事实、辅助事实等层面的证明问题。

一点拙见,仅供两位老师参考。

评　论

■ 郑　涛*

　　两位作者都是笔者的老师辈,有关文章问题意识强烈、论证扎实等的赞誉之话就不多说了,毕竟作为晚辈的自己也没这个资格。下面主要是在拜读两位老师的文章过程中由于自身知识储备不足、理解不到位而引发的一些疑惑,难免吹毛求疵,请各位老师不吝答疑解惑、批评指正。

一、关于《瑕疵给付要件之证明责任分配》一文

　　1.文章以小见大,是对同一类型案件(异类物交付瑕疵问题)证明责任规则的论证、提炼和推广应用(合同纠纷中的瑕疵给付案件、单方允诺案件)。但是,由于异类物交付瑕疵和瑕疵给付在案例列举、论证进路上都存在很多交叉,使得很多地方有混同和不清晰的嫌疑。

　　如,论述方面:P3:"双方就涉案送检物存在环保超标的瑕疵并无多少争议,而是将争论主要放在了原告送检物与被告所给付之物是否具有同一性问题上。"P4:"与前述'面料案'中有所差别的是,'面料案'中双方对于被告依约提供了给付并无争议,争议的是其质量是否存在瑕疵。"这种表述是否存在矛盾?

　　案例方面:"假酒案"作者认为是典型的异类物交付瑕疵,而"蜜蜡案"应是给付瑕疵,两个案例放在"卖方负证明责任"的同一案例群中是否妥当?

　　之所以产生这些疑问,是因为既然是以小见大,论述核心应放在"小",且异类物给付瑕疵确实是实践中的一个棘手问题,也应是本文的问题点和出发点。因此,在"小"还没捋清时,为何匆匆就把"大"也加入进来一起论述?毕竟,按照作者的界定,两者差异还是蛮大的,尽管前者包含于后者。

　　或许作者是要通过《合同法》第107条违约责任的固定来阐释证明责任规则,所以必须把"小"放在违约责任的大框架下建构,但是否忽视了层次性和可等价性?这也牵涉下面的第二个问题。

　　一点建议:将文章副标题去掉,将其变更为正标题,问题意识和论述重心可能会更突出一点。

　　2.假如说异类物交付瑕疵的证明责任完全适用于瑕疵给付的证明责任问题,二者处于同一层次,那么,这种向上层推展的逻辑为何不能进一步推开,即将给付同一性问题作为合同义务履行的一部分?换句话说,为何不能将证明交付同一性

---

*　郑　涛,武汉大学法学院。

的举证责任分配给卖方呢?因为交付同一性是合同履行的核心要义,根据《合同法》第60条的规定,"当事人应当按照约定全面履行自己的义务。"这种"全面履约"(包含交付标的物符合约定,是特定物)的证明责任难道不该分配给卖方?

产生这一疑惑的原因是,在证明责任分配问题的研讨中,虽然多数学者都运用的罗森贝克的"规范说"理论,但为何分析结果有如此大的出入?比如,关于"水晶球案",胡学军老师的论证结论是"由主张合同已经履行的当事人(卖方)就合同已经履行的事实承担证明责任"。(见胡学军:《法官分配证明责任:一个法学迷思概念的分析》)在实体法规则选取时,我国该如何选定要件事实所适用的法条,在哪种层次上选择呢?

基于上述疑惑,是否可以这样说,在证明责任分配问题的探讨中,无论是学者还是法官,都不仅仅是纯粹上借助于"规范说",而是夹杂着立场和其他"线索"等私货。例如,"布料案"中二审认为"涉案检测报告明确写明检测面料与欧雅诗公司从长昊公司处购买的面料颜色并不一致","代购案"中买方根本无法提供基本的买卖合同。

给付同一性问题,在非大货交易实践(买个包子、买瓶水)中完全是通过"货款当面点清,之后概不负责"这一传统交易习惯(或许有些是霸王条款,但至少是对买方风险注意和证据收集义务的一种引导)解决的,这种习惯和价值引导不得不说对证明责任分配也有影响,毕竟符合道德直觉。

3.文中似乎存在一个案例归类错误,即"寿山田黄石案"应是卖方负证明责任的案例,而非买方负证明责任的案例。

二、关于《医疗侵权案件过错之证明》一文

1.第58条与第57条之间的关系判断,似乎有一些跳跃。

文章第一部分重点论证实质上第58条的规定是对第57条"诊疗义务"的客观化。论证基础有二:第一,第58条既不符合推定,也不符合拟制的基本法理,"直接认定"只能解释为"诊疗义务"的客观化;第二,司法实务中,法官多以存在过错而代替其他侵权要件的认定,仅仅通过过错就推出存在因果关系,效果与第57条相似。

但是,上述两点并不足以证明第58条就是第57条的客观化,似乎只能说明有一定的关联度。因为,为何不可以理解为实务中突出过错要件是对侵权责任构成要件的误用?第58条既不是推定,也不是拟制,仍不丧失其制度效用,而非必然与第57条扯上关系。在这个意义上,将第58条理解为第57条"诊疗义务"的具体化,仅仅是作者理解的立法目的和实践逻辑。

基于此,文章第二部分对第58条的批判的根基就有些不稳,因为只有在第57条和第58条存在作者假设的逻辑关系的基础上,接下来的批判才可能成立。所以,是否应当对两条的关系进行补充论证?

2.作者认为,按照第58条规定的"患者有损害,因下列情形之一的……推定医疗机构有过错",所以,根据第58条第(2)(3)项认定被告存在过错,需以首先证明医疗行为与损害存在因果关系为前提。(P8)

"因果关系"的"前提性"是如何发现的呢？按照侵权责任构成的一般要件，二者似乎是并列关系而非决定关系，有些不解。

3.文中第一部分的案例统计分析(P3、P4)稍显抽象、笼统。

例如，"在绝大多数案件中，被告都会进行不同形式的反驳或反证。但是，统计数据显示，被告的主张被法院采纳的可能性极低。在笔者检索的110个判决中，一旦证明被告存在第58条列举的情况，法院采纳被告提出的，不存在过失的证据的案件只有两件。"是院方的反驳本来就站不住脚还是不被重视？此处应通过具体案例进行阐释，而非笼统地一带而过。

4.总体上讲，文章的核心思想是要赋予法官更多的证据裁量权，避免第58条客观化导致的僵化问题。但这种主张与作者所秉持的"规范说"(P15)存在明显的抵牾。根据规范说的理论，证明责任倒置以及法官分配证明责任等都是不存在的。更何况，鉴于我国民事司法现状，约束和规制法官的自由裁量权才是当务之急。

5.感觉第三部分与第四部分有个别重复赘述的地方。

教学改革

省属政法院校民事诉讼法本科教学改革优化论
——以甘肃政法学院为例*

■ 蒋 玮**

摘 要 省属政法院校在师资力量、生源质量等多方面与综合性大学法学院、五大政法院校均存在一定差距。其民事诉讼法本科教学改革应当在遵循法学教学的一般规律和本课程教学原理的前提下,从树立"教师—学生"双主体教学理念、落实助教制度、改进讲授法和案例教学法、推广和应用模拟法律诊所教学方法、加强教学内容中实体与程序的融合、提升现代化、信息化教学手段的运用水平、突出过程考核和坚持考核原则等具体方面入手,实现对现有民事诉讼法教学模式的整体优化。

关键词 民事诉讼法教学改革 "教师—学生"双主体 模拟法律诊所教学方法 信息化教学手段

一、问题的提出:民事诉讼法本科教学改革的迫切性

(一)中国民事诉讼法理论新发展对民事诉讼法教学提出新要求

2012年我国《民事诉讼法》第二次修改以来,民事诉讼法学研究步入了新阶段:"其一是法律修改激活了法学研究的热情和灵感,出现了令人欣喜的、井喷式的

---

* 本文系甘肃省教育科学"十二五"规划课题"诊所式教育在大学民事诉讼法教学改革中的推广与应用"(批准号:GS[2014]GHB1197)与甘肃政法学院教学改革项目"诊所教育在民事诉讼法教学改革中的推广与应用"的阶段性成果。

** 蒋玮,法学博士,甘肃政法学院民商经济法学院副教授。

繁荣景象。其二,修正案出台前的立法论和出台后的立法评述占据了明显主流地位……"①出现这一喜人的繁荣局面,也使得民事诉讼法本科教学面临更大的挑战:一系列新制度、新规则的出现使得民事诉讼法的教学内容更加庞杂,与此同时,民事诉讼法最新研究成果却并不能直接转化为学生的学习资源,需要通过教师这一重要的桥梁,采用同步跟进的、法科生较易接受的方法和丰富、灵活的教学手段实现教育教学目标。而传统民事诉讼法教学模式尽管具有教学的高效性、稳定性与体系性等优势,但缺陷也非常明显,如理论与实务、程序与实体的脱节,学生运用知识的能力欠缺等,②其已不能完全胜任民事诉讼法理论新发展提出的新要求,亟待改革和升级。

(二)各院校民事诉讼法本科教学的差异性

我国各院校在民事诉讼法本科教学实施过程中客观存在着差异性和不均衡性;从教学内部的视角观之,主要体现在教学对象(生源质量)、教学资源(教材、教辅资料的水准)和教学主体(师资队伍的教学和科研水平)等方面;从教学外部的视角观之,主要表现在民事诉讼法学科在本院系中的现实地位、法学院系的教学传统、当地司法机关的司法能力和司法文明指数、社会对法律职业的评价、法律职业准入的难度等方面。其中,综合性院校与政法类院校、五大政法院校与省属政法院校之间亦存在差异性和不均衡性,而民事诉讼法教学改革唯有正视客观存在的这种差异性、不均衡性,才能保证取得实效。

二、省属政法院校民事诉讼法本科教学检讨——以甘肃政法学院为例

(一)甘肃政法学院民事诉讼法本科教学现状

1.课程定位与开设。甘肃政法学院作为一所省属普通政法类院校,办学定位是立足甘肃,培养服务西部地方经济建设和法治发展的应用型人才,属于年轻的教学型大学。民事诉讼法作为甘肃政法学院法学本科专业基础和核心课程主要面向法学院和民商经济法学院的法科生(包括刑事法、行政法、民商法、经济法等业务方向,另设西部基层卓越法律人才创新实验班)开设,如表1所示:

表1 甘肃政法学院法学专业民事诉讼法课程设置(2014—2016级)

年级	课程定位	课程类别	学时/学分	开设时间
2014—2015级	专业主干课程	必修	72/4	第四学期
2016级			54/3	

---

① 《中外法学》编辑部:《中国民事诉讼法学发展评价(2012—2013)》,载《中外法学》2015年第4期。

② 刘哲玮:《民事诉讼法教学模式改革报告》,载《民事程序法研究》(第十二辑),厦门大学出版社2014年版,第288~291页。

在近三年法学专业民商法方向学分制培养方案中,学院开设了一系列与民事诉讼法相关的专业拓展和实践类课程,均由民事诉讼法教研室教师或实务部门人员承担。2016级学分制培养方案在2014—2015级的基础上进行了一定幅度的调整和修订,①新增了第二课堂板块,如表2所示:

表2 法学专业民商法方向民事诉讼法相关拓展及实践课程设置②(2014—2016级)

年级	课程性质	课程名称	课程类别	学时/学分	开设时间
2014—2015级	专业拓展课程	非诉讼纠纷解决机制	选修	2/2	第7学期
		证据法	选修	2/2	第5学期
		法律诊所	选修	2/2	第5学期
	专业实践课程	模拟法庭	必修	2/2	第5学期
		审判实务	必修	2/2	第5学期
		律师实务	必修	2/2	第5学期
		公证实务	必修	2/2	第5学期
		仲裁实务	必修	2/2	第6学期
		法庭论辩技巧	必修	2/2	第6学期
		法律文书写作	必修	2/2	第6学期
2016级	专业拓展课程	非诉讼纠纷解决机制	必修	2/2	第6学期
		法律诊所	必修	2/2	第6学期
	专业特色课程	证据法	必修	2/2	第7学期
	专业实践课程	模拟法庭	必修	2/2	第6学期
		法律实务	必修	1/1	第6学期
		法律实践技能训练	必修	1/1	第4学期
	第二课堂	模拟审判大赛	必修	1学分	学院自行安排

2.课堂教学组织与实施。从教学方式看,小班与大班教学的方式并存,小班教

---

① 2016级毕业总学分统一由2014—2015级的170学分减至160学分。
② 甘肃政法学院教务处编印:甘肃政法学院本科专业人才培养方案(2014级),第153~159页;甘肃政法学院本科专业人才培养方案(2015级),第153~159页;甘肃政法学院本科专业人才培养方案(2016级),第56~63页,2017级培养方案与2016级大致相同。

学单班人数为 60~65 人,大班教学通常是将两个行政班级整合,人数在 120~130 人之间;从课堂组织来看,一名教师主讲,无助教协助;从作业布置来看,通常为 3~5 次的开放式论述题、案例分析题或者小论文等,点评和反馈则由教师随机安排;从教学方法来看,讲授法占据主导地位,穿插案例教学法、讨论教学法等;从教学内容来看,侧重于民事诉讼具体制度的阐释与运用,限于学时数,仅对执行总论进行概括介绍;从教学手段来看,PPT 课件和教学案例视频等多媒体教学已经完全普及;从教学出勤来看,通常由学院专人在课前或课间抽查,由于各种原因,学生全勤的情况较少,笔者所带班级每堂课通常会有 3~5 名学生缺勤。

3.师资力量与科研情况。甘肃政法学院教师管理仍然以教研室为基本单位,民事诉讼法教研室共有专任教师 7 名,讲授民事诉讼法及相关实践性课程,人均承担课程在 2 门以上。其中,职称结构为教授 1 名、副教授 4 名、讲师 2 名;学历结构为法学博士 1 人,在读法学博士研究生 1 人,法学硕士 5 人;年龄结构为 50 岁以上 1 人,40 岁以上 3 人,30 岁以上 3 人;教师类型为科研为主型 1 人,教学为主型 6 人。根据学院规定,教师额定教学任务不得少于每周 8 学时/人(每年度不得少于 288 学时/人),实际上民事诉讼法教师人均教学时数为每周 14~16 学时(每年度 504~576 学时)。从研究成果上来看,近五年,尚无教师在法学类 CSSCI 目录正刊发表学术论文,教学研究类论文在已发表的研究成果中所占比重较低。

4.学生生源、学习态度与风气。甘肃政法学院录取法科生中 70%~80% 为本地生源,其余生源来自全国 20 余个省、自治区和直辖市,本地普通生源高考录取分数线大致高出第二批次本科分数线 20 分左右。此外,还有通过高水平运动员考试录取、部分其他专业学生入校后转入、少数民族预科生预科学习一年后插班学习(有 40%~50% 的预科生进入法学专业学习)等学生来源。从学习态度和风气来看,大部分学生不会进行课前预习和课后复习,涉猎相关学习资源、向教师提问的主动性较差,采取的学习方法仍然是背诵记忆法,应考方式为考前临时突击。

5.教材与教学资源。从教材选用上看,学院采用自编民事诉讼法教材,该教材降低了诉权、诉讼标的、既判力等民事诉讼基本理论学术史阐释的比重,结合课程教学大纲和司法考试的主要考点,采用简洁和通俗易懂的方式进行体例安排和内容设计;从教学资源的选用上看,教师为学生开列了基础阅读书单并推荐中国民事程序法律网、中国裁判文书网、北大法宝等学术与实务类的学习网站,司法案例资源主要来自最高法院的指导性案例、公报案例以及年度影响性案例。此外,学院还组织教师录制了民事诉讼法网络课程(60 余个教学视频),图书馆也购置了名家讲座资源,部分教师还组织读书会,创办了民事诉讼法学习的微信公众号。

6.考核评价方式与学习效果。学生的最终成绩由平时成绩(考勤、作业、参与讨论等,占 10%)、期中考试成绩(一般于第 11 个教学周随堂进行,采用案例分析、材料分析或专业口试等方式进行,占 20%)、期末成绩(第 19 周进行闭卷考试,占 70%)组成。期末试卷客观题约占 60%,主观题约占 40%,难度较低的题目约占 40%,中等难度约占 45%。考核内容覆盖除执行程序和涉外民事诉讼程序之外的所有知识点,民事诉讼基本制度、管辖、当事人和第一审程序考核比重较高。根据笔者对2014至2016年民事诉讼法期末考试成绩的初步统计,各班级卷面成绩及格率最高为63%,最低为40%,平均及格率在50%左右,平均优良率在10%以下。而从最终成绩来看,各班级仍然有总评成绩不及格的学生,少则1~5人,多则10~15人。总评成绩不及格者,大多属于卷面成绩在45分以下的情形。所有成绩评定完毕后,没有教师点评与反馈环节。

(二)甘肃政法学院民事诉讼法本科教学存在的主要问题

1.民事诉讼法及其关联实践性课程设置存在认识误区,课程设置和教学计划制定偏离教学实际。当下,实践性教学模式尤其是以美国为代表的普通法教育、案例教学和诊所教育模式,成为中国法学教育发展的重要方向。① 甘肃政法学院的法学教育发展是自上而下和追赶式的,学习借鉴的直接对象为五大政法院校,民事诉讼法及其关联实践性课程的设置即是在这样的背景之下完成的。较之于2014—2015级,2016、2017级法学专业民事诉讼法的课时和学分被压缩,但是专业实践课和专业实践教学环节(第二课堂)占总学分的比重呈上升趋势。这种将设置实践性课程和教学环节等同于实践性教学模式的做法,体现出对实践性教学模式理解和认识的偏差。

2.教师仍然固守"唯教师中心论"的教育理念。造成这种局面固然有大班教学、学生基础功底薄弱、学习自主性较差以及繁重的教学工作量等客观因素的直接影响,但教师自身仍然有不可推卸的责任:对现代教育理念中的"学生中心论"存在认识上的偏差,"家长式"的教学姿态和方式忽视了对学生的教育权利和正当诉求的理解和尊重;片面追求教学效率的,对学生试错、犯错缺少足够的宽容,对学生的成长缺乏足够的耐心,用知识的直接灌输代替对学生的引导和启发。在这种理念下,无论是在课堂上还是课外,教师与学生均无法实现平等和良性的互动。

3.教师对各种教学方法的运用存在较大的提升空间,对丰富教学手段缺少动力和有效的办法。作为最传统的教学方法,讲授法的使用频率最高,但教师或多或少存在着规范化表达不足、肢体语言的使用不够恰当、语言对课堂气氛的调动效果不甚理想、知识点的铺垫与递进的逻辑关系不强、开放性的问题提出偏少、对学生回答的点评缺少启发和引导、对学生不良学习态度和行为的批评较少顾及其心理因素、对本地司法现状的介绍和评价中主观性批评过多而建设性的建议和意见过少等问题。甘肃政法学院民事诉讼法案例教学沿用了通过各种案例帮助学生加深对讲授的法律概念、理论和规范的理解和认识的模式。但是教师对如何阅读和分析案例的方法几乎没有进行必要的介绍和讲解,以至学生往往过分关注于细枝末节;教师除对案例反映的诉讼法律关系及其关联的实体权利基础进行讲授外,极少组织学生围绕案例背后的历史因素、社会因素、经济因素、心理因素等进行充分的讨论。教师在课堂中使用多媒体教学手段也仅仅限于文字搬家式的课件,缺少图示、音频、视频以及相关信息化技术的有效辅助。

---

① 王晨光:《法学教育的宗旨》,北京大学出版社2016年版,序言第17~22页;张卫平:《法学研究与教育方法论》,法律出版社2017年版,第189~193页。

4.在课堂作业布置和质量监控的环节存在失范现象。在助教制度完全没有落实的条件下,教师无法布置足够数量的作业,更没有精力对所有的作业撰写评语,及时反馈。与之相应,新进教师在没有经过必要的教学训练和教学经验储备的情况下直接担任主讲教师,既不利于青年教师的成长,也无法保证教学质量。由于课外作业数量偏少,加之学习自主性的缺失,学生在课外投入民事诉讼法课程的预习和复习的时间和精力得不到有效保证,已完成的教学内容得不到巩固和加强,要求学生按照教师开列的书单进行广泛阅读的目标更是无法实现。

5.在课堂教学内容上,程序法与实体法脱节较为严重。教师自身对实体法的学习和研究远滞后于程序法,具体表现为对实体与程序交叉的环节和内容(如当事人适格、证明责任分配、票据诉讼等),仅仅讲授程序部分而刻意回避实体部分。此外,在教研室管理模式下,民事诉讼法教师仅仅承担民事诉讼法及其关联的实践性课程,不会承担相邻实体法的课程,民法教研室教师亦是如此,这在客观上进一步加剧了程序法与实体法的割裂,既不利于教师之间的学术交流,也不利于学生法学整体观念和思维框架的培养与构建。

6.课程考核方式单一,题目偏重记忆,考核标准把关不严,考核的反馈环节缺失。从期末考核方式上看,学院数年来均采用闭卷笔试的方式,在综合成绩评定中占据绝对性的70%,这种"一考定胜负"的方式助长了学生"投机主义"的学习模式。尽管学院建议考核题目的命制多以知识运用型的分析题型为主,但是命题教师往往存在确保大多数学生考试过关的顾虑,仍以记忆型、简单和一般难度的题目为主。然而,这种对学生的迁就并没有使成绩有显著提升,反而挫伤了努力学习的学生的积极性,也使得"投机主义"式的学习更加大行其道。在考核标准上,为了使得学生及格甚至不影响其获得奖学金,成绩评定均不同程度地存在"放水"的现象,这在很大程度上影响了考核的严肃性和公平性。由于考试成绩的点评和反馈环节的缺失,学生对自己考试的具体成绩分布,对考试题目尤其是答错题目的参考答案无从知晓,这不利于学生对过往学习的有效反思和总结。

7.教师教学与科研没有形成良性互动,缺少高质量的研究成果。教师科研成果上的欠缺,部分可归因于课时任务重、教学压力大等客观因素,但是教师的主观因素可能是决定因素。教师如果不能将自己对专业上的理解和认识进行总结和提升,以科研成果的形式体现出来,既不利于学术思想的传播,也不利于对教学的有效促进;而教师在教学研究上的欠缺,既不利于对教学经验的总结与反思,也不利于对教学方法认识的系统化和体系化。

三、教师视角下省属政法院校民事诉讼法本科教学改革设想[①]

(一)教师目的性活动要素下民事诉讼法教学原理重申

在经历"文革"后的恢复重建,近四十年来,中国高等教育的改革和发展现已步入攻坚克难的内涵式发展阶段,其中提高人才培养质量成为未来高等教育的核心工作。[②] 作为法学教育重要组成部分的民事诉讼法教学改革与发展也应当顺应这一高等教育发展的新趋势。而提高人才培养质量的前提条件就是稳步提高课堂教学质量。对民事诉讼法教学而言,教师应当首先从深入研析民事诉讼法教学原理入手。民事诉讼法教学原理具有二元性:一是作为高等教育的重要组成部分,需要遵循其一般性规律和原理;二是作为法学教育中重要的部门法教学分支,需要遵循法学教育所特有的规律和原理。[③] 笔者将主要从教师目的性活动要素切入,展开对民事诉讼法教学原理的阐释。

1.严格遵循学科教学规律性原则。民事诉讼法学科教学规律性原则既包括一般的法学教学原则,如知识结构与学生认知水平相适应、科学安排教学顺序和教学环节、注重学科的体系性和完整性以及坚持教师的指导性和学生的主动性有机结合等原则;[④]也包括本学科的特殊性教学原则,笔者将其简要归纳为:从规范出发,动态与静态、程序与实体、主张与抗辩(否认)、对抗与妥协、赋权与失权、争讼与非讼、当事人处分主义与法院职权主义等相互交错融合的思维方式与认识进路。教师在具体的教学活动中,应当注意牢固把握一般的法学课程教学原则,更要注重遵循民事诉讼法课程的独特教学规律,在传授专业知识的基础上,更重要的是培养学生程序法的思维和认知方式,帮助学生形成实体与程序融会贯通的知识体系。

2.科学设计教学方案。

(1)对以往教学效果和教学经验进行全面评估与总结,保证教学活动的延续性。评估的主要依据是学生的作业和考试成绩,应当特别关注常犯、易犯错误的知识点,比如,大部分学生均对当事人适格、证明责任分配、再审程序等知识点的把握较为困难。此外,教师还可以通过问卷调查的方式获得教学反馈。对教学经验的总结,更重要的是教师的自省:仪容仪态、语言表达、气氛调动、互动方式、案例选用、思维启发,等等,在课堂教学的学生反应中往往就可以得到直接的感知。

[①] 对民事诉讼法本科教学进行教学改革,既可以从教学管理者和决策者的角度出发,亦可从教学实施者即教师的角度出发,但是视角不同,侧重不同,具体效果必然有所差异。事实上,甘肃政法学院现在和过去曾进行过的教学改革,更多的是从教学管理者和决策者的层面进行的尝试,这些整齐划一的教学改革方案,一定程度上忽视了各部门法教学的特殊性和实际情况,也忽视了一线教师的各种诉求。相较这种自上而下的教学改革,由教师内部生成的对于教学改革的自觉可能更有利于教学改革目标的实现。

[②] 赵哲、宋丹:《我国高等教育改革发展的现实情境与趋势》,载《当代教育科学》2015年第9期。

[③] 乔克裕、曹义孙:《法律教育论》,中国政法大学出版社2014年版,第1~2页。

[④] 刘佳:《法律教育学》,社会科学文献出版社2012年版,第132~135页。

(2)结合教学大纲、教材以及教师专业背景和特长,合理安排教学进度,规范撰写教案和授课讲义。在教师备课的过程当中,教案的撰写是设计教学方案的核心,应当既体现出课程的知识性、专业性,又能体现出教师的个性。授课讲义的撰写,不应背离教学大纲和教材的基本框架,应注意课程讲授的系统性与体系性,可根据自身的理解和认识进行适当的调整和拓展。在教学内容和教学进度的具体安排上,可采用由浅入深、由表及里的思路:在开学之初,针对学生新近接触本门课程的认识特点,从相关的生活常识、法律文化传统以及热点案例入手,结合已经学过的民事实体法知识,逐步过渡到课程主体内容。根据一般的教材体例,前四分之一的章节为民事诉讼法基础理论,教师可适当放慢教学进度,更多采用讲授法,帮助学生初步搭建概念体系。随后涉及具体程序的教学内容,教师可更多采用启发式和案例式教学方法,如比较民事诉讼第一审程序与刑事诉讼第一审程序中当事人诉讼地位和权利义务的差异,并要求学生分析其成因;对诉讼保障的教学内容,可以组织部分学生课外对本地基层法院的送达、财产保全等进行调研,在课堂汇报实践中遇到的困难,并探讨相应的对策。此外,教师应当重视学生的课堂提问,对学生没有理解相关教学内容或理解不透彻等教学环节中出现的问题也应当有充足的准备,必要时应及时调整教学计划,也即在教学方案中既有"Plan A"也有"Plan B"。

(3)针对不同的教学内容,采取相应的教学手段。教学手段的选择应当从学生的学习认知规律和学科专业特点出发,其服务的最终目的是调动学生的学习兴趣和学习积极性,提高教学质量。[①] 法学教育最常见的现代化教学手段即为多媒体教学课件的运用。在多媒体教学过程中,教师应当注意,图示、声音、影像等的展示应当结合教学内容的特点和实际需要。多媒体课件承担的信息应当简明扼要,充分发挥醒目、提示和加深学生学习印象的教学效果,避免过度使用教学手段而冲淡实际的教学目标。此外,对于传统的非物化教学手段,如教师的语气、语态、肢体语言等的使用也应当把握明确的目的性,回归课堂教学的实际。

3. 灵活运用教学方法。针对民事诉讼法的基本理论,教师采用规范分析教学法,效果较为显著(尤其是在大班授课的条件下效果更佳),[②]教学效率最高。对涉及各种程序的教学内容,案例教学法能够在一定程度上帮助学生了解具体的实务操作。对于有争议的知识点或者疑难案件,教师通过研讨教学法,对学生进行分组讨论,更有助于学生的思维训练。需要注意的是,各种教学方法并非完全对立的,对教学方法的使用也并非截然分开的,只要满足服务教学内容和教学目标即可。

(二)优化论下省属政法院校民事诉讼法本科教学改革思路

从长远来看,充沛的经费保障和雄厚的师资力量是法学教育良性发展的必经之路。然而,现实是包括甘肃政法学院在内的各省属政法院校很难在短时期内获得充足的人员编制和经费投入,那么教学改革的内涵式发展应当成为更为务实、更为优先的选择。毋庸置疑的是,教学改革应当首先保证教学活动的延续性,而不是

[①] 李嘉骏:《教学手段须回归课堂教学实践》,载《中国教育学刊》2010 年第 4 期。
[②] 张卫平:《法学研究与教育方法论》,法律出版社 2017 年版,第 206 页。

对原有教学模式的全盘推翻与否定,所以应当首先从整合、改进与优化现有民事诉讼法教学资源着手。笔者将以甘肃政法学院的教学实践为切入点,探索可供所有省属政法院校民事诉讼法本科教学改革参考的思路:

1. 教育教学理念更新。"教"是教学活动的出发点,而"学"则是教学活动的落脚点和归宿。从这个角度来看,教学活动应当采用"双主体论",教师凭借知识和经验上的优势地位,应当首先主导教学活动的进程,学生在学习过程中应当担当能动积极的角色,从被动接受转变为主动思考、质疑和超越。在此理念之下,省属政法院校民事诉讼法本科教学既要正视生源差距,又要摒弃"家长式"的教学姿态;既要在教学活动中适度引导学生,又要尊重学生的主体地位,赋予学生足够的学习自主性;教师由学生面前的"灌输者"和"牵引者",转变为其身旁的"鼓励者"和身后的"督促者",保持足够的耐心,让学生在适度的压力和动力之下不断进步和提高。

2. 助教制度完善与落实。在师生比矛盾突出的情况下,民事诉讼法主讲教师可以根据研究生助教助研的相关规定,在民事诉讼法学术型研究生或法学法律硕士(民事诉讼法方向)中为每个教学班级遴选1~2名担任助教,负责批改作业、组织课堂讨论、课后答疑及学生意见反馈的汇总等工作,研究生助教的工作量记作教学实习和课外实践,表现优异者可推荐其参评校级单项奖学金。

3. 传统教学方法的改进与模拟法律诊所教学法的引入及推广。对讲授法而言,教师需要进一步规范教学用语,对教学讲义、教学内容的内化更为透彻和深入。并注意杜绝词不达意和无休止的漫谈,肢体语言的使用也应当有节有度。案例教学法的使用,一方面应当针对教学内容筛选具有代表性的案例,仅仅提供法院判决不能够体现案例的原貌和全部信息,需要教师尽可能全面地还原案件信息,不妨选择实体与程序相互交叉的案例,更符合真实的司法场景;另一方面,对基本案情的介绍应当言简意赅,防止学生被细枝末节的信息转移注意力,对案例的分析可以采取先由学生分组讨论的方式进行,随后教师着重点评分析应采用的基本方法和思路,将其与民事实体法案例分析的基本方法进行充分的结合,然后分析具体的处理或者裁判结果及其与教学内容的关联。教师之间应当定期交流、分享采用各种教学方法的经验和心得,及时进行理论提升,形成独具特色的教学方法体系。

法律诊所教育与民事诉讼法教学有着天然的契合性。然而,对学生规模的严格限制,对师资和真实案件等方面的要求,无疑使其成为一种高成本的教学模式,①短时期内无法惠及所有法科生。那么,较为可取的办法就是在开设法律诊所的同时,通过部门法教师在各自课堂模拟诊所教育方法,②让更多的学生受益。法律诊所最具特色的教学方法有角色模拟法、头脑风暴法等。在民事诉讼法教学过

---

① 左卫民、高跃先等:《诊所教育在中国本土化与多元化探索》,四川大学出版社2008年版,第45~46页。

② 模拟法律诊所与真正的法律诊所有所不同,学生并不接触真实的案件和真实的当事人,不从事法律援助工作,主要是比照法律诊所的课堂,通过各种模拟的方法训练法律实务操作技能。参见章武生:《我国法学教学中应增设"模拟法律诊所"课程研究》,载《法学杂志》2011年第6期。

程中，涉及诉讼主体的教学内容，可以采取角色模拟法帮助学生加深对法院、当事人、检察院等主体权利义务配置等内容的理解和认识。头脑风暴法，作为一种激励性思维方法，可在案例教学、课堂小组讨论等教学环节中使用；教师通过开放式的设问充分引导，部分学生对头脑风暴的各种结果或答案进行全面的归纳，最后由教师进行点评。笔者曾在部分课堂中进行试点，学生反响良好，可以尝试普遍推广运用。

4. 教学内容的优化。针对民事诉讼法教学与实体法割裂较为严重的问题，在涉及与实体法交叉的教学内容方面，可以采用与实体法教师"双师同堂"的方式，从不同维度进行更为全面和透彻的讲授，帮助学生搭建更为丰满的法学知识体系，认识实体法和程序法思维各自的特色。从教学方案设计的角度来看，应当建立程序法与实体法教师的定期教学交流制度，对教学进度、涉及内容交叉的环节进行相互的通报与衔接，防止出现教学内容上的真空地带；在实务操作性较高的教学内容方面，可以进一步拓展"请进来、走出去"的方式，帮助学生理解和认识理论与实践的差异性，并引导其分析成因及改进的措施。此外，教师对教学内容认识的深化还应当建立在坚实的科研工作基础之上，形成科研与教学相互促进的良性发展格局。

5. 现代化教学手段优化。民事诉讼法现代化教学手段多为多媒体教学课件的使用，在制作课件的过程中，教师需要合理使用图像、音频、视频等信息直观表达手段，注意文字类和其他媒介在课件当中的适当比例，既要防止课件是简单的文字和讲义搬家，也要防止课件过于追求视听效果而干扰教学主题。此外，在现今网络教学资源日益丰富的条件下，教师可尝试加入"慕课"运行模式，在数字化校园全面推进的过程中，通过翻转课堂、线上线下互动答疑、资源共享等方式帮助学生实现学习模式的重大转变。[①] 现代化教学手段往往有一定的技术要求，必要时可以聘请专业人士提供支持，但是教师的主要精力应当放在对教学方法和教学内容的钻研上。

6. 学生考核评价方式优化。考核评价方式唯有从"唯考试论"走向"重过程、严考核"方能对学生学习产生显著的激励作用，也才能彻底转变功利主义和投机主义的学习风气。课程作业、课堂发言、课外实践等平时表现应当占据绝对的权重，期末考试题型命制应以案例分析等主观题型为主，增加中等难度题目的比重。而更为重要的是要严格考核要求，教师要有勇气让一部分平时学习不认真、不努力的学生承担挂科的后果，也只有动真格才能让所有的法科生端正学习态度。最后，学校应当建立考核的评价与反馈制度，帮助学生提高学习总结和反思的针对性。

四、余论

从民事诉讼法本科教学改革的内部微观视角出发，其不仅需要一线教师对教学法的精心打磨，还需要教学管理职能在制度保障和运行保障等方面发挥重要作用，一线教师与教学管理和决策者需要齐心协力，方能确保实现民事诉讼法教学改

[①] 赵国栋：《微课、翻转课堂与慕课实操教程》，北京大学出版社2015年版，第18～19页。

革的预期目标。从省属政法院校法学本科教学改革的中观视角观之,民事诉讼法本科教学改革与其他部门法本科教学改革均为本院法学教学改革的重要组成部分,应当与本院的法学人才培养目标保持高度一致。而从我国法学本科教学改革的宏观视角审视,省属政法院校应与综合性大学法学院、五大政法院校的民事诉讼法本科教学改革一道共同服务于我国法学本科教学改革的大局。